Wirtschaft – Schnell erfasst

Reihenherausgeber
Dr. Detlef Kröger, Gannertshofen, Germany
Prof. Dr. Peter Schuster, FB Wirtschaft, FH Schmalkalden, Schmalkalden, Germany

Wirtschaftliche Kenntnisse sind in Studium, Beruf und Gesellschaft von besonderer Bedeutung. Die Reihe „Wirtschaft – Schnell erfasst" setzt genau hier an und stellt in jedem Band ein Teilgebiet der Wirtschaftswissenschaften gut nachvollziehbar, kompakt und kompetent dar. Durch die verständliche Sprache, die Übersichtlichkeit der Darstellung und die Konzentration auf das Wesentliche werden auch komplexe und umfassende Bereiche gut und gründlich präsentiert. Zielgruppen der Buchreihe sind Studierende, die BWL oder VWL als Haupt- oder Nebenfach studieren sowie alle, die sich schnell einen Überblick zum aktuellen Stand des ausgewählten Faches oder einfach den „wirtschaftlichen Durchblick" verschaffen wollen.

Weitere Bände in dieser Reihe
http://www.springer.com/series/6975

Udo Terstege
Jürgen Ewert

Betriebliche Finanzierung – Schnell erfasst

2. Auflage

Udo Terstege
Technische Hochschule Georg Agricola
Bochum, Deutschland

Jürgen Ewert
CFS – Centrum für Finanzen & Steuern
FernUniversität in Hagen
Hagen, Deutschland

ISSN 1861-7719
Wirtschaft – Schnell erfasst
ISBN 978-3-662-53076-4   ISBN 978-3-662-53077-1 (eBook)
https://doi.org/10.1007/978-3-662-53077-1

Die Deutsche Nationalbibliothek verzeichnet diese Publikation in der Deutschen Nationalbibliografie; detaillierte bibliografische Daten sind im Internet über http://dnb.d-nb.de abrufbar.

Springer Gabler
© Springer-Verlag GmbH Deutschland 2011, 2018
Das Werk einschließlich aller seiner Teile ist urheberrechtlich geschützt. Jede Verwertung, die nicht ausdrücklich vom Urheberrechtsgesetz zugelassen ist, bedarf der vorherigen Zustimmung des Verlags. Das gilt insbesondere für Vervielfältigungen, Bearbeitungen, Übersetzungen, Mikroverfilmungen und die Einspeicherung und Verarbeitung in elektronischen Systemen.
Die Wiedergabe von Gebrauchsnamen, Handelsnamen, Warenbezeichnungen usw. in diesem Werk berechtigt auch ohne besondere Kennzeichnung nicht zu der Annahme, dass solche Namen im Sinne der Warenzeichen- und Markenschutz-Gesetzgebung als frei zu betrachten wären und daher von jedermann benutzt werden dürften.
Der Verlag, die Autoren und die Herausgeber gehen davon aus, dass die Angaben und Informationen in diesem Werk zum Zeitpunkt der Veröffentlichung vollständig und korrekt sind. Weder der Verlag noch die Autoren oder die Herausgeber übernehmen, ausdrücklich oder implizit, Gewähr für den Inhalt des Werkes, etwaige Fehler oder Äußerungen. Der Verlag bleibt im Hinblick auf geografische Zuordnungen und Gebietsbezeichnungen in veröffentlichten Karten und Institutionsadressen neutral.

Gedruckt auf säurefreiem und chlorfrei gebleichtem Papier

Springer Gabler ist Teil von Springer Nature
Die eingetragene Gesellschaft ist Springer-Verlag GmbH Deutschland
Die Anschrift der Gesellschaft ist: Heidelberger Platz 3, 14197 Berlin, Germany

Vorwort

Ziel dieses Buches bleibt auch in seiner 2. Auflage eine inhaltlich anspruchsvolle und zugleich leicht verständliche Einführung in die Grundlagen der betrieblichen Finanzierung. Erreicht wird dieses Ziel zum einen durch didaktische Elemente, wie sie in Form von Lernzielen, Marginalien, gesammelten Schlüsselbegriffen, Wiederholungsfragen, Aufgaben mit Lösungen und das umfangreiche Glossar charakteristisch für die Reihe „Wirtschaft – schnell erfasst" sind.

Erreicht wir dieses Ziel aber vor allem durch die inhaltliche Gestaltung. Wir setzen minimales Vorwissen voraus, formalisieren Darstellungen nur dort, wo zusätzliche Erkenntnisse den formalen Aufwand rechtfertigen, verzichten auf Gleichgewichtsanalysen des Finanzmarktes und folgen stringent der zahlungsorientierten Sichtweise. Vor allem durch den letzten Aspekt unterscheidet sich dieses Buch von anderen Lehrbüchern. Wir definieren Finanzierung nicht nur zahlungsorientiert, sondern strukturieren und analysieren sie auch strikt zahlungsorientiert. Erst dadurch wird ein klarer Blick auf die finanzwirtschaftlichen Zusammenhänge möglich – vor allem im Bereich der Innenfinanzierung.

Geschrieben wurde das Buch primär für Studierende, die an Universitäten, Fachhochschulen, Berufsakademien und ähnlichen Bildungseinrichtungen einführende Veranstaltungen zur Finanzierung besuchen. Es deckt Stoff im Umfang von 4 bis 6 Semesterwochenstunden ab und ist daher auch noch für erste weiterführende Lehrveranstaltungen hilfreich. Da es ohne begleitende Lehrveranstaltung verständlich ist, sollte es auch dem interessierten Praktiker einen Einblick in die betriebliche Finanzierung ermöglichen.

Der bewährte inhaltliche Zuschnitt und Aufbau des Buches bleiben in seiner 2. Auflage unverändert. Wir haben es aber einer gründlichen Überarbeitung unterzogen und an gesetzliche Veränderungen angepasst, einzelne Fehler korrigiert und vor allem etliche didaktische Verbesserungen vorgenommen.

Dank für das Gelingen dieses Buches gebührt zahlreichen Personen. Sie alle mögen uns verzeihen, wenn wir ihnen an dieser Stelle nicht einzeln danken, um dem wichtigsten Unterstützer dieses Buches unseren Dank in besonders deutlicher Weise aussprechen zu können – unserem verehrten akademischen Lehrer, Herrn Prof. Dr. Michael Bitz. Er hat weder eine Zeile dieses Buches verfasst noch eine vor dessen Veröffentlichung gelesen. Und dennoch könnte dieses Buch ohne seine Mitwirkung nicht annähernd in der vorliegenden Qualität erscheinen. Als langjährige Mitarbeiter an seinem Hagener Lehrstuhl haben wir nachhaltig von seiner gedanklichen Präzision und seiner konzeptionellen Klarheit profitieren dürfen. Sein Einfluss auf unsere Sichtweisen und Darstellungen ist so nachhaltig, dass wir ihn als nicht explizit auf dem Buchdeckel genannten, dritten Autor betrachten.

Bochum und Hagen, im Oktober 2017
Udo Terstege und Jürgen Ewert

Inhaltsverzeichnis

1	**Grundlagen der Finanzierung**	1
	Prof. Dr. Udo Terstege, Dr. Jürgen Ewert	
1.1	**Finanzierungsbegriff**	3
1.1.1	Definition	3
1.1.2	Zahlungen als Betrachtungsebene	4
1.2	**Finanzierungsarten**	10
1.2.1	Zahlungsströme	10
1.2.2	Zahlungsgleichungen	12
1.2.3	Innen- versus Außenfinanzierung	15
1.2.4	Eigen- versus Fremdfinanzierung	20
1.3	**Finanzmanagement**	29
1.3.1	Begriff und Aktionsfelder	29
1.3.2	Ziele des Finanzmanagements	30
1.4	**Zusammenfassung**	36
1.5	**Wiederholungsfragen**	37
1.6	**Aufgaben**	38
1.7	**Lösungen**	41
	Literatur	46
2	**Finanzierungsrisiken**	47
	Prof. Dr. Udo Terstege, Dr. Jürgen Ewert	
2.1	**Überblick**	49
2.2	**Basisrisiken: Geschäfts- und Kapitalstrukturrisiko**	52
2.2.1	Grundlegende Einordnung	52
2.2.2	Risiken ohne Verschuldung	55
2.2.3	Leverage-Effekt	56
2.2.4	Probleme von Renditevergleichen	60
2.2.5	Berücksichtigung von Ausfallrisiken	63
2.2.6	Reaktionen auf Basisrisiken	69
2.2.7	Berücksichtigung von Folgeperioden	74
2.3	**Qualitätsrisiken**	77
2.3.1	Grundlegende Einordnung	77
2.3.2	Qualitätsrisiken von Eigenfinanciers	81
2.3.3	Qualitätsrisiken von Fremdfinanciers	84
2.4	**Verhaltensrisiken**	89
2.4.1	Grundlegende Einordnung	89
2.4.2	Verhaltensrisiken von Eigenfinanciers	93
2.4.3	Verhaltensrisiken von Fremdfinanciers	97
2.5	**Zusammenfassung**	106
2.6	**Wiederholungsfragen**	107
2.7	**Aufgaben**	108
2.8	**Lösungen**	112
	Literatur	125

VIII Inhaltsverzeichnis

3 Innenfinanzierung 127
Prof. Dr. Udo Terstege, Dr. Jürgen Ewert
3.1   Sichtweisen und Gestaltungsfelder 129
3.1.1 Zahlungssicht 129
3.1.2 Jahresabschlusssicht 133
3.2   Zahlungsbedingungen 143
3.2.1 Überblick 143
3.2.2 Kundenanzahlungen 145
3.2.3 Skontogewährung 149
3.3   Liquidierung von Forderungen 157
3.3.1 Diskontkredit 157
3.3.2 Factoring 162
3.3.3 Asset Backed Securities 173
3.4   Zusammenfassung 178
3.5   Wiederholungsfragen 179
3.6   Aufgaben 180
3.7   Lösungen 183
      Literatur 186

4 Eigenfinanzierung 187
Prof. Dr. Udo Terstege, Dr. Jürgen Ewert
4.1   Rechtsformübergreifender Überblick 189
4.1.1 Verfügbare Rechtsformen 189
4.1.2 Einlagepflichten 193
4.1.3 Haftungspflichten 199
4.1.4 Mitwirkungs- und Kontrollrechte 205
4.1.5 Beteiligung an Gewinn und Verlust 208
4.1.6 Entnahme- und Ausschüttungsrechte 217
4.2   Eigenfinanzierung der Aktiengesellschaft 224
4.2.1 Grundlagen 224
4.2.2 Aktienarten 228
4.2.3 Kapitalerhöhungsarten 232
4.2.3.1 Vorbemerkung 232
4.2.3.2 Nominelle Kapitalerhöhung 233
4.2.3.3 Kapitalerhöhung gegen Einlagen 236
4.2.3.4 Genehmigtes Kapital 238
4.2.3.5 Bedingtes Kapital 240
4.2.4 Bewertungs- und Kurszusammenhänge 241
4.2.4.1 Theoretische Bewertungszusammenhänge 241
4.2.4.2 Reale Kurszusammenhänge 251
4.3   Zusammenfassung 252
4.4   Wiederholungsfragen 253
4.5   Aufgaben 253
4.6   Lösungen 256
      Literatur 261

5	**Fremdfinanzierung**	263
	Prof. Dr. Udo Terstege, Dr. Jürgen Ewert	
5.1	Instrumentenübergreifender Überblick	265
5.1.1	Zahlungsansprüche	265
5.1.1.1	Grundlagen	265
5.1.1.2	Auszahlung und Tilgung	266
5.1.1.3	Verzinsung	271
5.1.1.4	Effektivzinsvergleiche	273
5.1.2	Besicherung	277
5.1.2.1	Vorüberlegungen	277
5.1.2.2	Insolvenzverfahren	279
5.1.2.3	Sicherheiten im engen Sinne	284
5.1.2.4	Wohlverhaltensregeln	290
5.1.2.5	Prozessualvorteile	293
5.2	**Ausgewählte Fremdfinanzierungskontrakte**	294
5.2.1	Systematik	294
5.2.2	Kurzfristige Fremdfinanzierung	295
5.2.2.1	Individualkontrakte	295
5.2.2.2	Emissionsfinanzierung	299
5.2.3	Langfristige Fremdfinanzierung	300
5.2.3.1	Individualkontrakte	300
5.2.3.2	Emissionsfinanzierung	314
5.3	**Zusammenfassung**	325
5.4	**Wiederholungsfragen**	326
5.5	**Aufgaben**	328
5.6	**Lösungen**	330
	Literatur	335
	Serviceteil	337
	Glossar	338

Grundlagen der Finanzierung

Prof. Dr. Udo Terstege, Dr. Jürgen Ewert

1.1 **Finanzierungsbegriff** – 3
1.1.1 Definition – 3
1.1.2 Zahlungen als Betrachtungsebene – 4

1.2 **Finanzierungsarten** – 10
1.2.1 Zahlungsströme – 10
1.2.2 Zahlungsgleichungen – 12
1.2.3 Innen- versus Außenfinanzierung – 15
1.2.4 Eigen- versus Fremdfinanzierung – 20

1.3 **Finanzmanagement** – 29
1.3.1 Begriff und Aktionsfelder – 29
1.3.2 Ziele des Finanzmanagements – 30

1.4 **Zusammenfassung** – 36

1.5 **Wiederholungsfragen** – 37

1.6 **Aufgaben** – 38

1.7 **Lösungen** – 41

Literatur – 46

© Springer-Verlag GmbH Deutschland 2018
U. Terstege, J. Ewert, *Betriebliche Finanzierung – Schnell erfasst*, Wirtschaft – Schnell erfasst
https:/doi.org/10.1007/978-3-662-53077-1_1

> **Lernziele dieses Kapitels**
>
> - Zahlungsorientierten Finanzierungsbegriff kennen; insbesondere Definitionen von Ein-/Auszahlungen sowie Erträgen und Aufwendungen kennen und Unterschiede zwischen Zahlungs- und Erfolgsebene verdeutlichen können
> - Rückgriff auf Zahlungsmittelbestände, Innenfinanzierung und Außenfinanzierung als Finanzierungsalternativen kennen und Unterschiede zwischen Innen- und Außenfinanzierung verdeutlichen können
> - Unterschiede zwischen idealtypischer Eigen- und Fremdfinanzierung erläutern können und Mischformen zwischen idealtypischer Eigen- und Fremdfinanzierung veranschaulichen und einordnen können
> - Begriff und wichtige Ziele des Finanzmanagements, insbesondere Ziel der Liquiditätswahrung, kennen und erläutern können

> **Schlüsselbegriffe**
>
> Aufwand, Außenfinanzierung, Auszahlung, Autonomie, Eigenfinanzierung, Einzahlung, Erfolg (zahlungsunwirksam), Ertrag, Finanzierung, Finanzmanagement (im engen und weiten Sinne), Finanzmarkt, Finanztitel, Fremdfinanzierung, Innenfinanzierung (im engen und weiten Sinne, vor und nach Ausschüttungen), Innenfinanzierungsdefizit, Klienteleffekt, Liquidität (im engen und weiten Sinne), Rechtsprofil, Reinvermögen (bilanzielles), Shareholder-Ansatz, Stakeholder-Ansatz, Vorzugsaktie (stimmrechtslose), Zahlung (erfolgswirksam und erfolgsunwirksam), Zahlungsgleichung, Zahlungsmittelbestand (brutto sowie netto), Ziele (finanzielle und nichtfinanzielle).

Die Finanzierung stellt eine wichtige betriebliche Funktion dar, die üblicherweise in die Bereiche Innen- und Außenfinanzierung sowie Eigen- und Fremdfinanzierung gegliedert wird. Dabei existieren weder für den Oberbegriff „Finanzierung" noch für die verschiedenen Finanzierungsarten einheitliche Definitionen. Die begrifflichen Grundlagen dieses Funktionsbereichs sind daher zunächst präzise zu fassen, bevor man sich damit inhaltlich beschäftigen kann.

Zuständig für die Ausgestaltung der Finanzierungsfunktion im Unternehmen ist das, wo auch immer organisatorisch angesiedelte, Finanzmanagement. Die Finanzierungsarten lassen sich als Gliederung seines Gestaltungsbereichs interpretieren. Zudem bedarf es aber einer Vorstellung von den Zielen, an denen sich das Finanzmanagement bei der Ausfüllung seiner Kompetenzen orientiert.

1.1 Finanzierungsbegriff

1.1.1 Definition

Bevor wir uns mit der betrieblichen Finanzierung beschäftigen, müssen wir eine gemeinsame Vorstellung von der Abgrenzung dieses Themas gewinnen. Da kein einheitlicher Finanzierungsbegriff existiert, erfordert das eine definitorische Festlegung. Wie jede Definition kann auch die der betrieblichen Finanzierung dabei nicht richtig oder falsch, sondern nur im Hinblick auf einen konkreten Verwendungszweck mehr oder weniger zweckmäßig sein. Unsere Definition muss den Zweck erfüllen, möglichst gut zu beschreiben, welche Sachverhalte gemeinhin unter der betrieblichen Finanzierung zusammengefasst werden. Denn damit wollen wir uns in diesem einführenden Lehrbuch beschäftigen.

kein einheitlicher Finanzierungsbegriff

Der Ursprung allen Geldes

Wir verstehen unter Finanzierung im Folgenden die Gesamtheit aller Maßnahmen, durch die ein Unternehmen innerhalb einer Betrachtungsperiode gesetzliche Zahlungsmittel verfügbar macht. Der so definierte Finanzierungsbegriff kann sich vor allem in drei Merkmalen von anderen Definitionen unterscheiden.

hier: Finanzierung = verfügbar Machen gesetzlicher Zahlungsmittel

Erstens begreifen wir Finanzierung als Vorgang des verfügbar Machens und nicht als dessen Ergebnis. Direkt be-

– ereignisorientiert

schreiben lässt sich Finanzierung in unserem Sinne daher durch Stromgrößen. Bestandsgrößen eignen sich dazu allenfalls indirekt – im Sinne ihrer Veränderung.

– zahlungsorientiert

Zweitens begreifen wir Finanzierung ausschließlich als Vorgang auf der Zahlungsebene und nicht als Vorgang auf der Ebene anderer in Geldeinheiten gemessener Größen. Dieser Vorstellung folgen mittlerweile zwar die meisten Definitionen von Finanzierung. Aber bei der inhaltlichen Auseinandersetzung mit Finanzierungsvorgängen rutschen andere Betrachtungen dann, entgegen ihrer Definition, doch oft auf andere Betrachtungsebenen ab. Insbesondere rutschen Überlegungen zur Innenfinanzierung regelmäßig auf die bilanzielle Erfolgsebene der Aufwendungen und Erträge ab. Um Ihr Verständnis von der Trennung beider Betrachtungsebenen zu schärfen, betrachten und verdeutlichen wir dieses Definitionsmerkmal im ▶ Abschn. 1.1.2 genauer.

– herkunftsunabhängig

Drittens folgen wir einem weiten Finanzierungsbegriff. Wir sprechen von Finanzierung unabhängig davon, wie Zahlungsmittel beschafft und wofür sie verwendet werden. Finanzierung in unserem Sinne kann erfolgen durch

- das Erzielen zusätzlicher Einzahlungen,
- das Vermeiden oder zeitliche Verschieben von Auszahlungen oder
- den Rückgriff auf bereits zu Periodenbeginn vorhandene Zahlungsmittelbestände

und sie kann erfolgen zum

– verwendungsunabhängig

- Erfüllen bereits bestehender Auszahlungsverpflichtungen,
- Erfüllen zusätzlich einzugehender Auszahlungsverpflichtungen oder
- Aufbau von Zahlungsmittelbeständen.

Andere Finanzierungsbegriffe nehmen im Hinblick auf die Möglichkeiten der Mittelbeschaffung oder des Mitteleinsatzes häufig Einschränkungen vor.

1.1.2 Zahlungen als Betrachtungsebene

monätere Ebenen

Betriebliche Vorgänge lassen sich auf unterschiedlichen gedanklichen Ebenen durch monetäre, also in Geldeinheiten ausgedrückte Größen beschreiben. In Betracht kommen mit

- Einzahlungen und Auszahlungen,
- Einnahmen und Ausgaben,
- Erträgen und Aufwendungen bzw.
- Leistungen und Kosten

1.1 · Finanzierungsbegriff

vier Darstellungsebenen. Problematisch im Kontext betrieblicher Finanzierung ist insbesondere die Trennung von Einzahlungen/Auszahlungen und Erträgen/Aufwendungen. Wir beschränken uns daher auf die Abgrenzung dieser beiden Betrachtungsebenen.

Sowohl Einzahlungen/Auszahlungen als auch Erträge/Aufwendungen sind Strom- bzw. Veränderungsgrößen. Stromgrößen korrespondieren stets wie folgt mit Bestandsgrößen: Der Bestand zum Periodenende entspricht dem Bestand zu Periodenanfang, erhöht um alle Zugänge und vermindert um alle Abgänge der Periode.

Zusammenhang zwischen Beständen und Strömen

$$\text{Endbestand} = \text{Anfangsbestand} + \text{Zugänge} - \text{Abgänge}$$

Zum Beispiel entspricht der Lagerbestand am Monatsende dem Lagerbestand am Monatsanfang, erhöht um alle Lagerzugänge und vermindert um alle Lagerabgänge des Monats. Wegen dieses Zusammenhangs kann es sinnvoll sein, für die Definition von Stromgrößen von der korrespondierenden Bestandsgröße auszugehen, wenn die Bestandsgröße leichter zu fassen ist. So gehen wir nachfolgend vor. Die mit Ein- und Auszahlungen korrespondierende Bestandsgröße ist der Nettobestand an Zahlungsmitteln. Er ergibt sich – wie in ◘ Abb. 1.1 verdeutlicht – als Saldo aus dem Bruttobestand an Zahlungsmitteln und den Kontokorrentverbindlichkeiten.

	Bargeld
+	Sichtguthaben
=	Zahlungsmittel-Bruttobestand
-	Kontokorrentverbindlichkeiten
=	Zahlungsmittel-Nettobestand

◘ **Abb. 1.1** Zahlungsmittelbestand

Der Bruttobestand an Zahlungsmitteln eines Unternehmens setzt sich aus Bargeld und Sichtguthaben zusammen. Dabei ist Bargeld der Bestand an gesetzlichen Banknoten und Münzen und sind Sichtguthaben Guthaben, die das Unternehmen bei Kreditinstituten in der Weise unterhält, dass es darüber jederzeit durch Barabhebung oder durch Instrumente des bargeldlosen Zahlungsverkehrs (Überweisung, Scheck oder Lastschrift) verfügen kann. Der Bruttobestand an Zahlungsmitteln kann nicht negativ sein.

Zahlungsmittel, Bruttobestand

In den Nettobestand gehen neben dem Bruttobestand an Zahlungsmitteln Kontokorrentverbindlichkeiten als Negativgröße ein. Kontokorrentverbindlichkeiten sind Verpflichtungen des Unternehmens gegenüber Kreditinstituten, deren

Zahlungsmittel, Nettobestand

Höhe das Unternehmen in vereinbarten Grenzen selbständig und jederzeit variieren kann und die das Kreditinstitut jederzeit zum sofortigen Ausgleich fällig stellen kann. Der Nettobestand an Zahlungsmitteln kann positiv oder negativ sein. Erhöhungen des Nettobestandes an Zahlungsmitteln heißen Einzahlungen, Minderungen heißen Auszahlungen.

Einzahlungen und Auszahlungen

Aufwendungen und Erträge korrespondieren mit der Bestandsgröße des bilanziellen Eigenkapitals, das sich – wie in ◘ Abb. 1.2 verdeutlicht – aus dem Saldo aller bilanziell ausgewiesenen Vermögenswerte und Schulden ergibt. Wir bezeichnen es deshalb anschaulich als (bilanzielles) Reinvermögen.

bilanzielles Reinvermögen

	bilanzielles Vermögen
−	bilanzielle Schulden
=	bilanzielles Reinvermögen (Eigenkapital)

◘ **Abb. 1.2** bilanzielles Reinvermögen

Erträge und Aufwendungen

Das Reinvermögen kann Veränderungen durch zwei Arten von Vorgängen erfahren. Es kann sich verändern, weil Gesellschafter wegen ihrer Gesellschafterposition ohne Rückzahlungsanspruch Vermögen in das Unternehmen einbringen (Einlagen) oder Vermögen entnehmen (Ausschüttungen bzw. Entnahmen). Vorgänge dieser ersten Art finden keinen Niederschlag in der Gewinn- und Verlustrechnung (GuV); sie sind erfolgsneutral. Alle anderen Vorgänge, die das Reinvermögen verändern, schlagen sich in der GuV nieder. Sie sind erfolgswirksam und heißen bei Erhöhungen des Reinvermögens Erträge und im Falle von Minderungen des Reinvermögens Aufwendungen.

Zusammenhänge zwischen Erträgen/Aufwendungen und Zahlungen

Einzahlungen/Auszahlungen und Erträge/Aufwendungen stellen also jeweils in Geldeinheiten gemessene Veränderungen dar, allerdings Veränderungen unterschiedlicher Bestände. Die idealtypischen Zusammenhänge, die zwischen diesen Veränderungsgrößen bestehen können, werden meist durch Graphiken wie in ◘ Abb. 1.3 verdeutlicht.

Der obere Balken verdeutlicht jeweils Vorgänge, die mit Zahlungen verknüpft sind, der untere Balken Vorgänge, die mit erfolgswirksamen Veränderungen des Reinvermögens verknüpft sind. Die versetzte Anordnung von oberem und unterem Balken soll die drei Zusammenhänge verdeutlichen, die zwischen Zahlungs- und Erfolgsebene möglich sind:

erfolgswirksame Zahlungen

– (2) und (5) verdeutlichen Vorgänge, die zu Zahlungen und zu Erträgen/Aufwendungen führen (= erfolgswirksame Zahlungen). Z. B. stellt der Eingang gerade fälliger Miete auf dem Girokonto sowohl eine Einzahlung als auch einen Ertrag dar, bzw. verursacht die Bezahlung

1.1 · Finanzierungsbegriff

	Einzahlungen			Auszahlungen		
		Erträge			Aufwendungen	
	(1)	(2)	(3)	(4)	(5)	(6)

Abb. 1.3 Einzahlungen/Auszahlungen versus Erträge/Aufwendungen

einer gerade empfangenen Dienstleistung sowohl eine Auszahlung als auch Aufwand.

- (1) und (4) verdeutlichen Vorgänge, die sich nur auf der Zahlungsebene, aber nicht auf der Erfolgsebene niederschlagen (= erfolgsunwirksame Zahlungen). Z. B. führt es zu einer Einzahlung, aber nicht zu Ertrag, wenn ein Kunde die seit Wochen offene Rechnung begleicht, bzw. es führt zu einer Auszahlung, aber nicht zu Aufwand, wenn das Unternehmen einen Bankkredit tilgt.

erfolgsunwirksame Zahlungen

- (3) und (6) verdeutlichen Vorgänge, die sich zwar auf der Erfolgsebene, aber nicht auf der Zahlungsebene niederschlagen (= zahlungsunwirksame Erfolge). So führt die Auflösung einer nicht in Anspruch genommenen Rückstellung zu Ertrag, aber nicht zu Einzahlungen, bzw. bewirkt die Abschreibung eines Gebäudes Aufwand, aber keine Auszahlung.

zahlungsunwirksame Erfolge

Daneben existieren Vorgänge, die Kombinationen der sechs idealtypischen Konstellationen darstellen. So stellt der Barverkauf eines Firmenwagens zu einem Preis oberhalb des Buchwertes eine Kombination der Konstellationen (1) und (2) dar. In Höhe des Buchwertes liegt eine ertragsunwirksame Einzahlung vor, darüber hinaus eine ertragswirksame Einzahlung.

Vorgänge, die nicht in gleichem Maße zu Erfolgen und Zahlungen führen, gehören zum unternehmerischen Alltag. Sie machen eine klare Trennung von Zahlungs- und Erfolgsvorgängen notwendig. Die dazwischen bestehenden Unterschiede werden noch deutlicher, wenn man sich die Unterschiede zwischen den korrespondierenden Bestandsgrößen vor Augen führt. Dazu lässt sich zunächst einmal die mit Erträgen und Aufwendungen korrespondierende Bestandsgröße „bilanzielles Reinvermögen" wie in **Abb. 1.4** als Saldo einer stark vereinfachten Bilanz darstellen.

differenziertere Betrachtung der Zusammenhänge zwischen Erträgen/Aufwendungen und Zahlungen

Auf der Aktivseite werden Bargeld und Sichtguthaben, also die beiden Komponenten des Bruttobestandes an Zahlungsmitteln, getrennt ausgewiesen. Alle anderen Forderungen, die – außer dem Sichtguthaben – auf Zahlungsmittel gerichtet sind, werden als sonstige Geldforderungen zusammengefasst.

vereinfachte Bilanz in Kontenform

Aktiva	Passiva
Bargeld	Kontokorrentverbindlichkeiten
Sichtguthaben	sonstige Schulden
sonstige Geldforderungen	bilanzielles Reinvermögen
sonstiges Vermögen	

Abb. 1.4 Vereinfachte Bilanz

Alle anderen Vermögenswerte – außer dem Bruttobestand an Zahlungsmitteln und sonstigen Geldforderungen – werden als sonstiges Vermögen zusammengefasst.

Auf der Passivseite werden die Kontokorrentverbindlichkeiten, also die Negativkomponente des Nettobestandes an Zahlungsmitteln, getrennt ausgewiesen. Alle anderen Verpflichtungen werden als sonstige Schulden zusammengefasst. Die hier interessierende Bestandsgröße „bilanzielles Reinvermögen" ergibt sich als Saldo von Aktiva und Passiva – in der Regel auf der rechten Seite der Bilanz. Diesen Umstand, dass sich nämlich das bilanzielle Reinvermögen erst als rechnerischer „Rest" ergibt, nachdem von allen Aktiva alle sonstigen Passiva subtrahiert wurden, betonen wir, indem wir es entgegen der üblichen Praxis als letzten Posten der Passivseite führen.

vereinfachte Bilanz in Staffelform

In der ersten Spalte der folgenden ❒ Abb. 1.5 sind die Posten der vereinfachten Bilanz gemäß ❒ Abb. 1.4 noch einmal notiert; nun allerdings nicht mehr in der gewohnten Kontenform, sondern als sogenannte Staffelrechnung, bei der Vermögenspositionen und Schulden unter Bildung von Zwischensalden in eine Reihe gebracht werden. Dabei wird die Staffel so aufgestellt, dass sich der Nettobestand an Zahlungsmitteln als Zwischensaldo und das bilanzielle Reinvermögen als Endsaldo ergeben. Durch diese Anordnung werden die Zusammenhänge zwischen beiden Bestandsgrößen deutlich. Mittelbar werden so auch die Zusammenhänge zwischen den damit korrespondierenden Stromgrößen Einzahlungen/Auszahlungen und Erträge/Aufwendungen erkennbar (siehe dazu ❒ Abb. 1.5).

Zusammenhänge zwischen Aufwendungen und Auszahlungen

Bei der Erläuterung dieser Zusammenhänge lassen wir mögliche Veränderungen des Reinvermögens durch Einlagen und Ausschüttungen außer Acht und konzentrieren uns zudem exemplarisch auf Minderungen der Bestandsgrößen. Wir verdeutlichen also nur die Zusammenhänge zwischen Auszahlungen und Aufwendungen. Die drei dazwischen möglichen idealtypischen Zusammenhänge lassen sich anhand der Abbildung wie folgt konkretisieren:

– aufwandsunwirksame Auszahlungen

— Aufwands*un*wirksame Auszahlungen (4) setzen eine Minderung des Zahlungsmittelbestandes voraus, die nicht auf das Reinvermögen „durchschlägt". Dazu muss die Minderung des Zahlungsmittelbestandes durch die

Bestandsgrößen	Stromgrößen
Bargeld	
+ Sichtguthaben	
= Zahlungsmittel-Bruttobestand	
- Kontokorrentverbindlichkeiten	
= Zahlungsmittel-Nettobestand	Einzahlungen/Auszahlungen
+ sonstige Geldforderungen	
+ sonstiges Vermögen	
- sonstige Schulden	
= Reinvermögen	Erträge/Aufwendungen (Einlagen/Entnahmen)

◘ Abb. 1.5 Zusammenspiel monetärer Bestands- und Stromgrößen

Mehrung sonstiger Geldforderungen oder sonstigen Vermögens bzw. die Minderung sonstiger Schulden kompensiert werden. Auszahlungen werden z. B. durch höhere sonstige Geldforderungen kompensiert, wenn ein Kredit ausgereicht wird. Eine kompensierende Erhöhung sonstigen Vermögens liegt z. B. beim Zug-um-Zug-Kauf von Vermögenswerten vor. Eine kompensierende Schuldenminderung liegt z. B. bei der Tilgung einer Verbindlichkeit vor.

- Aufwandswirksame Auszahlungen (5) setzen eine Minderung des Zahlungsmittelbestandes voraus, die voll auf das Reinvermögen „durchschlägt". Dazu müssen die Positionen „sonstige Geldforderungen", „sonstiges Vermögen" und „sonstige Schulden" unverändert bleiben. Das ist z. B. der Fall, wenn eine Zahlungsverpflichtung sofort im Zeitpunkt ihres Entstehens beglichen wird, also z. B. Mieten, Pachten, Zinsen, Steuern, Leasingraten, Löhne etc. im Zeitpunkt ihres Fälligwerdens bezahlt werden.

– aufwandswirksame Auszahlungen

- Zahlungs*un*wirksame Aufwendungen (6) setzen eine Minderung des Reinvermögens bei unverändertem Zahlungsmittelbestand voraus. Dazu ist eine isolierte Minderung sonstiger Geldforderungen, Minderung sonstigen Vermögens oder Erhöhung sonstiger Schulden erforderlich. Eine isolierte Minderung sonstiger Geldforderungen tritt z. B. ein, wenn Forderungen im Wert gemindert oder ausgebucht werden. Eine isolierte Minderung sonstigen Vermögens liegt z. B. bei der Abschreibung sonstigen Vermögens oder dem Verbrauch von Vermögenswerten ohne korrespondierende Aktivierung neuer Vermögenswerte vor. Eine isolierte Mehrung sonstiger Schulden liegt z. B. bei der Bildung einer Rückstellung oder der Entstehung einer Leistungspflicht ohne sofortige Zahlung vor. Die Leistungspflicht kann aus deliktischer Handlung (z. B. Schadensersatzpflicht) oder aus Verträgen (z. B. Miete, Pacht, Zinsen, Löhne etc.) resultieren.

– zahlungsunwirksame Aufwendungen

1.2 Finanzierungsarten

1.2.1 Zahlungsströme

vereinfachtes Zahlungsstrommodell

Finanzierungsvorgänge werden meist nicht en bloc betrachtet, sondern nach verschiedenen Finanzierungsarten differenziert. Für die Trennung verschiedener Finanzierungsarten gehen wir von einem wie in ◘ Abb. 1.6 gezeigten stark vereinfachten Zahlungsstrommodell eines Unternehmens aus.

Das Rechteck in der Mitte der Abbildung verdeutlicht das betrachtete Unternehmen. Pfeile in Richtung dieses Rechtecks verdeutlichen Einzahlungen des Unternehmens, Pfeile aus Richtung des Rechtecks Auszahlungen. Einzahlungen erhöhen den Zahlungsmittelbestand des Unternehmens (ZM-Bestand), Auszahlungen mindern ihn.

direkt leistungswirtschaftlich bedingte Zahlungen

Auf der mittleren Ebene werden Zahlungsströme dargestellt, die direkt durch leistungswirtschaftliche Aktivitäten des Unternehmens ausgelöst werden. Das Unternehmen bezieht vom Faktormarkt Produktionsfaktoren, die sich nach GUTENBERG in Betriebsmittel, Werkstoffe und Arbeitskraft unterscheiden lassen. Dafür leistet das Unternehmen Auszahlungen an den Faktormarkt für Betriebsmittel/Investitionen (A_B), Werkstoffe (A_W) und Löhne/Gehälter (A_L). Andererseits liefert das Unternehmen Produkte an den Absatzmarkt und erhält dafür Einzahlungen aus Umsatzaktivitäten (E_U).

indirekt leistungswirtschaftlich bedingte Zahlungen

Auf der oberen und unteren Ebene der Abbildung werden Zahlungsströme dargestellt, die nur indirekt durch leistungswirtschaftliche Aktivitäten des Unternehmens ausgelöst werden. So weckt die Tätigkeit des Unternehmens fiskalische Begehrlichkeiten des Staates, denen das Unternehmen durch die auf der oberen Ebene dargestellten Auszahlungen für Steuern (A_S) nachkommt. Des Weiteren machen es die leistungswirtschaftlichen Aktivitäten in der Regel unumgänglich, dass das Unternehmen auch am Finanzmarkt aktiv wird. Die daraus resultierenden Zahlungsströme werden auf der unteren Ebene dargestellt. Ihre Notwendigkeit lässt sich wie folgt erklären.

Notwendigkeit von Aktivitäten am Finanzmarkt

Für die Zahlungen, die unmittelbar aus den leistungswirtschaftlichen Aktivitäten des Unternehmens resultieren, ist folgende zeitliche Abfolge nicht zwingend, aber typisch: Das Unternehmen beschafft zuerst Produktionsfaktoren und leistet dafür Auszahlungen, produziert anschließend und kann erst danach Produkte verkaufen und dafür Einzahlungen erzielen. Aber mit welchen Zahlungsmitteln soll es dann die Produktionsfaktoren bezahlen? In vielen Phasen seiner Existenz kann das Unternehmen Produktionsfaktoren mit Zah-

1.2 · Finanzierungsarten

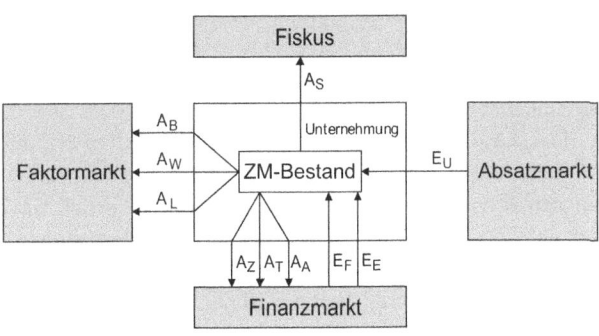

A_B	Auszahlungen für Betriebsmittel	A_S	Auszahlungen für Steuern
A_W	Auszahlungen für Werkstoffe	E_U	Einzahlungen aus Umsatztätigkeit
A_L	Auszahlungen für Löhne/Gehälter	E_F	Einzahlungen aus Fremdfinanzierung
A_A	Auszahlungen für Ausschüttungen	E_E	Einzahlungen aus Eigenfinanzierung
A_T	Auszahlungen für Tilgungen	ZM	Zahlungsmittel
A_Z	Auszahlungen für Zinsen		

◘ **Abb. 1.6** Zahlungsstrommodell eines Unternehmens

lungsmitteln bezahlen, die es bei vorangegangenen Produktverkäufen als Einzahlungen erzielt hat. In anderen Phasen besteht diese Möglichkeit nicht oder nur in unzureichendem Maß. Dies gilt vor allem zu Beginn der Unternehmenstätigkeit, ähnlich aber auch in späteren Phasen reduzierter Umsatzeinzahlungen (z. B. in einer Absatzkrise) oder erhöhter Auszahlungen (z. B. bei einer erheblichen Ausweitung oder grundsätzlichen Revision der Unternehmenstätigkeit). Dann besteht theoretisch die Möglichkeit, Lieferanten um die Stundung der Auszahlungen oder Kunden um eine Vorausleistung der Einzahlungen zu bitten, um Auszahlungen erst leisten zu müssen, wenn zuvor Einzahlungen aus dem Leistungsprozess erzielt wurden. Solche Möglichkeiten der zeitlichen Entkopplung der leistungswirtschaftlichen Transaktionen von den dadurch ausgelösten Zahlungen stehen praktisch aber nicht immer in ausreichendem Maße zur Verfügung. In diesem Fall erfordert die Deckung temporärer Zahlungsmitteldefizite die Erzielung von Einzahlungen, die Marktpartner nicht als Gegenleistung für Produkte, sondern in Erwartung späterer „Rückzahlungen" erbringen. Entsprechende Kontrakte, bei denen Leistung und Gegenleistung aus Zahlungen bestehen, heißen Finanzkontrakte. Sie werden am Finanzmarkt geschlossen und gehandelt.

> Leistungen und Gegenleistungen bestehen bei Finanzkontrakten aus Zahlungen

Wir unterscheiden Finanzkontrakte – zunächst ohne inhaltliche Präzisierung – in Eigen- und Fremdfinanzierungskontrakte. Mit einem Eigenfinanzierungskontrakt erzielt das Unternehmen Einzahlungen (E_E) und muss später Auszahlungen in Form von Ausschüttungen (A_A) leisten. Mit einem Fremdfinanzierungskontrakt erzielt es Einzahlungen (E_F), denen später Auszahlungen für Tilgung (A_T) und Zinsen (A_Z) gegenüberstehen.

weitere Zahlungsströme in der Unternehmensrealität

Das skizzierte Zahlungsstrommodell bleibt schon deshalb ein stark vereinfachtes Bild der Unternehmensrealität, weil es nur den Zahlungsverkehr des Unternehmens mit seiner Umwelt abbildet und alle sonstigen Aspekte des Unternehmensgeschehens ausblendet. Es bildet aber auch den Zahlungsverkehr stark vereinfacht ab, da es nur 10 Zahlungsgrößen erfasst. In der Realität existieren z. B. mit Subventionszahlungen des Staates an das Unternehmen, mit Einzahlungen aus dem Verkauf von Gegenständen des Anlagevermögens, mit den mit der Ausreichung eines Kredits durch das Unternehmen ausgelösten Zahlungen oder mit Leasingraten, die das Unternehmen an eine Leasinggesellschaft leistet, offensichtlich weitere Ein- und Auszahlungen des Unternehmens.

Möglichkeiten zur Abbildung weiterer Zahlungsströme

Weitere Zahlungsströme ließen sich in dem Modell grundsätzlich erfassen – entweder durch die weite Interpretation bereits eingezeichneter Pfeile oder durch zusätzliche Pfeile. Z. B. könnten Leasingraten, die das Unternehmen an eine Leasinggesellschaft leistet, durch einen zusätzlichen Pfeil für Leasingraten in Richtung Finanzmarkt abgebildet werden. Alternativ könnten sie aber auch in eine Zins- und Tilgungskomponente aufgespalten und unter die bereits abgebildeten Pfeile für Zinsen und Tilgungen subsumiert werden. Daneben bestünden noch weitere Möglichkeiten zur Berücksichtigung von Leasingraten. Dieses Beispiel macht schon deutlich, dass ein realitätsnäheres Zahlungsstrommodell des Unternehmens zahlreiche Detailfestlegungen erforderlich machen würde, die den Rahmen einer einführenden Darstellung sprengen. Deshalb belassen wir es bei den 10 bereits erfassten Zahlungstypen. Sie reichen zur Verdeutlichung der hier zu klärenden Grundbegriffe aus.

1.2.2 Zahlungsgleichungen

Übersetzung des graphischen Zahlungsstrommodells in eine Zahlungsgleichung

Eine gute Vorstellung von den regelmäßig unterschiedenen Finanzierungsarten erlangt man durch Übersetzung unseres Zahlungsstrommodells in eine Gleichung. Dabei muss die bereits bekannte Beziehung zwischen korrespondierenden Strom- und Bestandsgrößen

$$\text{Endbestand} = \text{Anfangsbestand} + \text{Zugänge} - \text{Abgänge}$$
$$\Leftrightarrow \quad \text{Anfangsbestand} + \text{Zugänge} = \text{Endbestand} + \text{Abgänge}$$

gelten, hier also

1.2 · Finanzierungsarten

Anfangsbestand an Zahlungsmitteln (ZM_0)
+ Einzahlungen
= Endbestand an Zahlungsmitteln (ZM_1)
+ Auszahlungen

Setzt man die Zahlungsströme unseres Modells ein, muss damit gemäß ◘ Abb. 1.7 gelten:

$$
\left.\begin{array}{l}
\text{Anfangsbestand an Zahlungs-}\\
\text{mitteln } (ZM_0)\\
\\
+\ \text{Einzahlungen aus}\\
\quad \text{Umsätzen } (E_U)\\
\\
+\ \text{Einzahlungen aus Finanz-}\\
\quad \text{kontrakten } (E_E + E_F)
\end{array}\right\} = \left\{\begin{array}{l}
\text{laufende Auszahlungen}\\
(A_L + A_W + A_Z + A_S)\\
\\
+\ \text{Auszahlungen für Investitionen } (A_B)\\
\\
+\ \text{Ausschüttungen } (A_A)\\
\\
+\ \text{Tilgung } (A_T)\\
\\
+\ \text{Endbestand an Zahlungsmitteln } (ZM_1)
\end{array}\right.
$$

◘ **Abb. 1.7** Zahlungsgleichung (Ausgangsform)

Die linke Seite der Gleichung bildet den Anfangsbestand an Zahlungsmitteln sowie alle Einzahlungen und die rechte Seite den Endbestand an Zahlungsmitteln sowie alle Auszahlungen ab. Die Gleichung gilt automatisch für jede zurückliegende und jede zukünftige Periode. Sie kann gar nicht verletzt werden. Daher bildet sie eine Tautologie ab und kann nicht als Anforderung an die Gestaltung von Zahlungsströmen interpretiert werden.

Gleichung ist automatisch erfüllt

Wir haben die Zahlungen zum Teil gruppiert ausgewiesen und uns dabei von folgenden Überlegungen leiten lassen:
- Einzahlungen aus Eigen- und Fremdfinanzierung haben wir zusammengefasst, weil sie jeweils aus dem Abschluss von Finanzkontrakten resultieren.
- Auszahlungen für Löhne/Gehälter, Werkstoffe, Zinsen und Steuern haben wir zusammengefasst, weil sie relativ kontinuierlich anfallen und i. d. R. zeitnah zur Auszahlung auch zu Aufwand führen. Auszahlungen für Betriebsmittel/Investitionen, Ausschüttungen und Tilgungen fallen hingegen eher diskontinuierlich an und führen nicht oder nur mit erheblicher Verzögerung zu Aufwand.

Die Ausgangsform der Zahlungsgleichung würde sich im Prinzip schon zur Definition unterschiedlicher Finanzierungsarten eignen. Die wären dann auf der linken Seite der Gleichung abzulesen. Sie entsprächen so aber noch nicht den Begriffen, die in Theorie und Praxis üblich sind. Um den gängigen

Umstellung der Zahlungsgleichung zur Abbildung üblicher Finanzierungsarten

Sprachgebrauch abzubilden, müssen wir die Gleichung noch – wie in ◘ Abb. 1.8 dargestellt – umstellen.

Mittelherkunft		Mittelverwendung
Verminderung von Zahlungsmittelbeständen $(ZM_0 - ZM_1)^*$		Investition (A_B)
		+ Schuldentilgung (A_T)
+ Innenfinanzierung $[E_U - (A_L + A_W + A_Z + A_S)]^{**}$	=	+ Ausschüttung (A_A)
+ Außenfinanzierung $(E_E + E_F)$		+ Erhöhung von Zahlungsmittelbeständen $(ZM_1 - ZM_0)^*$
		+ Deckung des Innendefizits $[(A_L + A_W + A_Z + A_S) - E_U]^{**}$

◘ **Abb. 1.8** Mittelherkunfts- und Mittelverwendungsgleichung

saldierte Darstellung von:

Im Vergleich zur Ausgangsgleichung wurden die Einzahlungen aus Finanzkontrakten mit der dafür üblichen Bezeichnung „Außenfinanzierung" belegt. Vor allem aber wurden zwei Saldierungen zuvor einzeln ausgewiesener Größen vorgenommen. Dabei erscheint der mit „*" bzw. „**" markierte Saldo jeweils nur auf der Seite der Gleichung, auf der er positiv ist:

Zahlungsmittelbeständen
— Anfangs- und Endbestand an Zahlungsmitteln werden nicht mehr brutto ausgewiesen. Ausgewiesen wird nur noch die Nettogröße der Bestandsveränderung – auf der linken Seite, wenn der Zahlungsmittelbestand reduziert wird, auf der rechten Seite, wenn er erhöht wird. Damit wird der Anfangsbestand an Zahlungsmitteln nicht mehr in voller Höhe als Finanzierung erfasst, sondern nur noch insoweit, wie er in der Periode reduziert wird.

Umsatzeinzahlungen und laufenden Auszahlungen
— Einzahlungen aus der Umsatztätigkeit werden mit den laufenden Auszahlungen für Löhne/Gehälter, Werkstoffe, Zinsen und Steuern saldiert. Diese übliche Saldierung basiert wohl auf der Vorstellung, dass sich Einzahlungen aus Umsätzen nicht isoliert, sondern nur unter Inkaufnahme gleichzeitig höherer laufender Auszahlungen erhöhen lassen. Für Mittelverwendungen, insbesondere für Investitionen, Tilgungen oder Ausschüttungen, kann dann nur der verbleibende Zahlungsüberschuss verwendet werden. Konsequenz dieser Saldierung ist es, dass auch die Einzahlungen aus Umsatztätigkeit nicht mehr in Gänze als Finanzierung erfasst werden, sondern nur noch insoweit, wie sie laufende Auszahlungen übersteigen – wenn dieser Saldo positiv ist, heißt er Innenfinanzierung. Konsequenz dieser Saldierung ist es aber auch, dass der Saldo negativ werden kann. Dann liefert

die laufende Umsatztätigkeit keinen positiven Finanzierungsbeitrag, sondern macht umgekehrt sogar zusätzliche Finanzierung aus anderen Quellen erforderlich.

Auf der linken Seite der vorstehenden Gleichung können wir nun die drei üblicherweise unterschiedenen Finanzierungsarten eines Unternehmens ablesen, nämlich

- die Finanzierung durch den Rückgriff auf zuvor gebildete Zahlungsmittelbestände,
- die Innenfinanzierung und
- die, weiter in Eigen- und Fremdfinanzierung unterschiedene, Außenfinanzierung.

drei Finanzierungsarten:

Innen- und Außenfinanzierung als originäre Finanzierungsarten

Dabei hat der Rückgriff auf bereits vorhandene Zahlungsmittelbestände allerdings nur eine derivative Finanzierungsfunktion. Denn auf diese Weise können ja nicht Zahlungsmittel neu gewonnen, sondern nur bereits zuvor gewonnene und zwischenzeitlich gespeicherte Zahlungsmittel wieder zur Verfügung gestellt werden. Originäre Finanzierungsfunktion haben nur Innen- und Außenfinanzierung. Mit diesen beiden originären Finanzierungsarten beschäftigen wir uns in den folgenden beiden Abschnitten noch etwas genauer.

- Rückgriff auf ZM-Bestände als derivative Finanzierungsart

1.2.3 Innen- versus Außenfinanzierung

Die Abgrenzung von Innen- und Außenfinanzierung lässt sich durch fünf in ◘ Abb. 1.9 unterschiedene Merkmale weitergehend beschreiben.

Merkmale von Innen- und Außenfinanzierung

	Merkmal	Innenfinanzierung	Außenfinanzierung
(1)	Bezug erzielter Einzahlungen zum betrieblichen Leistungsprozess	entstehen innerhalb des Leistungs- und Umsatzprozesses	entstehen außerhalb des Leistungs- und Umsatzprozesses (durch Finanzkontrakte)
(2)	Art eigener Gegenleistung	Güter, Dienste	Zahlungsmittel
(3)	Zeitpunkt eigener Gegenleistung	vorher (Zielverkauf) gleichzeitig (Zug-um-Zug) später (Kundenanzahlung)	später (konstitutiv)
(4)	Vorzeichen	Saldogröße (evtl. negativ)	Bruttogröße (stets nichtnegativ)
(5)	Gestaltungskompetenz des Finanzmanagements	überwiegend Datum; selektive Gestaltungsspielräume	originäres Gestaltungsfeld

◘ Abb. 1.9 Abgrenzung von Innen- und Außenfinanzierung

Innenfinanzierung erfolgt nicht innerhalb des Unternehmens, aber innerhalb des Leistungsprozesses	(1) Die Bezeichnungen Innen- und Außenfinanzierung stellen nicht darauf ab, ob Einzahlungen von außer- oder innerhalb des Unternehmens stammen. Diese, von finanzwirtschaftlichen Laien immer wieder zu hörende, Interpretation macht offensichtlich keinen Sinn. Denn wie sollte ein Unternehmen auf legalem Wege aus sich selbst heraus Zahlungsmittel generieren? Bei beiden Finanzierungsarten erfolgt der Zufluss der Zahlungsmittel von außen in das Unternehmen. Er erfolgt bei der Innenfinanzierung aber innerhalb des betrieblichen Leistungs- und Umsatzprozesses und bei der Außenfinanzierung außerhalb davon, nämlich im Rahmen des Abschlusses von Finanzkontrakten.
Innenfinanzierung heißt: Produkte gegen Geld	(2) Da bei der Innenfinanzierung Zahlungsmittel im Rahmen des betrieblichen Leistungs- und Umsatzprozesses zufließen, besteht die Gegenleistung des Unternehmens in eigenen Produkten, also in abgesetzten Gütern oder Dienstleistungen. Demgegenüber besteht bei der Außenfinanzierung, wie es für Finanzkontrakte typisch ist, nicht nur die empfangene, sondern auch die vom Unternehmen zu erbringende Leistung in Zahlungsmitteln.
bei der Innenfinanzierung ist die Reihenfolge der Leistungen flexibel	(3) Im Rahmen der Innenfinanzierung werden mit Kunden Leistungen unterschiedlicher Art ausgetauscht, nämlich Güter bzw. Dienste gegen Zahlungsmittel. So ein Austausch hat in allen zeitlichen Abfolgen Finanzierungswirkung für das Unternehmen. Das Unternehmen kann seine Leistung vor der Zahlung des Kunden (Verkauf auf Ziel), gleichzeitig mit der Zahlung des Kunden (Verkauf Zug-um-Zug) oder erst nach der Zahlung des Kunden (Anzahlung des Kunden) erbringen. Da bei der Außenfinanzierung Zahlungsmittel gegen Zahlungsmittel getauscht werden, kann sie für das Unternehmen hingegen nur Finanzierungswirkung entfalten, wenn aus Unternehmenssicht erst die Leistung des Kontraktpartners und erst später die eigene Gegenleistung erfolgt.
Innenfinanzierung kann temporär Defizite verursachen	(4) Da die als Außenfinanzierung bezeichneten Zahlungsströme in der hier verfolgten und überwiegend verwendeten Definition nur die aus Finanzkontrakten resultierenden Einzahlungen umfassen, erzeugt diese Finanzierungsart entweder keinen oder einen positiven Finanzierungsbeitrag. Ein negativer Finanzierungsbeitrag ist ausgeschlossen, da die mit der Außenfinanzierung korrespondierenden Auszahlungen für Ausschüttungen, Tilgungen und Zinsen nicht von den aus Finanzkontrakten resultierenden Einzahlungen subtrahiert werden. In der Innenfinanzierung werden hingegen die aus der Umsatztätigkeit erzielten Einzahlungen mit den dafür als erforderlich erachteten

1.2 · Finanzierungsarten

laufenden Auszahlungen saldiert. Anders als es die Bezeichnung Innen*finanzierung* nahelegt, kann diese Finanzierungsart – zumindest in einzelnen Perioden – also durchaus ein Innenfinanzierungsdefizit aufweisen und dann nicht einen Finanzierungsbeitrag liefern, sondern selbst eine Finanzierung erforderlich machen.

(5) Die Außenfinanzierung, also die Erzielung von Einzahlungen durch den Abschluss von Finanzkontrakten, fällt in der Regel allein in die Kompetenz des Finanzmanagements, die allenfalls durch übergeordnete Kompetenzen der Geschäftsleitung beschränkt wird. Bei der Innenfinanzierung liegen die Verhältnisse anders. Da sie eng mit den leistungswirtschaftlichen Prozessen verzahnt ist, obliegen die meisten in diesem Bereich zu treffenden Entscheidungen den zuständigen leistungswirtschaftlichen Abteilungen (Beschaffung, Produktion, Absatz, Personal etc.). Das Finanzmanagement kann die entsprechenden Entscheidungen und daraus resultierenden Zahlungskonsequenzen überwiegend nur als Datum zur Kenntnis nehmen, um sie in seinen sonstigen Entscheidungen zu berücksichtigen. Seine eigenen Gestaltungskompetenzen bleiben hier meist auf solche Details beschränkt, deren Gestaltung keine oder kaum Rückwirkungen auf die leistungswirtschaftlichen Prozesse hat. Gleichwohl kann die Innenfinanzierung für das Finanzmanagement ein wichtiges Gestaltungsfeld sein, da hier zwar die Beeinflussungskompetenz relativ gering ist, die mit dieser begrenzten Kompetenz zu beeinflussenden Zahlungsströme aber in der Regel sehr groß sind.

Innenfinanzierung ist trotz beschränkter Kompetenz wichtiges Gestaltungsfeld des Finanzmanagements

Die Trennung von Innen- und Außenfinanzierung ist von großer Bedeutung, weil in beiden Bereichen grundlegend andere Zusammenhänge zu beachten und andere Überlegungen bei deren Analyse und Management anzustellen sind. Zum Beispiel muss ein Unternehmen zwecks Innenfinanzierung primär Kunden von der Qualität seiner Produkte überzeugen, während es zur Außenfinanzierung primär Financiers von seiner zukünftigen Zahlungskraft überzeugen muss. Zudem ist die Außenfinanzierung konstitutiv durch zeitliche Vorleistungen der Financiers geprägt. Dadurch sind Financiers zwangsläufig besonderen Unsicherheiten im Hinblick auf die zukünftige Entwicklung der Umwelt und das zukünftige Verhalten des Unternehmens ausgesetzt. In der Innenfinanzierung können solche Unsicherheiten der Kunden bei einer Anzahlung zwar ebenfalls auftreten, dort lassen sie sich aber u. U. durch Zug-um-Zug-Geschäfte vermeiden oder durch Lieferungen auf Ziel sogar in eine analoge Unsicherheit des Unternehmens umkehren.

Trennung von Innen- und Außenfinanzierung ist kein Selbstzweck

keine einheitliche Abgrenzung von Innen- und Außenfinanzierung

Solche und weitere Unterschiede müssen sich in der Beschäftigung mit Innen- und Außenfinanzierung niederschlagen. Die Trennung beider Finanzierungsbereiche ist daher inhaltlich geboten und nicht definitorischer Selbstzweck.

Die genaue Abgrenzung von Innen- und Außenfinanzierung bedarf ergänzender Hinweise, da beide Finanzierungsarten nicht durchgängig in der dargestellten Weise abgegrenzt werden. In Schrifttum und Praxis finden sich unterschiedliche Begriffsvorstellungen von Innen- und Außenfinanzierung. Unterschiede können sich teilweise daraus ergeben, inwieweit Ein- und Auszahlungen, die in unserem idealisierten Zahlungsstrommodell nicht berücksichtigt sind, in die Finanzierungsarten einbezogen werden. Dabei geht es z. B. um die Klärung folgender Fragen:

- Sind Einzahlungen aus dem Verkauf von (im Kapitel Fremdfinanzierung zu erläuternden) Handelswechseln eine Positivkomponente des Innenfinanzierungssaldos, weil sie aus dem betrieblichen Umsatzprozess resultieren, oder sind sie der Außenfinanzierung zuzuschlagen, weil sie am Finanzmarkt erzielt werden?
- Sind Zinszahlungen, die das Unternehmen aus der Vergabe von Krediten erzielt, in den Innenfinanzierungssaldo einzubeziehen oder sind sie als Komponente der Außenfinanzierung oder gar als eigenständige Finanzierungsart zu berücksichtigen?

Solche Abgrenzungsprobleme stellen sich in vielen in unserem Modell noch nicht berücksichtigten Bereichen. Ihnen soll hier nicht weiter nachgegangen werden. Wir beschränken uns weiterhin auf die 10 im Zahlungsstrommodell abgebildeten Zahlungsarten. Allerdings belassen auch diese 10 Zahlungsarten noch erhebliche Spielräume für unterschiedliche Definitionen von Innen- und Außenfinanzierung.

unterschiedliche Außenfinanzierungsbegriffe

So werden bei der Definition der Außenfinanzierung oft ähnliche Saldobetrachtungen angestellt, wie wir dies für die Innenfinanzierung dargestellt haben. Insbesondere wird Fremdfinanzierung häufig als Saldo von Einzahlungen aus Fremdfinanzierungskontrakten und Tilgungszahlungen definiert. Analog wird Eigenfinanzierung häufig als Saldo von Einzahlungen aus Eigenfinanzierungskontrakten und „Kapitalrückzahlungen" definiert. Wir wollen solchen Begriffsvarianten im Bereich der Außenfinanzierung hier nicht weiter nachgehen. Klar sollte aber zum einen sein, dass entsprechende Varianten existieren, und zum anderen, dass auch der Bereich der Außenfinanzierung temporär Finanzierungsdefizite auslösen kann, wenn Eigen- und/oder Fremdfinanzierung als Saldogrößen definiert werden.

1.2 · Finanzierungsarten

Betrachtenswerter erscheinen uns die im Rahmen unserer 10 Zahlungsarten möglichen unterschiedlichen Begriffe von Innenfinanzierung. Zum einen, weil die Vielfalt der Begriffsbildungen hier größer ist, und zum anderen, weil hier in praktischen Anwendungen meist deutlich unklarer bleibt, welcher Begriff gerade verwendet wird. Zwar stimmen alle Definitionen der Innenfinanzierung noch darin überein, dass sie Innenfinanzierung, wie wir, als Saldo aus Umsatzeinzahlungen und damit verbundenen laufenden Auszahlungen beschreiben. Sie unterscheiden sich aber darin, welche Einzahlungen und welche Auszahlungen sie genau erfassen. Insofern kann nicht von dem einheitlichen Innenfinanzierungsbegriff, sondern muss von unterschiedlichen Innenfinanzierungsbegriffen gesprochen werden. Im Hinblick auf die 10 im Zahlungsstrommodell berücksichtigten Zahlungsarten sind dabei folgende Unterschiede zu beachten:

unterschiedliche Innenfinanzierungsbegriffe:

- Wir haben Ausschüttungen vorstehend als Mittelverwendung aufgefasst und sie daher nicht in den Innenfinanzierungssaldo einbezogen. Häufig werden Ausschüttungen aber, ähnlich wie Steuer- oder Zinszahlungen, als Auszahlungen interpretiert, die sich unvermeidbar mit dem Umsatz- und Leistungsprozess verknüpfen und die deshalb als zusätzliche Negativkomponente in den Saldo einzubeziehen sind. In diesem Punkt sind also ein Innenfinanzierungssaldo vor Ausschüttungen (Ausschüttungen sind nicht subtrahiert) und ein Innenfinanzierungssaldo nach Ausschüttungen (Ausschüttungen sind subtrahiert) zu unterscheiden.

IF vor oder nach Ausschüttungen

- Als Positivkomponente der Innenfinanzierung haben wir bislang nur Einzahlungen aus dem Verkauf von Produkten der betrieblichen Leistungserstellung explizit angesprochen. Daneben fließen einem Unternehmen aber fallweise auch Einzahlungen aus der Liquidation von Gegenständen des Anlagevermögens, z. B. dem Verkauf einer gebrauchten Maschine, zu. Auch für die Behandlung solcher Liquidationserlöse gibt es keine einheitliche Handhabung. Sie können als Positivkomponente in die Innenfinanzierung einbezogen werden – dann sprechen wir von Innenfinanzierung im weiten Sinne. Oder sie können im Saldo unberücksichtigt bleiben – dann sprechen wir von Innenfinanzierung im engen Sinne.

IF im engen oder im weiten Sinne

Da beide Variationen in Kombination auftreten können, sind schon in unserem stark idealisierten Modellrahmen von nur 10 Zahlungsgrößen vier Innenfinanzierungsbegriffe zu unterscheiden. Diese vier Begriffe werden in ◘ Abb. 1.10 veranschaulicht. In Schrifttum und Praxis ergibt sich mit der

vier Varianten des Innenfinanzierungsbegriffs

```
┌─────────────────┐   ┌─────────────┐   ┌─────────────────┐
│ Innenfinanzierung│   │             │   │ Innenfinanzierung│
│ im **engen** Sinne│ − │Ausschüttungen│ = │ im **engen** Sinne│
│      vor        │   │ der Periode │   │      nach       │
│  Ausschüttungen │   │             │   │  Ausschüttungen │
└─────────────────┘   └─────────────┘   └─────────────────┘
         +                                       +
┌─────────────────┐                   ┌─────────────────┐
│                 │                   │                 │
│ Liquidationserlöse│                 │ Liquidationserlöse│
│                 │                   │                 │
└─────────────────┘                   └─────────────────┘
         =                                       =
┌─────────────────┐   ┌─────────────┐   ┌─────────────────┐
│ Innenfinanzierung│   │             │   │ Innenfinanzierung│
│ im **weiten** Sinne│− │Ausschüttungen│ = │ im **weiten** Sinne│
│      vor        │   │ der Periode │   │      nach       │
│  Ausschüttungen │   │             │   │  Ausschüttungen │
└─────────────────┘   └─────────────┘   └─────────────────┘
```

Abb. 1.10 Vier unterschiedliche Innenfinanzierungsbegriffe

Berücksichtigung weiterer Zahlungsarten schnell eine deutlich größere Zahl im Detail sehr unterschiedlicher Innenfinanzierungsbegriffe. In dieser Vielfalt unterschiedlicher Innenfinanzierungsbegriffe ist kein Begriff erkennbar, der zumindest in der weit überwiegenden Zahl der Anwendungsfälle gemeint ist. Deshalb muss, wenn es um Innenfinanzierung geht, in jedem Anwendungsfall einzeln geklärt werden, welcher Definition von Innenfinanzierung gefolgt wird.

Cash Flow als Synonym für Innenfinanzierung

Neben der unterschiedlichen inhaltlichen Abgrenzung der Innenfinanzierung ist zusätzlich eine heterogene Bezeichnung der gemeinten Größe zu konstatieren. Während sie in theoretischen Abhandlungen überwiegend als Innenfinanzierung bezeichnet wird, ist in praktischen Anwendungen meist von Cash Flow oder betrieblichem Cash Flow die Rede.

1.2.4 Eigen- versus Fremdfinanzierung

Grundidee: Differenzierung von Finanzkontrakten nach dem Unsicherheitsgrad

Bei der Außenfinanzierung überlassen Financiers dem Unternehmen Zahlungsmittel im Rahmen von Finanzkontrakten. Sie erhalten im Gegenzug eine Rechtsposition, die im Kern zukünftige Zahlungsansprüche und gegebenenfalls weitere Rechte und Pflichten umfasst. Solche Rechtspositionen werden als Finanzierungstitel bezeichnet. Sie können sehr unterschiedlich ausgestaltet sein. Vor allem können die Zahlungserwartungen der

Financiers in unterschiedlichem Maße unsicher sein. Die üblicherweise und auch in unserem Zahlungsstrommodell bereits vorgenommene Unterteilung in Eigenfinanzierung (oft Einlagen- oder Beteiligungsfinanzierung genannt) und Fremdfinanzierung (oft Kreditfinanzierung genannt) folgt der Idee, Außenfinanzierung ceteris paribus nach dem Unsicherheitsgrad der Zahlungserwartungen der Financiers zu differenzieren.

Mit Fremdfinanzierung sollen Finanzkontrakte bezeichnet werden, bei denen Financiers relativ sichere Zahlungserwartungen erlangen, mit Eigenfinanzierung Kontrakte, bei denen die Zahlungserwartungen relativ unsicher sind. Bei dieser Unterteilung finden aber üblicherweise nur die für die Risikoposition des Financiers relevanten Merkmale seines eigenen Finanzkontraktes Beachtung. Dass das Risiko des Financiers letztlich auch davon abhängt, wie unsicher das Vermögen des Unternehmens ist und welche sonstigen Finanztitel das Unternehmen nach Ausstattung und Zahl ausgegeben hat, bleibt i. d. R. unberücksichtigt. Nach Eigen- und Fremdfinanzierung eingeteilt werden Finanzkontrakte also nur nach ihren Kontraktmerkmalen und nicht nach Merkmalen der Umwelt, in der sie eingesetzt werden.

Trennung erfolgt anhand von Kontraktmerkmalen

Daher ist es durchaus möglich, dass der Fremdfinancier einer hochverschuldeten und/oder sehr riskant investierenden Unternehmung A letztlich doch ein höheres Risiko trägt als der Eigenfinancier einer unverschuldeten und risikoarm investierenden Unternehmung B. Bezogen auf dieselbe Unternehmung, also ceteris paribus, soll ein Fremdfinancier aber die risikoärmere Position einnehmen.

Das Risiko eines Finanzierungstitels kann von unterschiedlichen Vertragsmerkmalen abhängen, die zudem jeweils viele unterschiedliche Gestaltungsmöglichkeiten eröffnen. Daher erweist sich die Einteilung der Außenfinanzierung in Eigen- und Fremdfinanzierung letztlich als alles andere als trivial. Sie wird deshalb nicht immer einheitlich vorgenommen. Eine weitgehend einheitliche Vorstellung besteht aber zumindest von den idealtypischen Merkmalsausprägungen, durch die sich Eigen- und Fremdfinanzierung charakterisieren lassen, wenn sie in ihrer jeweils reinsten Form vorliegen. Wir verdeutlichen zunächst die mit Eigen- und Fremdfinanzierung verknüpften idealtypischen Vorstellungen und gehen danach auf Abgrenzungsprobleme ein, die sich stellen, wenn Finanzierungstitel nicht einem dieser Idealtypen entsprechen. Einen Überblick über die idealtypische Eigen- und Fremdfinanzierung gibt ◘ Abb. 1.11.

weitgehend uniforme Vorstellung von idealtypischer Eigen- und Fremdfinanzierung

Die ersten drei Merkmale beschreiben die Rechtsposition des Financiers, wenn das Unternehmen bislang allen vertraglichen Verpflichtungen gegenüber dem Financier nachgekommen ist und es sich nicht in einem Insolvenzverfahren befin-

Merkmal	Fremdfinanzierung	Eigenfinanzierung
störungsfreier Verlauf der Geldüberlassung		
M_1 Abhängigkeit der Ansprüche während der Kontraktlaufzeit von Unternehmenserfolgen	erfolgsunabhängiger fester Zins	erfolgsabhängige Ergebnisbeteiligung
M_2 Abhängigkeit der Ansprüche bei Beendigung des Kontraktes von Unternehmenserfolgen	erfolgsunabhängige feste Tilgung	erfolgsabhängige Abfindung bzw. Anteil am erfolgsabhängigen Liquidationserlös
M_3 Gestaltungskompetenz und Kontrollrechte in der Geschäftsführung	keine Kompetenz	volle Kompetenz
Störung der Geldüberlassung durch Insolvenzeintritt		
M_4 Rechtsstellung in der Insolvenz	Insolvenzgläubiger mit bevorrechtigten Ansprüchen	keine Ansprüche; Haftung mit dem gesamten Privatvermögen

◘ Abb. 1.11 Idealtypische Abgrenzung von Eigen- und Fremdfinanzierung

det. Das vierte Merkmal beschreibt seine Rechtsposition in der Insolvenz des Unternehmens.

laufende Ansprüche

M_1 Das Merkmal beschreibt, inwieweit periodische Ansprüche, die Financiers bereits vor dem Ende des Finanzierungskontraktes haben, von Erfolgen und Misserfolgen des Unternehmens abhängen. Der idealtypische Fremdfinancier verfügt über einen Zinsanspruch, dessen Höhe von den Unternehmenserfolgen unabhängig ist. Ob dieser Anspruch tatsächlich erfüllt wird, kann durchaus von den Unternehmenserfolgen abhängen, sein Bestand und seine Höhe sind aber unabhängig davon. Zudem kann die Höhe des Zinsanspruchs von anderen, exogenen Größen abhängen, z. B. von der Entwicklung eines Marktzinssatzes, aber nicht vom Erfolg des Unternehmens. Der idealtypische Eigenfinancier verfügt demgegenüber über einen Anspruch, dessen Höhe sowohl nach oben als auch nach unten mit dem Unternehmenserfolg variiert.

Anspruch am Kontraktende

M_2 Das Merkmal beschreibt die Erfolgsabhängigkeit des Anspruchs, den Financiers am Ende des Finanzierungskontraktes haben. Der idealtypische Fremdfinancier hat einen von den Unternehmenserfolgen unabhängigen (Tilgungs-)Anspruch, der idealtypische Eigenfinancier wiederum einen Anspruch, dessen Höhe nach oben und nach unten mit dem Unternehmenserfolg variiert. Endet sein Kontrakt mit der Liquidation des gesamten Unternehmens, steht dem Eigenfinancier eine bestimmte Quote des von den Unternehmenserfolgen abhängigen Liquidationserlöses zu. Lebt das Unternehmen nach dem Ende des Finanzierungskontraktes weiter, steht ihm eine vom erreichten Unternehmenswert, also von den erzielten Unternehmenserfolgen abhängige Abfindung zu.

M_3 Das Merkmal beschreibt die Möglichkeiten der Financiers, die Geschäfte des Unternehmens zu führen, oder, soweit sie die Geschäfte nicht selbst führen, diese zumindest durch Beobachtung und eventuellen Eingriff kontrollieren zu können. Der idealtypische Fremdfinancier verfügt weder über Geschäftsführungs- noch über Kontrollrechte. Er delegiert die Verfügungsgewalt über seine Zahlungsmittel vollständig an die Unternehmung. Die Geschäfte des Unternehmens führt allein der idealtypische Eigenfinancier. Diese idealtypische Verteilung der Geschäftsführungskompetenz korrespondiert mit der Ausgestaltung der Zahlungsansprüche. Da außerhalb der Insolvenz primär die Eigenfinanciers die Unternehmenserfolge und -misserfolge tragen, steht ihnen die alleinige Gestaltung der Unternehmenspolitik zu.

Gestaltungskompetenz und Kontrollrechte

M_4 Das vierte Merkmal beschreibt die Positionen, die Financiers in einem Insolvenzverfahren einnehmen. Der idealtypische Fremdfinancier kann in der Insolvenz für ausstehende Zahlungsansprüche Forderungen als sogenannter Insolvenzgläubiger anmelden und sich dabei in der Schlange der Insolvenzgläubiger wegen bevorrechtigter Ansprüche „weit vorne anstellen". Der idealtypische Eigenfinancier kann demgegenüber nicht nur keine Ansprüche anmelden, sondern muss für berechtigte Ansprüche, die nicht aus dem Unternehmensvermögen erfüllt werden können, sogar ohne betragliche Grenze mit seinem Privatvermögen einstehen.

Stellung in der Insolvenz

Die meisten Vorstellungen von der idealtypischen Eigen- und Fremdfinanzierung decken sich im Wesentlichen mit der vorstehend beschriebenen Vorstellung. Gelegentlich werden einzelne Merkmale weggelassen oder hinzugefügt, z. B. die Dauer des Finanzierungskontraktes. Im Kern kann aber von einer relativ homogenen Vorstellung von dem ausgegangen werden, was Eigen- und Fremdfinanzierung in ihrer jeweils reinsten Form ausmacht.

Einzelne empirisch anzutreffende Finanzierungskontrakte entsprechen weitgehend den idealtypischen Finanzierungsformen. So entspricht die Aufnahme eines grundpfandrecht-

einzelne Finanzkontrakte entsprechen den Idealtypen

lich gesicherten Darlehens ohne Mitspracherechte und mit festen Zins- und Tilgungsansprüchen dem Idealtypus der Fremdfinanzierung, während die Einlage eines geschäftsführenden OHG-Gesellschafters dem Idealtypus der Eigenfinanzierung entspricht.

die meisten Finanzkontrakte sind Mischformen

Die meisten realen Finanzierungskontrakte weichen aber von den Idealtypen ab. Z. B. behält sich eine Bank bei der Ausreichung eines grundpfandrechtlich gesicherten Darlehens in der Regel mehr oder weniger weitreichende Möglichkeiten zur Beschränkung und Beobachtung der Geschäftspolitik des Darlehensnehmers vor. Also schon grundpfandrechtlich gesicherte Darlehen entsprechen in der Realität hinsichtlich Merkmal M_3 in der Regel nicht ganz dem Idealtypus der Fremdfinanzierung. Andere reale Finanzierungskontrakte weisen häufig deutlich größere Abweichungen von den Idealtypen als dieses Beispiel auf. Solche Finanzierungskontrakte können als Mischformen der Finanzierung interpretiert werden. Ihr Auftreten weckt Bedarf für ein erweitertes Abbildungskonzept, das auch die anschauliche Darstellung solcher Mischformen erlaubt – unsere tabellarische Darstellung aus der vorstehenden Abbildung erlaubt dies nicht. Zudem werfen Mischformen die Frage nach einem erweiterten Abgrenzungskonzept auf, das auch die Einsortierung solcher Mischformen in die beiden begrifflichen Schubladen Eigenfinanzierung und Fremdfinanzierung erlaubt.

Rechtsprofil als Konzept zur Darstellung von Finanzkontrakten

Konzepte zur anschaulichen Abbildung von Mischformen sind Mangelware. Den vermutlich brauchbarsten Ansatz bietet das nachfolgend skizzierte Konzept der Rechtsprofile. Dieses Konzept interpretiert zu jedem der vier verwendeten Gestaltungsmerkmale den bestehenden Gestaltungsspielraum als Kontinuum zwischen den Merkmalsausprägungen der idealtypischen Eigen- und Fremdfinanzierung. Die Merkmalsausprägung eines konkreten Finanzierungstitels kann einer der beiden idealtypischen Merkmalsausprägungen entsprechen oder dazwischen liegen. Liegt sie zwischen den idealtypischen Merkmalsausprägungen, kann sie näher bei der idealtypischen Eigenfinanzierung, näher bei der idealtypischen Fremdfinanzierung oder mitten dazwischen liegen. Dadurch ergibt sich ein zweidimensionaler Darstellungsraum, wie in ◘ Abb. 1.12 veranschaulicht.

Interpretation der Messskalen

Die Zeilen des Rechtsprofils entsprechen den vier Abgrenzungsmerkmalen. Die mit 1 bis 5 überschriebenen Spalten bilden ab, wie sehr die Merkmalsausprägung des einzuordnenden Finanzierungstitels der idealtypischen Fremdfinanzierung oder der idealtypischen Eigenfinanzierung entspricht. Dabei bedeuten:

1 Die Merkmalsausprägung entspricht voll der idealtypischen Fremdfinanzierung. Die idealtypische Fremd-

1.2 · Finanzierungsarten

	FF				EF
	1	2	3	4	5
M_1 Erfolgsabhängigkeit der laufenden Ansprüche	●				●
M_2 Erfolgsabhängigkeit der Ansprüche am Kontraktende	●				●
M_3 Mitwirkungs- und Kontrollrechte	●				●
M_4 Rechtsstellung in der Insolvenz	●				●

Abb. 1.12 Rechtsprofil idealtypischer Eigenfinanzierung (EF) und Fremdfinanzierung (FF)

finanzierung erhält also, wie in der Abbildung eingetragen, bei allen Merkmalen den Wert 1.

2 Die Merkmalsausprägung entspricht nicht voll der idealtypischen Fremdfinanzierung, ist aber deutlich dichter an der idealtypischen Fremdfinanzierung als an der idealtypischen Eigenfinanzierung.

3 Die Merkmalsausprägung liegt in etwa mitten zwischen idealtypischer Eigen- und Fremdfinanzierung.

4 Die Merkmalsausprägung entspricht nicht voll der idealtypischen Eigenfinanzierung, ist aber deutlich dichter an der idealtypischen Eigenfinanzierung als an der idealtypischen Fremdfinanzierung.

5 Die Merkmalsausprägung entspricht voll der idealtypischen Eigenfinanzierung. Die idealtypische Eigenfinanzierung erhält also, wie in der Abbildung eingetragen, bei allen Merkmalen den Wert 5.

Die Skalen zur Abbildung der Merkmale sind kontinuierlich über das Werteintervall von 1 bis 5 definiert. Obwohl für die Skalierung Zahlen und gegebenenfalls sogar gebrochene Zahlen verwendet werden, sollen sie aber nur ordinale und keine kardinalen Messungen der Merkmale abbilden. Ein höherer Merkmalswert drückt also nur eine größere Nähe zur idealtypischen Eigenfinanzierung aus. Nicht gefolgert werden kann z. B., dass eine Merkmalsausprägung mit dem Wert 3 doppelt so weit von der idealtypischen Eigenfinanzierung entfernt ist wie eine Merkmalsausprägung mit dem Wert 4. Zudem dient die angeführte Interpretation ganzzahliger Merkmalswerte nur als grobe Zuordnungsvorschrift. Im Detail bleibt Zuordnungsspielraum. Anders als es die Verwendung von Zahlen für die

Ordinalität und Unschärfe der Messung

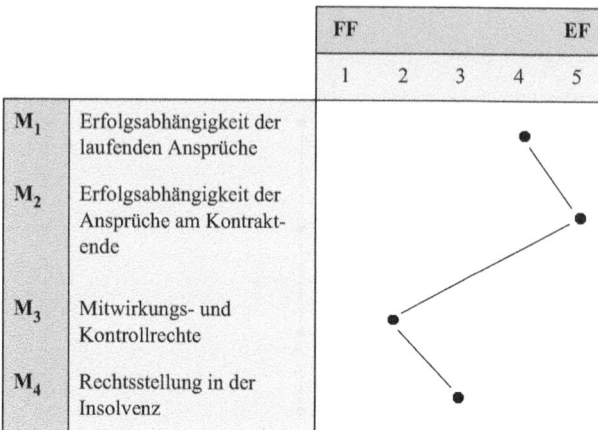

Abb. 1.13 Rechtsprofil einer stimmrechtslosen Vorzugsaktie mit kumulativem Dividendenvorzug

Merkmalswerte suggerieren mag, stellt das Rechtsprofil Finanzierungskontrakte also nur qualitativ und nicht quantitativ dar.

Es erlaubt aber zumindest auf dieser Ebene die anschauliche Darstellung auch von Mischformen. So lässt sich zum Beispiel die Einlage, die ein Aktionär bei der Ausgabe einer stimmrechtslosen Vorzugsaktie mit kumulativem Dividendenvorzug bei vollständiger Erfüllung seiner Einlagepflicht leistet, wie in ◘ Abb. 1.13 dargestellt veranschaulichen.

M_1 Die Ansprüche des Vorzugsaktionärs hängen während der Kontraktlaufzeit nach oben und nach unten von den Unternehmenserfolgen ab; durch seinen Vorzug bei der Dividendenzahlung entspricht die Position in diesem Merkmal aber nicht mehr voll der idealtypischen Eigenfinanzierung.

M_2 Der Anspruch des Vorzugsaktionärs am Kontraktende hängt genau wie bei der idealtypischen Eigenfinanzierung von den Unternehmenserfolgen ab.

M_3 Anders als idealtypische Eigenfinanciers haben Aktionäre ohnehin nur mittelbaren Einfluss auf die Geschäftspolitik des Unternehmens. Die laufenden Geschäfte führt der Vorstand. Selbst dieser nur mittelbare Einfluss ist bei stimmrechtslosen Vorzugsaktien weitergehend beschränkt, da sie kein Stimmrecht in der Hauptversammlung haben, solange der Dividendenvorzug gezahlt wird. Damit rückt die stimmrechtslose Vorzugsaktie in die Nähe der idealtypischen Fremdfinanzierung. Allerdings hebt sie sich davon immer noch deutlich ab, da sie – abgesehen vom Stimmrecht – alle anderen Aktionärsrechte, z. B. Auskunfts- und Anfechtungsrechte, beinhaltet. Und auch das Stimmrecht kann bei Nichterfüllung

1.2 · Finanzierungsarten

des Dividendenvorzugs temporär aufleben – im Falle eines kumulativen Dividendenvorzugs bis zur Begleichung aller ausstehenden Vorzüge.

M_4 Der Vorzugsaktionär kann in der Insolvenz keine Forderung anmelden – insoweit entspricht seine Position der idealtypischen Eigenfinanzierung. Wenn er seine Einlagepflicht vollständig erfüllt hat, besteht für ihn aber keine private Haftung.

Über die vergebenen Merkmalswerte ließe sich im Detail trefflich streiten. Z. B. könnte man hinterfragen, warum die stimmrechtslose Vorzugsaktie bei Merkmal M_3 den Wert 2 und nicht 2,5 oder 3 erhält.

Abbildungsspielräume

Diese Diskussion ist müßig, da das Abbildungskonzept gar nicht hinreichend präzisiert wurde, um solche Entscheidungen eindeutig zu treffen. Auf solche Präzisierungen soll hier auch weiterhin verzichtet werden, da das Abbildungskonzept nur helfen soll, Mischformen der Finanzierung grob qualitativ zu veranschaulichen.

Mit dem Rechtsprofil gelingt zwar eine Veranschaulichung auch von Mischformen der Finanzierung. Offen bleibt aber bisher, wie Mischformen letztlich in die Schubladen Eigen- oder Fremdfinanzierung einsortiert werden sollen. Dazu werden unterschiedliche Wege mit teilweise deutlich divergierenden Ergebnissen vorgeschlagen, z. B. folgende:

Umgang mit binärer Einteilung von Finanzkontrakten

- Eine binäre Einteilung in Eigen- und Fremdfinanzierung wird grundsätzlich abgelehnt, weil sie die Komplexität unterschiedlicher Finanzierungstitel nicht berücksichtigen kann. Diese „Verweigerungslösung" erlaubt dann aber weder die Aufteilung aller mit der Außenfinanzierung eingegangenen Zahlungspflichten auf die Positionen Eigen- und Fremdkapital in der Bilanz noch die Gliederung eines Lehrbuchs zur betrieblichen Finanzierung in Eigen- und Fremdfinanzierung.

Ablehnung der binären Einteilung

- Eine binäre Einteilung in Eigen- und Fremdfinanzierung erfolgt, indem für jeden Finanzierungstitel ein gewichteter Durchschnitt der Merkmalswerte des Rechtsprofils berechnet und der Titel der Eigenfinanzierung (Fremdfinanzierung) zugeordnet wird, wenn diese berechnete „Superkennzahl" einen vorzugebenden Grenzwert übersteigt (unterschreitet). Diese Lösung überfordert allerdings in verschiedener Hinsicht das Darstellungskonzept des Rechtsprofils. Sie überinterpretiert die nur ordinal vorgenommenen Messungen, indem sie damit rechnet. Zudem unterstellt sie zwischen den vier Merkmalen einfache kompensatorische Beziehungen, für deren Rechtfertigung jede sachliche Begründung fehlt.

Einteilung nach durchschnittlichem Merkmalswert

Neben diesen beiden offenkundig wenig befriedigenden Lösungen des Definitionsproblems gibt es zwei weitere Lösungswege:

Einteilung nach Mindestwerten für unterschiedliche Merkmale

- Für jedes Merkmal wird eine Merkmalsausprägung definiert, die mindestens erfüllt sein muss, damit ein Finanzierungstitel der Eigenfinanzierung zugeordnet wird. Insgesamt wird der Finanzierungstitel nur dann der Eigenfinanzierung zugeordnet, wenn er bei allen Merkmalen die Minimalbedingung erfüllt. Andernfalls wird er als Fremdfinanzierung qualifiziert. Ein solcher Weg wird z. B. bei der Zuordnung von Finanzkontrakten im Rahmen der Bilanzierung nach dem Handelsgesetzbuch beschritten.

Einteilung nach einem dominanten Merkmal

Einteilung hier:
EF ≙ keine Forderung in Insolvenz
FF ≙ Forderung in Insolvenz

- Die widersprüchliche Zuordnung eines Finanzierungstitels, die sich beim Blick auf unterschiedliche Merkmale ergeben kann, wird aufgelöst, indem für die Zuordnung zur Eigen- oder Fremdfinanzierung ein Merkmal als letztlich maßgeblich ausgewählt wird. Für dieses Merkmal wird ein Grenzwert definiert und ein Finanzierungstitel der Eigenfinanzierung zugerechnet, wenn er diesen Grenzwert erreicht oder überschreitet. Andernfalls wird er der Fremdfinanzierung zugerechnet. Dieser Definitionsweg wird häufig in theoretischen Arbeiten zur Unternehmensfinanzierung beschritten, so auch in diesem Buch. Bei der Unterscheidung von Eigen- und Fremdfinanzierung stellen wir im Weiteren nur auf das vierte Merkmal, die Rechtsstellung in der Insolvenz, ab. Wir sprechen von Eigenfinanzierung, wenn der Financier in der Unternehmensinsolvenz nicht berechtigt ist, Gläubigerforderungen anzumelden – egal, ob und in welchem Umfang er privat haften muss. Vice versa sprechen wir von Fremdfinanzierung, wenn in der Insolvenz eine Gläubigerforderung angemeldet werden kann – egal, in welchem Forderungsrang.

Eigen- und Fremdfinanzierung nur in der Außenfinanzierung; nicht in der Innenfinanzierung

Abschließend bedarf es noch einer Klarstellung. Wir haben hier nur die Außenfinanzierung in Eigen- und Fremdfinanzierung unterschieden. Eine weitergehende Differenzierung der Innenfinanzierung haben wir nach diesem Begriffspaar demgegenüber ganz bewusst nicht vorgenommen, da es dafür unzweckmäßig ist. Der Grund liegt auf der Hand: Die Trennung von Eigen- und Fremdfinanzierung setzt an rechtlichen Merkmalen des Finanzierungstitels an, der durch den Finanzierungsvorgang entsteht oder dessen Bestehen, z. B. bei weiteren Einlagen eines Gesellschafters, Grundlage der Finanzierung ist. Einen Finanzierungstitel mit entsprechenden Merkmalen gibt es aber nur bei der Außenfinanzierung. Bei Innenfinanzierungsvorgängen besteht die Gegenleistung des Unternehmens ja gerade nicht in zukünftigen Zahlungsansprüchen, die im Kern eines Finanzierungstitels beschrieben werden, sondern in eigenen Produkten. Diese Klarstellung mag Ihnen zunächst trivial erscheinen. Ihre Notwendigkeit erschließt sich aber beim Blick in andere Finanzierungslehrbücher. Dort wird in schlechter Tradition nämlich auch die Innenfinanzierung regelmäßig weiter in Eigen- und Fremdfinanzierung unterteilt. Dass diese Unterteilung nur mit erheblichen gedanklichen Verrenkungen gelingt oder besser gesagt trotz solcher misslingt, ist zwangsläufig. Sie würden ja auch nicht versuchen, auf der ersten Ebene Schrauben und Nägel nach dem Vorhandensein eines Gewindes zu differenzieren, um dann auf der zweiten Ebene nicht nur Schrauben, sondern auch Nägel weiter nach links- und rechtsdrehenden Gewinden zu sortieren.

1.3 Finanzmanagement

1.3.1 Begriff und Aktionsfelder

Im weiten Sinne kann man unter dem Finanzmanagement den Funktionsbereich des Unternehmens verstehen, im dem alle mit der Unternehmenstätigkeit verbundenen Zahlungsströme nicht nur geplant und nachgehalten, sondern auch im Sinne übergeordneter Unternehmensziele aktiv gestaltet werden. Nach dieser weiten Definition würde dem Finanzmanagement die aktive Gestaltung sämtlicher Zahlungsströme, in unserem einfachen Modell also aller 10 Zahlungsströme, obliegen. Das würde z. B. bedeuten, dass es auch über alle Maßnahmen befindet, von denen die Höhe und zeitliche Struktur der Einzahlungen aus der Umsatztätigkeit abhängen. Dazu müsste es z. B. über die Gestaltung der Produktpalette und die Festlegung der Verkaufspreise entscheiden. Analog würden ihm dann auf der Beschaffungsseite z. B. Entscheidungen darüber obliegen, in welcher Qualität und Menge Rohstoffe eingekauft werden oder mit welchen Personen und Maschinen der Leistungsprozess abgewickelt wird. Das Finanzmanagement wäre dann nicht eine betriebliche Teilfunktion, sondern die das Gesamtunternehmen steuernde Zentralfunktion.

(unzweckmäßiger) weiter Begriff des Finanzmanagements

Dem Finanzmanagement mag in Ausnahmesituationen, wie in Phasen drohender Zahlungsunfähigkeit, tatsächlich die zentrale Steuerung des Unternehmens zukommen. Im „Normalbetrieb", und nur davon wollen wir im Weiteren im Hinblick auf die Kompetenzen des Finanzmanagements sprechen, ist das aber sicherlich nicht der Fall. Das Aktionsfeld des Finanzmanagements ist dann enger gefasst. Im Normalbetrieb obliegt ihm

(zweckmäßiger) engerer Begriff des Finanzmanagements

- zwar die passive Planung und Kontrolle aller Zahlungsströme,
- aber deren aktive, zielorientierte Gestaltung nur insoweit, wie Zahlungsströme ohne oder ohne gravierende Rückwirkungen auf die leistungswirtschaftlichen Prozesse beeinflusst werden können.

volle Kompetenz in der Außenfinanzierung, beschränkte Kompetenz in der Innenfinanzierung

Das hat die bereits bei der Abgrenzung von Innen- und Außenfinanzierung berücksichtigten Konsequenzen. Da die Art der im Rahmen der Außenfinanzierung geschlossenen Kontrakte i. d. R. keine Auswirkungen auf die leistungswirtschaftlichen Prozesse hat, fällt die Gestaltung der Außenfinanzierung auch nach der engen Definition nahezu ausschließlich in die Kompetenz des Finanzmanagements. Da zwischen den leistungswirtschaftlichen Prozessen und den Zahlungsströmen des Innenfinanzierungssaldos enge Verknüpfungen bestehen, sind die Kompetenzen des Finanzmanagements in der Innenfinanzierung deutlich beschränkt. Viele der für die Zahlungsströme der Innenfinanzierung relevanten Entscheidungen werden in anderen Funktionsbereichen des Unternehmens getroffen. Sie sind vom Finanzmanagement passiv zur Kenntnis zu nehmen, um sie in den Planungen und Kontrollaktivitäten berücksichtigen zu können. Aktiv gestalten kann das Finanzmanagement in der Innenfinanzierung aber nur ausgewählte Parameter, deren Festlegung idealtypisch nur die Zahlungsströme, nicht aber die Leistungsströme beeinflusst. Die Festlegung welcher Parameter der Innenfinanzierung damit genau in den Kompetenzbereich des Finanzmanagements fällt, werden wir im Kapitel Innenfinanzierung genauer klären.

1.3.2 Ziele des Finanzmanagements

Im Hinblick auf die Ziele, nach denen das Finanzmanagement seine Kompetenzen zur Gestaltung der Zahlungsströme ausfüllt, sind zwei Fragen zu klären. Zum einen, an wessen Interessen sich das Finanzmanagement bei der Ausfüllung seiner Kompetenzen vorrangig orientiert, zum anderen, welche Ziele dabei konkret zu beachten sind.

Maßgeblichkeit übergeordneter Unternehmensziele

Einigkeit besteht darüber, dass die in einzelnen Funktionsbereichen, also auch die im Finanzmanagement, zu verfolgenden Ziele an den übergeordneten Unternehmenszielen auszurichten sind. Kontrovers wird allerdings beurteilt, wessen Interessen für die übergeordneten Unternehmensziele ausschlaggebend sind. Im Wesentlichen stehen sich zwei Sichtweisen gegenüber.

Stakeholder-Ansatz

Nach dem Stakeholder-Konzept werden die Unternehmensziele durch die Aggregation der Ziele aller von der Unter-

1.3 · Finanzmanagement

nehmenstätigkeit betroffenen Interessengruppen gewonnen. Demnach sollen in den Unternehmenszielen neben den Zielen der Eigenfinanciers auch Ziele der Fremdfinanciers, Beschäftigten, Kunden, Lieferanten etc. Berücksichtigung finden. Wie die Aggregation der mitunter widersprüchlichen Ziele all dieser Gruppen erfolgen soll, bleibt weitgehend unklar. Mit dem Stakeholder-Konzept geht daher großer Spielraum der Geschäftsführung bei der Festlegung der Unternehmensziele einher.

Nach dem Shareholder-Konzept werden die Unternehmensziele allein durch die Eigenfinanciers bestimmt. Nach dieser Sichtweise finden die Ziele anderer Interessengruppen in den Aktivitäten des Unternehmens nicht dadurch Berücksichtigung, dass sie in den Zielsetzungsprozess eingehen, sondern erst dadurch, dass die Eigenfinanciers bei der Verfolgung ihrer Ziele auf die Kooperation anderer Interessengruppen im Rahmen von Verträgen angewiesen sind. Nach diesem Konzept muss also nicht die Frage geklärt werden, wie unterschiedliche Zielsysteme zu einem gemeinsamen Zielsystem aggregiert werden, sondern bleibt die Koordination von Zielsystemen im Wesentlichen der Koordinationsfunktion von Märkten, auf denen das Unternehmen agiert, überlassen.

Shareholder-Ansatz (hier unterstellt)

Ziele des Finanzmanagements werden überwiegend aus dem Shareholder-Konzept entwickelt. Dieser keineswegs unumstrittenen Sichtweise folgen wir hier. Wir sind ihr übrigens bereits stillschweigend gefolgt, als wir bei der Beschreibung der idealtypischen Eigen- und Fremdfinanzierung davon ausgingen, dass die Geschäftsführungskompetenz allein in den Händen der Eigenfinanciers liegt.

Eigenfinanciers sind von ihrer Unternehmensbeteiligung zunächst einmal finanziell betroffen und hegen dementsprechend finanzielle Ziele. Sie leisten Einlagen in das Unternehmen und tätigen Entnahmen. Dieser Zahlungsverkehr mit dem Unternehmen beeinflusst ihre Konsummöglichkeiten im Privatbereich. Im Hinblick auf ihren Zahlungsverkehr mit dem Unternehmen haben Eigenfinanciers Präferenzen hinsichtlich Höhe, zeitlicher Struktur und Unsicherheit der zu erwartenden Zahlungen. Überlicherweise wird davon ausgegangen, dass sie ceteris paribus höhere Entnahmen und geringere Einlagen, spätere Einlagen und frühere Entnahmen sowie geringere Unsicherheit der zu erwartenden Zahlungen präferieren. Die zuletzt genannte Präferenz unterstellt Risikoscheu, die empirisch wohl überwiegend festzustellen ist. Voraussetzung für die Verfolgung dieser finanziellen, aber auch aller nichtfinanziellen, Ziele ist die Erhaltung der Autonomie des Unternehmens, weil nur dann die Eigenfinanciers die Unternehmenspolitik entsprechend ihrer eigenen Präferenzen gestalten können.

finanzielle Ziele von Eigenfinanciers

nichtfinanzielle Ziele von Eigenfinanciers	Eigenfinanciers verfolgen mit ihrer Unternehmensbeteiligung daneben nichtfinanzielle Ziele, die deutlich breiter als finanzielle Ziele streuen können. Sie können z. B. Ziele im Hinblick auf die Qualität der Produkte, Qualität der Produktionsverfahren oder Qualität der Arbeitsplätze hegen. Sie können aber auch quantitative Ziele im Hinblick auf die Zahl der Arbeitsplätze, die Höhe der Umsätze oder die Marktanteile hegen. Ebenfalls als Ziele in Betracht kommen die Wahrung des persönlichen Prestiges oder auch schlicht der Fortbestand des unter Umständen selbst gegründeten oder schon lange in Familienbesitz befindlichen Unternehmens. Daneben sind zahlreiche weitere Ziele im nichtfinanziellen Bereich vorstellbar.
besondere Bedeutung finanzieller Ziele im Finanzmanagement	Das Finanzmanagement muss seine Aktivitäten grundsätzlich an den finanziellen und an den nichtfinanziellen Zielen der Unternehmenseigner ausrichten, wobei gerade in diesem Funktionsbereich des Unternehmens die finanziellen Ziele wohl besonders zu beachten sind. Die Ausrichtung der Aktivitäten des Finanzmanagements an dem Zielsystem der Eigner kann schon deshalb ein Problem sein, weil u. U. dieses Zielsystem nicht ein einziges Ziel enthält, sondern in der Regel mehrere, nicht harmonische Ziele. Sie kann aber vor allem ein Problem sein, weil mehrere Eigenfinanciers mit widersprüchlichen Zielen existieren können, z. B. gleichzeitig Eigner mit ausgeprägter Präferenz für hochrentable und erforderlichenfalls auch riskantere Aktivitäten und andere Eigner mit ausgeprägter Präferenz für möglichst sichere Aktivitäten. Dann bedarf es auch innerhalb der Interessengruppe der Eigenfinanciers letztlich doch wieder einer Aggregation unterschiedlicher Zielsysteme. Soweit diese Aggregation nicht von den Eigenfinanciers selbst vorgenommen wird, sondern der Geschäftsführung überlassen bleibt, eröffnen sich der Geschäftsführung in reduzierter Form dann auch im Shareholder-Konzept eigene Spielräume bei der Festlegung der zu verfolgenden Unternehmensziele, die zunächst einmal eher für das Stakeholder-Konzept charakteristisch sind.
mögliche Zielkonflikte zwischen Eigenfinanciers	
Minderung der Zielkonflikte durch Klienteleffekt	Das Problem, das sich mit der Festlegung der Unternehmensziele verknüpft, wenn unterschiedliche Eigenfinanciers unterschiedliche Ziele verfolgen, kann sich durch den sogenannten Klienteleffekt u. U. reduzieren. Damit ist gemeint, dass ein Eigenfinancier i. d. R. nicht Gesellschafter einer Unternehmung bleibt bzw. erst gar nicht wird, wenn die Geschäftspolitik dauerhaft zu weit von seinen eigenen Zielen abweicht. Daher sollten in einer Gesellschaft auf Dauer tendenziell Gesellschafter mit ähnlichen Präferenzen zusammen finden.
Liquidität, Rentabilität, Sicherheit und Autonomie als wesentliche Ziele des Finanzmanagements	Wie auch immer das System übergeordneter Unternehmensziele letztlich aussieht, das Finanzmanagement muss diese Ziele für das von ihm zu verantwortende Gestaltungsfeld der Zahlungsbewegungen in Unterziele „herunterbrechen".

1.3 · Finanzmanagement

Dazu werden auf der Ebene des Finanzmanagements mit der Liquidität, Rentabilität, Sicherheit und Autonomie vor allem immer wieder vier zu verfolgende Ziele genannt. Das Ziel der Liquidität kann dabei als Hauptziel angesehen werden. Es wird auch als Zahlungsfähigkeit oder finanzielles Gleichgewicht bezeichnet und kann in einem engen oder in einem weiteren Sinne verstanden werden.

Die Liquidität des Unternehmens im engen Sinne ist während einer Betrachtungsperiode gewahrt, wenn das Unternehmen alle unvermeidbaren Auszahlungsverpflichtungen dieser Periode pünktlich und in voller Höhe, also zeit- und betragsgenau, erfüllen kann.

Liquidität im engen Sinne

Der enge Begriff der Liquidität stellt nur darauf ab, ob ohnehin schon bestehende, nicht mehr vermeidbare Auszahlungsverpflichtungen des Unternehmens gedeckt werden können. Üblicherweise verfolgen Unternehmen aber nicht nur das Ziel, bereits bestehende Verpflichtungen erfolgreich „abzuwickeln", sondern wollen auch neue Aktivitäten ergreifen, deren Auszahlungen dann ebenfalls gedeckt sein sollen. Sollen durch zusätzliche Aktivitäten neu begründete Zahlungsverpflichtungen ebenfalls erfasst werden, bedarf es einer weiteren Fassung des Liquiditätsziels. Im weiteren Sinne ist Liquidität eines Unternehmens während einer Betrachtungsperiode gegeben, wenn das Unternehmen nicht nur alle ohnehin unvermeidbaren, sondern auch alle durch zusätzlich geplante Aktivitäten neu entstehenden Auszahlungsverpflichtungen der Periode zeit- und betragsgenau erfüllen kann.

Liquidität im weiteren Sinne

Liquidität im Sinne von Zahlungsfähigkeit ist in beiden Begriffsfassungen eine binäre Eigenschaft, die nur entweder gegeben oder nicht gegeben ist. Anders als bei anderen Liquiditätsbegriffen, wie z. B. der Liquidität von Wertpapieren, kann die Liquidität im Sinne von Zahlungsfähigkeit nicht graduell mehr oder weniger vorhanden sein.

Liquidität als binäre Eigenschaft

Gewahrt ist die Liquidität, wenn in jedem Zeitpunkt mit einer anstehenden Auszahlungsverpflichtung der schon vorhandene Zahlungsmittelbestand für die Erfüllung der Zahlungspflicht ausreicht, zusätzliche Einzahlungen in ausreichender Höhe erzielt werden können oder die Auszahlung abgewendet oder zeitlich aufgeschoben werden kann. Ob Liquidität in diesem Sinne erfüllt war, lässt sich rückblickend für abgelaufene Perioden einfach daran erkennen, ob alle Zahlungsverpflichtungen erfüllt werden konnten. Ob sie ex ante in zukünftigen Perioden erfüllt sein wird, erfordert eine detaillierte, zeitpunktgenaue Zahlungsplanung, die für jeden Termin mit einer Auszahlungsverpflichtung die Summe der dann voraussichtlich verfügbaren Zahlungsmittel, der dann kurzfristig zusätzlich erlangbaren Zahlungsmittel und der dann zeitlich

Liquiditätsprognose durch zeitpunktgenaue Finanzplanung

aufschiebbaren Anteile der Auszahlungsverpflichtung bestimmt und diese Summe mit dem Betrag der bestehenden Auszahlungspflicht vergleicht. Voraussetzung dazu ist eine Finanzplanung, die zukünftige Ein- und Auszahlungen zeitpunktgenau erfasst.

Liquidität als primäres Ziel des Finanzmanagements

Das Ziel der Liquiditätswahrung nimmt unter den vom Finanzmanagement zu beachtenden Zieldimensionen deshalb eine herausgehobene Rolle ein, weil seine Verletzung besonders gravierende Konsequenzen hat. Die Illiquidität des Unternehmens löst nämlich i. d. R. die Insolvenz über das Unternehmensvermögen aus und mit der Insolvenz geht das Regime über das Unternehmen von den bisherigen Eignern auf den vorläufigen Insolvenzverwalter oder den Insolvenzverwalter über. Das bedeutet, dass damit dann unmittelbar auch das Ziel der Autonomie verletzt ist. Zudem bedeutet Insolvenz, dass die Eigner mit dem Unternehmen dann mindestens temporär auch keine anderen Ziele mehr verfolgen können, weder finanzielle noch nichtfinanzielle Ziele. Da die allermeisten Insolvenzen in der Zerschlagung des Unternehmens münden, führt die Verletzung des Liquiditätsziels meistens dazu, dass diese Möglichkeiten auch dauerhaft beendet sind. Anders als vielfach üblich, betrachten wir daher Liquidität nicht als ein Ziel, das sich auf gleicher Stufe mit den weiteren Zielen der Autonomie, Rentabilität und Sicherheit befindet, sondern heben es als das primäre Ziel des Finanzmanagements heraus. Die Wahrung der Liquidität ist zwingend notwendige Voraussetzung dafür, überhaupt andere Ziele erreichen zu können.

Rentabilität oder Maximierung des Shareholder Values

Unter dem Ziel der Rentabilität ist, anders als es die Bezeichnung nahelegt, weniger die Maximierung einer Relativzahl zu verstehen, als vielmehr das Ziel, die privaten Konsummöglichkeiten der Eigenfinanciers zu optimieren und zu diesem Zweck ihr Vermögen zu maximieren. Dabei kann das beurteilungsrelevante Vermögen der Eigenfinanciers gedanklich als Barwert des zukünftigen Stroms aus Einlagen in das und Entnahmen aus dem Unternehmen ermittelt werden. Diese Zielsetzung wird häufig auch neudeutsch als Maximierung des Shareholder Values bezeichnet.

Die dazu erforderliche Vermögensbewertung kann vor allem dann zum Problem werden, wenn unterschiedliche Eigenfinanciers unterschiedliche finanzielle Ausstattungen, unterschiedliche zeitliche Konsumpräferenzen oder unterschiedliche Möglichkeiten zur Anlage oder Aufnahme finanzieller Mittel im Privatbereich haben. Abstrahiert man von diesen Problemen, stellt die gleichzeitige Verfolgung der Ziele Liquidität und Rentabilität zumindest gedanklich für das Finanzmanagement kein Problem dar: Es müsste alle möglichen Gestaltungsstrategien identifizieren, zu jeder Gestaltungsstrategie die Zahlungskonsequenzen bestimmen, die in die Illiquidität führenden Strategien aussortieren und von den verbleibenden Strategien diejenige auswählen, bei der das Vermögen der Eigenfinanciers maximiert wird.

Die Probleme des Finanzmanagements gewinnen allerdings deutlich an Komplexität, wenn sich, wie es praktisch immer der Fall ist, zukünftige Zahlungen nicht sicher vorhersehen lassen. Dann kann nicht nur jede Gestaltungsvariante, die dem Finanzmanagement zur Wahl steht, abhängig von Umweltentwicklungen zu unterschiedlichen Zahlungskonsequenzen führen, für die sich bestenfalls noch Eintrittswahrscheinlichkeiten angeben lassen. Sondern dann können die verschiedenen Eigenfinanciers auch heterogene Erwartungen für diese Wahrscheinlichkeitsverteilungen hegen und gegebene Wahrscheinlichkeitsverteilungen unterschiedlich bewerten. Dadurch werden schon die isolierte Verfolgung des Liquiditätsziels und die isolierte Verfolgung des Rentabilitätsziels komplizierter. Vor allem erlangen mit der Berücksichtigung von Unsicherheiten aber auch Widersprüche im Zielsystem des Finanzmanagements Bedeutung.

deutlich mehr Probleme durch Unsicherheit

Unterstellt man risikoscheue Eigenfinanciers, könnte auf den ersten Blick die Wahl der Strategie naheliegen, die zu möglichst geringen Zahlungsunsicherheiten führt. Zwischen dieser Zielvorstellung der Risikominimierung und den Zielen der Liquiditätssicherung und der Rentemaximierung bestehen aber häufig oder sogar zwangsweise Zielkonflikte. Besonders evident und wohl fast immer existent ist der Zielkonflikt zwischen Risikominimierung und Rentabilitätsmaximierung. In der Regel beinhalten Aktivitäten mit im Erwartungswert höheren Renditen nämlich gleichzeitig höhere Risiken. Z. B. könnte eine Unternehmung grundsätzlich liquide Mittel unverzinslich in der Kasse halten. Dann blieben die liquiden Mittel, abgesehen vom Risiko des Diebstahls, nicht nur sicher erhalten, sondern wären auch bei unvorhergesehenen Auszahlungsanforderungen verfügbar. Schon die Einzahlung auf ein niedrig verzinstes, als sicher erachtetes Festgeldkonto bei einer Bank zweifelsfreier Bonität brächte zwar höhere Rentabilität, aber gleichzeitig auch höhere Risiken. Die Mittel blieben zwar sicher erhalten, stünden bei unvorhergesehenen Auszahlungsanforderungen aber nicht zur Verfügung. Werden die liquiden Mittel stattdessen zu einem im Erwartungswert höheren Zinssatz, dafür aber auch zu unsicheren Rückzahlungserwartungen angelegt, kann die Rentabilität im Erwartungswert weiter erhöht werden, es verschärfen sich aber auch die Risiken. Dann stehen die Mittel nicht nur bei unvorhergesehenen Zahlungsanforderungen u. U. nicht zur Verfügung, sie können dann auch endgültig verloren gehen.

regelmäßige Zielkonflikte zwischen Rentabilität und Sicherheit

mögliche Zielkonflikte zwischen Liquidität und Sicherheit

Hinsichtlich des Verhältnisses von Sicherheit und Liquiditätssicherung liegt zunächst wohl die Vorstellung einer harmonischen Zielbeziehung nahe, da man zunächst einmal mit weniger unsicheren Zahlungsströmen die Vorstellung einer geringeren Wahrscheinlichkeit der Illiquidität verknüpft. Wegen des Zielkonflikts zwischen Rentabilität und Sicherheit, muss aber auch dieser Zusammenhang im Einzelfall nicht stimmen. Das ist vor allem dann der Fall, wenn die finanzielle Situation bereits so angespannt ist, dass risikoarme Strategien zwar ziemlich sicher sind, aber auch ziemlich sicher in die Insolvenz führen. Häufig kann die Insolvenz also nur dann mit einer gewissen Mindestwahrscheinlichkeit vermieden werden, wenn unsichere Aktivitäten ergriffen werden. In diesem Fall tritt auch zwischen den Zielen Sicherheit und Liquidität ein Zielkonflikt auf.

1.4 Zusammenfassung

Finanzierung wird heute überwiegend zahlungsorientiert definiert. Wir bezeichnen als Finanzierung alle Maßnahmen, durch die ein Unternehmen gesetzliche Zahlungsmittel verfügbar macht – egal, auf welchem Weg und zu welchem Zweck. Die zahlungsorientierte Sicht auf Finanzierung erfordert eine klare Trennung der interessierenden Ein-/Auszahlungen von Erträgen/Aufwendungen. Während Zahlungen Veränderungen des Nettobestandes an Zahlungsmitteln beschreiben, sind Erträge/Aufwendungen Veränderungen des bilanziellen Reinvermögens.

Finanzierungsvorgänge werden, neben dem Rückgriff auf früher gebildete Zahlungsmittelbestände, in Innen- und Außenfinanzierung unterschieden. Innenfinanzierung erfolgt durch Einzahlungen im Rahmen des Umsatzprozesses, soweit sie die zur Aufrechterhaltung des Umsatzprozesses erforderlichen laufenden Auszahlungen für Steuern, Löhne, Zinsen und Werkstoffe übersteigen. Außenfinanzierung erfolgt durch Einzahlungen aus Finanzkontrakten, also außerhalb des betrieblichen Umsatzprozesses durch Aktivitäten am Finanzmarkt. Die Gestaltung beider Finanzierungsbereiche erfordert sehr unterschiedliche Überlegungen.

Weder Außen- noch Innenfinanzierung werden einheitlich abgegrenzt. Besonders gravierend sind unterschiedliche Abgrenzungen der Innenfinanzierung. Hier ist insbesondere Innenfinanzierung vor und nach Ausschüttungen sowie im engen und im weiten Sinne zu unterscheiden.

Vorgänge der Außenfinanzierung werden nach dem Leitbild ihrer Risikoinhärenz weiter in Eigen- und Fremdfinanzierung unterschieden. Relativ uniform ist die Vorstellung, was idealtypische Eigen- und Fremdfinanzierung unterscheidet.

Weniger einheitlich ist die Vorstellung, wie der Graubereich zwischen den Idealtypen in Eigen- und Fremdfinanzierung zu trennen ist. In diesem Buch werden Finanzkontrakte mit Forderungsrecht in der Insolvenz als Fremd- und solche ohne Forderungsrecht als Eigenfinanzierung bezeichnet. Eine Unterteilung der Innenfinanzierung in Eigen- und Fremdfinanzierung ist sinnlos.

Das Finanzmanagement verfügt im Bereich der Außenfinanzierung über nahezu unbeschränkte Gestaltungskompetenz, im Bereich der Innenfinanzierung nur über beschränkte Teilkompetenzen. Für die Ausfüllung seiner Kompetenzen sind die übergeordneten Unternehmensziele maßgeblich. Dabei werden mit Liquidität, Rentabilität, Sicherheit und Autonomie zumeist vier relevante Ziele genannt. Herausragende Bedeutung kommt dabei der Liquiditätswahrung zu. Besonders schwierig werden die Aufgaben des Finanzmanagements durch Unsicherheit. Sie erfordert die Berücksichtigung von Alternativentwicklungen und löst diverse Zielkonflikte aus.

1.5 Wiederholungsfragen

1. Wie lässt sich Finanzierung definieren? Lösung
   ▶ Abschn. 1.1.1.
2. Wie lassen sich Ein- und Auszahlungen sowie Erträge und Aufwendungen definieren? Lösung
   ▶ Abschn. 1.1.2.
3. Welche Zusammenhänge können zwischen Zahlungen (Ein- und Auszahlungen) und Erfolgen (Erträge und Aufwendungen) bestehen und durch welche Geschäftsvorfälle lassen sich diese möglichen Zusammenhänge beispielhaft unterlegen? Lösung
   ▶ Abschn. 1.1.2.
4. Nach welchen Merkmalen lassen sich Innen- und Außenfinanzierung unterscheiden und welche Ausprägungen nehmen diese Merkmale jeweils an? Lösung ▶ Abschn. 1.2.3
5. Welche vier wesentlichen Innenfinanzierungsbegriffe sind zu unterscheiden? Lösung ▶ Abschn. 1.2.3
6. Warum ist es für Unternehmen in der Regel unvermeidbar, Außenfinanzierung in Anspruch zu nehmen? Lösung ▶ Abschn. 1.2.1
7. Nach welchen Merkmalen lassen sich idealtypische Eigen- und Fremdfinanzierung trennen und welche Ausprägungen nehmen diese Merkmale jeweils an? Lösung ▶ Abschn. 1.2.4

8. Wie lassen sich Mischformen, die weder der idealtypischen Eigen- noch der idealtypischen Fremdfinanzierung entsprechen, in die beiden Schubladen Eigen- und Fremdfinanzierung einsortieren? Lösung
▶ Abschn. 1.2.4
9. Welche sind die vier wesentlichen Ziele des Finanzmanagements? Lösung ▶ Abschn. 1.3.2.
10. Was versteht man unter dem Ziel der Liquiditätswahrung und warum kann es als das wichtigste Ziel des Finanzmanagements angesehen werden? Lösung
▶ Abschn. 1.3.2

1.6 Aufgaben

Aufgabe 1 In der TEST KG ereignen sich im Juli folgende Geschäftsvorfälle:
(1) Ein Kunde der TEST KG begleicht am 02.07. eine seit vier Wochen offene Rechnung über 100.000 € durch Überweisung.
(2) Die TEST KG überweist am 03.07. 40.000 € Körperschaftsteuer an das Finanzamt. Der Steuerbescheid ging im Juni mit einer Zahlungsfrist von 30 Tagen ein.
(3) Die TEST KG gibt ihrem Prokuristen am 03.07. eine Pensionszusage, deren aktueller Barwert 87.000 € beträgt. In Höhe des Barwertes wird eine Rückstellung gebildet.
(4) Die TEST KG erhält am 05.07. eine neue Produktionsanlage für 200.000 €. Der Lieferant baut die alte, vollständig abgeschriebene Anlage ab und rechnet dafür einen Schrottwert von 10.000 € an. Den Restbetrag von 190.000 € leistet die TEST KG sofort nach Lieferung durch Überweisung.
(5) Die TEST KG nimmt am 10.07. einen neuen Kommanditisten auf, der sich zu einer Einlage von 80.000 € verpflichtet und darauf 10.000 € durch Überweisung leistet.
(6) Am 15.07. werden auf dem Kontokorrentkonto 5000 € am selben Tag fällige Zinsen belastet.
(7) Am 15.07. nimmt die TEST KG auf einen Firmenwagen eine außerplanmäßige Abschreibung in Höhe von 9000 € vor.
(8) Am 16.07. überweist die TEST KG für ein laufendes Darlehen die an diesem Tag fällige Annuität in Höhe von 12.000 €, bestehend aus 3500 € Tilgung und 8500 € Zinsen.
(9) Am 20.07. erhält die TEST KG Rohstoffe über einen Rechnungsbetrag von 40.000 €. Die Rohstoffe werden

1.6 · Aufgaben

eingelagert. Für die Bezahlung wird die zweiwöchige Zahlungsfrist genutzt.
(10) Am 28.07. werden an diesem Tag fällige Löhne von 70.000 € an Mitarbeiter überwiesen.
(11) Am 29.07. liefert die TEST KG Waren im Buchwert von 160.000 € gegen Rechnung über 200.000 € an einen Kunden. Der Kunde zahlt die Hälfte des Rechnungsbetrages durch Überweisung bei Lieferung, für die andere Hälfte nutzt er die vierwöchige Zahlungsfrist.
(12) Am 30.07. nimmt die TEST KG einen Kredit über nominal 100.000 €, mit Auszahlung zu 96 % und Tilgung zu 100 % des Nominalbetrages, auf. Die Auszahlung erfolgt bei Kreditaufnahme durch Wertstellung auf dem Girokonto. Die TEST KG entscheidet sich gegen die Aktivierung des Damnums.

a) Geben Sie zu den 12 Geschäftsvorfällen jeweils an, inwieweit sie aus Sicht der TEST KG im Monat Juli mit Einzahlungen (+) und Auszahlungen (–) sowie mit Erträgen (+) und Aufwendungen (–) verbunden sind!
b) Um welchen Betrag verändert sich der Nettozahlungsmittelbestand der TEST KG im Verlauf des Monats Juli?
c) Welchen Gewinn bzw. Verlust erzielt die TEST KG im Juli in ihrer Gewinn- und Verlustrechnung?

Aufgabe 2 Gehen Sie davon aus, dass sich bei der TEST KG im Monat Juli ausschließlich die in Aufgabe 1 beschriebenen Geschäftsvorfälle ereignen! Sie verfügt über keine ungenutzten Kreditlinien, auch nicht über eine ungenutzte Kontokorrentlinie. Kann die TEST KG dann im Juli das finanzielle Gleichgewicht halten, wenn sie zu Beginn des Monats einen Bruttozahlungsmittelbestand von 200.000 € hat?

Gehen Sie davon aus, dass Überweisungen keine Zeit beanspruchen!

Aufgabe 3 Gehen Sie wiederum davon aus, dass sich bei der TEST KG im Monat Juli ausschließlich die in Aufgabe 1 beschriebenen Geschäftsvorfälle ereignen!
a) In welchem Volumen betreibt sie im Juli dann
   1) Innenfinanzierung, im engen Sinne und Innenfinanzierung im weiten Sinne,
   2) Außenfinanzierung und
   3) Finanzierung durch Rückgriff auf Zahlungsmittelbestände?

b) Stellen Sie die Zahlungsströme der TEST KG in einem Mittelherkunfts-/Mittelverwendungsschema der in ◘ Abb. 1.8 vorgestellten Art dar!

Aufgabe 4 Angenommen, die TEST KG hätte für das abgelaufene Geschäftsjahr ein Mittelherkunfts-/Mittelverwendungsschema der in ◘ Abb. 1.8 vorgestellten Art erstellt und als Saldogrößen für die Innenfinanzierung im weiten Sinne einen Betrag von –6 Mio. €, für die Außenfinanzierung einen Betrag von 18 Mio. € und für Mittelverwendung im engeren Sinne, also für getätigte Investitionen, Schuldentilgungen und Ausschüttungen, einen Betrag von 9 Mio. € ermittelt. Kommentieren Sie jeweils die nachfolgenden auf diese Datenkonstellation bezogenen Aussagen!

(1) Die TEST KG hat im abgelaufenen Geschäftsjahr einen Verlust (= Jahresfehlbetrag) von 6 Mio. € erwirtschaftet.
(2) Die TEST KG hat im abgelaufenen Geschäftsjahr insgesamt 6 Mio. € mehr an Auszahlungen geleistet, als sie an Einzahlungen erzielt hat.
(3) Die TEST KG hat im abgelaufenen Geschäftsjahr für Investitionen 9 Mio. € ausgezahlt.
(4) Die TEST KG hat im abgelaufenen Geschäftsjahr zur Deckung des Innendefizits die zu Jahresbeginn vorhandenen Zahlungsmittelbestände bis zum Jahresende um 6 Mio. € verringert.

Aufgabe 5 Ein sogenannter atypischer stiller Gesellschafter ohne Verlustbeteiligung, der in seinem Vertrag keine besonderen Vereinbarungen getroffen hat, für den also die gesetzlichen Grundregeln des Handelsgesetzbuches (§§ 230–237 HGB) gelten,
- erhält während der Vertragslaufzeit einen bestimmten prozentualen Anteil am Gewinn als Zahlung,
- muss bei Verlusten weder Zahlungen an das Unternehmen leisten, noch Minderungen seines Kontostandes hinnehmen (deshalb „ohne Verlustbeteiligung"),
- hat am Ende der Vertragslaufzeit Anspruch auf einen bestimmten Anteil am durch eine Unternehmensbewertung festzustellenden Wert des Unternehmens (deshalb „atypisch"), mindestens aber auf seine Einlage,
- kann keinen Einfluss auf die laufende Geschäftsführung nehmen, erhält aber jährlich einen Jahresabschluss und darf Einblick in die Bücher und Papiere des Unternehmens nehmen, um die Richtigkeit des Jahresabschlusses zu überprüfen und
- kann im Insolvenzverfahren im Rang eines „normalen Gläubigers" offene Zahlungsansprüche einfordern.

a) Erstellen Sie zum atypischen stillen Gesellschafter ohne Verlustbeteiligung ein Rechtsprofil und erläutern Sie dieses!
b) Wie wäre die Einlage eines atypischen stillen Gesellschafters ohne Verlustbeteiligung nach der Systematik dieses Buches letztlich einzuordnen? Stellt sie Eigen- oder Fremdfinanzierung dar?

1.7 Lösungen

Aufgabe 1

a)

Vorfall	I Einzahlung (+) Auszahlung (-)	II Ertrag (+) Aufwand (-)	Erläuterung
(1)	+ 100.000	± 0	Erfolgsbuchung bei Lieferung
(2)	- 40.000	± 0	Aufwand bei Eingang des Bescheids
(3)	± 0	- 87.000	Zahlungen erst später
(4)	- 190.000	+ 10.000	Kauf neuer Anlage erfolgsneutral, Verkauf alter Anlage ertragswirksam
(5)	+ 10.000	± 0	Eigenkapital durch Einlage erfolgsneutral erhöht
(6)	- 5.000	- 5.000	zahlungswirksamer Aufwand
(7)	± 0	- 9.000	nur Buchwertminderung
(8)	- 12.000	- 8.500	Tilgung erfolgsneutral
(9)	± 0	± 0	Zahlung im Folgemonat; Aufwand bei Verbrauch
(10)	- 70.000	- 70.000	zahlungswirksamer Aufwand
(11)	+ 100.000	+ 200.000 - 160.000	Zahlung nur der ersten Hälfte; Ertrag /Aufwand voll bei Lieferung
(12)	+ 96.000	- 4.000	Aufwand in Höhe der Differenz aus Auszahlungs- und Rückzahlungsbetrag (=Damnum)
Σ	- 11.000	- 133.500	

b) Im Saldo hat sich der Nettobestand an Zahlungsmitteln im Monatsverlauf um 11.000 € vermindert (= Saldo von Spalte I).

c) Im Monat Juli wurde ein Verlust in Höhe von 133.500 € erzielt (= Saldo von Spalte II).

Aufgabe 2 Für jeden Termin mit einer Auszahlungsverpflichtung ist zu prüfen, ob der dann vorhandene Zahlungsmittelbestand ausreicht, um die Auszahlung leisten zu können.

Datum	Vorfall	Ein-/Auszahlung	Zahlungsmittelbestand
01.07.			+ 200.000
02.07.	(1)	+ 100.000	+ 300.000
03.07.	(2)	- 40.000	+ 260.000
05.07.	(4)	- 190.000	+ 70.000
10.07	(5)	+ 10.000	+ 80.000
15.07.	(6)	- 5.000	+ 75.000
16.07.	(8)	- 12.000	+ 63.000
28.07.	(10)	- 70.000	**- 7.000**
29.07.	(11)	+ 100.000	
30.07.	(12)	+ 96.000	
Σ		- 11.000	

Die am 28.07. für Löhne anstehende Auszahlungsverpflichtung kann nicht mehr aus dem Zahlungsmittelbestand erfüllt werden. Ohne Anpassungsmöglichkeiten bei dieser Auszahlung oder Möglichkeiten, Einzahlungen zusätzlich zu erzielen oder zumindest zeitlich vorzuziehen, könnte die TEST KG am 28.07. daher nicht das finanzielle Gleichgewicht halten. Das wird nicht erkennbar, wenn man nur vergleicht, dass im Monat insgesamt netto Auszahlungen in Höhe von 11.000 € anstehen und dafür zu Monatsbeginn ein Zahlungsmittelbestand von 200.000 € zur Verfügung steht, sondern erst bei termingenauer Zahlungsplanung.

Aufgabe 3
a)
1) Innenfinanzierung im engen Sinne betreibt die TEST KG im Juli in Höhe von 76.500 €, Innenfinanzierung im weiten Sinne in Höhe von 86.500 €. Dabei liefern folgende Geschäftsvorfälle einen (positiven oder negativen) Beitrag zur Innenfinanzierung. Da keine

1.7 · Lösungen

Ausschüttungen erfolgen, ist in diesem Beispiel keine Unterscheidung von Innenfinanzierung vor und nach Ausschüttungen erforderlich.

Geschäfts-vorfall	IF-Beitrag	Erläuterung
(1)	+ 100.000	Einzahlung aus lfd. Umsatz
(2)	- 40.000	Auszahlung für Steuern
(6)	- 5.000	Auszahlung für Zinsen
(8)	- 8.500	Auszahlung für Zinsen
(10)	- 70.000	Auszahlung für Löhne
(11)	+ 100.000	Einzahlung aus lfd. Umsatz
=	**+ 76.500**	**Innenfinanzierung im engen Sinne**
(4)	+ 10.000	Einzahlung aus Liquidation
=	**+ 86.500**	**Innenfinanzierung im weiten Sinne**

Die Auszahlung für die neue Produktionsanlage (brutto 200.000 € aus Geschäftsvorfall (4)) geht nicht in die Innenfinanzierung ein; sie stellt eine Mittelverwendung im Sinne einer Auszahlung für Investitionen dar. Der Tilgungsanteil der gezahlten Annuität (3500 € aus Geschäftsvorfall (8)) stellt ebenfalls eine Mittelverwendung dar, diesmal eine Auszahlung für Tilgung. Die Geschäftsvorfälle (5) und (12) betreffen nicht die Innen-, sondern die Außenfinanzierung.

2) Außenfinanzierung betreibt die TEST KG im Juli in Höhe von 106.000 €. Dazu liefern folgende Geschäftsvorfälle einen Beitrag.

Geschäfts-vorfall	AF-Beitrag	Erläuterung
(5)	+ 10.000	Einzahlung aus Eigenfinanzierung
(12)	+ 96.000	Einzahlung aus Fremdfinanzierung
=	**106.000**	**Außenfinanzierung**

3) Finanzierung durch den Rückgriff auf in Vorperioden gebildete Zahlungsmittelbestände betreibt die

TEST KG im Juli in Höhe von 11.000 €. Um diesen Betrag werden die Zahlungsmittelbestände im Monatsverlauf reduziert, wie sich bereits als Saldo aller Zahlungen in Aufgabe 1 b) ergab.

b)

Mittelherkunft		Mittelverwendung	
Abbau ZM-Bestände	11.000	Investition	200.000
Innenfinanzierung		Schuldentilgung	3.500
– IF im engen Sinne	76.500		
– Liquidationserlös	10.000		
Außenfinanzierung			
– Eigenfinanzierung	10.000		
– Fremdfinanzierung	96.000		
Summe	203.500	Summe	203.500

Aufgabe 4

(1) Aus der Angabe der drei Zahlungssalden können keine Rückschlüsse auf den Saldo aller Erträge und Aufwendungen gezogen werden.

(2) Den Einzahlungen aus der Außenfinanzierung (18) stehen Auszahlungen für Mittelverwendung (9) und zur Deckung des Innendefizits (6) von insgesamt 15 gegenüber. Die TEST KG hat im letzten abgelaufenen Geschäftsjahr also insgesamt 3 Mio. € mehr an Einzahlungen erzielt, als sie an Auszahlungen geleistet hat.

(3) Da das gesamte Volumen der Mittelverwendung 9 beträgt, könnte die TEST KG im abgelaufenen Geschäftsjahr Investitionen in Höhe von 9 Mio. € getätigt haben. Dies würde jedoch voraussetzen, dass die TEST KG keinerlei Tilgungszahlungen geleistet hat und auch keine Ausschüttungen vorgenommen hat.

(4) Die TEST KG hat im abgelaufenen Geschäftsjahr (trotz des Innendefizits von 6 Mio. €) insgesamt 3 Mio. € mehr an Einzahlungen erzielt, als sie an Auszahlungen geleistet hat (vgl. dazu den Lösungshinweis unter (2)). Sie hat den Zahlungsmittelbestand im abgelaufenen Geschäftsjahr also erhöht und nicht reduziert.

Aufgabe 5

a) Die Rechtsposition eines atypischen stillen Gesellschafters ohne Verlustbeteiligung lässt sich wie folgt visualisieren.

1.7 · Lösungen

	FF				EF
	1	2	3	4	5
M_1 Erfolgsabhängigkeit der laufenden Ansprüche				●	
M_2 Erfolgsabhängigkeit der Ansprüche am Kontraktende			●		
M_3 Mitwirkungs- und Kontrollrechte		●			
M_4 Rechtsstellung in der Insolvenz		●			

M_1 Ohne Verlustbeteiligung entspricht die Rechtsposition des Stillen nicht voll der idealtypischen Eigenfinanzierung, da negative Ergebnisse aus Vorjahren nicht erst durch positive Ergebnisse späterer Jahre ausgeglichen werden müssen, bevor neue Ansprüche erworben werden. Aber auch ohne Verlustbeteiligung können zusätzliche Ansprüche während der Kontraktlaufzeit nur erworben werden, wenn positive Unternehmensergebnisse erzielt werden. Dadurch bleibt eine stille Gesellschaft auch ohne Verlustbeteiligung einer idealtypischen Eigenfinanzierung in diesem Merkmal ähnlich.

M_2 Ohne Verlustbeteiligung können die Ansprüche des Stillen am Kontraktende nicht nach unten von seiner Einlage abweichen. Sie können davon aber nach oben abweichen, wenn die Unternehmensbewertung ergibt, dass sein quotaler Anteil am Unternehmenswert höher als seine Einlage ist. Er ist daher mittig zwischen die idealtypische Eigen- und Fremdfinanzierung einzuordnen.

M_3 Durch vertragliche Vereinbarungen kann die Geschäftsführungskompetenz zwischen dem Inhaber des Handelsgeschäftes und dem stillen Gesellschafter theoretisch fast beliebig aufgeteilt werden. Ohne vertragliche Vereinbarung verbleibt die Geschäftsführungskompetenz aber vollständig beim Inhaber. In Abweichung von einer idealtypischen Fremdfinanzierung erhält der Stille allerdings besondere Kontrollrechte nach § 233 HGB. Bzgl. Merkmal M_3 entspricht die stille Gesellschaft also nicht mehr ganz der idealtypischen Fremdfinanzierung, weist aber deutlich eher Fremd- als Eigenfinanzierungscharakter auf.

M_4 Im Insolvenzfall kann der Stille als normale, nicht bevorrechtigte Insolvenzforderung alle ausstehenden laufenden Zahlungen und gemäß § 236 HGB den Betrag geltend machen, um den seine Einlage ihm zuzurechnende Verlustanteile übersteigt. Der Stille Gesellschafter ohne Verlustbeteiligung kann in der Insolvenz also mindestens die Rückzahlung seiner Einlage fordern. Ohne besondere Sicherheiten entspricht eine stille Gesellschaft ohne Verlustbeteiligung also auch hinsichtlich Merkmal M_4 zwar nicht mehr vollständig der idealtypischen Fremdfinanzierung, da sie keine bevorrechtigte Forderung in der Insolvenz verschafft, weist aber auch in diesem Punkt deutlich eher Fremd- als Eigenfinanzierungscharakter auf.

b) In diesem Buch wird ein Finanzkontrakt als Fremdfinanzierung eingeordnet, wenn der Financier in der Insolvenz des Unternehmens überhaupt eine Forderung als Insolvenzgläubiger anmelden kann, egal in welchem Rang. Andernfalls sprechen wir von Eigenfinanzierung. Da der atypische stille Gesellschafter ohne Verlustbeteiligung das Recht hat, in der Insolvenz eine Forderung mindestens in Höhe seiner Einlage anzumelden, wird seine Einlage als Fremdfinanzierung eingeordnet.

Literatur

Bitz, M. (1994): Finanzierung als Marktprozeß – Reflexionen zu Inhalt und Differenzierung des Finanzierungsbegriffs, in: Planwirtschaft am Ende – Marktwirtschaft in der Krise?, Festschrift für Wolfram Engels, hrsg. v. W. Gerke, Stuttgart, S. 187–216.

Bitz, M. und *Terstege, U.* (2002): Grundlagen des Cash-Flow-Managements, in: Praktiker-Handbuch Unternehmensfinanzierung – Kapitalbeschaffung und Rating für mittelständische Unternehmen, hrsg. von D. Krimphove, D. Tytko, Stuttgart, S. 287–330.

Bitz, M. und *Ewert, J.* (2014): Übungen in Betriebswirtschaftslehre, Übungsaufgaben 2.1 bis 2.5, 8. Aufl., München.

Breuer, W., Schweizer, T. und *Breuer, C.* (2012): Gabler Lexikon Corporate Finance, 2. Aufl., Wiesbaden.

Breuer, W. (2013): Finanzierung, Kapitel II, 3. Aufl., Wiesbaden.

Chmielewicz, K. (1976): Betriebliche Finanzwirtschaft I, Berlin/New York.

Drukarczyk, J. und *Lobe, S.* (2014): Finanzierung: Eine Einführung, Kapitel 1, 3 und 10, 11. Aufl., Stuttgart.

Franke, G. und *Hax, H.* (2009): Finanzwirtschaft des Unternehmens – und Kapitalmarkt, Kapitel I, 6. Aufl., Berlin u. a.

Perridon, L., Steiner, M. und *Rathgeber, A.* (2017): Finanzwirtschaft der Unternehmung, Kapitel A, 17. Aufl., München.

Wöhe, G., Bilstein, J., Ernst, D. und *Häcker, J.* (2013): Grundzüge der Unternehmensfinanzierung, 11. Aufl., München.

Finanzierungsrisiken

Prof. Dr. Udo Terstege, Dr. Jürgen Ewert

2.1	Überblick – 49	
2.2	Basisrisiken: Geschäfts- und Kapitalstrukturrisiko – 52	
2.2.1	Grundlegende Einordnung – 52	
2.2.2	Risiken ohne Verschuldung – 55	
2.2.3	Leverage-Effekt – 56	
2.2.4	Probleme von Renditevergleichen – 60	
2.2.5	Berücksichtigung von Ausfallrisiken – 63	
2.2.6	Reaktionen auf Basisrisiken – 69	
2.2.7	Berücksichtigung von Folgeperioden – 74	
2.3	Qualitätsrisiken – 77	
2.3.1	Grundlegende Einordnung – 77	
2.3.2	Qualitätsrisiken von Eigenfinanciers – 81	
2.3.3	Qualitätsrisiken von Fremdfinanciers – 84	
2.4	Verhaltensrisiken – 89	
2.4.1	Grundlegende Einordnung – 89	
2.4.2	Verhaltensrisiken von Eigenfinanciers – 93	
2.4.3	Verhaltensrisiken von Fremdfinanciers – 97	
2.5	Zusammenfassung – 106	
2.6	Wiederholungsfragen – 107	
2.7	Aufgaben – 108	
2.8	Lösungen – 112	
	Literatur – 125	

© Springer-Verlag GmbH Deutschland 2018
U. Terstege, J. Ewert, *Betriebliche Finanzierung – Schnell erfasst*, Wirtschaft – Schnell erfasst
https:/doi.org/10.1007/978-3-662-53077-1_2

Lernziele dieses Kapitels

- Primäres Geschäftsrisiko, Kapitalstrukturrisiko, Qualitätsrisiken und Verhaltensrisiken als wesentliche Finanzierungsrisiken kennen und abgrenzen können
- Rationierung, Risikobegrenzung im engeren Sinne und Risikokompensation als grundlegende Reaktionen kennen und deren Eignung für den Umgang mit unterschiedlichen Finanzierungsrisiken einordnen können
- Kapitalstrukturrisiken mit Hilfe der Leverage-Formel beschreiben und analysieren können
- Asymmetrische Betroffenheit, Information und Kompetenz als wichtige Risikoursachen einordnen können
- Qualitätsrisiken für Eigen- und Fremdfinanciers konkretisieren können, adverse Selektion als mögliche Konsequenz verstehen und Ansatzpunkte zu deren Minderung einordnen können
- Hold Up, Hidden Intention, Hidden Action und Costly State Verification als Spielarten von Verhaltensrisiken unterscheiden können
- Verhaltensrisiken für Eigen- und Fremdfinanciers konkretisieren und Ansatzpunkte zu deren Minderung zuordnen können

Schlüsselbegriffe

Adverse Selektion, Akerlof-Problem, Basisrisiken, Betroffenheit (asymmetrische), Besicherung (nachträgliche), Consumption on the Job, Costly State Verification, Covenants (financial und non-financial), Delegationsbeziehung, Delegationsrisiken, Finanzierungsrisiken, Geschäftsrisiko (primäres), Hidden Action, Hidden Information, Hold Up, Information (ex ante, ex interim und ex post), Informationsverteilung (asymmetrische), Kapitalstrukturrisiko, Kreditrationierung, Kündigungsrechte, Lemon-Problem, Leverage-Effekt, Moral Hazard, Negativklausel, Pecking Order, Qualitätsrisiken, Rationierung, Reputation, Risikoabwälzung, Risikoanreiz, Risikokompensation, Risikovermeidung, Screening, Signalling, Verhaltensrisiken, Verschuldungsanreiz, Verschuldungseffekte (dynamische), Verschuldungsgrad.

Financiers von Unternehmen tragen unterschiedliche Risiken, die teilweise von Merkmalen ihres Finanzierungskontraktes, teilweise aber auch von Merkmalen des Unternehmens oder der Umwelt abhängen. Das betriebliche Finanzmanagement ist auf die Kooperation der Financiers angewiesen. Es muss daher verstehen, welchen Risiken Financiers sich ausgesetzt sehen, wodurch diese Risiken ausgelöst werden, welche negativen Konsequenzen das Unternehmen deshalb befürchten muss und welche Ansatzpunkte bestehen, um die von Financiers wahrgenommene Risikosituation im Interesse des Unternehmens zu beeinflussen. Ohne Verständnis dieser Zusammenhänge kann das Finanzmanagement den Instrumentenkoffer, der ihm in Form alternativer Finanzierungsinstrumente zur Verfügung steht, nicht zielgerecht einsetzen.

2.1 Überblick

Der Begriff Risiko wird im ökonomischen Schrifttum im Allgemeinen und in der betrieblichen Finanzwirtschaft im Speziellen unterschiedlich verstanden. Teilweise werden als Risiko alle Schwankungen bezeichnet, die eine beurteilungsrelevante Größe insgesamt, also in positiver und in negativer Richtung, aufweisen kann. Teilweise werden damit nur als negativ empfundene Abweichungen bezeichnet, die eine Ergebnisgröße im Vergleich zu einem zuvor festzulegenden Referenzergebnis aufweisen kann. Positive Ergebnisabweichungen werden dann als Chance bezeichnet.

Risikobegriff, allgemein

◘ Verlustrisiko

Auch im Kontext der Finanzierungsrisiken ist die Verwendung des Risikobegriffs in beiden Varianten verbreitet. Das führt zu

Mehrdeutigkeiten, die wir durch folgende Sprachregelung vermeiden wollen. Wir bezeichnen im Folgenden die Gesamtheit aller Schwankungen einer beurteilungsrelevanten Größe als Risiko. Wenn wir dezidert nur negative Abweichungen von einer Referenzgröße meinen, sprechen wir präzisierend von Verlustrisiko. Das Gegenstück zu Verlustrisiko bezeichnen wir als Chance; auf die vollständige Bezeichnung Gewinnchance verzichten wir in diesem Fall, da hier keine Missverständnisse drohen. Wenn Sie also z. B. 100 € anlegen und dafür nach einem Jahr eine Rückzahlung von entweder 90 € oder 120 € erwarten, dann beschreibt diese Gesamtverteilung möglicher Ergebnisse Ihr Risiko. Um Ihr Verlustrisiko zu bestimmen, bedarf es zusätzlich der Festlegung eines Referenzergebnisses. Angenommen, Sie könnten die 100 € alternativ sicher anlegen, würden dann nach einem Jahr 108 € erhalten und entscheiden sich für dieses Referenzergebnis von 108 € als Trennlinie von Verlustrisiken und Chancen. Dann sind Sie dem Verlustrisiko ausgesetzt, mit einer bestimmten Wahrscheinlichkeit 18 € weniger zu erhalten, und haben Sie die Chance, mit der Gegenwahrscheinlichkeit 12 € mehr zu erhalten.

Finanzierungsrisiken

Als Finanzierungsrisiken bezeichnen wir alle Sachverhalte, die es aus Sicht der Financiers unsicher erscheinen lassen, in welchem Grad sie ihre angestrebten Ziele erreichen. Dabei kann es sich um finanzielle oder nichtfinanzielle Ziele handeln. Wir beschränken uns hier aber auf finanzielle Ziele und bezeichnen als Finanzierungsrisiken daher alle Sachverhalte, die aus Sicht der Financiers bewirken, dass ihre vom Unternehmen zu erwartenden Zahlungen, die nachfolgend einfach als „Rückzahlung" bezeichnet werden, unsicher sind.

Wir fassen Finanzierungsrisiken damit etwas weiter, als dies zumeist geschieht. Meist werden damit nämlich nur Risiken bezeichnet, die den Financiers aus den Finanzierungsentscheidungen des Unternehmens erwachsen. Unser Begriff der Finanzierungsrisiken umfasst mit dem primären Geschäftsrisiko hingegen auch Risiken, die Financiers aus den Investitionen des Unternehmens erwachsen.

Arten von Finanzierungsrisiken:

– Basisrisiken: primäres Geschäftsrisiko und Kapitalstrukturrisiko

Aus der Perspektive der Prinzipal-Agenten-Theorie tragen Financiers damit folgende Arten von Risiken:

- Financiers tragen schon Risiken, wenn Financiers und Unternehmen im Zeitpunkt des Vertragsschlusses identisch über alle Merkmale der Rückzahlung informiert sind (symmetrische ex ante Information) und das Unternehmen die Qualität der Rückzahlung auch nicht mehr einseitig verändern kann (symmetrische Kompetenz). Diese Risiken bei symmetrischer ex ante Information und symmetrischer Kompetenz haben keine allgemein eingeführte Bezeichnung. Wir nennen sie

2.1 · Überblick

Basisrisiken, weil andere Risiken darauf aufbauen. Beim Abschluss von Finanzierungskontrakten ergeben sich Basisrisiken aus dem primären Geschäftsrisiko und dem Kapitalstrukturrisiko. Wir beschäftigen uns damit in ▶ Abschn. 2.2.

- Zusätzliche Risiken tragen Financiers, wenn das Unternehmen die Rückzahlung nach Vertragsschluss zwar nicht mehr einseitig verändern kann (symmetrische Kompetenz), die Rückzahlung bei Vertragsschluss aber unsicher und dem Unternehmen systematisch besser als dem Financier bekannt ist (asymmetrische ex ante Information). Die aus asymmetrischer ex ante Information resultierenden Risiken heißen Qualitätsrisiken. Anders als die Bezeichnung es nahelegt, sind mit Qualitätsrisiken also nicht alle Risiken im Hinblick auf die „Qualität" der Rückzahlung gemeint, sondern nur Risiken, die aus dem Informationsvorsprung des Unternehmens bei Vertragsschluss resultieren. Wir beschäftigen uns damit in ▶ Abschn. 2.3.

– Qualitätsrisiken

- Zusätzliche Risiken ergeben sich für Financiers schließlich, wenn das Unternehmen die Qualität der Rückzahlung nach Vertragsschluss noch einseitig verändern kann (asymmetrische Kompetenz). Diese Risiken werden als Verhaltensrisiken bezeichnet. Damit beschäftigen wir uns in ▶ Abschn. 2.4.

– Verhaltensrisiken

Wenn vorstehend und im Folgenden von dem Unternehmen wie von einer Person mit eigenen Interessen und Informationen gesprochen wird, sind damit jeweils die Personen gemeint, die die Geschäfte des Unternehmens führen.

Auf bereits vor Vertragsschluss, also ex ante, erkannte Risiken können Financiers grundsätzlich in zweierlei Weise reagieren:

Reaktionen auf erkannte Risiken:

- Risikobegrenzung: Financiers können den Umfang begrenzen, in dem sie erkannte Risiken, insbes. erkannte Verlustrisiken, übernehmen. Dazu stehen ihnen zwei Möglichkeiten offen. Zum einen können sie das Volumen begrenzen, in dem sie dem Unternehmen Zahlungsmittel überlassen. Im Extremfall können sie ganz darauf verzichten. Diese erste Möglichkeit heißt im Hinblick auf die Fremdfinanzierung Kreditrationierung; allgemein kann man sie Rationierung nennen. Zum anderen können Financiers versuchen, bei gegebenem Volumen ihres Engagements im Sinne einer Risikoreduzierung Einfluss auf sonstige Parameter zu nehmen, von denen das Ausmaß ihres Risikos abhängt. Diese zweite Möglichkeit nennen wir Risikobegrenzung im engeren Sinne.

– Risikobegrenzung: Rationierung und Risikobegrenzung im engeren Sinne

– Risikokompensation

- Risikokompensation: Financiers können auch erkannte Risiken übernehmen und sich dafür vergüten (kompensieren) lassen, indem sie entweder bei gegebenen Rückzahlungsansprüchen nur einen risikoadäquaten Finanzierungsbeitrag leisten oder bei gegebenem Finanzierungsbeitrag risikoadäquate Zahlungsansprüche erhalten.

In praktischen Anwendungen treten beide Strategien meist kombiniert auf. Das liegt schon deshalb nahe, weil, abgesehen vom vollständigen Verzicht auf ein Engagement, keine Risikobegrenzung Verlustrisiken vollständig ausschließen kann. Es verbleiben bei einer Risikobegrenzung also Restrisiken, für die sich Financiers kompensieren lassen, falls Ihnen diese Risiken „unangenehm" sind.

Die Möglichkeit der Rationierung besteht immer in ähnlicher Weise, egal ob Eigen- oder Fremdfinanciers auf Risiken reagieren und egal auf welche Risiken (Basis-, Qualitäts- oder Verhaltensrisiken) sie reagieren. Darauf gehen wir im Folgenden nicht differenziert ein. Inwieweit sich Risikobegrenzung im engeren Sinne und Risikokompensation zur Reaktion auf Risiken eignen und wie geeignete Reaktionsmuster aussehen, kann hingegen von der Art erkannter Risiken und der Art des Finanzierungskontraktes abhängen. Darüber müssen wir differenzierter nachdenken.

2.2 Basisrisiken: Geschäfts- und Kapitalstrukturrisiko

2.2.1 Grundlegende Einordnung

Basisrisiken = Risiken bei symmetrischer Information und Kompetenz

Basisrisiken, also Risiken bei symmetrischer ex ante Information und symmetrischer Kompetenz, können bei fast jedem Vertrag auftreten. Bei Finanzierungskontrakten haben sie aber besonders große Bedeutung und spezielle Einflussfaktoren.

Kaufen Sie z. B. auf dem Wochenmarkt Erdbeeren, kann die Qualität der Erdbeeren, z. B. deren Geschmack, bis zum Verzehr sowohl dem Verkäufer als auch Ihnen in gleichem Maße unbekannt sein. Das Basisrisiko besteht dann in dem für Käufer und Verkäufer gleichgut einschätzbaren, aber unsicheren Geschmack der Erdbeeren.

Sie können auf diese Risiken durch Risikobegrenzung oder durch Risikokompensation reagieren. Zur Risikobegrenzung können Sie im Extremfall ganz auf den Kauf verzichten oder, weniger extrem, sich z. B. auf den Kauf einer Schale Erdbeeren beschränken. Sie können aber auch Risikobegrenzung im engeren Sinne betreiben, indem sie sich für den Kauf einer Erdbeersorte entscheiden, deren Qualität mit vergleichsweise wenig Unsicherheit behaftet ist, oder indem Sie einige Erdbeeren verkosten und so die Unsicherheit über die Qualität reduzieren. Alternativ oder ergänzend können Sie auf die Risiken durch Risikokompensation reagieren, indem der Kaufpreis der Erdbeeren dem von Ihnen übernommenen Risiko angepasst wird.

Überlassen Sie einem Unternehmen als Financier Zahlungsmittel, kann die Leistung, die das Unternehmen zukünftig in Form von Ausschüttungen bzw. Tilgungs- und Zinszahlungen erbringt, bis zu den Zahlungsterminen Ihnen und dem Unternehmen gleich unbekannt sein. Das Basisrisiko beim Finanzierungskontrakt besteht dann im Kern in der unsicheren Höhe der Rückzahlung des Unternehmens. Trotz dieser Analogie bestehen zwischen beiden Vertragssituationen aber mindestens zwei Unterschiede, wegen derer Basisrisiken für den Financier deutlich größere Bedeutung haben als für den Erdbeerkäufer.

Zum einen ist der Geschmack der Erdbeeren – wenn sie kurz nach dem Kauf verzehrt werden sollen – bei Vertragsschluss bereits abschließend determiniert. Er ist lediglich unbekannt. Die Höhe zukünftiger Zahlungen des Unternehmens an den Financier hängt hingegen nicht nur vom momentanen Zustand des Unternehmens im Finanzierungszeitpunkt ab, sondern auch von einer Vielzahl unsicherer zukünftiger Entwicklungen, die im Unternehmen und in seinem Umfeld eintreten und von beiden Vertragspartnern nicht kontrolliert werden können. Da die zeitliche Diskrepanz von Leistung und Gegenleistung für Finanzkontrakte konstitutiv ist, haben Risiken aus unsicheren zukünftigen Entwicklungen für Financiers immer hohe Relevanz.

Bedeutung von Basisrisiken für Financiers

Zum anderen bestehen aber auch Unterschiede im Hinblick auf die Unsicherheit über die im Zeitpunkt des Vertragsschlusses bereits abgeschlossenen Entwicklungen. Sowohl beim Erdbeerkauf als auch beim Finanzierungskontrakt ergibt sich der bei Vertragsschluss erreichte Zustand aus dem komplexen Zusammenspiel verschiedener Einflussgrößen. Um den Geschmack der Erdbeeren zu erkennen, muss man diese Zusammenhänge aber gar nicht kennen, geschweige denn verstehen. Man kann das Geschmacksergebnis einfach durch Probieren feststellen oder zumindest deutlich eingrenzen. Um die aktuellen Zustandsmerkmale des Unternehmens, die für dessen zukünftige Zahlungskraft von Bedeutung sind, zu erkennen, fehlen vergleichbar einfache Erkenntnismethoden. Hier muss man sich gedanklich mit den Einflussfaktoren und deren kompliziertem Zusammenspiel auseinandersetzen. Dieser Erkenntnisprozess ist ungleich aufwendiger als das Kosten einer Erdbeere und zudem anfälliger für Fehler.

zwei Kategorien von Basisrisiken:

Wollte man den von Financiers zu tragenden Basisrisiken detailliert nachspüren, müsste man alle auf die zukünftige Zahlungskraft des Unternehmens wirkenden Faktoren und deren Zusammenspiel gedanklich durchdringen. Zum Beispiel wäre zu klären, wie sich Aktivitäten in Forschung und Entwicklung, in der Beschaffung und Lagerhaltung, im Produktionsbereich etc. auf die zukünftige Zahlungskraft auswirken. Wir machen uns die Analyse hier deutlich leichter und unterscheiden nur zwei Aggregate von Einflussfaktoren:

– primäres Geschäftsrisiko

- Alle Risiken, die nicht aus Entscheidungen des Unternehmens im Bereich der Außenfinanzierung resultieren, fassen wir zu einem einzigen Risiko zusammen und nennen es primäres Geschäftsrisiko. Wir gehen davon aus, dass von diesem Risiko eine Vorstellung in Form einer Wahrscheinlichkeitsverteilung der zukünftig insgesamt an Financiers verteilbaren Zahlungsmittel besteht.

– Kapitalstrukturrisiko

- Risikoeinflüsse aus Entscheidungen des Unternehmens im Bereich der Außenfinanzierung bilden die zweite Risikokategorie. Dieses Risiko heißt Kapitalstrukturrisiko. Auch unsere Vorstellung vom Kapitalstrukturrisiko halten wir möglichst einfach und unterstellen, dass das Unternehmen nur zwischen einer bestimmten Form der Eigenfinanzierung und einer bestimmten Form der Fremdfinanzierung wählen kann. Die verfügbare Eigenfinanzierung entspricht der idealtypischen Eigenfinanzierung, soll aber nicht mit privater Haftung der Gesellschafter in der Insolvenz des Unternehmens verknüpft sein. Zu denken wäre etwa an Einlagen von Aktionären oder GmbH-Gesellschaftern, die ihre übernommenen Einlagepflichten vollständig erfüllen. Die verfügbare Fremdfinanzierung entspricht der idealtypischen Fremdfinanzierung, allerdings ohne Vorrangstellung und ohne Möglichkeit des Rückgriffs auf privates Vermögen der Gesellschafter im Insolvenzfall. Zu denken wäre etwa an die Vergabe eines festverzinslichen Kredits an eine GmbH oder eine AG mit voll eingezahlten Anteilen.

schrittweise Analyse von primärem Geschäftsrisiko und Kapitalstrukturrisiko

Für diese Konstellation untersuchen wir mit Hilfe des sogenannten Leverage-Effektes das Zusammenspiel von primärem Geschäftsrisiko und Kapitalstrukturrisiko. Dabei gehen wir schrittweise vor. Wir abstrahieren zunächst von Fremdfinanzierung und von Folgeperioden. Anschließend führen wir zwar Fremdfinanzierung ein, blenden aber Risiken der Fremdfinanciers noch aus. Risiken von Fremdfinanciers berücksichtigen wir erst in einem separaten anschließenden Schritt. In jedem dieser Schritte untersuchen wir die Risikoposition der beteiligten Financiers. Deren Reaktionsmöglichkeiten auf erkannte Risiken betrachten wir erst zusammenfassend im Anschluss daran. Abschließend erweitern wir unsere Betrachtungen um die Berücksichtigung von Folgeperioden.

2.2.2 Risiken ohne Verschuldung

In einem unverschuldeten Unternehmen sind die hier interessierenden Zusammenhänge trivial. Dort gibt es keine Fremdfinanciers und tragen Eigenfinanciers unmodifiziert das Geschäftsrisiko. Wir nehmen hier trotzdem eine erste Formalisierung vor, um bei der Betrachtung eines verschuldeten Unternehmens darauf aufbauen zu können.

Wir betrachten eine Periode, zu deren Beginn die Eigenfinanciers dem Unternehmen Vermögen in Höhe des Eigenkapitals EK überlassen. Das Gesamtkapital des Unternehmens zu Periodenbeginn GK entspricht dann dem Eigenkapital, es gilt also EK = GK. Analog entspricht das Gesamtkapital am Periodenende dem Eigenkapital am Periodenende, $EK_1 = GK_1$. Damit entspricht auch die von Eigenfinanciers im Periodenverlauf erzielte Rendite r_E der Gesamtkapitalrendite r_G, die das Unternehmen auf ihr Vermögen erzielt:

$$r_E = r_G = \frac{EK_1 - EK}{EK} = \frac{GK_1 - GK}{GK} \ . \qquad 2.1$$

Dann schlagen sich auch alle Veränderungen der Gesamtkapitalrendite in identischen Veränderungen der Eigenkapitalrendite nieder:

$$\frac{\partial r_E}{\partial r_G} = 1 \ . \qquad 2.2$$

Das Risiko der Eigenfinanciers entspricht dann einfach dem primären Geschäftsrisiko. Gehen Eigenfinanciers z. B. von einer bestimmten Wahrscheinlichkeitsverteilung für die Gesamtkapitalrendite aus, haben sie damit zugleich schon die Vorstellung von den Risiken, denen sie letztlich im Hinblick auf ihre Eigenkapitalrendite ausgesetzt sind.

Wie Eigenfinanciers diese Risiken genau beurteilen, hängt insbesondere von dem genauen Aussehen der Wahrscheinlichkeitsverteilung alternativer Gesamtkapitalrenditen, ihrer sonstigen Situation exklusiv Unternehmensbeteiligung, ihren Handlungsalternativen und ihrer Risikoeinstellung ab. In der Regel gehen Erhöhungen des primären Geschäftsrisikos nicht nur mit zusätzlichen Verlustrisiken, sondern auch mit zusätzlichen Chancen der Eigenfinanciers einher. Daher hängt auch

Risiko der Eigenfinanciers = primäres Geschäftsrisiko (bei unverschuldeten Unternehmen)

die Beurteilung einer Erhöhung des primären Geschäftsrisikos durch die Eigenfinanciers in der Regel insbesondere von der konkreten Veränderung der Wahrscheinlichkeitsverteilung alternativer Gesamtkapitalrenditen und von ihrer Risikoeinstellung ab.

In einem verschuldeten Unternehmen wird dieser Zusammenhang durch das Kapitalstrukturrisiko bzw. den Leverage-Effekt überlagert. Außerdem können dann auch Fremdfinanciers Risiken tragen.

2.2.3 Leverage-Effekt

vereinbarter FK-Zins = FK-Rendite (ohne Ausfallrisiken)

Wir beschränken uns zunächst weiterhin auf eine Periode und unterstellen zudem, dass nur Situationen eintreten können, in denen am Periodenende die Forderungen der Fremdfinanciers vollständig erfüllt werden. Wir schließen also Verlustrisiken der Fremdfinanciers im Sinne eines Forderungsausfalls zunächst noch aus und müssen daher noch nicht zwischen Forderungen der Fremdfinanciers und tatsächlichen Zahlungen an die Fremdfinanciers unterscheiden. Die Risikobetrachtung kann damit auf die Eigenfinanciers beschränkt bleiben.

Beispiel

Zur beispielhaften Verdeutlichung betrachten wir zwei Unternehmen A und B, die, abgesehen von ihren Entscheidungen im Bereich der Außenfinanzierung, identisch sind:

- Die Unternehmen verfügen zu Periodenbeginn jeweils über Vermögen von insgesamt 1000 (Gesamtkapital GK = 1000). Sie investieren das Vermögen in Gegenstände, die im Laufe der Periode sicher um 15 % im Wert steigen (Gesamtrendite $r_G = 0{,}15$).
- Beide Unternehmen bringen das Vermögen zu Periodenbeginn teilweise durch Eigen- und teilweise durch Fremdfinanzierung auf. Die Fremdfinanzierung erfolgt jeweils durch die Aufnahme von Krediten zu einem Zinssatz von 8 % pro Periode ($r_F = 0{,}08$).
- Während Unternehmen A Kredite über 500 aufnimmt (Fremdkapital $FK^A = 500$) und 500 durch Eigenfinanzierung beschafft (Eigenkapital $EK^A = 500$), nimmt Unternehmen B Kredite über 800 auf ($FK^B = 800$) und beschafft 200 durch Eigenfinanzierung ($EK^B = 200$). Unternehmen B verschuldet sich also stärker als A. Der Verschuldungsgrad (V = FK/EK) beträgt $V^A = 1$ bzw. $V^B = 4$.

Die unterschiedlich getroffene Finanzierungsentscheidung wirkt sich auf die Rendite aus, die die Eigenfinanciers im Jahresverlauf auf ihr im Unternehmen eingesetztes Vermögen

2.2 • Basisrisiken: Geschäfts- und Kapitalstrukturrisiko

erzielen. Die Eigenfinanciers können am Periodenende über das nach Tilgung und Verzinsung der Kredite verbleibende Unternehmensreinvermögen verfügen. Ihre Eigenkapitalrendite r_E ergibt sich, indem von diesem Reinvermögen zu Periodenende ihr zu Periodenbeginn eingesetztes Vermögen subtrahiert wird und dieser Betrag der Vermögensänderung durch den Betrag des eingesetzten Vermögens dividiert wird:

$$r_E = \frac{GK \cdot (1 + r_G) - FK \cdot (1 + r_F) - EK}{EK} = \frac{EK_1 - EK}{EK}$$

$$r_E^A = \frac{1000 \cdot 1{,}15 - 500 \cdot 1{,}08 - 500}{500} = \frac{110}{500} = +22\,\%$$

$$r_E^B = \frac{1000 \cdot 1{,}15 - 800 \cdot 1{,}08 - 200}{200} = \frac{86}{200} = +43\,\%.$$

Bei identischer Gesamtkapitalrendite und identischem Fremdkapitalzinssatz erzielen die Eigenfinanciers von Unternehmen B also eine höhere Eigenkapitalrendite, weil Unternehmen B mit einem höheren Verschuldungsgrad operiert. Der dafür maßgebliche Zusammenhang wird als Leverage-Effekt (= Hebel-Effekt) bezeichnet. Seine Wirkungsweise lässt sich erkennen, wenn man sich vor Augen führt, dass am Periodenende immer folgende Beziehung gilt:

Leverage-Effekt

$$GK_1 = FK_1 + EK_1$$
$$\Leftrightarrow GK \cdot (1 + r_G) = FK \cdot (1 + r_F) + EK \cdot (1 + r_E). \quad 2.3$$

Das Unternehmensvermögen zu Periodenende ergibt sich aus dem Vermögen zu Periodenbeginn GK, „korrigiert" um die erzielte Gesamtkapitalrendite r_G (linke Seite von ◘ Gl. 2.3). Es entspricht der Summe der Vermögen, die die Eigen- und Fremdfinanciers am Periodenende erreichen (rechte Seite von ◘ Gl. 2.3). Dabei ergeben sich auch diese Vermögen zu Periodenende jeweils aus dem individuellen Anfangsvermögen FK bzw. EK, „korrigiert" um die individuelle Rendite r_F bzw. r_E.

Berücksichtigt man, dass sich das Unternehmensvermögen zu Periodenbeginn aus Eigen- und Fremdkapital zusammensetzt, dass also GK = EK + FK gilt, und stellt ◘ Gl. 2.3 nach der Eigenkapitalrendite r_E um, erhält man die Leverage-Formel gemäß ◘ Gl. 2.4:

Leverage-Formel

$$r_E = r_G + V \cdot (r_G - r_F) \quad \text{mit } V = \frac{FK}{EK}. \quad 2.4$$

Für unser Beispiel erhält man so die bereits auf anderem Wege berechneten Werte:

$$r_E^A = 0{,}15 + 1 \cdot (0{,}15 - 0{,}08) = 22\,\% \text{ bzw.}$$
$$r_E^B = 0{,}15 + 4 \cdot (0{,}15 - 0{,}08) = 43\,\%.$$

Die Rendite der Eigenfinanciers ergibt sich nach der Darstellung der Leverage-Formel aus zwei Komponenten:
- Zunächst einmal erzielen sie mit ihrem eingesetzten Vermögen, wie im unverschuldeten Unternehmen, die Rendite r_G. Diese Rendite wird mit jeder eingesetzten Vermögenseinheit in identischer Höhe erzielt – egal, wer sie bereitstellt.
- Da Fremdfinanciers einen festen Zinsanspruch haben, sind Eigenfinanciers zudem von den Differenzen zwischen der erzielten Gesamtkapitalrendite und dem prozentualen Zinsanspruch der Fremdfinanciers betroffen. Wird (mit dem von Fremdfinanciers bereit gestellten Vermögen) eine Rendite über deren Zinsforderung hinaus erzielt ($r_G > r_F$), fällt die positive Differenz an die Eigenfinanciers. Bleibt die erzielte Rendite hinter der Zinsforderung zurück ($r_G < r_F$), geht die negative Differenz zu Lasten der Eigenfinanciers. Wie oft Eigenfinanciers pro Einheit Eigenkapital von der Differenz zwischen Gesamtkapitalrendite und Fremdkapitalzinssatz betroffen sind, gibt der Verschuldungsgrad an.

Damit kommt dem Verschuldungsgrad V folgende Hebelwirkung zu:

Interpretation des Leverage-Effekts

- Wird mit dem Unternehmensvermögen eine Rendite oberhalb des Zinssatzes für Fremdkapital erzielt, fällt die Eigenkapitalrendite umso höher aus, je größer der Verschuldungsgrad V ist.
- Wird mit dem Unternehmensvermögen eine Rendite unterhalb des Zinssatzes für Fremdkapital erzielt, fällt die Eigenkapitalrendite umso niedriger aus, je größer der Verschuldungsgrad V ist.
- Entspricht die Rendite des Unternehmensvermögens gerade dem Zinssatz für Fremdkapital, entspricht auch die Eigenkapitalrendite unabhängig vom Verschuldungsgrad V der Rendite des gesamten Unternehmensvermögens.

Diesen Hebeleffekt entfaltet der Verschuldungsgrad nicht nur im Hinblick auf sichere Gesamtkapitalrenditen. Er entfaltet ihn ebenso im Hinblick auf ceteris paribus Veränderungen der Gesamtkapitalrendite und damit auch im Hinblick auf die Risiken, die Eigenfinanciers eines verschuldeten Unterneh-

2.2 · Basisrisiken: Geschäfts- und Kapitalstrukturrisiko

mens bei gegebenem primärem Geschäftsrisiko tragen. Dies verdeutlicht die partielle Ableitung der Leverage-Formel $r_E = r_G + V \cdot (r_G - r_F)$ nach der Gesamtkapitalrendite:

$$\frac{\partial r_E}{\partial r_G} = 1 + V. \qquad 2.5$$

Die als primäres Geschäftsrisiko bezeichneten Unsicherheiten der Gesamtkapitalrendite bedeuten für Eigenfinanciers also nicht nur, wie bei einem unverschuldeten Unternehmen, gleichgroße Unsicherheiten ihrer Eigenkapitalrendite, sondern zusätzlich das V-fache dieser Risiken. Dieses wegen der Verschuldung zusätzlich zu tragende Risiko heißt Kapitalstrukturrisiko oder Leverage-Risiko der Eigenfinanciers.

Kapitalstrukturrisiko, Leverage-Risiko

Besteht z. B. in den Unternehmen A und B die Gefahr, statt der ursprünglich unterstellten Gesamtkapitalrendite von $r_G = 15\,\%$, nur eine Gesamtkapitalrendite von $r_G = 0\,\%$ zu erzielen, verknüpft sich für Eigenfinanciers von A damit die Gefahr einer um 30 %-Punkte ($= 0{,}15 + 1 \cdot 0{,}15$) geringeren Eigenkapitalrendite. Bei $r_G = 15\,\%$ erzielen sie $r_E = +22\,\%$, bei $r_G = 0\,\%$ nur $r_E = -8\,\%$. Für Eigenfinanciers von B beträgt die entsprechende Gefahr hingegen 75 %-Punkte ($= 0{,}15 + 4 \cdot 0{,}15$). Sie erzielen bei $r_G = 15\,\%$ eine Eigenkapitalrendite von $r_E = +43\,\%$ und bei $r_G = 0\,\%$ nur $r_E = -32\,\%$. Der gleiche Zusammenhang besteht bei positiven Veränderungen der Gesamtkapitalrendite. Die Eigenfinanciers von Unternehmen B tragen also eindeutig ein höheres Risiko. Sie haben im Vergleich zur geringeren Verschuldung bei Unternehmen A bei positiver Entwicklung ($r_G > r_F$) zusätzliche Chancen (43 % > 22 %), müssen bei negativer Entwicklung ($r_G < r_F$) aber auch zusätzliche Verlustrisiken tragen ($-32\,\% < -8\,\%$).

Wie Eigenfinanciers höhere Verschuldungsgrade und damit verbundene zusätzliche Risiken beurteilen, kann genau wie die Beurteilung eines höheren primären Geschäftsrisikos von einer Reihe unterschiedlicher Größen abhängen, insbesondere von der genauen Wahrscheinlichkeitsverteilung alternativer Gesamtkapitalrenditen und von ihrer persönlichen Risikoeinstellung. Weist etwa in unserem Beispiel die positive Entwicklung ($r_G = 15\,\%$) eine Eintrittswahrscheinlichkeit von 40 % und die negative Entwicklung ($r_G = 0\,\%$) eine Eintrittswahrscheinlichkeit von 60 % auf und sind die Eigenfinanciers risikoneutral, dann beurteilen sie die alternativen Verschuldungsgrade der Unternehmen A und B wie folgt anhand der mathematischen Erwartungswerte der Eigenkapitalrenditen:

Beurteilung des Kapitalstrukturrisikos (ohne Ausfallrisiken)

$$E\left(r_E^A\right) = 0{,}4 \cdot 0{,}22 + 0{,}6 \cdot (-0{,}08) = +4\,\%$$
$$E\left(r_E^B\right) = 0{,}4 \cdot 0{,}43 + 0{,}6 \cdot (-0{,}32) = -2\,\%.$$

Könnten sie nur zwischen den Unternehmen A und B wählen, würden sie in diesem Fall also den geringeren Verschuldungsgrad des Unternehmens A präferieren.

2.2.4 Probleme von Renditevergleichen

Möglichkeit von Inkonsistenzen zwischen Vermögens- und Renditevergleichen

Bislang haben wir stillschweigend unterstellt, dass Renditebetrachtungen, wie sie die Leverage-Formel anstellt, eine geeignete Basis für die Beurteilung von Alternativen, insbesondere für die Beurteilung alternativer Verschuldungsgrade, sind. Geht man von der naheliegenden Vorstellung aus, dass Financiers eigentlich, als sogenannte originäre Zielsetzung, die Maximierung ihres Vermögens anstreben und die Maximierung der Rendite der im Unternehmen eingesetzten Mittel nur als Hilfskonstrukt zur Verfolgung dieses Ziels einsetzen, kann diese stillschweigende Unterstellung u. U. problematisch sein.

Renditen sind Relativzahlen

Die Problematik beruht darauf, dass Renditen Relativzahlen sind, was schon durch ihre Dimension „Prozent" zum Ausdruck kommt. Relativzahlen erlauben aber nur dann sinnvolle Aussagen über dahinter stehende Absolutzahlen, wenn die zu vergleichenden Relativzahlen auf gleichen Basen beruhen. Dieses Problem ist häufig so offenkundig, dass man gar nicht darüber nachdenken muss, um es zu erkennen. Wenn Sie z. B. das Ziel haben, möglichst viele Automobile zu verkaufen, kämen Sie gar nicht erst auf die Idee, sich nur deshalb auf dem niederländischen statt auf dem chinesischen Markt zu engagieren, weil Sie davon ausgehen, dass 2 % aller Niederländer, aber nur 1 % aller Chinesen ihre Automobile kaufen würden. Die Vorteilhaftigkeit eines Engagements auf dem chinesischen Markt wäre evident, weil sofort klar ist, dass 1 % der sehr großen chinesischen Bevölkerung deutlich mehr Absatz bedeutet als 2 % der deutlich kleineren niederländischen Bevölkerung. Dieses Problem beinhalten Relativzahlen grundsätzlich. Es bleibt bei Relativzahlen, die aus zwei in Geldeinheiten gemessenen Größen gebildet werden, aber erstaunlich oft unerkannt.

Situationen, in denen Renditevergleiche unproblematisch sind

Für unsere Überlegungen zu den Risiken von Eigen- und Fremdfinanciers heißt das, dass Renditebetrachtungen nur kompatibel mit der originären Zielsetzung der Vermögensmaximierung sind, wenn derjenige, für den die Beurteilung unterschiedlicher Verschuldungsgrade vorgenommen wird, bei allen alternativen Verschuldungsgraden denselben Vermögensbetrag im Unternehmen einsetzt. Diese Bedingung ist für einen Eigenfinancier z. B. in folgenden Situationen erfüllt:
(1) Er beurteilt die Erhöhung des Verschuldungsgrades, die
   bei unveränderter eigener Einlage und unveränderter
   Gesamtkapitalrendite durch die Aufnahme zusätzlicher

2.2 • Basisrisiken: Geschäfts- und Kapitalstrukturrisiko

Unternehmenskredite und ein dadurch größeres Unternehmensvermögen zustande kommt. Analog kann er die Verringerung des Unternehmensvermögens und Verringerung des Verschuldungsgrades durch die Tilgung eines Kredits beurteilen.

(2) Er beurteilt die Erhöhung des Verschuldungsgrades, die bei fester eigener Einlage und unveränderter Gesamtkapitalrendite durch die Abfindung oder Nichtaufnahme anderer Eigenfinanciers und ein dadurch geringeres Unternehmensvermögen zustande kommt. Analog kann er über die Erhöhung des Unternehmensvermögens und Verringerung des Verschuldungsgrades durch zusätzliche Einlagen anderer Eigenfinanciers nachdenken.

(3) Er beurteilt die Erhöhung des Verschuldungsgrades, die bei fester eigener Einlage und unverändertem Gesamtkapital durch die Aufnahme zusätzlicher Kredite und die gleichzeitige Abfindung oder Nichtaufnahme anderer Eigenfinanciers zustande kommt. Analog kann er über die Verringerung des Verschuldungsgrades durch zusätzliche Einlagen anderer Eigenfinanciers und die gleichzeitige Tilgung oder Nichtaufnahme von Krediten nachdenken.

Es gibt also durchaus zahlreiche Entscheidungssituationen, die reale Relevanz haben und in denen alternative Verschuldungsgrade ebenso gut auf der Basis der Rendite der im Unternehmen eingesetzten Mittel beurteilt werden können, wie auf der Basis der eigentlich interessierenden Vermögensgröße. Vorsicht ist aber geboten, weil das nicht auf alle Entscheidungssituationen zutrifft. Ungeeignet ist für den Eigenfinancier die Beurteilung alternativer Verschuldungsgrade auf der Basis der Rendite der im Unternehmen eingesetzten Mittel z. B. bei folgenden Entscheidungen:

Situationen, in denen Renditevergleiche Probleme bereiten

(4) Er beurteilt die Erhöhung des Verschuldungsgrades durch die Verringerung seiner eigenen Einlage und die gleichzeitige Aufnahme zusätzlicher Unternehmenskredite. Analog kann er über die Verringerung des Verschuldungsgrades durch eine eigene zusätzliche Einlage und gleichzeitige Tilgung eines Kredits nachdenken.

Die Problematik von Renditebetrachtungen soll an einem Beispiel für Konstellation (4) verdeutlicht werden. Dazu gehen wir wieder von den Unternehmen A und B aus, die zu Periodenbeginn jeweils über ein Gesamtkapital von 1000 verfügen und einen Verschuldungsgrad von $V^A = 1$ bzw. $V^B = 4$ aufweisen. Wir unterstellen einen Fremdkapitalzinssatz von $r_F = 8\%$ und eine Gesamtkapitalrendite von $r_G = 15\%$. Für diese Konstellation hatten wir bereits berechnet:

Beispiel zur Problematik von Renditevergleichen

$$r_E^A = 0{,}15 + 1 \cdot (0{,}15 - 0{,}08) = 22\,\%\ \text{bzw.}$$
$$r_E^B = 0{,}15 + 4 \cdot (0{,}15 - 0{,}08) = 43\,\%.$$

Nach den Eigenkapitalrenditen scheint es also günstiger, Gesellschafter des Unternehmens B als Gesellschafter des Unternehmens A zu sein. Aber stimmt diese Beurteilung, wenn beide Gesellschaften jeweils genau einen Eigenfinancier haben, der die Maximierung seines Vermögens anstrebt und über liquide Mittel von 500 verfügt?

Engagiert sich der Gesellschafter in Unternehmen A, legt er seine gesamten Mittel von 500 in das Unternehmen ein. Am Periodenende kann er über das Unternehmensvermögen nach Tilgung und Verzinsung der Unternehmenskredite verfügen, also über:

$$EV_E^A = 1000 \cdot (1 + 0{,}15) - 500 \cdot (1 + 0{,}08) = 610.$$

Engagiert er sich in Unternehmen B, beträgt seine Einlage nur 200. Wir gehen davon aus, dass er die restlichen 300 alternativ zu einem sicheren Zinssatz von i anlegen kann. Sein Endvermögen am Periodenende setzt sich dann aus dem Unternehmensvermögen nach Tilgung und Verzinsung der dann höheren Unternehmenskredite und aus den Rückflüssen der Alternativanlage zusammen:

$$EV_E^B = 1000 \cdot (1 + 0{,}15) - 800 \cdot (1 + 0{,}08) + 300 \cdot (1 + i).$$

Ein höheres Vermögen liefert die Position des einzigen Gesellschafters von Unternehmen B im Vergleich zur Position des einzigen Gesellschafters von Unternehmen A also nur, wenn gilt:

$$EV_E^B > EV_E^A$$
$$\Leftrightarrow 586 + 300 \cdot i > 610$$
$$\Leftrightarrow i > 8\,\%.$$

Anders als es die Eigenkapitalrenditen nahelegen, ist eine Beteiligung an Unternehmen B hier also nicht generell, sondern nur dann die bessere Alternative, wenn der Differenzbetrag von 300, der in Unternehmen A, nicht aber in B eingesetzt würde, zu einem höheren Zinssatz als 8 % anderweitig angelegt werden kann. Dieser Zusammenhang ist intuitiv plausibel, da der Gesellschafter nur dann von der geringeren Einlage in das Unternehmen profitiert, wenn er mit den freiwerdenden Mitteln eine höhere Rendite erzielt, als er für die zusätzlichen Unternehmenskredite als Zins bezahlen muss. Genau dieser

2.2 · Basisrisiken: Geschäfts- und Kapitalstrukturrisiko

hier für die Beurteilung unterschiedlicher Verschuldungsgrade zentrale Aspekt der alternativen Anlagemöglichkeiten kann bei einer Betrachtung der Eigenkapitalrendite aber nicht berücksichtigt werden. Dort wird nur die Rendite der jeweils im Unternehmen eingesetzten Mittel berechnet, also einmal die Rendite von 500 und einmal von 200.

Wenn im Weiteren trotzdem Variationen des Verschuldungsgrades auf der Basis von Renditevergleichen beurteilt werden, wird damit jeweils unterstellt, dass der Mitteleinsatz aller betrachteten Financiers trotz Variation des Verschuldungsgrades unverändert bleibt. Es wird also unterstellt, dass der Verschuldungsgrad durch den Eintritt bzw. Austritt anderer Eigenfinanciers und/oder anderer Fremdfinanciers variiert wird. Trotz dieser Einschränkungen auch die weiteren Betrachtungen auf Renditevergleiche abzustellen, ist deshalb attraktiv, weil sich in der auf Renditen basierenden Leverage-Formel die Basisrisiken jeweils in einer einzigen Variablen niederschlagen – das Geschäftsrisiko in Schwankungen der Gesamtkapitalrendite r_G und das Kapitalstrukturrisiko im Verschuldungsgrad V.

2.2.5 Berücksichtigung von Ausfallrisiken

Wir hatten uns in ▶ Abschn. 2.2.3 zunächst auf Situationen beschränkt, in denen die vertragliche Forderung der Fremdfinanciers am Periodenende bei allen denkbaren Entwicklungen vollständig erfüllt wird. Diese realitätsferne Annahme wollen wir nun aufheben und dazu Ausfallrisiken der Fremdfinanciers in unsere Betrachtungen einbeziehen.

Wenn Ausfallrisiken für Fremdfinanciers schlagend werden, fallen ihre tatsächlich erzielten Rückzahlungen geringer aus als ihr vertraglich fixierter Rückzahlungsanspruch. Die Berücksichtigung von Ausfallrisiken macht es daher erforderlich, zwischen dem vertraglich vereinbarten Fremdkapitalzinssatz r_{vF} und der tatsächlich erzielten Fremdkapitalrendite r_{tF} zu unterscheiden. Die tatsächliche Fremdkapitalrendite kann nie höher ausfallen als der vertraglich vereinbarte Zinssatz. Aber wenn es für Fremdfinanciers zu einem Ausfall kommt, bleibt die tatsächliche Fremdkapitalrendite hinter dem vertraglich vereinbarten Zinssatz zurück.

vereinbarter FK-Zins ≥ FK-Rendite (mit Ausfallrisiko)

Im ersten Schritt stellt sich die Frage, in welchen Situationen das Ausfallrisiko für Fremdfinanciers eintritt. Allgemein gesprochen, ist dies dann der Fall, wenn die Gesamtheit des Vermögens, auf das Fremdfinanciers zur Befriedigung ihrer vertraglich vereinbarten Forderungen zurückgreifen können, einen geringeren Wert als die Höhe ihrer Forderungen hat. In

Eintritt des Ausfallrisikos

der hier unterstellten Konstellation einer Kapitalgesellschaft mit voll eingezahlten Anteilen, also ohne private Haftung der Gesellschafter, ist dies der Fall, wenn das Unternehmensvermögen am Periodenende kleiner ist als der Zahlungsanspruch der Fremdfinanciers. Dies ist der Fall, wenn das Unternehmensvermögen nach vollständiger Bedienung der Zahlungsansprüche von Fremdfinanciers negativ wäre. Ausfallrisiken werden für Fremdfinanciers also schlagend, wenn sich nach vollständiger Begleichung ihrer Forderung ein negatives Eigenkapital bzw. eine Eigenkapitalrendite ergeben würde, die kleiner als −100 % wäre:

$$r_E = r_G + V \cdot (r_G - r_{vF}) < -1 \ . \qquad 2.6$$

◘ Gl. 2.6 darf dabei nicht in der Weise missverstanden werden, dass die Eigenkapitalrendite dann tatsächlich zwingend kleinere Werte als −100 % annimmt. Diese Gleichung beschreibt zunächst nur in hypothetischer Weise die Situationen, in denen die Eigenkapitalrendite unter −100 % läge, wenn die Forderung der Fremdkapitalgeber voll erfüllt würde. Mit privater Haftung würde die Eigenkapitalrendite dann auch tatsächlich einen kleineren Wert als −100 % annehmen. Ohne private Haftung beträgt die tatsächliche Eigenkapitalrendite dann aber genau −100 % und liegt die tatsächliche Fremdkapitalrendite unter dem vertraglich vereinbarten Zinssatz. In der Schreibweise von ◘ Gl. 2.6 verdeutlicht die Leverage-Formel aus der Sicht der Fremdfinanciers zunächst einmal also nur, für welche Entwicklungen der Gesamtkapitalrendite sie bei gegebenem Vertragszinssatz und gegebenem Verschuldungsgrad Ausfallrisiken ausgesetzt sind.

Höhe des Ausfalls

Im zweiten Schritt stellt sich die Frage, wie hoch die Ausfälle der Fremdfinanciers sind, wenn Ausfallrisiken schlagend werden. Auch diese Frage lässt sich grundsätzlich auf Basis der Leverage-Gleichung beantworten. Dazu ist in die Leverage-Gleichung die bei einem Ausfall der Fremdfinanciers tatsächlich erzielte Eigenkapitalrendite in Höhe von −100 % einzusetzen und die Gleichung dann nach der tatsächlich erzielten Fremdkapitalrendite aufzulösen:

$$r_G + V \cdot (r_G - r_{tF}) = -1$$
$$\Leftrightarrow r_{tF} = r_G + \frac{1 + r_G}{V} . \qquad 2.7$$

◘ Gl. 2.7 gibt zu erkennen, wie hoch bei Eintritt des Ausfallrisikos die noch zu erzielende Rendite der Fremdfinanciers ist. Sie erzielen beim Eintritt von Ausfallrisiken zunächst einmal eine Rendite in Höhe der Gesamtkapitalrendite. Dieser Teil

2.2 · Basisrisiken: Geschäfts- und Kapitalstrukturrisiko

ihrer Rendite hängt von der Höhe der Gesamtkapitalrendite ab, ist aber unabhängig vom Verschuldungsgrad des Unternehmens. Die Rendite der Fremdfinanciers liegt bei Eintritt des Ausfallrisikos allerdings um einen „Aufschlag" über der Gesamtkapitalrendite und dieser „Aufschlag" hängt u. a. vom Verschuldungsgrad des Unternehmens ab: er fällt ceteris paribus umso geringer aus, je stärker das Unternehmen verschuldet ist.

Schließlich stellt sich die Frage, wie die beiden Gruppen von Financiers unter Berücksichtigung von Ausfallrisiken mögliche Veränderungen des Verschuldungsgrades und des primären Geschäftsrisikos beurteilen. Dabei wird deutlich, dass Eigen- und Fremdfinanciers davon asymmetrisch betroffen sein und deshalb durchaus zu gegensätzlichen Beurteilungen kommen können:

Beurteilung von Kapitalstrukturrisiko und Basisrisiko (mit Ausfallrisiken)

- Der Forderungsbetrag der Fremdfinanciers ist im Vertrag numerisch fixiert. Sie können durch einen höheren Verschuldungsgrad deshalb bei gegebenem Finanzierungsbetrag und gegebenem Forderungsbetrag keine zusätzlichen Chancen über ihren Forderungsbetrag hinaus erlangen. Wird ihre Forderung beim ursprünglichen Verschuldungsgrad und bei gegebener Gesamtkapitalrendite voll erfüllt, dann können sie bei höherem Verschuldungsgrad und derselben Gesamtkapitalrendite also keine höhere Rendite erzielen. Sie gehen mit einem höheren Verschuldungsgrad dann aber u. U. zusätzliche Verlustrisiken ein. Denn höhere Verschuldungsgrade bewirken zum einen, dass mehr Entwicklungen der Gesamtkapitalrendite zum Ausfall führen (vgl. ◘ Gl. 2.6), und zum anderen, dass die Fremdkapitalrendite bei Eintritt des Ausfallrisikos geringer ausfällt (vgl. ◘ Gl. 2.7). Unter Berücksichtigung von Ausfallrisiken sind Fremdfinanciers daher unabhängig von der genauen Wahrscheinlichkeitsverteilung der Gesamtkapitalrendite und unabhängig von ihrer Risikoeinstellung von Erhöhungen des Verschuldungsgrades ceteris paribus eindeutig negativ betroffen. Da in praktisch relevanten Anwendungen Ausfallrisiken nie vollständig ausgeschlossen werden können, präferieren Fremdfinanciers dort ceteris paribus niedrige Verschuldungsgrade. Diese Aussage gilt aber wohlgemerkt nur ceteris paribus, also insbesondere bei unverändertem Mitteleinsatz und unverändertem vertraglichen Zinssatz der Fremdfinanciers. Wird etwa im Gegenzug zu einem höheren Verschuldungsgrad der vertragliche Kreditzinssatz erhöht, verknüpfen sich für Fremdfinanciers mit dem höheren Verschuldungsgrad sowohl zusätzliche Verlustrisiken als auch zusätzliche Chancen.

Alle für eine Variation des Verschuldungsgrades angestellten Überlegungen gelten analog für Erhöhungen des primären Geschäftsrisikos. Auch davon sind Fremdfinanciers ceteris paribus eindeutig negativ betroffen.

asymmetrische Betroffenheit
— Für Eigenfinanciers bleibt es hingegen, abgesehen von Ausnahmesituationen, bei dem bereits ohne Insolvenzrisiken bestehenden Abwägungsproblem. Sie erhalten durch höhere Verschuldungsgrade und/oder höhere primäre Geschäftsrisiken i. d. R. sowohl zusätzliche Chancen als auch zusätzliche Verlustrisiken. Ihre abschließende Beurteilung hängt dann u. a. vom genauen Aussehen des primären Geschäftsrisikos, also von den alternativ möglichen Gesamtkapitalrenditen und deren Eintrittswahrscheinlichkeiten, und von ihrer Risikoeinstellung ab. In Ausnahmesituationen können Eigenfinanciers von einem höheren Verschuldungsgrad oder einem höheren primären Geschäftsrisiko auch eindeutig positiv betroffen sein. Dies ist insbesondere dann der Fall, wenn Eigenfinanciers durch einen höheren Verschuldungsgrad oder ein höheres primäres Geschäftsrisiko zusätzliche Chancen erlangen, ohne zugleich zusätzliche Verlustrisiken tragen zu müssen.

Risikoabwälzung
— Für die Beurteilung durch die Eigenfinanciers erlangt nun aber im Vergleich zur Situation ohne Ausfallrisiken ein zusätzlicher Bewertungseinfluss Bedeutung. Wenn es zur Insolvenz kommt, tragen nicht mehr die Eigenfinanciers allein die Verlustrisiken der Geschäftspolitik, sondern werden diese Risiken partiell auf die Fremdfinanciers abgewälzt. Die Eigenfinanciers profitieren dann zwar voll von den zusätzlichen Chancen höherer Verschuldungsgrade, tragen deren zusätzliche Verlustrisiken aber nur teilweise, nämlich nur bis zum Totalverlust ihres Eigenkapitals. Darüber hinaus bestehende Risiken sind von den Fremdfinanciers zu tragen. Wie folgendes Beispiel zeigt, kann es dazu kommen, dass Eigenfinanciers einen höheren Verschuldungsgrad erst wegen dieser Abwälzung von Verlustrisiken auf Fremdfinanciers präferieren.

Beispiel zur Risikoabwälzung
Wir gehen wieder von unseren Beispielunternehmen A und B mit den Verschuldungsgraden $V^A = 1$ bzw. $V^B = 4$ und einem vertraglichen Fremdkapitalzinssatz von $r_{vF} = 8\,\%$ aus. Weiter sei angenommen, dass Eigen- und Fremdfinanciers für die Gesamtkapitalrendite alternativ $r_G^+ = +15\,\%$ oder $r_G^- = -20\,\%$ erwarten.

Bei positiver Entwicklung der Gesamtkapitalrendite ergibt sich für die Eigenkapitalrendite beider Unternehmen, wie bereits berechnet:

2.2 · Basisrisiken: Geschäfts- und Kapitalstrukturrisiko

$$r_E^{A+} = 0{,}15 + 1 \cdot (0{,}15 - 0{,}08) = +22\,\%$$
$$r_E^{B+} = 0{,}15 + 4 \cdot (0{,}15 - 0{,}08) = +43\,\%.$$

Dann können beide Unternehmen die Forderungen der Fremdfinanciers vollständig erfüllen. Für die Fremdkapitalrendite gilt daher:

$$r_{tF}^{A+} = r_{tF}^{B+} = +8\,\%.$$

Bei negativer Entwicklung der Gesamtkapitalrendite ergäbe sich ohne Ausfallrisiko der Fremdfinanciers, z. B. weil Gesellschafter in ausreichendem Maße privat haften:

$$r_E^{A-} = -0{,}2 + 1 \cdot (-0{,}2 - 0{,}08) = -48\,\%$$
$$r_E^{B-} = -0{,}2 + 4 \cdot (-0{,}2 - 0{,}08) = -132\,\%$$
$$r_{tF}^{A-} = r_{tF}^{B-} = +8\,\%.$$

Ohne Ausfallrisiken der Fremdfinanciers sind für die Beurteilung der unterschiedlichen Verschuldungsgrade aus Sicht der beiden Gruppen von Financiers also die folgenden Renditevergleiche maßgeblich:

Umweltentwicklung	positiv (+)	negativ (−)
r_E^A (V = 1)	+22%	−48%
r_E^B (V = 4)	+43%	−132%
r_{tF}^A (V = 1)	+8%	+8%
r_{tF}^B (V = 4)	+8%	+8%

Fremdfinanciers wären demnach indifferent im Hinblick auf alternative Verschuldungsgrade, weil ihre Ergebnisse davon gar nicht abhängen. Eigenfinanciers können wegen des höheren Verschuldungsgrades hingegen einerseits höhere Chancen realisieren (43 % statt 22 %), müssen andererseits aber auch zusätzliche Risiken tragen (−132 % statt −48 %). Für eine Beurteilung der Vorteilhaftigkeit alternativer Verschuldungsgrade sind also Risiken und Chancen gegeneinander abzuwägen. Wie diese Abwägung ausfällt, hängt von den Eintrittswahrscheinlichkeiten der alternativen Umweltentwicklungen und von der Risikoeinstellung der Eigenfinanciers ab.

Sind die Eigenfinanciers z. B. risikoneutral, beurteilen sie also alternative Verschuldungsgrade nach dem mathematischen Erwartungswert der Eigenkapitalrendite, und erwarten sie die positive Gesamtkapitalrendite in Höhe von $r_G^+ = +15\,\%$ mit einer Wahrscheinlichkeit von $p^+ = 75\,\%$ und die negative Gesamtkapitalrendite in Höhe von $r_G^- = -20\,\%$ mit einer Wahrscheinlichkeit von $p^- = 25\,\%$, dann präferieren sie im Beispiel den geringeren Verschuldungsgrad, weil sie damit im Erwartungswert die höhere Eigenkapitalrendite erzielen:

$$E\left(r_E^A\right) = 0{,}75 \cdot 0{,}22 + 0{,}25 \cdot (-0{,}48) = +4{,}5\,\%$$
$$E\left(r_E^B\right) = 0{,}75 \cdot 0{,}43 + 0{,}25 \cdot (-1{,}32) = -0{,}75\,\%.$$

Die Beurteilung ändert sich, wenn die Gesellschafter nicht privat für Schulden des Unternehmens haften. Dann kann die Eigenkapitalrendite im schlechtesten Fall $-100\,\%$ betragen und sind darüber hinausgehende Risiken von den Fremdfinanciers zu tragen. In diesem Fall gilt:

$$r_E^{A-} = -48\,\% \quad \Rightarrow \quad r_{tF}^{A-} = 8\,\%$$
$$r_E^{B-} = -100\,\% \quad \Rightarrow \quad r_{tF}^{B-} = -0{,}2 + \frac{1-0{,}2}{4} = 0\,\%.$$

Mit Ausfallrisiken der Fremdfinanciers stellen sich die unterschiedlichen Verschuldungsgrade aus Sicht der beiden Gruppen von Financiers also wie folgt dar:

Umweltentwicklung	positiv +	negativ −
r_E^A (V = 1)	+22%	−48%
r_E^B (V = 4)	+43%	−100%
r_{tF}^A (V = 1)	+8%	+8%
r_{tF}^B (V = 4)	+8%	± 0%

Mit Ausfallrisiken präferieren Fremdfinanciers jetzt eindeutig, also unabhängig von ihrer Risikoeinstellung und den Eintrittswahrscheinlichkeiten der Umweltentwicklungen, den geringeren Verschuldungsgrad. Denn mit dem höheren Verschuldungsgrad müssen sie zusätzliche Risiken übernehmen (0 % statt 8 %), ohne dafür zusätzliche Chancen zu erhalten. Diese Veränderung ist für die Fremdfinanciers stets unvorteilhaft – selbst, wenn die ungünstige Entwicklung nur mit geringer Wahrscheinlichkeit eintritt und die Fremdfinanciers risikofreudig sind. Diese Beurteilung gilt aber ausdrücklich nur ceteris paribus – also bei fixiertem Mitteleinsatz und fixiertem vertraglichen Zinssatz der Fremdfinanciers.

Für Eigenfinanciers verknüpfen sich hingegen mit einem höheren Verschuldungsgrad auch bei Berücksichtigung von

2.2 • Basisrisiken: Geschäfts- und Kapitalstrukturrisiko

Ausfallrisiken für Fremdfinanciers wiederum Chancen (43 % statt 22 %) und Risiken (−100 % statt −48 %), die es weiterhin abzuwägen gilt. Ihre Präferenz hängt also unverändert von den Eintrittswahrscheinlichkeiten der Umweltentwicklungen und ihrer Risikoeinstellung ab. Im Vergleich zur Situation ohne Ausfallrisiken ist der höhere Verschuldungsgrad für die Eigenfinanciers jetzt allerdings eindeutig attraktiver geworden, da denselben Chancen jetzt nur ein auf den Totalverlust von −100 % beschränktes Risiko, statt eines von (−132 %), gegenübersteht. Wegen der Ausfallrisiken der Fremdfinanciers werden Eigenfinanciers also systematisch eher den höheren Verschuldungsgrad wählen.

In unserem Beispiel risikoneutraler Eigenfinanciers mit $p^+ = 75\,\%$ und $p^- = 25\,\%$ entscheiden sich die Eigenfinanciers jetzt (anders als in der Situation ohne Ausfallrisiken der Fremdfinanciers) z. B. für den höheren Verschuldungsgrad:

$$E\left(r_E^A\right) = 0{,}75 \cdot 0{,}22 + 0{,}25 \cdot (-0{,}48) = +4{,}5\,\% \text{ (s.o.)}$$
$$E\left(r_E^B\right) = 0{,}75 \cdot 0{,}43 + 0{,}25 \cdot (-1) = +7{,}25\,\%.$$

Die Veränderung ihrer Beurteilung im Vergleich zur Situation ohne Haftungsbeschränkung kommt ausschließlich dadurch zustande, dass sie jetzt wegen der Haftungsbeschränkung einen Teil ihrer Verlustrisiken auf die Fremdfinanciers überwälzen können.

2.2.6 Reaktionen auf Basisrisiken

Soweit Financiers Basisrisiken voraussehen, können sie darauf, neben der Rationierung, sowohl mit Risikobegrenzung im engeren Sinne als auch mit Risikokompensation angemessen reagieren:

— Wollen Financiers Risiken, die sie übernehmen, begrenzen, müssen sie im Sinne der von ihnen präferierten Risikostruktur Einfluss auf das Geschäftsrisiko und die Höhe des Verschuldungsgrades nehmen. Das ist für den Alleingesellschafter, der einziger Eigenfinancier des Unternehmens ist, unproblematisch, wenn er annahmegemäß die Geschäftspolitik des Unternehmens allein bestimmen kann. Für andere Eigenfinanciers und für Fremdfinanciers macht das entsprechende Vereinbarungen in den Finanzierungsverträgen erforderlich. Dort müssen sie dann also z. B. vereinbaren, welche Grenzwerte das Geschäftsrisiko und/oder der Verschuldungsgrad nicht unterschreiten oder übertreffen dürfen. Im bisher diskutierten Rahmen symmetrischer ex ante Information und symmetrischer Kompetenz ist die

Risikobegrenzung von Basisrisiken

Risikokompensation von Basisrisiken

wirksame Vereinbarung entsprechender Verträge – abgesehen von Kosten der Vertragsausarbeitung – relativ unproblematisch.

— Wollen Financiers Risiken übernehmen und sich dafür kompensieren lassen, müssen sie bei gegebenem Risiko entweder ihren Finanzierungsbetrag an einen gegebenen Zahlungsanspruch oder den Zahlungsanspruch an einen gegebenen Finanzierungsbetrag so anpassen, dass der vereinbarte unsichere Zahlungsanspruch sie ausreichend für den hergegebenen Finanzierungsbetrag entschädigt. Der Alleingesellschafter verfügt nicht über entsprechende Möglichkeiten; er muss per definitionem das Eigenkapital zu Periodenbeginn allein aufbringen und erhält dafür das Eigenkapital zu Periodenende zurück. Eigenfinanciers, die mit anderen Eigenfinanciers die Vertragsbedingungen aushandeln, verfügen hingegen über entsprechende Möglichkeiten: Sie können bei fester Beteilungsquote ihren Einlagebetrag soweit reduzieren, bis er zum übernommenen Risiko passt, oder sie können bei fester Einlage eine dem übernommenen Risiko angepasste Beteiligungsquote fordern. Fremdfinanciers verfügen über ganz analoge Möglichkeiten der Kompensation für Basisrisiken, nur dass bei ihnen im Falle einer Kompensation durch höheren Zahlungsanspruch nicht die Beteiligungsquote sondern der vertraglich zugesicherte Zinssatz dem Risiko anzupassen ist. Diesen Anpassungsmechanismus der Risikokompensation von Fremdfinanciers im Wege eines risikoangepassten Zinssatzes wollen wir uns beispielhaft etwas genauer anschauen.

Beispiel zur Ermittlung risikoangepasster Kreditzinssätze

Zur Verdeutlichung, wie risikoangepasste Kreditzinssätze zu bestimmen sind, greifen wir auf unser Beispiel aus ▶ Abschn. 2.2.5 zurück. Dort hatten wir gesehen, dass Kreditgeber des Unternehmens B (mit $V^B = 4$) ohne private Haftung der Gesellschafter und mit einem vertraglichen Zinssatz von $r_{vF} = 8\%$ bei einer Gesamtkapitalrendite von $r_G^+ = +15\%$ ($p^+ = 75\%$) eine Fremdkapitalrendite von $r_{tF}^{B+} = 8\%$ erzielen. Bei einer Gesamtkapitalrendite von $r_G^- = -20\%$ ($p^- = 25\%$) liegt ihre Fremdkapitalrendite aber nur bei $r_{tF}^{B-} = 0\%$.

Angenommen, die Fremdfinanciers seien risikoneutral und würden Kredite nur vergeben, wenn sie im Erwartungswert mindestens eine Rendite von 8 % erzielen. Dann würden sie diesen Kredit nicht zu einem vertraglichen Zinssatz von 8 % vergeben. Denn bei dieser Zinsforderung würden sie im Erwartungswert nur eine Rendite von 6 % erzielen:

$$E(r_{tF}) = 0{,}75 \cdot 0{,}08 + 0{,}25 \cdot 0 = +6\%.$$

Die Fremdfinanciers müssten auf den Vertragszinssatz also einen Aufschlag für Ausfallrisiken vornehmen, um im Erwartungswert die geforderte Mindestrendite zu erzielen. Dieser Risikoaufschlag bleibt bei der negativen Entwicklung der Gesamtkapitalrendite wirkungslos. Dann reicht das Unternehmensvermögen ja nicht einmal aus, die Zinsforderung von 8 % voll zu erfüllen, geschweige denn den Risikoaufschlag zu bezahlen. Bei negativer Entwicklung der Gesamtkapitalrendite bleibt es für die Fremdfinanciers also trotz Risikoaufschlag bei einer Rendite von 0 %. Die um einen Risikoaufschlag erhöhte vertragliche Zinsforderung kann nur erfüllt werden, wenn die positive Entwicklung der Gesamtkapitalrendite eintritt. Für den mindestens zu fordernden Vertragszinssatz r_{vF} muss daher gelten:

$$0{,}75 \cdot r_{vF} + 0{,}25 \cdot 0 \geq 0{,}08$$
$$\Leftrightarrow r_{vF} \geq \frac{0{,}08 - 0{,}25 \cdot 0}{0{,}75} = 10{,}67\,\%.$$

Die Fremdfinanciers müssten zum Ausgleich ihrer Ausfallrisiken im Beispiel auf die geforderte Mindestrendite von 8 % also einen Risikoaufschlag von 2,67 %-Punkten vornehmen. Erst dann wären sie zur Vergabe des Kredits an Unternehmen B bereit.

Dass die Fremdfinanciers ihre Ausfallrisiken mit einer vertraglichen Zinsforderung in Höhe von 10,67 % tatsächlich kompensieren können, „funktioniert" allerdings nur unter der Bedingung, dass dieser um einen Risikozuschlag erhöhte Zinssatz bei positiver Entwicklung der Gesamtkapitalrendite auch in voller Höhe gezahlt werden kann. Daher ist in unserem Beispiel abschließend noch zu prüfen, ob das kreditierte Unternehmen bei positiver Entwicklung auch bei risikoangepasstem Zinssatz solvent bleibt. Diese Bedingung ist im Beispiel erfüllt, denn es gilt:

$$r_E^{B-}(r_{vF} = 10{,}67\,\%) = +0{,}15 + 4 \cdot (0{,}15 - 0{,}1067)$$
$$= +32{,}32\,\% \geq -100\,\%.$$

Etwas anspruchsvoller kann sich die Ermittlung des risikoangepassten Zinssatzes gestalten, wenn mehr als zwei Umweltentwicklungen möglich sind. Dann hängt der richtige Ansatz für die Berechnung des risikoangepassten Zinssatzes davon ab, in welchen Umweltentwicklungen das Unternehmen insolvent wird. In welchen Umweltentwicklungen das Unternehmen insolvent wird, hängt aber seinerseits u. a. von der Höhe des vertraglich vereinbarten Zinssatzes ab. Es besteht in diesem Fall also eine Interdependenz zwischen dem Rechenansatz und

Beispiel zur Ermittlung risikoangepasster Kreditzinssätze bei mehr als zwei Umweltentwicklungen

dem Rechenergebnis. Wegen dieser Interdependenz lässt sich der risikoangepasste Zinssatz u. U. nur in einem iterativen Vorgehen berechnen. Wir verdeutlichen diesen Zusammenhang an einem modifizierten Beispiel.

Angenommen seien wiederum ein risikoneutraler Fremdfinancier mit einem sicheren Referenzzinssatz von 8 % und ein kreditsuchendes Unternehmen mit einem Verschuldungsgrad von V = 4 nach erfolgter Kreditaufnahme. Jetzt sei aber angenommen, die Umwelt könne während der betrachteten Periode alternativ vier gleichwahrscheinliche Entwicklungen nehmen, mit denen sich Gesamtkapitalrenditen von $r_G^{--} = -30\,\%$; $r_G^{-} = -10\,\%$; $r_G^{+} = +30\,\%$; $r_G^{++} = +50\,\%$ verknüpfen.

Dann ist zur Bestimmung des risikoangepassten Zinssatzes in einem ersten Schritt eine Konstellation zu betrachten, in der das Unternehmen in allen vier Umweltentwicklungen solvent bleibt. Diese Konstellation liegt vor, wenn der vertragliche Zinssatz so niedrig fixiert wird, dass das Unternehmen ihn sogar bei Eintritt der schlechtesten Umweltentwicklung vollständig erfüllen kann, wenn also gilt:

$$-0{,}3 + 4 \cdot (-0{,}3 - r_{vF}) \geq -100\,\%$$

$$\Leftrightarrow r_{vF} \leq -0{,}3 + \frac{1 - 0{,}3}{4}$$

$$\Leftrightarrow r_{vF} \leq -12{,}5\,\%.$$

Eine Zinsforderung von −12,5 % reicht den Fremdfinanciers aber ganz offensichtlich nicht, um im Erwartungswert eine Rendite von +8 % zu erzielen. Bei der Berechnung des risikoangepassten Zinssatzes muss also mindestens von einer Insolvenz des Unternehmens im Fall der denkbar schlechtesten Umweltentwicklung ausgegangen werden.

Daher wird im zweiten Schritt eine Konstellation untersucht, in der das Unternehmen nur genau im Fall der schlechtesten Umweltentwicklung insolvent wird. Diese Konstellation liegt vor, wenn folgende Bedingung erfüllt ist:

$$-0{,}3 + 4 \cdot (-0{,}3 - r_{vF}) < -100\,\%$$
$$\wedge\ -0{,}1 + 4 \cdot (-0{,}1 - r_{vF}) \geq -100\,\%$$

$$\Leftrightarrow -0{,}125 < r_{vF} \leq -0{,}1 + \frac{1 - 0{,}1}{4}$$

$$\Leftrightarrow -12{,}5\,\% < r_{vF} \leq 12{,}5\,\%.$$

Liegt der vertragliche Zinssatz zwischen −12,5 % und +12,5 %, muss der Fremdfinancier bei der Bestimmung des risikoangepassten Zinssatzes also davon ausgehen, dass das Unternehmen mit einer Wahrscheinlichkeit von 75 % den vertraglichen

2.2 • Basisrisiken: Geschäfts- und Kapitalstrukturrisiko

Zinssatz voll erfüllen kann und mit 25 % Wahrscheinlichkeit insolvent wird. Bei Insolvenz des Unternehmens erzielt der Fremdfinancier die berechnete Rendite von −12,5 %. Sein vertraglich mindestens zu fordernder Zinssatz muss daher folgende Bedingung erfüllen:

$$0{,}75 \cdot r_{vF} + 0{,}25 \cdot (-0{,}125) \geq 0{,}08$$
$$\Leftrightarrow r_{vF} \geq \frac{0{,}08 - 0{,}25 \cdot (-0{,}125)}{0{,}75} = 14{,}83\,\%.$$

Die Zinsforderung des Fremdfinanciers müsste also mindestens 14,83 % betragen. Bei dieser Höhe der Zinsforderung ist allerdings die Eingangsbedingung der Berechnung verletzt. Die Zinsforderung liegt über 12,5 % und führt daher mindestens auch bei der zweitschlechtesten Umweltentwicklung zur Insolvenz des Unternehmens.

Daher ist im dritten Schritt eine Konstellation zu untersuchen, in der das Unternehmen bei genau zwei Umweltentwicklungen insolvent wird. Diese Konstellation liegt vor, wenn die vertragliche Zinsforderung folgender Bedingung genügt:

$$-0{,}1 + 4 \cdot (-0{,}1 - r_{vF}) < -100\,\%$$
$$\wedge\ 0{,}3 + 4 \cdot (0{,}3 - r_{vF}) \geq -100\,\%$$
$$\Leftrightarrow 0{,}125 < r_{vF} \leq 0{,}3 + \frac{1+0{,}3}{4}$$
$$\Leftrightarrow 12{,}5\,\% < r_{vF} \leq 62{,}5\,\%.$$

Liegt diese Konstellation vor, muss für den risikoangepassten Zinssatz aus Sicht des Fremdfinanciers gelten:

$$0{,}5 \cdot r_{vF} + 0{,}25 \cdot (-0{,}125) + 0{,}25 \cdot 0{,}125 \geq 0{,}08$$
$$\Leftrightarrow r_{vF} \geq \frac{0{,}08 - 0{,}25 \cdot (-0{,}125) - 0{,}25 \cdot 0{,}125}{0{,}5} = 16\,\%.$$

Mit 50 % Wahrscheinlichkeit kann der vertragliche Zinssatz vollständig erfüllt werden, mit 25 % Wahrscheinlichkeit wird das Unternehmen insolvent und leistet neben der Tilgung nur 12,5 % Zinsen und mit 25 % Wahrscheinlichkeit wird das Unternehmen insolvent und leistet keine Zinsen und nur 87,5 % der Tilgung.

Das Rechenergebnis von $r_{vF} = 16\,\%$ passt nun zu den Annahmen seiner Berechnung (12,5 % < r_{vF} = 16 % ≤ 62,5 %). Wir können den iterativen Prozess zur Berechnung der risikoangepassten Zinsforderung daher an dieser Stelle beenden und festhalten, dass die risikoangepasste Zinsforderung im Beispiel mindestens 16 % betragen muss.

Der Risikoaufschlag lässt sich in praktischer Anwendung natürlich nur schwerlich nach diesem Schema berechnen, da dazu insbesondere eine exakte Vorstellung von der Wahrscheinlichkeitsverteilung der Gesamtkapitalrendite erforderlich ist. Das Schema zeigt aber die Grundidee risikoangepasster Kreditzinssätze.

Interpretation des im Beispiel berechneten Risikoaufschlags

Beachtung verdient bei der Interpretation des berechneten Risikoaufschlags noch folgender Aspekt. Der Risikoaufschlag wurde für einen risikoneutralen Kreditgeber berechnet. Er berücksichtigt also noch keine Risikoaufschläge, die sich z. B. daraus ergeben können, dass Kreditgeber risikoscheu sind.

zusätzliche Risikoanpassung für nicht risikoneutrale Fremdfinanciers

Wenn von risikoscheuen Kreditgebern ausgegangen wird, was für reale Verhältnisse wohl überwiegend zutrifft, dann ist für deren Aversion gegen Risiken noch eine zweite, zusätzliche Risikokorrektur des vertraglichen Zinssatzes vorzunehmen. Die Höhe dieser zweiten Risikokorrektur kann aber sachgerecht nicht mehr auf der Ebene der einzelnen Kreditvergabe bestimmt werden. Sie muss vielmehr berücksichtigen, wie sich der zusätzliche Kredit in das Portefeuille bereits ausgereichter Kredite einfügt, wie sich also durch den Zusatzkredit das Gesamtrisiko des Fremdfinanciers verändert. Je nach der Korrelation der Risiken des Zusatzkredits mit den Risiken seines bisherigen Kreditportefeuilles kann dabei ein zusätzlicher Risikoaufschlag gerechtfertigt sein, u. U. aber auch ein Risikoabschlag.

2.2.7 Berücksichtigung von Folgeperioden

Beispiel zu dynamischen Verschuldungseffekten

Bislang waren unsere Betrachtungen auf eine Periode beschränkt. Die Wahl des Verschuldungsgrades kann zusätzliche Effekte entfalten, wenn Folgeperioden einbezogen werden. Welche Effekte, hängt davon ab, welche Konsequenzen Erfolge bzw. Misserfolge abgelaufener Perioden für die Verschuldungsgrade in Folgeperioden haben. Wir beschränken uns hier auf eine beispielhafte Verdeutlichung und gehen vereinfachend wieder von einer einwertigen Entwicklung aus. Diese Entwicklung, bei der wir pro Periode genau einen Wert der Gesamtkapitalrendite unterstellen, kann ex ante als sichere Voraussicht interpretiert werden. Sie kann aber auch als ex post Betrachtung der einen, tatsächlich eingetretenen, zuvor unsicheren Entwicklung interpretiert werden.

Wir nehmen an, die Unternehmen A bzw. B starten in die erste Periode mit den oben unterstellten Verschuldungsgraden $V^A = 1$ bzw. $V^B = 4$. Wir betrachten nun vier Perioden, in denen die Gesamtkapitalrendite beider Unternehmen jeweils folgende Werte annimmt.

2.2 · Basisrisiken: Geschäfts- und Kapitalstrukturrisiko

Periode	1	2	3	4
Gesamtkapitalrendite r_G	+15%	0%	-8%	+25%

Wir gehen zunächst davon aus, dass am Ende jeder Periode
- soweit möglich, Zinsen und Tilgung an die Kreditgeber gezahlt werden und für die kommende Periode im gleichen Betrag wie in der ersten Periode wieder Kredite zu einem vertraglichen Zinssatz von 8 % aufgenommen werden,
- ein nach Zinsen verbleibender Gewinn an die Eigenfinanciers ausgeschüttet wird (bei $r_E > 0$) und
- ein nach Zinsen entstehender Verlust durch Einlagen der Eigenfinanciers ausgeglichen wird (bei $r_E < 0$).

– bei Gewinnausschüttung und Verlustausgleich

Diese Außenfinanzierungspolitik führt dazu, dass die Unternehmen zu Beginn jeder Periode wieder ihren ursprünglichen Verschuldungsgrad herstellen. Unternehmen A geht also in jede Periode mit dem Verschuldungsgrad $V^A = 1$ und Unternehmen B mit dem Verschuldungsgrad $V^B = 4$. Damit ergeben sich folgende Entwicklungen:

Periode	1	2	3	4
Gesamtkapitalrendite r_G	+15%	0%	-8%	+25%
Unternehmen A				
Verschuldungsgrad zu Periodenbeginn V^A	1	1	1	1
Eigenkapitalrendite r_E^A	+22%	-8%	-24%	+42%
Fremdkapitalrendite r_{tF}^A	+8%	+8%	+8%	+8%
Unternehmen B				
Verschuldungsgrad zu Periodenbeginn V^B	4	4	4	4
Eigenkapitalrendite r_E^B	+43%	-32%	-72%	+93%
Fremdkapitalrendite r_{tF}^B	+8%	+8%	+8%	+8%

Die Forderungen der Fremdfinanciers können von beiden Unternehmen stets voll erfüllt werden. Die Eigenfinanciers des Unternehmens B „leiden" in den Perioden 2 und 3 im Vergleich zum Unternehmen A unter dem hohen Verschuldungsgrad, weil die Gesamtkapitalrendite hinter dem Fremdkapitalzinssatz zurückbleibt. Dafür profitieren sie in den Perioden, in denen eine Gesamtkapitalrendite oberhalb des Fremdkapitalzinssatzes erzielt wird, von dem hohen Verschuldungsgrad.

Ein anderes Bild ergibt sich bei folgender, praktisch sicherlich nicht seltenen, Außenfinanzierungspolitik, bei der am Ende jeder Periode

– bei Gewinnausschüttung und Verlustvortrag

- soweit möglich, Zinsen und Tilgung an die Kreditgeber gezahlt werden und für die kommende Periode im gleichen Betrag wie in der ersten Periode wieder Kredite zu einem vertraglichen Zinssatz von 8 % aufgenommen werden,
- ein nach Zinsen entstehender Verlust ohne zusätzliche Einlagen in Folgeperioden vorgetragen wird, also das Eigenkapital mindert, (bei $r_E < 0$) und
- ein nach Zinsen verbleibender Gewinn insoweit an die Eigenfinanciers ausgeschüttet wird, wie er nicht zum Ausgleich von Verlusten aus Vorperioden eingesetzt werden muss (bei $r_E > 0$).

Auch bei dieser Außenfinanzierungspolitik bleibt der Verschuldungsgrad solange konstant, wie nach Zinsen keine Verluste auflaufen. Verluste führen aber zu einer Erhöhung des Verschuldungsgrades. Er wird wieder zurückgeführt, soweit in Folgeperioden Gewinne erzielt werden. Damit ergeben sich folgende Entwicklungen:

Periode	1	2	3	4
Gesamtkapitalrendite r_G	+15%	0%	-8%	+25%
Unternehmen A				
Verschuldungsgrad zu Periodenbeginn V^A	1	1	1,087	1,4569
Eigenkapitalrendite r_E^A	+22%	-8%	-25,39%	+49,77%
Fremdkapitalrendite r_{tF}^A	+8%	+8%	+8%	+8%
Unternehmen B				
Verschuldungsgrad zu Periodenbeginn V^B	4	4	5,8822	
Eigenkapitalrendite r_E^B	+43%	-32%	(-102,12%) -100%	
Fremdkapitalrendite r_{tF}^B	+8%	+8%	+7,64%	

Die Berechnung der Verschuldungsgrade sei am Beispiel von Unternehmen A erläutert:
- In Periode 1 erzielt es einen Gewinn nach Zinsen. Dieser Gewinn wird ausgeschüttet. Damit startet das Unternehmen auch in Periode 2 mit dem Verschuldungsgrad 1.
- In Periode 2 erleidet das Unternehmen einen Verlust nach Zinsen von 8 % des Eigenkapitals. Dieser Verlust

wird vorgetragen. Dadurch erhöht sich der Verschuldungsgrad auf:

$$V^A(\text{Periode } 3) = \frac{1}{1 \cdot (1 - 0{,}08)} = 1{,}087.$$

- In Periode 3 erleidet das Unternehmen einen weiteren Verlust nach Zinsen von 25,39 %. Dadurch erhöht sich der Verschuldungsgrad weiter auf:

$$V^A(\text{Periode } 4) = \frac{1}{1 \cdot (1 - 0{,}08) \cdot (1 - 0{,}2539)} = 1{,}4569.$$

Man erkennt, dass Unternehmen A die „Krise" der Perioden 2 und 3 übersteht und die „Boomperiode" 4 erreicht. In Periode 4 erzielt es wieder einen Gewinn. Der Gewinn reicht sogar, was die Tabelle so nicht mehr ausweist, um frühere Verluste vollständig zu kompensieren, also den ursprünglichen Verschuldungsgrad $V^A = 1$ wieder herzustellen.

Unternehmen B überlebt die Krise hingegen nicht. Der höhere Verschuldungsgrad wächst in Periode 2 deutlich an. Am Ende von Periode 3 reicht das Unternehmensvermögen nicht mehr zur Begleichung der Schulden aus. Unternehmen B geht in die Insolvenz. Es ist wegen seines höheren Verschuldungsgrades krisenanfälliger als Unternehmen A.

Das Beispiel zeigt, dass hohe Verschuldungsgrade in Kombination mit entsprechenden Einlagen- und Ausschüttungsstrategien die Gefahr eines „galoppierenden" Anstiegs bergen. Dann bergen sie also Kapitalstrukturrisiken, die über die Risiken hinausgehen, die eine einperiodige Betrachtung erkennen lässt. Diese dynamischen Risiken sind noch ausgeprägter als in unserem Beispiel, wenn Verluste nicht nur buchmäßig vorgetragen werden, sondern sogar noch durch zusätzliche Kredite ausgeglichen werden.

Gefahr der „galoppierenden" Verschuldung

2.3 Qualitätsrisiken

2.3.1 Grundlegende Einordnung

Qualitätsrisiken treten auf, wenn beurteilungsrelevante Merkmale der auszutauschenden Leistungen bereits vor Vertragsschluss unveränderlich festliegen, ein Vertragspartner darüber aber besser informiert ist als sein Kontrahent. Ex ante, d. h. vor Vertragsschluss, sind also Informationen zwischen den Kontrahenten asymmetrisch verteilt. Die den Qualitätsrisiken zugrunde liegenden Informationsvorsprünge heißen Hidden

Qualitätsrisiken = Risiken durch asymmetrische ex ante Informationen, Hidden Information

Information. Dabei erlangen Qualitätsrisiken für die Vertragsgestaltung nicht erst Bedeutung, wenn ein Vertragspartner tatsächlich schlechter informiert ist. Es reicht, dass er sich schlechter informiert fühlt.

Auch Qualitätsrisiken können bei fast jedem Vertrag auftreten, z. B. beim Erdbeerkauf. Besteht das Basisrisiko des Erdbeerkäufers darin, über die Geschmacksmerkmale der Erdbeeren ebenso unvollständig informiert zu sein wie der Verkäufer, so ergibt sich für ihn zusätzlich ein Qualitätsrisiko, wenn die Gefahr besteht, dass der Verkäufer über die Qualität der Erdbeeren besser als er selbst informiert ist.

Akerlof- oder Lemon-Problem

Entsprechende Probleme wurden erstmals von G.A. Akerlof am Beispiel des US-Marktes für Gebrauchtwagen behandelt. Dort nennt man Gebrauchtwagen schlechter Qualität „Lemons". Die mit Qualitätsrisiken verbundenen Probleme werden daher auch Akerlof- oder Lemon-Probleme genannt. Wir verdeutlichen sie zunächst am Erdbeerbeispiel.

Beispiel

Angenommen, es gebe nur zwei Qualitäten von Erdbeeren. Gute, für die jeder Käufer, der ihre Qualität kennt, 2 €/Schale zu zahlen bereit wäre, und schlechte, für die jeder Käufer mit voller Kenntnis der Qualität 1 €/Schale zu zahlen bereit wäre. Weiter sei angenommen, Verkäufer kennten die Qualität ihrer Erdbeeren besser als die Käufer. Vereinfachend sei unterstellt, Verkäufer kennten die Qualität sicher. Käufer wissen nur, dass beide Qualitäten möglich sind, aber nicht, welche Qualität ihnen gerade angeboten wird. Schließlich sei angenommen, Verkäufer könnten Erdbeeren schlechter Qualität zu geringeren Kosten produzieren oder beschaffen als Erdbeeren guter Qualität. Dann würde sich am Erdbeermarkt folgendes Gleichgewicht einstellen.

Käufer können angebotene Erdbeeren nicht hinsichtlich ihrer Qualitäten unterscheiden. Sie können deshalb ihre Zahlungsbereitschaft nicht von der Qualität abhängig machen. Verkäufer erzielen deshalb immer denselben Preis, egal ob sie Erdbeeren guter oder schlechter Qualität anbieten. Warum sollen Verkäufer dann aber selbst hohe Kosten für die Beschaffung oder Produktion guter Erdbeeren eingehen, wenn sie dafür nur denselben Preis erzielen wie für schlechte Erdbeeren, deren Beschaffung oder Produktion geringere Kosten verursacht? Wenn Verkäufer die Qualitätsrisiken der Käufer absehen können, werden sie also von vornherein nur schlechte Erdbeeren beschaffen oder produzieren. Erdbeeren guter Qualität werden am Markt daher erst gar nicht angeboten, was wiederum der Käufer gedanklich vorwegnehmen kann. Er wird daher von vornherein nur 1 €/Schale anbieten und dafür sicher schlechte Qualität erwerben.

2.3 · Qualitätsrisiken

An unserem Erdbeermarkt würde absehbar nur noch schlechte Qualität angeboten. Dieses Ergebnis wird oft auch in der Weise beschrieben, dass sich Anbieter guter Qualität „vom Markt zurückziehen". Solche Negativauslese der Anbieter bezeichnet man als adverse Selektion. Adverse Selektion beschreibt das zentrale aus Qualitätsrisiken resultierende Problem. Ob und in welchem Maße adverse Selektion auftritt, hängt von diversen Gegebenheiten des Marktes ab.

Negativauslese, adverse Selektion

Bemerkenswert ist dabei, dass sich Kontrahenten für übernommene Qualitätsrisiken, anders als für Basisrisiken, wegen der bestehenden Informationsasymmetrie nicht risikoadäquat vergüten lassen können. Risikokompensation versagt im Hinblick auf Qualitätsrisiken, da zwischen den Vertragspartnern erst gar keine einheitliche Vorstellung von dem Risiko besteht, das abzugelten wäre.

keine Kompensation für Qualitätsrisiken

Gehen wir zur Verdeutlichung dieses Zusammenhangs z. B. für unseren Erdbeermarkt von einer anfänglichen Situation aus, in der jeweils 50 % aller Anbieter gute bzw. schlechte Qualität anbieten und Erdbeerkäufer diese prozentuale Zusammensetzung des Angebotes kennen. Dann könnte es naheliegen, dass risikoneutrale Käufer ihre Zahlungsbereitschaft dem Risiko adäquat ermitteln und deshalb 1,5 €/Schale zu zahlen bereit sind. Bei der Ermittlung dieses risikoangepassten Grenzpreises gehen sie von der Vorstellung aus, mit jeweils 50 % Wahrscheinlichkeit gute oder schlechte Erdbeeren zu erhalten. Diese Vorstellung wird aber von den Verkäufern nicht geteilt, wenn sie die Qualität ihrer Ware sicher kennen. Anbieter schlechter Qualität verkaufen ihre Ware im Wert von 1 € gerne für 1,5 €, Anbieter guter Qualität sind hingegen nicht bereit, Ware im Wert von 2 € für 1,5 € zu verkaufen. Wegen des unterschiedlichen Informationsstandes können sich die Kontrahenten nicht auf einen risikoadäquaten Preis einigen. Anbieter guter Qualität bieten ihre Ware nicht zum aus Käufersicht risikoangepassten Durchschnittspreis an. Sie verlassen den Markt. Dieser Umstand kann als Auslöser der adversen Selektion interpretiert werden. Die angenommene Anfangssituation mit jeweils 50 % gutem und schlechtem Angebot hat daher keinen Bestand.

Das skizzierte Problem ist auch nicht einfach dadurch aus der Welt zu schaffen, dass Verkäufer Auskunft über die Qualität ihrer Erdbeeren geben. Schließlich würde jeder opportunistische Verkäufer höchste Qualität behaupten, wenn er dadurch höhere Verkaufspreise erzielen kann und falsche Qualitätsbehauptungen ohne Sanktion bleiben. Ansatzpunkte zur Lösung des Lemon-Problems bieten sich, abgesehen von Rationierung, daher nur im Bereich der Risikobegrenzung im engeren Sinne. Im Beispiel des Erdbeerkaufs stehen z. B. folgende Ansätze zur Lösung der Probleme zur Verfügung:

Ansätze zur Begrenzung von Qualitätsrisiken:

– Informationsübermittlung (Screening, Signalling)	Es könnte versucht werden, den Informationsstand der Käufer bereits vor dem Kauf der Erdbeeren an den tatsächlich oder nur vermeintlich besseren Informationsstand der Verkäufer anzugleichen. Möglichkeiten böten etwa Gutachterurteile über die Qualität, Herkunftsnachweise, Strafen für irreführende Qualitätsauskünfte oder das schlichte Probieren der Ware durch den Käufer. Soweit die Initiative zu solchen Informationsaktivitäten vom Käufer ausgeht, spricht man von Screening. Ergreift der Verkäufer die Initiative, nennt man sie Signalling. Da bei Screening und Signalling letztlich identische Instrumente der Informationsübermittlung zum Einsatz kommen können, bleibt ihre Abgrenzung unscharf.
– nachträglicher Schadensausgleich	Es könnte auch das Informationsgefälle vor dem Kauf bestehen bleiben, dem Käufer im Falle seiner Übervorteilung aber nachträglich der entstandene Schaden ausgeglichen werden. Lösungsmöglichkeiten dieser Richtung wären etwa ein Rückgaberecht oder ein Minderungsanspruch bei nicht vertragskonformer Qualität.
– Reputation	Schließlich könnten die Probleme auch dadurch gelöst werden, dass der Verkäufer nicht nur einmal Erdbeeren verkaufen will und deshalb mit Blick auf zukünftige Geschäfte seinen guten Ruf als ehrlicher Verkäufer erhalten oder sogar stärken will. Dieser auch als Reputation bekannte Lösungsmechanismus kann sogar ohne entsprechende Vorkehrungen im einzelnen Kontrakt funktionieren. Er beruht auf Marktmechanismen.

Beim Erdbeerkauf war es naheliegend, von einem systematischen Informationsvorsprung des Verkäufers gegenüber dem Käufer auszugehen. Das liegt zum einen daran, dass die Leistung des Käufers in Geld besteht und damit kaum Spielräume für asymmetrische Information belässt. Das liegt aber vor allem daran, dass bei der Qualität der Erdbeeren kaum Ansatzpunkte bestehen, warum der Käufer sie besser einschätzen können sollte als der Verkäufer. Ein solcher systematischer Informationsvorsprung des Verkäufers ist für viele Vertragssituationen typisch. Er ist aber nicht zwingend. Es können auch umgekehrt Informationsvorsprünge des Käufers plausibel sein. Denken Sie etwa an einen Trödelmarkt, auf dem Laien alte Möbel verkaufen und professionelle Antiquitätenhändler als Käufer auftreten.

Qualitätsrisiken haben bei Eigen- und Fremdfinanzierungskontrakten große Bedeutung. Die Risiken und entsprechenden Lösungsansätze können dabei für Kontrakte der Eigen- und Fremdfinanzierung im Detail unterschiedlich aussehen.

2.3.2 Qualitätsrisiken von Eigenfinanciers

Leisten Eigenfinanciers Einlagen, ist der Wert ihrer Leistung, zumindest bei Bareinlagen, problemlos feststellbar. Als Gegenleistung erhalten sie neue Unternehmensanteile, deren Wert im Kern aus der Erwartung zukünftiger Zahlungen besteht. Der Wert der Anteile ist damit ungleich schwieriger festzustellen. Er hängt insbesondere ab von
- der Höhe des bei der Einlage vorhandenen Bruttovermögens des Unternehmens,
- der Höhe der bei der Einlage vorhandenen Schulden des Unternehmens und
- den Wahrscheinlichkeitsverteilungen zukünftiger Änderungen von Vermögen und Schulden.

Insbesondere der letzte Einflussfaktor kann seinerseits von einer Vielzahl unterschiedlicher Faktoren abhängen, z. B. der Geschäftsstrategie, den Fähigkeiten des Managements oder möglichen Umweltentwicklungen und deren Eintrittswahrscheinlichkeiten.

Qualitätsrisiken drohen dem Eigenfinancier grundsätzlich im Hinblick auf alle drei Faktoren, wenn er nicht der einzige Eigenfinancier des Unternehmens ist. Dann lässt sich seine Einlage so interpretieren, dass ihm die anderen Gesellschafter neue Anteile an der Gesellschaft verkaufen. Sind die anderen Gesellschafter vermeintlich oder tatsächlich besser über die Einflussfaktoren des Anteilswertes informiert, droht ihm die Gefahr, für die Anteile höhere Einlagen zu leisten, als er zu leisten bereit wäre, wenn er ebenfalls die überlegenen Informationen der anderen Gesellschafter hätte. Das Ausmaß, in dem er solchen Qualitätsrisiken ausgesetzt ist, hängt insbesondere davon ab,

Einflussfaktoren auf Qualitätsrisiken von Eigenfinanciers

- ob das Unternehmen schon zuvor existiert, es also eine wissenswerte Geschichte hat, oder es gerade erst gegründet wird,
- ob der Eigenfinancier, im Falle eines bereits existierenden Unternehmens, auch selbst bereits zuvor Gesellschafter war oder mit der Einlage neu in die Gesellschaft eintritt,
- ob die Geschäfte des Unternehmens von anderen Gesellschaftern geführt werden, die dementsprechend gut darüber informiert sind, oder von angestellten Managern,
- ob der Eigenfinancier als einziger neue Einlagen leistet oder auch (andere) Altgesellschafter zusätzliche Einlagen leisten.

Je nach Ausprägung dieser und weiterer Merkmale können Qualitätsrisiken für Eigenfinanciers unterschiedliches Gewicht haben. Hohes Gewicht haben sie wohl vor allem, wenn der Eigenfinancier in eine bereits bestehende Gesellschaft eintritt, in der die Gesellschafter selbst die Geschäfte führen. Dann steht zu vermuten, dass die Altgesellschafter weitgehend und der neue Eigenfinancier kaum über die Situation und die Perspektiven des Unternehmens informiert sind. Wir gehen nachfolgend von diesem Fall aus.

Interessen der Eigenfinanciers

Im Hinblick auf die Werteinflüsse der neuen Anteile präferiert der Eigenfinancier jeweils ceteris paribus:
- ein im Zeitpunkt seiner Einlage hohes Unternehmensvermögen,
- im Zeitpunkt seiner Einlage geringe Unternehmensschulden,
- für die Zukunft hohe Wahrscheinlichkeiten für hohe Renditen des Unternehmensvermögens und
- für die Zukunft geringe Wahrscheinlichkeiten für zusätzliche Unternehmensschulden.

Das steigert jeweils den Wert der neuen Anteile und damit bei gegebenem quotalen Anteil an zukünftigen Ausschüttungen seine Zahlungsbereitschaft in Form höherer Einlagen. Da die besser informierten Altgesellschafter bei gegebener Ausstattung der neuen Anteile von einer höheren Einlage profitieren, werden sie ihm genau dies erzählen, nämlich dass das Unternehmensvermögen sehr hoch sei und in Zukunft mit hoher Wahrscheinlichkeit noch deutlich wachsen werde und dass die Unternehmensschulden und die Gefahr neuer Schulden verschwindend gering seien. Genau wie der Erdbeerkäufer dem Verkäufer die Beteuerungen der guten Qualität seiner Erdbeeren nicht glauben kann, kann aber auch der Eigenfinancier solchen Beteuerungen der Altgesellschafter nicht trauen. Auch ihm droht die Gefahr adverser Selektion, weil gute Unternehmen als erste auf die Einlage des Eigenfinanciers verzichten, wenn dieser für seine Qualitätsrisiken Preisabschläge vornimmt. Dementsprechend kann sich auch der Eigenfinancier für Qualitätsrisiken nicht adäquat kompensieren lassen. Damit reduzieren sich auch für Eigenfinanciers bei Qualitätsrisiken die Lösungsansätze im Wesentlichen auf Ansätze zur Risikobegrenzung im engeren Sinne.

Ansätze zur Begrenzung der Qualitätsrisiken von Eigenfinanciers

Im Vergleich zum Erdbeerkauf wiegen aber nicht nur die Folgen einer falschen Entscheidung für den Eigenfinancier schwerer. Sondern es existieren auch nicht so simple Methoden zur Risikobegrenzung wie das Kosten einer Erdbeere. Schon die aktuellen Beträge des Unternehmensvermögens und der Schulden, vor allem die Angemessenheit gebildeter Rückstellungen, lassen sich nur vergleichsweise schwierig bestimmen. Dies gilt aber erst recht für die zukünftigen Entwicklungen von Vermögen und Schulden. Ansatzpunkte zur Minderung der Qualitätsrisiken von Eigenfinanciers bieten sich, analog zum Erdbeerkauf, vor allem in folgenden Bereichen:

- Der Informationsstand des Eigenfinanciers kann vor seiner Einlage an den Informationsstand der Altgesellschafter angeglichen werden. Diesen Lösungsansatz verfolgen zum Beispiel Publikationspflichten der Unternehmen, die Analyse von Jahresabschlüssen des Unternehmens, die Bewertung des Unternehmens durch Sachverständige, die Beauftragung sogenannter Due-Diligence-Prüfungen oder auch die Pflicht zur Erstellung eines Prospektes mit Haftung der Prospekterseller für die enthaltenen Angaben bei öffentlichen Angeboten von Unternehmensanteilen.
- Empirisch etwas dünner gesät sind Instrumente, bei denen dem Eigenfinancier nachträglich der Schaden aus einer Übervorteilung ausgeglichen wird. Diesem Zweck dienen Gewährleistungsklauseln in Finanzierungsverträgen. Als Instrument dieser Stoßrichtung lassen sich auch sogenannte Kurspflegevereinbarungen interpretieren, die eine Gesellschaft bei der Emission neuer Aktien häufig mit emissionsbegleitenden Banken schließt und in der sich die Banken insbesondere zum „Rückkauf" von Aktien für den Fall kurz nach der Emission fallender Aktienkurse verpflichten.
- Schließlich können Qualitätsrisiken von Eigenfinanciers auch dadurch gemindert werden, dass ein Unternehmen in der Zukunft noch häufiger von der Möglichkeit der Eigenfinanzierung Gebrauch machen und deshalb seine Reputation als ehrlicher Anteilsverkäufer erhalten oder sogar stärken will.

Qualitätsrisiken – und die noch zu besprechenden Verhaltensrisiken – gelten im Bereich der Eigenfinanzierung trotz der angesprochenen Ansatzpunkte zu ihrer Minderung gemeinhin als besonders bedeutsam und besonders schwierig zu überwinden. So genießt im finanzwirtschaftlichen Schrifttum die sogenannte „Pecking Order" große Akzeptanz. Diese „Hackordnung" der Finanzierungsalternativen beruht zum Teil auf theoretischen und zum Teil auf empirischen Untersuchungen. Gemäß Pecking Order rangiert die Innenfinanzierung auf dem ersten, die Fremdfinanzierung auf dem zweiten und die Eigenfinanzierung erst auf dem dritten und letzten Platz. Danach würden Unternehmensleitungen also zunächst den Weg der Innenfinanzierung beschreiten, weil dabei die geringsten Qua-

„Pecking Order"

litäts- und Verhaltensprobleme zu überwinden seien. Wenn die Innenfinanzierung nicht ausreicht, würden sie die Fremdfinanzierung der Eigenfinanzierung vorziehen, weil die Qualitäts- und Verhaltensprobleme der Eigenfinanzierung als gravierender eingeschätzt werden.

2.3.3 Qualitätsrisiken von Fremdfinanciers

Interessen der Fremdfinanciers

Auch Fremdfinanciers erhalten als Gegenleistung für ihre Finanzierungsbeträge Finanztitel, deren Wert im Kern aus der Erwartung zukünftiger Zahlungen besteht. Anders als bei Eigenfinanciers sind ihre Tilgungs- und Zinsansprüche aber i. d. R. im Finanzierungsvertrag numerisch fixiert. Bei gegebenen Tilgungs- und Zinsvereinbarungen hängt der Wert ihrer Titel daher nur noch davon ab, mit welchen Wahrscheinlichkeiten zugesagte Zahlungen tatsächlich geleistet werden können. Der Wert von Fremdfinanzierungstiteln ist umso höher,

- je unwahrscheinlicher die Insolvenz des schuldnerischen Unternehmens ist, je wahrscheinlicher es also alle Zahlungsverpflichtungen erfüllen kann und
- je besser die Möglichkeiten eines Fremdfinanciers sind, im Fall einer Insolvenz seine eigenen Forderungen doch noch ganz oder zumindest teilweise erfüllt zu bekommen.

Die Wahrscheinlichkeit der Unternehmensinsolvenz ist, wie wir bereits bei der Diskussion der Basisrisiken gesehen haben, umso geringer, je niedriger der Verschuldungsgrad des Unternehmens und je geringer die Eintrittswahrscheinlichkeiten ungünstiger Gesamtkapitalrenditen sind. Eigene Befriedigungschancen des Fremdfinanciers in der Insolvenz sind umso höher, je weiter vorne er sich im Insolvenzfall in der Warteschlange der Gläubiger bei der Verteilung des Unternehmensvermögens anstellen kann und je mehr Vermögen ihm zusätzlich außerhalb des Unternehmensvermögens zur Befriedigung seiner Ansprüche zur Verfügung steht.

Da diese Präferenzen des Fremdfinanciers bekannt sind, muss er davon ausgehen, dass ihm die Gesellschafter des Unternehmens bzw. die für sie agierenden Geschäftsführer vor Abschluss des Finanzierungsvertrages stets mitteilen, dass das Unternehmen über großes Vermögen verfügt, es kaum Schulden hat und ungünstige Geschäftsentwicklungen sehr unwahrscheinlich sind. Da der Fremdfinancier befürchten muss, über diese Sachverhalte relativ schlecht informiert zu sein, wird er entsprechenden Auskünften aber keinen Glauben schenken. Daher droht auch bei einer Fremdfinanzierung die Gefahr ad-

2.3 · Qualitätsrisiken

verser Selektion. Der Fremdfinancier ist bei jedem Vertragsangebot der Gesellschafter der Gefahr ausgesetzt, dass ihm dieses Angebot nur deshalb unterbreitet wird, weil es ihn auf Basis des überlegenen Wissens der Gesellschafter übervorteilt.

Auch Fremdfinanciers können für übernommene Qualitätsrisiken keine risikoadäquaten Kompensationen vereinbaren. Für die Minderung ihrer Qualitätsrisiken existieren aber z. B. folgende Ansätze, die sich alle dem Bereich der Risikoreduzierung im engeren Sinne zuordnen lassen:

- Fremdfinanciers können versuchen, ihren Informationsnachteil vor Vertragsschluss zu reduzieren. Diesem Zweck dient beim Abschluss individueller Fremdfinanzierungsverträge insbesondere die Kreditwürdigkeitsanalyse des Unternehmens, in deren Zentrum die Analyse von Jahresabschlüssen steht. Diesem Zweck dient beim Abschluss standardisierter Fremdfinanzierungsverträge mit einer Vielzahl von Gläubigern vor allem der Emissionsprospekt in Verbindung mit der Haftung der Prospektersteller für dessen inhaltliche Richtigkeit. Daneben kann aber auch die Reservierung bestimmter Teile des Unternehmensvermögens für die vorrangige Befriedigung des Fremdfinanciers als Lösung dieser Zielrichtung interpretiert werden; zum Beispiel dann, wenn sich der Fremdfinancier bei der Beurteilung solcher Kreditsicherheiten, etwa der Beurteilung einer Immobilie, geringeren Informationsnachteilen als bei der Beurteilung des gesamten Unternehmens ausgesetzt sieht.
- Zudem existieren Ansätze, um dem Fremdfinancier nachträglich den Schaden aus einer Übervorteilung auszugleichen. In diesem Sinne kann z. B. die Erweiterung der Haftung auf Vermögen außerhalb des Unternehmensvermögens interpretiert werden.
- Schließlich können auch Qualitätsrisiken von Fremdfinanciers durch den Marktmechanismus der Reputation gemindert werden, wenn das Unternehmen noch häufiger von der Möglichkeit der Fremdfinanzierung Gebrauch machen und deshalb seine Reputation als ehrlicher Kreditnehmer erhalten oder stärken will.

Ansätze zur Begrenzung der Qualitätsrisiken von Fremdfinanciers

Die von Fremdfinanciers zu tragenden Qualitätsrisiken werden nachfolgend anhand eines Beispiels erläutert, bei dem asymmetrische Information über das primäre Geschäftsrisiko besteht. Dazu wird von folgenden Annahmen ausgegangen.

- Eine in t = 0 neu gegründete GmbH ohne private Haftung der Gesellschafter plant die Durchführung einer einperiodigen Investition, die in t = 0 eine Auszahlung von 1 Mio. erfordert.

Beispiel zur Verdeutlichung von Qualitätsrisiken

- Die Gesellschafter leisten in t = 0 eine Einlage von 0,5 Mio. und beabsichtigen, die fehlenden 0,5 Mio. als Kredit bei einer Bank aufzunehmen. Nach erfolgter Kreditvergabe würde der Verschuldungsgrad also V = 1 betragen.
- Alle Akteure (Gesellschafter der GmbH und die Bank) sind risikoneutral und kalkulieren mit einem sicheren Zinssatz von 10 %.
- Für die Investitionsmaßnahme der GmbH kommen (nur) zwei Projektalternativen in Betracht. Projekt A ist sicher und führt in t = 1 zu einer Einzahlung von 1,15 Mio.; Projekt B ist unsicher und führt in t = 1 mit einer Wahrscheinlichkeit von p^+ = 80 % zu einer Einzahlung von 1,4 Mio. und mit der Gegenwahrscheinlichkeit von p^- = 20 % zu keinen Rückflüssen.
- Bereits in t = 0 steht irreversibel fest, welches der beiden Projekte nach einer Kreditvergabe durch die Bank von den Gesellschaftern der GmbH durchgeführt wird.

Um die Wirkung von Qualitätsrisiken verdeutlichen zu können, betrachten wir zunächst eine Situation, in der gar kein Qualitätsrisiko besteht, in der also Gesellschafter der GmbH und Bank gleichgut über den Risikogehalt des Investitionsprojektes informiert sind.

Durchführung von Projekt A ohne Qualitätsrisiken

Angenommen, die Gesellschafter würden nach erfolgter Kreditvergabe definitiv das sichere Projekt A durchführen und könnten diese Information auch glaubwürdig der Bank übermitteln. Dann würden GmbH und Bank bei ihren Kalkulationen jeweils fest von Projekt A (mit r_G^A = +15 %) ausgehen. Für jeden vertraglichen Kreditzinssatz $r_{vF} \geq 10\,\%$ würde sich die Bank bei Finanzierung des sicheren Projekts A nicht schlechter als bei ihrer durch den Kalkulationszinssatz von 10 % zum Ausdruck kommenden Opportunität stellen. Ein Risikoaufschlag auf den Zinssatz wäre aus Sicht der Bank nicht erforderlich.

Die GmbH würde andererseits maximal einen vertraglichen Kreditzinssatz akzeptieren, der gerade noch zu einer Eigenkapitalrendite in Höhe des Referenzzinssatzes der Gesellschafter führt. Aus Sicht der GmbH müsste für den vertraglichen Kreditzinssatz also gelten:

$$0,15 + 1 \cdot (0,15 - r_{vF}) \geq 0,1$$
$$\Leftrightarrow r_{vF} \leq 20\,\%.$$

Da der Grenzzinssatz der Bank mit 10 % unterhalb des Grenzzinssatzes der GmbH von 20 % liegt, besteht in diesem Zinsintervall Spielraum für eine Kreditvereinbarung. Wenn sich die

2.3 • Qualitätsrisiken

beiden Parteien nicht sehr ungeschickt anstellen, wird es also zu einer für beide Seiten vorteilhaften Kreditvergabe und zur anschließenden Durchführung von Projekt A kommen.

Alternativ sei nun angenommen, die Gesellschafter würden nach erfolgter Kreditvergabe definitiv das unsichere Projekt B durchführen und könnten diese Information auch glaubwürdig der Bank übermitteln. GmbH und Bank würden in diesem Fall bei ihren Kalkulationen jeweils fest von Projekt B ausgehen (mit $r_G^{B+} = 40\,\%$; $p^+ = 80\,\%$; $r_G^{B-} = -100\,\%$; $p^- = 20\,\%$).

Eine Gesamtkapitalrendite von $r_G^{B-} = -100\,\%$ bedeutet auch für die Bank einen Totalausfall ihrer Forderung, also eine Fremdkapitalrentabilität von ebenfalls $r_{tF}^{B-} = -100\,\%$. Um sich nicht schlechter zu stellen als bei Verzicht auf die Kreditvergabe, muss der von der Bank mindestens zu fordernde risikoadjustierte Zinssatz daher folgende Bedingung erfüllen:

$$0{,}8 \cdot r_{vF} + 0{,}2 \cdot (-1) \geq 0{,}1$$
$$\Leftrightarrow r_{vF} \geq \frac{0{,}3}{0{,}8} = 37{,}5\,\%.$$

Die GmbH wird hingegen nur maximal einen vertraglichen Kreditzinssatz akzeptieren, bei dem die Eigenkapitalrendite im Erwartungswert nicht die Referenzrendite unterschreitet. Aus Sicht der GmbH muss für den vertraglichen Kreditzinssatz also gelten:

$$0{,}8 \cdot [0{,}4 + 1 \cdot (0{,}4 - r_{vF})] + 0{,}2 \cdot (-1) \geq 0{,}1$$
$$\Leftrightarrow 0{,}4 + 1 \cdot (0{,}4 - r_{vF}) \geq \frac{0{,}1 + 0{,}2}{0{,}8}$$
$$\Leftrightarrow r_{vF} \leq 0{,}4 - \frac{0{,}1 + 0{,}2}{0{,}8} + 0{,}4 = 42{,}5\,\%.$$

Da der Grenzzinssatz der Bank mit 37,5 % unterhalb des Grenzzinssatzes der GmbH von 42,5 % liegt, besteht auch bei dem unsicheren Projekt B (im Intervall zwischen 37,5 % und 42,5 %) Spielraum für eine Kreditvereinbarung mit Vorteilen für beide Parteien. Im Beispiel können ohne Qualitätsrisiken also beide Projekte A und B zu einem für Bank und Gesellschafter jeweils akzeptablen vertraglichen Kreditzinssatz finanziert werden.

Ergebnis: Projekt A und B ohne Qualitätsrisiken realisierbar

Nun soll in unser Beispiel ein Qualitätsrisiko integriert werden. Dazu sei angenommen, die GmbH könne zwar definitiv nur eines der beiden Projekte A oder B durchführen, könne die Bank aber über das von der Bank zu tragende Projektrisiko nicht glaubwürdig informieren. Die Bank soll aber wissen, dass die Durchführung eines der beiden Projekte A

Fortsetzung des Beispiels unter Berücksichtigung von Qualitätsrisiken

oder B a priori mit derselben Wahrscheinlichkeit von 50 % möglich ist.

In diesem Fall stellt sich die Bereitschaft der GmbH zur Kreditaufnahme genauso dar, wie bereits oben analysiert, denn der GmbH ist ja bekannt, welches der beiden Projekt A oder B von ihr durchgeführt wird. Kann die GmbH nur Projekt A durchführen, gesteht sie der Bank, wie bereits ermittelt, maximal einen vertraglichen Kreditzinssatz von r_{vF}^A = 20 % zu, bei Projekt B maximal r_{vF}^B = 42,5 %.

Für die Bank stellt sich die Situation hingegen anders dar. Auf Basis ihrer a priori-Erwartung geht sie von der gleichwahrscheinlichen Durchführung von Projekt A oder B aus und muss daher bei der Kalkulation des für sie akzeptablen risikoangepassten Kreditzinssatzes von nachfolgend verdeutlichter Risikostruktur ausgehen:

Projekt A	Projekt B	
$p^A = 0,5$	$p^B = 0,5$	
	$p^+ = 0,8$	$p^- = 0,2$
$r_G = 15\%$	$r_G^{B+} = 40\%$	$r_G^{B-} = -100\%$
$r_{tF}^A = r_{vF}$	$r_{tF}^{B+} = r_{vF}$	$r_{tF}^{B-} = -100\%$

Solange kein vertraglicher Zinssatz gewählt wird, der bei Projekt A nicht mehr erfüllt werden kann, solange also gilt:

$$0{,}15 + 1 \cdot (0{,}15 - r_{vF}) \geq -1$$
$$\Leftrightarrow r_{vF} \leq 130\,\%,$$

kann die Bank davon ausgehen, dass sie mit einer Wahrscheinlichkeit von 90 % (= $1 - p^B \cdot p^- = 1 - 0{,}5 \cdot 0{,}2 = 0{,}9$) den vertraglichen Zinssatz in voller Höhe erhält. Dies ist genau dann der Fall, wenn Projekt A finanziert wird (p = 50 %) oder wenn Projekt B finanziert wird und dieses Projekt positiv verläuft (p = 0,5 · 0,8 = 40 %). Mit einer Wahrscheinlichkeit von 10 % (p = 0,5 · 0,2 = 10 %), nämlich bei Finanzierung von Projekt B und dessen negativem Verlauf, muss die Bank von einem Totalverlust ausgehen. Für die Mindestzinsforderung der Bank muss a priori daher gelten:

$$0{,}9 \cdot r_{vF} + 0{,}1 \cdot (-1) \geq 0{,}10$$
$$\Leftrightarrow r_{vF} \geq 22{,}22\,\%.$$

Ergebnis: Aufgrund von Qualitätsrisiken ist im Beispiel nur Projekt B finanzierbar (adverse Selektion)

Bei dieser „Mischkalkulation" der Zinsforderung kommt es im Beispiel aber zu einer adversen Selektion. Die Zinsforderung würde ein Kreditnehmer mit Projekt A nicht mehr akzeptieren, wohl aber ein Kreditnehmer mit Projekt B. Diesen Prozess der adversen Selektion muss die Bank bei der Berechnung des von ihr mindestens zu fordernden Zinssatzes berücksichtigen. Sie muss davon ausgehen, dass jeder Kreditnehmer, der ihr Kreditangebot annimmt, über Projekt B verfügt. Ihre Mindestforderung muss daher nicht 22,22 % betragen, wie a priori berechnet, sondern 37,5 %, wie oben für ein sicher gegebenes (unsicheres) Projekt B berechnet. Im Ergebnis würden im Beispiel Projekte vom Typ A also bei Qualitätsrisiken nicht mehr durch Kredite finanziert werden können. Kreditfinanziert werden könnten nur noch Projekte vom Typ B, dann aber zu einem für diese Projekte passenden risikoadjustierten Zinssatz.

2.4 Verhaltensrisiken

2.4.1 Grundlegende Einordnung

Verhaltensrisiken können nur auftreten, wenn mindestens ein Vertragspartner nach Vertragsschluss noch Möglichkeiten hat, die Qualität seiner Leistung durch ihm allein obliegende Entscheidungen zu beeinflussen. Ihre erste Voraussetzung ist also die asymmetrische Verteilung von Handlungskompetenzen nach Vertragsschluss. Solche einseitig auszufüllenden Handlungsspielräume bezeichnet man als diskretionäre Handlungsspielräume. Verträge mit ausgeprägten diskretionären Handlungsspielräumen bezeichnet man als Delegationsbeziehungen. Damit soll ausgedrückt werden, dass ein Kontrahent den anderen (explizit oder implizit) mit der weiteren Vertragsausfüllung beauftragt und ihm dazu diskretionäre Handlungsspielräume einräumt. Verhaltensrisiken werden deshalb auch als Delegationsrisiken bezeichnet.

1. Voraussetzung von Verhaltensrisiken: asymmetrische Kompetenz, diskretionäre Handlungsspielräume

Delegationsbeziehungen, Delegationsrisiken

Das Auftreten von Verhaltensrisiken ist aber mindestens an eine zweite Bedingung geknüpft. Dem Kontrahenten mit diskretionären Handlungsspielräumen müssen Möglichkeiten zur Erhöhung seines eigenen Nutzens offen stehen, deren Ergreifen zugleich den Nutzen seines Kontrahenten mindert. Geht man davon aus, dass jeder Kontrahent opportunistisch, das heißt ausschließlich im Interesse der Maximierung seines eigenen Nutzens agiert, dann darf also die Alternative, die den Nutzen des einen Vertragspartners maximiert, nicht gleichzeitig den Nutzen des anderen Vertragspartners maximieren. Neben asymmetrischer Kompetenz setzen Verhaltensrisiken also zusätzlich asymmetrische Betroffenheit der Kontrahenten von den verbliebenen Handlungsmöglichkeiten voraus.

2. Voraussetzung: asymmetrische Betroffenheit

Die zweite Voraussetzung für das Auftreten von Verhaltensrisiken bedarf besonderer Betonung, weil eigene Beurteilungen des Vertragspartners für das Auftreten der vorstehend behandelten Qualitätsrisiken unbedeutend sind. Qualitätsrisiken ergeben sich, weil der besser Informierte dem schlechter Informierten nicht die wahre Qualität der Leistung mitteilt, sondern die Qualität vorgibt, von der er unterstellt, dass der schlechter Informierte sie präferiert. Welche Qualität der besser Informierte selbst präferiert, ist für das Auftreten von Qualitätsrisiken völlig unerheblich. Für das Auftreten von Verhaltensrisiken sind demgegenüber die Beurteilungen beider Kontrahenten von Bedeutung. Es kommt nur dann zu Verhaltensrisiken, wenn die Kontraktpartner im Hinblick auf die verbliebenen Handlungsalternativen unterschiedliche Präferenzen haben.

3. Voraussetzung: keine vertragliche Regel oder keine Kontrollmöglichkeit

Wenn Verhaltensrisiken bereits ex ante vollständig erkennbar wären und zudem die Möglichkeit bestünde, im Vertrag kostenlos und kontrollierbar das zukünftige Verhalten des Vertragspartners festzuschreiben, dann ließen sich Verhaltensrisiken relativ einfach durch entsprechende vertragliche Vereinbarungen beseitigen. Damit Verhaltensrisiken zu einem ernsthaften Problem der Delegationsbeziehung werden, muss also noch eine dritte Voraussetzung erfüllt sein. Entweder darf erst gar nicht die Möglichkeit bestehen, bereits im Vertrag entsprechende Verhaltensvorgaben kostenlos zu vereinbaren, oder es besteht zwar die Möglichkeit der kostenlosen Vereinbarung, deren Einhaltung ist aber nicht kostenlos kontrollierbar. Diese dritte Voraussetzung werden wir gleich noch konkreter fassen, wenn wir verschiedene Spielarten der Verhaltensrisiken unterscheiden.

Verdeutlichung der drei Voraussetzungen

Verhaltensrisiken können schon den Erdbeerkäufer treffen. Sie treffen ihn z. B., wenn er sich mit dem Verkäufer auf den Kauf einer Schale Erdbeeren einigt und der Verkäufer anschließend die zu übergebende Schale aus seinem Vorrat auswählt. Der Verkäufer verfügt dann über einen diskretionären Handlungsspielraum bei der Auswahl der Ware (erste Voraussetzung). Diesen Spielraum kann er z. B. zu seinem eigenen Vorteil und zum Nachteil des Käufers ausfüllen, wenn sein Vorrat sowohl Erdbeeren von ihm bekannter guter Qualität als auch Erdbeeren von ihm bekannter schlechter Qualität umfasst (zweite Voraussetzung). Wählt er schlechte Erdbeeren und kann der Käufer dies nicht erkennen oder zwar erkennen, aber nicht mehr verhindern (dritte Voraussetzung), dann erlangt der Verkäufer im Vergleich zur Wahl guter Erdbeeren einen Vorteil und erleidet der Käufer einen Nachteil. Damit ist der Käufer einem Verhaltensrisiko ausgesetzt.

Tendenziell größere Bedeutung erlangen Verhaltensrisiken allerdings bei Verträgen, bei denen, anders als beim Erdbeer-

2.4 · Verhaltensrisiken

kauf, die Qualitäten der zum Austausch verfügbaren Leistungen im Moment des Vertragsschlusses noch gar nicht abschließend fixiert sind, sondern mindestens ein Kontrahent seine Leistung überhaupt erst nach Vertragsschluss herstellt. So eine Konstellation mit besonders großer Relevanz von Verhaltensrisiken ist für Finanzierungsverträge typisch. Idealtypisch erbringt der Financier seine Leistung vollständig direkt nach Vertragsschluss und verfügt danach über keine diskretionären Handlungsspielräume mehr. Das finanzierte Unternehmen erbringt seine Leistung hingegen erst später und kann deren Qualität noch durch eine Vielzahl von Entscheidungen einseitig beeinflussen.

Bei Delegationsbeziehungen, wie es auch Finanzierungsbeziehungen sind, kommen im Detail unterschiedliche Arten von Verhaltensrisiken in Betracht. Zu unterscheiden sind:

Arten von Verhaltensrisiken:

- Kontrahent I kann den Kontrahenten II bei der Ausfüllung seiner Handlungsspielräume beobachten und erkennen, dass Kontrahent II eine für Kontrahent I nachteilige Alternative wählt. Er kann die Wahl dieser Alternative aber nicht mehr verhindern, weil der bereits geschlossene Vertrag dazu keine Möglichkeit vorsieht. Dieses als *Hold Up* bezeichnete Risiko findet seine Ursache in der unvollständigen Formulierung des Vertrages oder in fehlenden Mitteln zur Durchsetzung der vertraglichen Vereinbarungen. Im Vertrag findet sich keine Eingriffsregelung für den Fall des Hold Up oder es findet sich zwar eine Eingriffsmöglichkeit, die aber nicht wirksam genutzt werden kann. Sonst könnte daraus kein Risiko erwachsen. Warum eine entsprechende Regelung im Vertrag fehlt, kann unterschiedliche Ursachen haben. Vielleicht war die schädigende Handlungsmöglichkeit grundsätzlich schon bei Vertragsschluss bekannt, aber nur einem der beiden Vertragspartner. Dann wäre asymmetrische ex ante Information über zukünftige Handlungsmöglichkeiten die Ursache für die Unvollständigkeit des Vertrages. Vielleicht erfahren aber auch beide Vertragspartner erst nach Vertragsschluss von dieser Handlungsmöglichkeit oder sie war zwar beiden bereits vor Vertragsschluss bekannt, eine vertragliche Vorkehrung für alle Eventualitäten erschien aber zu teuer. In den zuletzt genannten Fällen ist, ebenso wie bei fehlenden Mitteln zur Durchsetzung des Vertrages, für das Auftreten des Verhaltensrisikos keine Informationsasymmetrie verantwortlich.

  – Hold Up

- Kontrahent I kann den Kontrahenten II bei der Ausfüllung seiner Handlungsspielräume beobachten, er kann aber nicht erkennen, ob die gewählte Alternative für

  – Hidden Intention

Kontrahent I nachteilig ist. Diese als *Hidden Intention* bezeichnete Spielart setzt, zusätzlich zu asymmetrischer Kompetenzverteilung und asymmetrischer Betroffenheit, eine asymmetrische Verteilung bestimmter Informationen, die erst während der Vertragsabwicklung entstehen und daher ex-interim-Informationen heißen, voraus. Die Information über die Bedeutung von Handlungen muss asymmetrisch verteilt sein.

– Hidden Action
— Kontrahent I kann den Kontrahenten II erst gar nicht bei der Ausfüllung seiner Handlungsspielräume beobachten. Auch diese als *Hidden Action* bezeichnete Spielart setzt eine bestimmte Asymmetrie der ex-interim-Informationen voraus, diesmal aber nicht im Hinblick auf die Bedeutung einer bestimmten Handlung, sondern im Hinblick auf die Handlung selbst.

– Costly State Verification
— Schließlich kann Kontrahent I selbst dann noch einem Verhaltensrisiko ausgesetzt bleiben, wenn er genau beobachten und beurteilen kann, dass die für ihn optimale Handlungsalternative ergriffen wird. Ein Verhaltensrisiko verbleibt in dieser Situation, wenn die aus seiner Sicht optimale Handlungsalternative zufallsabhängig gute oder schlechte Ergebnisse erbringen kann und er selbst das tatsächlich eingetretene Ergebnis nicht beobachten kann, wohl aber Kontrahent II. Dann hat Kontrahent II die Möglichkeit, den Eintritt eines schlechten Ergebnisses zu behaupten, und dem Kontrahenten I so einen Teil seiner bei guten Ergebnissen bestehenden Ansprüche vorzuenthalten. Diese als *Costly State Verification* bezeichnete Spielart setzt asymmetrische Verteilung von Informationen voraus, die nicht während des laufenden Vertrages entstehen, sondern erst an dessen Ende. Solche Informationen werden als ex-post-Informationen bezeichnet.

terminologische Mehrdeutigkeiten
Gerade Verhaltensrisiken werden im Schrifttum sehr unterschiedlich bezeichnet und systematisiert. All diese Unterschiede in ihren Zusammenhängen aufzuzeigen, würde ein eigenes Buch füllen. Wir beschränken uns daher auf ausgewählte Hinweise, um Ihnen den Umgang mit anderen Quellen zumindest etwas zu erleichtern:

— Regelmäßig werden Verhaltensrisiken auch als Moral Hazard, also als „moralisches Risiko" bezeichnet. Dabei bestehen aber Unterschiede, ob damit alle Verhaltensrisiken, nur Risiken vom Typ Hidden Action oder andere Selektionen von Verhaltensrisiken gemeint sind.

— Häufig wird auf die Unterscheidung zwischen ex-interim-Informationen und ex-post-Informationen

2.4 · Verhaltensrisiken

verzichtet und stattdessen zusammenfassend einfach von ex-post-Informationen gesprochen. Mit ex post sind dann also alle nach Vertragsschluss eintretenden Informationen gemeint, egal ob sie während oder erst am Ende der Vertragslaufzeit eintreten.
- Häufig werden Qualitätsrisiken als Risiken asymmetrischer ex-ante-Information und in Abgrenzung dazu Verhaltens- bzw. Delegationsrisiken als Risiken asymmetrischer ex-post-Information bezeichnet. Diese Bezeichnung haben wir ganz bewusst vermieden, weil sie suggeriert, dass alle Verhaltensrisiken asymmetrische Informationsverteilung voraussetzen. Wie wir gesehen haben, ist das beim Hold Up aber nicht zwingend der Fall. Wenn man also zwischen Risiken aus asymmetrischer ex-ante- und ex-post-Information unterscheidet, sind konsequenter Weise bestimmte Spielarten des Hold Up als dritte eigenständige Risikokategorie zu führen, was aber zumeist unterbleibt.

Für den adäquaten Umgang mit Verhaltensrisiken stehen, neben der Möglichkeit der Rationierung, insbesondere Ansätze zur Risikobegrenzung im engeren Sinne zur Verfügung. Die Kompensation für übernommene Verhaltensrisiken bietet hier, ähnlich wie bei den Qualitätsrisiken, i. d. R. keinen sinnvollen Lösungsansatz. Das werden wir nachfolgend für Fremdfinanciers noch exemplarisch verdeutlichen.

keine Kompensation für Verhaltensrisiken

2.4.2 Verhaltensrisiken von Eigenfinanciers

Welche Bedeutung Verhaltensrisiken für Eigenfinanciers haben, hängt entscheidend davon ab, wer im Unternehmen die Geschäfte führt, nach wessen Interessen also Handlungskompetenzen des Unternehmens ausgefüllt werden. Wir unterscheiden diesbezüglich drei Szenarien. Weitere Szenarien sind möglich.

Situationen mit unterschiedlicher Relevanz von Verhaltensrisiken für Eigenfinanciers

- Szenario I: Die Gesellschafter führen die Geschäfte und der betrachtete Eigenfinancier ist daran so beteiligt, dass er alle Informationen über die Aktivitäten erhält und keine Aktivitäten ohne seine Zustimmung erfolgen können. Dann ist er keinen Verhaltensrisiken ausgesetzt. Er kann unerwünschte Aktivitäten beobachten, sie sachgerecht einordnen und sie verhindern. Auch das erzielte Ergebnis kann niemand besser als er selbst beobachten.

keine Verhaltensrisiken bei voller Kontrolle

Verhaltensrisiken von Eigenfinanciers bei Geschäftsführung durch andere Gesellschafter

- Szenario II: Andere Gesellschafter führen die Geschäfte, der betrachtete Eigenfinancier ist daran nicht beteiligt. Geschäftsführende Gesellschafter werden auch als interne und von der Geschäftsführung ausgeschlossene Gesellschafter als externe Gesellschafter bezeichnet. Externe Gesellschafter haben schlechtere Informationen und können unerwünschte Aktivitäten nicht verhindern. Sie können deshalb allen Spielarten der Verhaltensrisiken ausgesetzt sein. Es können gegen ihren Wunsch Aktivitäten durchgeführt werden, obwohl sie sie beobachten und als solche erkennen (Hold Up). Es können Maßnahmen durchgeführt werden, deren Bedeutung sie nicht einschätzen können (Hidden Intention). Es können Maßnahmen durchgeführt werden, die sie erst gar nicht beobachten können (Hidden Action). Schließlich kann ihnen ein Ergebnis unterhalb des tatsächlich erzielten Ergebnisses mitgeteilt werden (Costly State Verification).

Eigenfinanzierung und Costly State Verification

Dem Risiko der Costly State Verification kann sich der externe Gesellschafter schon während des laufenden Kontraktes gegenüber sehen. Besonders deutlich ist er ihm aber bei der Beendigung seines Engagements ausgesetzt. Ob und welches Interesse an einer verzerrten Ergebnisdarstellung interne Gesellschafter schon während des laufenden Kontraktes haben, hängt stark von den Bedingungen des Einzelfalls ab. Z. B. können sie Interesse an der Ausweisung eines zu geringen Ergebnisses haben, wenn sie selbst geringe Ausschüttungen präferieren, der externe Gesellschafter hingegen hohe Ausschüttungen und wenn sie die Ausschüttungshöhe durch den Ergebnisausweis in ihrem Sinne beeinflussen können.

Klarer ist in der Regel der Interessengegensatz zwischen internen und externen Gesellschaftern beim Ausscheiden des externen Gesellschafters. Dann erhält er einen quotalen Anteil am Unternehmenswert und haben beide Parteien diametrale Interessen im Hinblick auf den festgestellten Wert des Unternehmens: Die internen, im Unternehmen verbleibenden Gesellschafter haben Interesse daran, ein möglichst geringes Ergebnis mitzuteilen und den externen Gesellschafter auf dessen Basis mit einer zu geringen Abschlusszahlung abzufinden. Der externe Gesellschafter hat umgekehrt Interesse an einem hohen Ergebnis. Ganz ähnliche asymmetrische Betroffenheiten und damit Interessengegensätze, nur mit anderen Vorzeichen, ergeben sich beim Ausscheiden von internen Gesellschaftern.

2.4 · Verhaltensrisiken

Den drei anderen Risiken (Hold Up, Hidden Intention und Hidden Action) ist der externe Gesellschafter hingegen zunächst einmal weniger deutlich ausgesetzt, da diese Risiken jeweils Maßnahmen voraussetzen, von denen interne Gesellschafter profitieren, externe Gesellschafter hingegen negativ betroffen wären. Die meisten geschäftspolitischen Maßnahmen wirken sich aber in gleicher Weise auf beide Gesellschaftergruppen aus. Hier mangelt es auf den ersten Blick also an der asymmetrischen Betroffenheit zwischen internen und externen Gesellschaftern. Allerdings nur auf den ersten Blick, denn bei genauerer Betrachtung können externe und interne Gesellschafter sehr wohl asymmetrisch von Unternehmensentscheidungen betroffen sein. Das ist zum einen der Fall, wenn Gesellschafter von Maßnahmen zwar auf der Ergebnisebene gleich betroffen sind, gleiche Ergebnisse aber unterschiedlich bewerten, wenn sie also unterschiedliche persönliche Präferenzen hegen. Das ist zum anderen aber auch der Fall, wenn interne Gesellschafter von ihren im Unternehmen getroffenen Entscheidungen nicht nur als Gesellschafter, sondern auch noch in anderer Weise betroffen sind. U. U. sind sie davon auch als Anteilseigner eines Lieferanten, als Kunden oder als Anteilseigner von Konkurrenten betroffen; zwangsläufig sind sie davon aber auch als Geschäftsführer des betrachteten Unternehmens betroffen.

Eigenfinanzierung und Hold Up, Hidden Intention und Hidden Action

Der letzte Aspekt, dass interne Gesellschafter von ihren Entscheidungen nicht nur als Gesellschafter, sondern auch als Geschäftsführer betroffen sind, erfährt im Schrifttum besondere Beachtung. Daraus resultiert insbesondere folgendes als „Consumption on the Job" bekanntes Spannungsverhältnis: Interne Gesellschafter können sich durch Ausgaben des Unternehmens persönliche Annehmlichkeiten verschaffen, sie können also „in ihrer Arbeit konsumieren". Da nur ihnen die Vorteile dieser Ausgaben zu Gute kommen, deren Nachteile in Form verringerter Unternehmensergebnisse aber anteilig auch von den externen Gesellschaftern zu tragen sind, entstehen daraus Anreize zu übertrieben hohen Ausgaben in bestimmten Bereichen. Z. B. können interne Gesellschafter besonders üppige Geschäftsräume, Firmen-wagen, Reisen etc. wählen. Sie allein würden davon profitieren, die externen Gesellschafter müssten sie aber teilweise mitbezahlen.

Consumption on the Job

- Szenario III: Die Geschäfte des Unternehmens werden von angestellten Managern geführt, die selbst nicht Gesellschafter sind und die die Geschäfte im Sinne der Maximierung ihres eigenen Nutzens führen. Die

Verhaltensrisiken von Eigenfinanciers bei angestellten Managern

Gesellschafter sind dann schlechter über die laufenden Geschäfte und die damit erzielten Ergebnisse als die Manager informiert und können, zumindest unmittelbar, nicht in deren Geschäftsführung eingreifen. Auch in diesem Szenario kann ein Eigenfinancier grundsätzlich allen vier Spielarten der Verhaltensrisiken ausgesetzt sein, tendenziell aber mit etwas anderen Gewichten als in Szenario II.

Ob und in welcher Weise das Risiko der Costly State Verification auftritt, hängt davon ab, welche Interessen die Manager genau verfolgen. Vor allem hängt es davon ab, nach welchen Maßstäben sie entlohnt werden. Hier sind im Detail unterschiedliche Konstellationen denkbar. Allerdings dürften Probleme in diesem Bereich tendenziell nicht so gravierend sein wie beim Ausscheiden eines Gesellschafters in Szenario II, da ein ähnlich klarer Interessengegensatz zwischen Gesellschaftern und Managern wie zwischen externen und internen Gesellschaftern eher unwahrscheinlich ist. Das Management hat beim Ausscheiden eines Gesellschafters vergleichsweise wenig Interesse an der Bekanntgabe zu geringer Ergebnisse, solange davon nur die anderen Gesellschafter profitieren.

Den Risiken aus Hold Up, Hidden Action und Hidden Intention kann jetzt aber deutlich größere Bedeutung als in Szenario II zukommen, denn zwischen Eigenfinanciers und Managern besteht eine vergleichsweise deutliche asymmetrische Betroffenheit. Die Manager können u. U. von Konsumausgaben im Unternehmen profitieren, ohne auch nur einen Bruchteil der Nachteile tragen zu müssen. Das angesprochene Problem der Consumption on the Job ist also z. B. besonders ausgeprägt. Zudem können angestellte Manager auch besonders starke Anreize haben, die Geschäfte mit geringem Arbeitseinsatz zu führen – das Arbeitsleid tragen sie alleine, von ihrem Erfolg profitieren hingegen primär die Gesellschafter.

Ansätze zur Begrenzung der Verhaltensrisiken von Eigenfinanciers

Für die Minderung der von Eigenfinanciers zu tragenden Verhaltensrisiken existiert im Bereich der Risikobegrenzung im engeren Sinne eine breite Palette an Möglichkeiten, z. B. die folgenden:

Kompetenzbeschränkung

- Die Asymmetrie in der Handlungskompetenz kann begrenzt werden. Dazu können Gesellschafter die Kompetenz der Geschäftsführung (geschäftsführende Gesellschafter bzw. Manager) beschränken und wichtige Entscheidungen der Gesellschafterversammlung vorbehalten. Dies kann z. B. erfolgen, indem Festlegungen

bereits im Gesellschaftsvertrag, den nur die Gesellschafter selbst ändern dürfen, getroffen werden oder indem bestimmte Entscheidungen der Geschäftsführung unter den Zustimmungsvorbehalt der Gesellschafter gestellt werden bzw. den Gesellschaftern dazu Vetorechte eingeräumt werden.
- Die Asymmetrie in der Verteilung von ex-interim- und ex-post-Informationen kann beschränkt werden, indem nicht an der Geschäftsführung beteiligten Gesellschaftern Auskunfts- und Einblicksrechte eingeräumt werden.   *Auskunfts- und Einblicksrechte*
- Die Asymmetrie in der Betroffenheit kann reduziert werden, indem die Geschäftsführer, vor allem angestellte Manager, eine sogenannte anreizkompatible Entlohnung erhalten. Dazu werden Gehaltsbestandteile vereinbart, von denen unterstellt wird, dass Geschäftsführer sie nur dann maximieren können, wenn zugleich der Nutzen der (anderen) Gesellschafter maximiert wird. Diese Eignung wird häufig einer Entlohnung auf der Basis von Gewinngrößen des externen Rechnungswesens, Gewinngrößen der Kostenrechnung oder Veränderungen des Unternehmenswertes zugeschrieben. Vor allem bei Unternehmen mit börsengehandelten Anteilen kommt dafür auch eine Entlohnung durch Unternehmensanteile bzw. Kaufoptionen auf Unternehmensanteile, sogenannte Aktienoptionsprogramme, in Betracht.   *anreizkompatible Entlohnung*
- Schließlich kann auch die Bedeutung der Verhaltensrisiken von Eigenfinanciers durch den Marktmechanismus der Reputation reduziert werden, z. B. wenn Manager Anschlussverträge bei diesem oder einem anderen Unternehmen anstreben und deshalb ihren guten Ruf als gesellschafterloyaler Manager erhalten wollen.   *Marktmechanismus der Reputation*

2.4.3 Verhaltensrisiken von Fremdfinanciers

Auch die Bedeutung von Verhaltensrisiken für Fremdfinanciers kann davon abhängen, wer im Unternehmen die Geschäfte führt, nach wessen Interessen also Handlungskompetenzen des Unternehmens ausgefüllt werden. Aus der Perspektive der Fremdfinanciers behandeln wir hier nur den Fall, dass die Gesellschafter selbst die Geschäfte führen. Dies schließt den Fall eines Unternehmens ein, in dem die Geschäftsführung zwar an Manager delegiert ist, diese ihre Kompetenzen aber strikt im Interesse der Gesellschafter ausfüllen.

Nahezu keine Bedeutung haben für Fremdfinanciers Verhaltensrisiken aus Costly State Verification. Da Fremdfinanciers einen erfolgsunabhängigen Betrag fordern und diesen in der   *Fremdfinanzierung und Costly State Verification*

Insolvenz als Gläubigerforderung anmelden können, müssen Gesellschafter davon ausgehen, dass Fremdfinanciers ein Insolvenzverfahren einleiten, sobald ihnen mitgeteilt wird, dass die Unternehmensergebnisse nicht zur Begleichung ihrer Forderung ausreichen. Daher haben Eigenfinanciers, abgesehen von speziellen Ausnahmen, keinen Anreiz, Fremdfinanciers ein zu geringes Ergebnis vorzutäuschen. Die Irrelevanz von Costly State Verification wird oft als entscheidender Vorteil der Fremdfinanzierung im Vergleich zur Eigenfinanzierung eingeschätzt.

Fremdfinanzierung und Hold Up, Hidden Intention und Hidden Action

Bedeutung haben für Fremdfinanciers aber grundsätzlich Hold Up, Hidden Intention und Hidden Action. Voraussetzung für das Auftreten dieser Risiken ist jeweils die Existenz von Handlungsmöglichkeiten der Gesellschafter, die ihren eigenen Nutzen steigern und zugleich den Nutzen der Fremdfinanciers mindern. Bei gegebenen Tilgungs- und Zinsvereinbarungen eignen sich dazu vor allem folgende Maßnahmen:

- Gesellschafter können nach Vertragsschluss zum Nachteil der Fremdfinanciers den Verschuldungsgrad auf ein Niveau erhöhen, das ihren eigenen Präferenzen besser entspricht.
- Gesellschafter können nach Vertragsschluss zum Nachteil der Fremdfinanciers das primäre Geschäftsrisiko auf ein Niveau erhöhen, das ihren eigenen Präferenzen besser entspricht.
- Gesellschafter können nach Vertragsschluss zum Nachteil von Fremdfinanciers und zum eigenen Vorteil anderen Fremdfinanciers eine Vorrangstellung in der Insolvenz einräumen.

Wir verdeutlichen diese Möglichkeiten nachfolgend anhand von Beispielen, bei denen wir auf unsere Überlegungen zu den Basisrisiken der Financiers zurückgreifen.

a) Erhöhung des Kapitalstrukturrisikos

Wir hatten in ▶ Abschn. 2.2.5 bereits erkannt, dass die Erhöhung des Verschuldungsgrades in der Regel zu Lasten der Fremdfinanciers geht, wenn Ausfallrisiken in Betracht zu ziehen und der Mitteleinsatz und der vertragliche Zinssatz des Fremdfinanciers fixiert sind. Weiter hatten wir gesehen, dass Eigenfinanciers mit höheren Verschuldungsgraden i. d. R. sowohl zusätzliche Verlustrisiken als auch zusätzliche Chancen erhalten und ihre Bewertung daher insbesondere von dem genauen Aussehen des primären Geschäftsrisikos, also von den Investitionsrisiken, und von den persönlichen Risikopräferenzen abhängt.

Beispiel zu Verhaltensrisiken in Form höherer Verschuldungsgrade

Wir hatten in ▶ Abschn. 2.2.5 auch bereits ein Beispiel präsentiert, in dem sich für Fremdfinanciers mit einem höheren Verschuldungsgrad höhere Verlustrisiken verknüpfen. Das

Beispiel muss jetzt nur anders interpretiert werden. In ▶ Abschn. 2.2.5 hatten wir zwei Unternehmen A und B verglichen, die sich durch ihre Verschuldungsgrade $V^A = 1$ bzw. $V^B = 4$ unterscheiden. Jetzt vergleichen wir ein identisches Unternehmen vor und nach Erhöhung des Verschuldungsgrades von 1 auf 4.

Wir nehmen an, das betrachtete Unternehmen führe ein unsicheres Investitionsprogramm durch, für das von allen involvierten Parteien eine Gesamtkapitalrendite von $r_G^+ = +15\,\%$ mit $p^+ = 75\,\%$ oder $r_G^- = -20\,\%$ mit $p^- = 25\,\%$ erwartet wird.

Das Unternehmen wird unter Ausschluss privater Haftung von einem risikoneutralen Eigenfinancier gegründet, der 200 als Einlage einbringt. Ursprünglich plant er einen Verschuldungsgrad von $V = 1$ und will dazu weitere 300 als Einlage anderer Gesellschafter gewinnen und 500 als Kredite aufnehmen. Auf Basis dieser Planungen soll bereits ein Kreditgeber einen Kredit über 500 zu einem Zinssatz von 8 % gewährt haben.

Der Eigenfinancier überlegt nun nach Kreditaufnahme, seinen Plan zu ändern. Er will, bei sonst unveränderten Planungen, die fehlenden 300 nicht mehr als Einlagen anderer Eigenfinanciers gewinnen, sondern ebenfalls als Kredit zu einem Zinssatz von 8 % bei anderen Kreditgebern aufnehmen. Die für die Beurteilung durch den Eigenfinancier und den bereits involvierten Kreditgeber relevanten Daten beider alternativen Verschuldungsgrade stellt folgende Tabelle zusammen: (Zur Berechnung der angegebenen alternativ möglichen Renditen vgl. ▶ Abschn. 2.2.5).

Verschuldungsgrad	1		4	
Gesamtkapitalrendite	+15%	−20%	+15%	−20%
Wahrscheinlichkeit	75%	25%	75%	25%
Eigenkapitalrendite	+22%	−48%	+43%	−100%
Erwartungswert	+4,5%		+7,25%	
Fremdkapitalrendite	+8%	+8%	+8%	0%

Der Eigenfinancier profitiert von der ins Auge gefassten Erhöhung des Verschuldungsgrades und wird sie, ohne entgegenwirkende Vorkehrungen im Kreditvertrag, durchführen. Er kann seine Eigenkapitalrendite dadurch im Erwartungswert von +4,5 % auf +7,25 % steigern. Der Fremdfinancier wäre davon negativ betroffen. Er trägt daher bereits bei seiner Kreditvergabe das Risiko einer nachträglichen Erhöhung des Verschuldungsgrades.

b) Erhöhung des primären Geschäftsrisikos

Eine ähnliche Konstellation wie bei der Erhöhung des Verschuldungsgrades ergibt sich bei der Erhöhung des Investitionsrisikos. Auch davon sind Fremdfinanciers, abgesehen von speziellen Situationen, ceteris paribus nur negativ betroffen, da sie dadurch keine zusätzlichen Chancen erlangen, aber zusätzliche Verlustrisiken tragen müssen. Eigenfinanciers sind davon i. d. R. wiederum sowohl in Form zusätzlicher Chancen als auch in Form zusätzlicher Verlustrisiken betroffen, so dass ihre Beurteilung wieder von den genauen Wahrscheinlichkeitsverteilungen und ihrer Risikopräferenz abhängt.

Beispiel zu Verhaltensrisiken in Form höheren primären Geschäftsrisikos

Für ein Beispiel, in dem Eigenfinanciers von dem höheren Investitionsrisiko profitieren und Fremdfinanciers darunter leiden, gehen wir von folgenden Annahmen aus: Das vorstehend angesprochene Unternehmen wurde schließlich mit einem Verschuldungsgrad von V = 4 gegründet. Der Eigenfinancier überlegt nun aber, statt des ursprünglich geplanten Investitionsprojektes, ein riskanteres Investitionsprojekt durchzuführen, für das allseits eine Gesamtkapitalrendite von $r_G^+ = +30\,\%$ mit $p^+ = 50\,\%$ oder $r_G^- = -30\,\%$ mit $p^- = 50\,\%$ erwartet wird. Die für die Beurteilung des Projektwechsels durch Eigenfinancier und Kreditgeber relevanten Daten stellt folgende Tabelle zusammen.

relevante Daten für V = 4

Projekt	risikoarm		risikoreich	
Gesamtkapitalrendite	+15%	-20%	+30%	-30%
Wahrscheinlichkeit	75%	25%	50%	50%
Eigenkapitalrendite	+43%	-100%	+118%	-100%
Erwartungswert	+7,25%		+9%	
Fremdkapitalrendite	+8%	+0%	+8%	-12,5%

Der Eigenfinancier profitiert also von dem höheren Investitionsrisiko und wird nach erfolgter Kreditaufnahme, ohne entgegenwirkende Vorkehrungen, zum riskanteren Investitionsprojekt wechseln. Der Fremdfinancier wäre davon negativ betroffen, weil er bei ungünstigem Projektverlauf nicht nur seine Zinserwartung, sondern auch 12,5 % seines eingesetzten Vermögens verliert. Er trägt daher bei seiner Kreditvergabe das Risiko einer nachträglichen Erhöhung des Investitionsrisikos.

Wechselwirkung zwischen Kapitalstrukturrisiko und primärem Geschäftsrisiko

Zusätzliche Beachtung bedarf im Hinblick auf die Risiken aus höheren Verschuldungsgraden und höheren Investitionsrisiken, dass diese beiden Risiken aus Sicht des Fremdfinanciers nicht unabhängig wirken, sondern sich wechselseitig ver-

2.4 • Verhaltensrisiken

stärken. Das wird deutlich, wenn man, in Modifikation unseres vorstehenden Beispiels, davon ausgeht, dass das Unternehmen mit einem Verschuldungsgrad von V = 1 gegründet wurde, und dann noch einmal gedanklich den Wechsel zum riskanteren Investitionsprojekt durchspielt. Die dann relevanten Daten stellt folgende Tabelle zusammen.

Projekt	risikoarm		risikoreich	
Gesamtkapitalrendite	+15%	-20%	+30%	-30%
Wahrscheinlichkeit	75%	25%	50%	50%
Eigenkapitalrendite	+22%	-48%	+52%	-68%
Erwartungswert	+4,5%		-8%	
Fremdkapitalrendite	+8%	+8%	+8%	+8%

relevante Daten für V = 1

Beim geringeren Verschuldungsgrad von V = 1 hat der Eigenfinancier also, anders als bei V = 4, keinen Anreiz, das Investitionsrisiko zu erhöhen. Für den Fremdfinancier ergibt sich im Beispiel das Risiko in Form höherer Investitionsrisiken also nur deshalb, weil gleichzeitig das Risiko eines höheren Verschuldungsgrades besteht. Umgekehrt kann u. U. auch das Risiko eines höheren Verschuldungsgrades nur deshalb bedeutsam werden, weil gleichzeitig das Risiko eines höheren Investitionsrisikos besteht. Auch das ließe sich durch Modifikation unseres Beispiels zeigen, worauf wir hier verzichten.

c) Vorrangige Besicherung anderer Fremdfinanciers

Um zu erkennen, wie ein Fremdfinancier einem Verhaltensrisiko in Form der vorrangigen Besicherung anderer Fremdfinanciers ausgesetzt sein kann, gehen wir davon aus, dass unser Beispielunternehmen mit einem Verschuldungsgrad von 4 gegründet wurde. Neben der Einlage von 200 und dem bereits vergebenen Kredit I von 500 zum Zinssatz von 8 % wurde also ein weiterer Kredit II über 300 aufgenommen. Das Unternehmen führt das risikoärmere der beiden betrachteten Investitionsprojekte ($r_G^+ = +15\,\%$ mit $p^+ = 75\,\%$ oder $r_G^- = -20\,\%$ mit $p^- = 25\,\%$) durch. Der Eigenfinancier erwägt aber nun, den zusätzlichen Kredit II nicht zu 8 % und gleichberechtigt mit Kredit I aufzunehmen, sondern mit dem zusätzlichen Kreditgeber einen Zinssatz von 7 % und die vorrangige Befriedigung seiner Forderung im Insolvenzfall zu vereinbaren.

Die für die Beurteilung beider Alternativen zur Aufnahme des Zusatzkredits relevanten Daten sind folgender Tabelle zu entnehmen.

Beispiel zu Verhaltensrisiken in Form vorrangiger Besicherung anderer Gläubiger

relevante Daten für V = 4

Behandlung von Kredit II	gleichrangig zu 8%		vorrangig zu 7%	
Gesamtkapitalrendite	+15%	-20%	+15%	-20%
Wahrscheinlichkeit	75%	25%	75%	25%
Eigenkapitalrendite	+43%	-100%	+44,5%	-100%
Erwartungswert Eigenkapital	+7,25%		+8,375%	
Rendite Kreditgeber I	+8%	+0%	+8%	-4,2%
Rendite Kreditgeber II	+8%	+0%	+7%	+7%
Erwartungswert Kredit I	+6%		+4,95%	
Erwartungswert Kredit II	+6%		+7%	

Bei Aufnahme eines gleichrangigen Kredits zu 8 % ergeben sich die bereits ermittelten Ergebnisse. Da beide Kreditgeber in der Insolvenz gleichrangig behandelt werden und jeweils einen Zinssatz von 8 % vertraglich vereinbaren, realisieren sie identische Renditen. Wird Kredit II hingegen vorrangig zu 7 % vergeben, errechnen sich die Renditen der Financiers wie folgt:

- Bei einer Gesamtkapitalrendite von r_G^+ = +15 % beträgt das Unternehmensvermögen am Periodenende 1150. Es reicht zur vollständigen Befriedigung der Forderungen beider Kreditgeber, die deshalb jeweils eine tatsächliche Fremdkapitalrendite in Höhe ihrer vertraglichen Zinsforderung erzielen. Kreditgeber I erhält 540 für die volle Verzinsung und Tilgung seines Kredits, Kreditgeber II 321. Das restliche Unternehmensvermögen von 289 (= 1150 − 321 − 540) verbleibt dem Eigenfinancier, der damit auf seine eingesetzten 200 eine Eigenkapitalrendite von 44,5 % erzielt.
- Bei einer Gesamtkapitalrendite von r_G^- = −20 % beträgt das Unternehmensvermögen am Periodenende nur 800. Es reicht nicht zur vollständigen Befriedigung der Forderungen beider Kreditgeber von in der Summe 861 aus. Aufgrund seiner Vorrangstellung erhält zuerst Kreditgeber II Zahlungen in Höhe seiner Zins- und Tilgungsforderungen von 321; er realisiert damit eine tatsächliche Rendite in Höhe seiner vertraglichen Zinsforderung. Das restliche Vermögen von 479 fließt an Kreditgeber I, der so eine tatsächliche Rendite von −4,2 % erzielt. Der Eigenfinancier geht leer aus, realisiert also eine Eigenkapitalrendite von −100 %.

Der Vergleich beider Alternativen zur Aufnahme von Kredit II zeigt zunächst einmal, dass der Eigenfinancier einen Anreiz zur Aufnahme von Kredit II als vorrangigen Kredit hat, weil er damit den Erwartungswert seiner Eigenkapitalrendite steigern kann, und dass Kreditgeber I von der Aufnahme des Kredits II in der Variante des vorrangigen Kredits negativ betroffen ist, da er dadurch keine zusätzlichen Chancen erhält, aber zusätzliche Verlustrisiken tragen muss. Die asymmetrische Betroffenheit von Eigen- und Fremdfinancier als Voraussetzung eines Verhaltensrisikos ist also gegeben.

Nun benötigt der Eigenfinancier zur Umsetzung dieser Strategie zur Schädigung von Kreditgeber I allerdings einen Mitspieler, nämlich Kreditgeber II. Dessen Beteiligung ist gewiss, wenn sich nicht nur der Eigenfinancier sondern auch Kreditgeber II mit dem vorrangigen Kredit besser steht als mit dem gleichrangigen Kredit. Damit der Eigenfinancier von der Aufnahme des vorrangigen Kredits profitiert, muss dessen Zinssatz niedriger sein als bei der Aufnahme eines gleichrangigen Kredits. Das geht zunächst einmal bei gutem Geschäftsverlauf zu Lasten von Kreditgeber II. Durch seinen Vorrang in der Insolvenz erhält er dafür aber einen Vorteil bei schlechtem Geschäftsverlauf. Die Beurteilung dieser beiden gegenläufigen Effekte hängt von den genauen Wahrscheinlichkeitsverteilungen und von der Risikoeinstellung des Kreditgebers II ab. Vorstehende Tabelle verdeutlicht, dass Kreditgeber II im Beispiel zumindest dann ebenfalls von der Vorrangigkeit seines Kredits profitiert, wenn er risikoneutral ist. Eigenfinancier und Kreditgeber II werden dann also einen Vertrag zu Lasten von Kreditgeber I schließen und vereinbaren, den vertraglichen Kreditzinssatz von 8 auf 7 % zu reduzieren und Kreditgeber II im Gegenzug einen Vorrang in der Insolvenz einzuräumen.

d) Keine Risikokompensation bei Verhaltensrisiken
Dass eine Kompensation für übernommene Verhaltensrisiken i. d. R. nur wenig Sinn macht, wollen wir an dem Risiko aufzeigen, das sich für Fremdfinanciers mit einem höheren Investitionsrisiko verknüpft. Dazu greifen wir auf das vorstehend zur Verdeutlichung der Effekte einer „Erhöhung des primären Geschäftsrisikos" verwendete Beispiel mit V = 4 zurück.

Wenn der Fremdfinancier im skizzierten Beispiel die Möglichkeit des riskanteren Investitionsprojektes voraussieht, könnte er darauf reagieren, indem er seine Zinsforderung dem Risiko anpasst, das er bei Durchführung des riskanteren Investitionsprogramms tragen muss. Angenommen er ist risikoneutral und vergibt Kredite nur, wenn sie im Erwartungswert mindestens eine Rendite von 6 % erbringen, würde die Zinsforderung von 8 % im Beispiel zum risikoarmen Investitionsprojekt passen:

$$0{,}75 \cdot 0{,}08 + 0{,}25 \cdot 0 = 6\,\%.$$

In Erwartung des risikoreicheren Investitionsprojektes müsste er dann aber mindestens einen vertraglichen Zinssatz von 24,5 % fordern:

$$0{,}5 \cdot r_{vF} + 0{,}5 \cdot (-0{,}125) \geq 0{,}06$$

$$\Leftrightarrow r_{vF} \geq \frac{0{,}06 - 0{,}5 \cdot (-0{,}125)}{0{,}5} = 24{,}5\,\%.$$

Würde dieser Kreditzinssatz vertraglich vereinbart, hätte der Kreditgeber einen Zahlungsanspruch von 800 · 1,245 = 996 und würden sich die alternativen Investitionsprojekte wie folgt darstellen.

relevante Daten für V = 4

Projekt	risikoarm		risikoreich	
Gesamtkapitalrendite	+15%	-20%	+30%	-30%
Wahrscheinlichkeit	75%	25%	50%	50%
Eigenkapitalrendite	-23%	-100%	+52%	-100%
Erwartungswert	-42,25%		-24%	
Fremdkapitalrendite	+24,5%	+0%	+24,5%	-12,5%
Erwartungswert	+18,375%		+6%	

Man erkennt zunächst für den Fremdfinancier, dass er mit der höheren Zinsforderung adäquat für die Risiken des risikoreichen Investitionsprojektes kompensiert würde. Er erzielt im Erwartungswert genau die Referenzrendite von +6 %. Dieses Ergebnis ist allerdings nicht verwunderlich, da wir den risikoangepassten Zinssatz von +24,5 % ja genau nach dieser Maßgabe bestimmt hatten.

Interessanter ist die Position des Eigenfinanciers. Der Fremdfinancier hat die höheren Risiken des risikoreichen Investitionsprojektes durch seine höhere Zinsforderung bildlich gesprochen wieder auf den Eigenfinancier zurücküberwälzt. Der Eigenfinancier verliert deshalb aber nicht seinen Anreiz, das risikoreiche Investitionsprojekt durchzuführen. Im Gegenteil, im Vergleich zur ursprünglichen Zinsforderung von 8 % verschärft sich dieser Risikoanreiz sogar. Das ist auch plausibel, weil die höhere Zinsforderung in diesem Aspekt dieselbe Wirkung entfaltet wie ein höherer Verschuldungsgrad. Wenn überhaupt eines der Investitionsprojekte durchgeführt wird, ist dies

Fremdfinanciers übernehmen i. d. R. mit höheren Verschuldungsgraden und riskanteren Investitionen c. p. zusätzliche Verlustrisiken ohne zusätzliche Chancen. Eigenfinanciers erhalten hingegen i. d. R. zusätzliche Verlustrisiken und Chancen. Soweit Financiers Basisrisiken vor Vertragsschluss absehen, können sie durch Rationierung, Risikobegrenzung im engeren Sinne oder Risikokompensation adäquat reagieren. Qualitätsrisiken implizieren, dass Financiers vor Vertragsschluss ihre Risiken schlechter als ihr Kontraktpartner kennen. Damit scheidet eine angemessene Kompensation für diese Risiken aus und es droht die Gefahr der adversen Selektion. Diese Gefahr lässt sich durch Informationsangleichung (Screening oder Signalling), ex post Ausgleich für Informationsnachteile oder Reputation begrenzen. Verhaltensrisiken implizieren, dass das Unternehmen nach Vertragsschluss noch über diskretionäre Handlungsspielräume verfügt, um die eigene Position zu verbessern und die des Financiers zu verschlechtern. Financiers gehen also eine ausbeutungsoffene Position ein. Die Ausbeutung kann in den Spielarten Hold Up, Hidden Intention, Hidden Action oder Costly State Verification erfolgen. Auch Kompensationen für Verhaltensrisiken führen i. d. R. nicht zu sinnvollen Lösungen. Die Risiken lassen sich insbesondere durch Beschränkungen der asymmetrischen Kompetenz (z. B. durch Covenants), Beschränkungen der Informationsasymmetrien ex interim und ex post, Reduzierungen der asymmetrischen Betroffenheit oder wiederum durch Reputation begrenzen.

2.6 Wiederholungsfragen

1. Wie lassen sich die wesentlichen Arten von Finanzierungsrisiken, nämlich primäres Geschäftsrisiko, Kapitalstrukturrisiko, Qualitätsrisiken und Verhaltensrisiken, voneinander abgrenzen? Lösung ▶ Abschn. 2.1
2. Was versteht man unter ex ante, ex interim und ex post Information? Lösung ▶ Abschn. 2.1 und 2.4.1
3. Welchen Zusammenhang beschreibt die Leverage-Formel und welche Aussagen erlaubt sie über diesen Zusammenhang? Lösung ▶ Abschn. 2.2.3
4. In welchen Situationen sind Renditevergleiche, wie sie die Leverage-Formel nahelegt, mit der Zielsetzung der Vermögensmaximierung kompatibel und wann und warum sind sie problematisch? Lösung ▶ Abschn. 2.2.4
5. Wie beurteilen, ceteris paribus und unter Berücksichtigung von Ausfallrisiken, Fremdfinanciers Erhöhungen

des Verschuldungsgrades bzw. Erhöhungen des primären Geschäftsrisikos und wie Eigenfinanciers? Lösung ▶ Abschn. 2.2.5

6. Wie können Financiers auf ex ante erkannte Basisrisiken reagieren? Lösung ▶ Abschn. 2.2.6
7. Was versteht man unter adverser Selektion und wie kommt sie zustande? Lösung ▶ Abschn. 2.3.1
8. Welchen Qualitätsrisiken sind Eigenfinanciers ausgesetzt und wie lassen sie sich mindern? Lösung ▶ Abschn. 2.3.2
9. Welchen Qualitätsrisiken sind Fremdfinanciers ausgesetzt und wie lassen sie sich mindern? Lösung ▶ Abschn. 2.3.3
10. Welche Spielarten von Verhaltensrisiken lassen sich unterscheiden und wie lassen sie sich abgrenzen? Lösung ▶ Abschn. 2.4.1
11. Welchen Verhaltensrisiken sind Eigenfinanciers ausgesetzt und wie lassen sie sich mindern? Lösung ▶ Abschn. 2.4.2
12. Welchen Verhaltensrisiken sind Fremdfinanciers ausgesetzt und wie lassen sie sich mindern? Lösung ▶ Abschn. 2.4.3

2.7 Aufgaben

Aufgabe 1 Gesellschafter A und B planen die Gründung einer GmbH, in die sie ursprünglich jeweils 1 Mio. € einlegen und damit ihre Einlagepflicht vollständig erfüllen wollen. Insgesamt soll die GmbH zu Beginn ihres ersten Geschäftsjahres über Vermögen von 6 Mio. € verfügen. Die fehlenden 4 Mio. € sollen durch einen Kredit der X-Bank zu einem vertraglichen Zinssatz von 10 % p. a. aufgebracht werden. Die Gesellschafter planen ein unsicheres Investitionsprojekt, das eine Periode dauern und entweder eine Rendite von $r_G^+ = +50\,\%$ oder eine Rendite von $r_G^- = -10\,\%$ erbringen soll.

a) Mit welchen Renditen ihrer im Unternehmen eingesetzten Beträge können die Gesellschafter und die X-Bank auf der Basis dieser Planungen je nach der Entwicklung des Projektes rechnen?
b) Gesellschafter A überlegt, ob er bei sonst unveränderten Planungen auf die Beteiligung von Gesellschafter B verzichten und das Unternehmen stattdessen alleine gründen soll. Die fehlende Einlage des B würde er dann durch einen zusätzlichen Kredit der Y-Bank über 1 Mio. € zu einem vertraglichen Zinssatz von ebenfalls 10 % p. a. ersetzen. Mit welcher Rendite ihrer im

2.7 · Aufgaben

Unternehmen eingesetzten Beträge könnten Gesellschafter A und die beiden Banken dann rechnen?

c) Wie beurteilt die X-Bank die Planänderung und wie Gesellschafter A selbst? Welche Relevanz haben die Eintrittswahrscheinlichkeiten der alternativen Projektentwicklungen und die persönlichen Risikoeinstellungen für diese Beurteilungen?

Aufgabe 2 Die Risiko AG verfügt zu Periodenbeginn insgesamt über Vermögen von 9 Mio. €. Die risikoneutralen Aktionäre haben ihre Einlagepflicht vollständig erfüllt und daher keine private Haftung für Schulden der AG. Der Vorstand der AG plant ursprünglich, das gesamte Unternehmensvermögen in das sichere einjährige Projekt A, das eine Bruttorendite von $r_G^A = +15\%$ erbringt, zu investieren. Nun überlegt er, das Unternehmensvermögen alternativ in das unsichere einjährige Projekt B zu investieren, das mit jeweils 50 % Wahrscheinlichkeit eine Rendite von $r_G^{B+} = +30\%$ oder von $r_G^{B-} = -10\%$ erwarten lässt.

a) Gehen Sie zunächst davon aus, das gesamte Unternehmensvermögen sei durch Einlagen der Aktionäre aufgebracht worden, das Unternehmen habe also keine Kredite aufgenommen. Wie beurteilen dann die Aktionäre den Wechsel vom sicheren Projekt A zum riskanten Projekt B?

b) Gehen Sie nun davon aus, die Aktionäre hätten Einlagen von 3 Mio. € geleistet. Die restlichen 6 Mio. € seien als Kredit mit einem vertraglichen Zinssatz von 8 % p. a. bei der Hausbank aufgenommen worden. Wie beurteilen dann die Aktionäre und wie die Hausbank den geplanten Projektwechsel?

c) Unterstellen Sie nun, die Aktionäre hätten selbst durch Einlagen nur 0,5 Mio. € des Unternehmensvermögens aufgebracht und die restlichen 8,5 Mio. € seien als Kredit mit einem vertraglichen Zinssatz von 8 % p. a. bei der Hausbank aufgenommen worden. Wie beurteilen dann Aktionäre und Hausbank den geplanten Projektwechsel?

d) Wie lassen sich Gemeinsamkeiten und Unterschiede der Beurteilungen höherer Investitionsrisiken unter a) bis c) erklären?

Aufgabe 3 Die Fidelitas AG beurteilt Kreditvergaben risikoneutral und vergibt Kredite nur, wenn sie im Erwartungswert mit einer Rendite von mindestens 10 % p. a. rechnen kann. Ihr liegt ein Kreditantrag der Investor GmbH für einen einjährigen Kredit über 9 Mio. € vor. Die GmbH würde nach positiver Kreditentscheidung insgesamt über ein Vermögen von

10 Mio. € verfügen, 9 Mio. € aus dem Kredit und 1 Mio. € aus Einlagen der Gesellschafter. Die Gesellschafter der Investor GmbH haften nicht privat für Schulden der Gesellschaft. Die Investitionen der Investor GmbH lassen mit jeweils 25 % Wahrscheinlichkeit eine Gesamtkapitalrendite von $r_G^{++} = +60\%$, $r_G^+ = +30\%$, $r_G^- = 0\%$ oder $r_G^{--} = -30\%$ erwarten.

Welchen vertraglichen Zinssatz muss die Investor GmbH der Fidelitas AG mindestens anbieten, damit diese zur Vergabe des Kredits bereit ist?

Aufgabe 4 Gehen Sie von der im Beispiel des ▶ Abschn. 2.3.3 zur Verdeutlichung von Qualitätsrisiken beschriebenen Ausgangssituation aus (GmbH ohne private Haftung mit GK = 1 Mio. und V = 1 nach erfolgter Kreditvergabe hat sich bereits definitiv auf sicheres Projekt A mit $r_G^A = +15\%$ bzw. unsicheres Projekt B mit $r_G^{B+} = +0{,}4$ mit $p^+ = 0{,}8$ und $r_G^{B-} = -1{,}0$ mit $p^- = 0{,}2$ festgelegt; a priori sind beide Projekte gleich wahrscheinlich)!

a) Angenommen, bei ansonsten unveränderten Daten der Ausgangssituation (also ceteris paribus) würde der Rückfluss des unsicheren Projekts B bei gutem Projektausgang nicht wie im Beispiel 1,4 Mio., sondern nur 1,3 Mio. betragen. Welche Konsequenzen in Bezug auf die Finanzierung der Projekte A oder B und eine mögliche adverse Selektion wären mit dieser Datenänderung verbunden?

b) Angenommen, bei ansonsten unveränderten Daten der Ausgangssituation (also ceteris paribus) würde der Rückfluss des sicheren Projekts A nicht wie im Beispiel 1,15 Mio., sondern 1,2 Mio. betragen. Welche Konsequenzen in Bezug auf die Finanzierung der Projekte A oder B und eine mögliche adverse Selektion wären mit dieser Datenänderung verbunden?

c) Vergleichen Sie die für das Ausgangsbeispiel des ▶ Abschn. 2.3.3 und die in den beiden Aufgabenteilen 4a) und 4b) abgeleiteten Ergebnisse und geben Sie für die drei untersuchten Konstellationen jeweils an, ob Kreditnehmer, die über ein Projekt A verfügen, und ob Kreditnehmer, die über ein Projekt B verfügen, durch die betrachtete Informationsasymmetrie positiv, negativ oder überhaupt nicht vermögensmäßig betroffen sind! Insgesamt ist also für sechs unterschiedliche Situationen eines potentiellen Kreditnehmers seine Betroffenheit von der Informationsasymmetrie festzustellen.

Aufgabe 5 Gehen Sie noch einmal von der in Aufgabe 2c) unterstellten Situation aus. Die Risiko AG verfügt zu Periodenbeginn über Vermögen von 9 Mio. €. Die risikoneutralen Aktionäre haben 0,5 Mio. € als Einlage geleistet und ihre Einlagepflicht damit vollständig erfüllt. Die restlichen 8,5 Mio. € wurden als Kredit bei der Hausbank aufgenommen. Die Hausbank ist risikoneutral und vergibt nur Kredite, wenn sie im Erwartungswert eine Rendite von 8 % p. a. erzielt. Da die Hausbank bei der Kreditvergabe von dem sicheren Projekt A mit $r_G^A = +15\,\%$ ausging, hat sie den Kredit zu einem vertraglichen Zinssatz von 8 % vergeben.

a) Nach erfolgter Kreditvergabe zu 8 % wird der Hausbank klar, dass die Aktionäre der Risiko AG alternativ auch das unsichere Projekt B durchführen könnten, das mit jeweils 50 % Wahrscheinlichkeit eine Rendite von $r_G^{B+} = +30\,\%$ oder von $r_G^{B-} = -10\,\%$ erwarten lässt. Hätte die Bank den Kredit auch zu 8 % vergeben, wenn sie schon vor Kreditvergabe von dieser Investitionsalternative gewusst hätte oder welchen risikoangepassten Zinssatz hätte sie dann verlangt?

b) Angenommen, die Hausbank hätte bereits vor Kreditvergabe von der Investitionsalternative B gewusst und den Kredit angesichts dieser Handlungsoption der Aktionäre zum risikoadäquaten Zinssatz vergeben. Welches Ergebnis würden dann die Aktionäre der Risiko AG erzielen?

c) Wer trägt im untersuchten Fall die negativen Konsequenzen der nach Vertragsschluss bestehenden asymmetrischen Kompetenzverteilung, wenn der Kreditgeber sie voraussieht?

Aufgabe 6 Der risikoneutrale Unternehmer A betreibt ein forschungsintensives Pharmaunternehmen, das bislang ausschließlich eigenfinanziert ist. Er erforscht ein neues Medikament. Die Forschungsanstrengungen führen auf jeden Fall zu einem neuen Produkt. Für dessen Markteinführung benötigt das Unternehmen zusätzliche 1 Mio. € für die Dauer von einem Jahr. Diesen Betrag kann A bei seiner Bank als Kredit mit einem vertraglichen Zinssatz von 10 % aufnehmen oder durch die Einlage des neuen Gesellschafters B erlangen. B ist zur Einlage allerdings nur bereit, wenn er damit im Erwartungswert mindestens eine Rendite von 8 % erzielt. In genau einem Jahr wird das Unternehmen liquidiert.

Es kommen unterschiedliche Forschungsresultate in Betracht, von denen der Markterfolg des neuen Medikamentes abhängt. Wird erfolgreich geforscht (+), beträgt das Unternehmensvermögen am Jahresende (vor Zins und Tilgung) 3 Mio. €, bei erfolgloser Forschung (−) beträgt es nur 1,6 Mio. €.

a) Angenommen, B kennt das Forschungsergebnis bereits sicher. Welche Quote am Unternehmen und damit an dem am Jahresende zu verteilenden Liquidationserlös müsste ihm mindestens angeboten werden, damit er zur Einlage von 1 Mio. € bereit ist?
b) Angenommen, A kennt das Forschungsergebnis bereits. Welche Quote am Unternehmen würde er dem B maximal anbieten? (Hinweis: Da die einzige Handlungsalternative in der Kreditaufnahme besteht, bietet er maximal die Quote an, die für ihn zum selben Endvermögen wie die Kreditaufnahme führt.)
c) Können sich A und B in folgenden alternativen Situationen auf eine Unternehmensbeteiligung einigen? Begründen Sie Ihre Aussagen und geben Sie jeweils an, welche Quoten für die Beteiligung des B in Betracht kommen.
   (1) A und B wissen sicher, dass erfolgreich geforscht wurde.
   (2) A und B wissen sicher, dass erfolglos geforscht wurde.
   (3) B kennt das Forschungsergebnis noch nicht und geht von jeweils 50 % Wahrscheinlichkeit für einen Erfolg bzw. Misserfolg aus. Außerdem unterstellt er, dass A genau denselben Informationsstand hat.
   (4) B kennt das Forschungsergebnis noch nicht und geht von jeweils 50 % Wahrscheinlichkeit für einen Erfolg bzw. Misserfolg aus. Er geht jetzt aber davon aus, A kenne das Forschungsergebnis bereits sicher.

2.8 Lösungen

Aufgabe 1

a) Der Verschuldungsgrad beträgt V = 2 (= 4 Mio. / 2 Mio.). Damit gilt:

$$r_E^+ = 0{,}5 + 2 \cdot (0{,}5 - 0{,}1) = +130\,\%$$

$$r_E^- = -0{,}1 + 2 \cdot (-0{,}1 - 0{,}1) = -50\,\%.$$

Da die Eigenkapitalrendite in beiden Fällen größer als −100 % ist, entspricht die Fremdkapitalrendite in beiden Fällen dem vertraglich vereinbarten Zinssatz, also:
$r_{tF}^+ = r_{tF}^- = r_{vF} = +10\,\%.$

b) Nach der Planänderung beträgt V = 5 (= 5 Mio. / 1 Mio.). Damit errechnet sich auf Basis des vertraglich vereinbarten Fremdkapitalzinssatzes:

$$r_E^+ = 0{,}5 + 5 \cdot (0{,}5 - 0{,}1) = +250\,\%$$

2.8 • Lösungen

$$r_E^- = -0,1 + 5 \cdot (-0,1 - 0,1) = -110\,\% \Rightarrow r_E^- = -100\,\%.$$

Die Eigenkapitalrendite wäre bei negativem Projektverlauf auf Basis des vertraglichen Zinssatzes kleiner als −100 %. Da die Gesellschafter einer GmbH ohne private Haftung aber maximal ihr eingesetztes Vermögen verlieren können, beträgt die Eigenkapitalrendite bei negativem Projektverlauf tatsächlich −100 %.
Für die Fremdfinanciers bedeutet dies, dass sie bei positivem Projektverlauf eine Rendite in Höhe des vertraglichen Zinssatzes erzielen und bei negativem Projektverlauf eine Rendite unterhalb des vertraglichen Zinssatzes:

$$r_{tF}^+ = r_{vF} = +10\,\%$$

$$r_{tF}^- = r_G^- + \frac{1 + r_G^-}{V} = -0,1 + \frac{1 - 0,1}{5} = +8\,\%.$$

c) Der Vergleich beider Planungen stellt sich für Gesellschafter A und X-Bank wie folgt dar:

Gesamtkapitalrendite		+50%	−10%
Eigenkapitalrendite	bei V = 2	+130%	−50%
Eigenkapitalrendite	bei V = 5	+250%	−100%
Fremdkapitalrendite	bei V = 2	+10%	+10%
Fremdkapitalrendite	bei V = 5	+10%	+8%

Fremdfinanciers können beim höheren Verschuldungsgrad nur schlechtere, aber nie bessere Ergebnisse erzielen. Sie bevorzugen daher den geringeren Verschuldungsgrad, egal welche Eintrittswahrscheinlichkeiten die beiden Umweltentwicklungen und welche Risikoeinstellung die Fremdfinanciers haben.
Eigenfinanciers können beim höheren Verschuldungsgrad und positivem Projektverlauf ein besseres und beim höheren Verschuldungsgrad und negativem Projektverlauf ein schlechteres Ergebnis erzielen. Für sie verknüpfen sich mit dem höheren Verschuldungsgrad also zusätzliche Risiken und Chancen. Für eine Beurteilung des höheren Verschuldungsgrades sind also Risiken und Chancen gegeneinander abzuwägen. Ihre Beurteilung hängt daher von den hier nicht bekannten Eintrittswahrscheinlichkeiten und der Risikoeinstellung ab.

Aufgabe 2

a) Ohne Verschuldung erzielen die Aktionäre mit Projekt A eine Eigenkapitalrendite von

$$r_E^A(V=0) = r_G^A = +15\,\%$$

und mit Projekt B im Erwartungswert eine Eigenkapitalrendite von

$$E\left[r_E^B(V=0)\right] = E\left(r_G^B\right) = 0{,}5 \cdot 0{,}3 + 0{,}5 \cdot (-0{,}1) = +10\,\%.$$

Wenn die risikoneutralen Aktionäre alle Chancen und Risiken der Projekte alleine tragen, präferieren sie also das sichere Projekt A.

b) Bei Einlagen von 3 Mio. € und Krediten von 6 Mio. €, also V = 2 (= 6 Mio. / 3 Mio.), erzielen Aktionäre mit Projekt A eine Eigenkapitalrendite von

$$r_E^A(V=2) = 0{,}15 + 2 \cdot (0{,}15 - 0{,}08) = +29\,\%$$

und die Hausbank eine Fremdkapitalrendite in Höhe des vertraglichen Zinssatzes

$$r_{tF}^A(V=2) = r_{vF} = +8\,\%.$$

Mit Projekt B erzielen die Eigenfinanciers je nach Projektverlauf

$$r_E^{B+}(V=2) = 0{,}3 + 2 \cdot (0{,}3 - 0{,}08) = +74\,\% \text{ bzw.}$$
$$r_E^{B-}(V=2) = -0{,}1 + 2 \cdot (-0{,}1 - 0{,}08) = -46\,\%$$

und damit im Erwartungswert

$$E\left[r_E^B(V=2)\right] = 0{,}5 \cdot 0{,}74 + 0{,}5 \cdot (-0{,}46) = +14\,\%.$$

Da die Eigenkapitalrendite stets größer als −100 % ist, tragen die Aktionäre trotz Verschuldung nach wie vor alle Chancen und Risiken des Projektes. Die Fremdfinanciers erzielen auch bei Projekt B immer eine Fremdkapitalrendite in Höhe des vertraglichen Zinssatzes

$$r_{tF}^{B+}(V=2) = r_{tF}^{B-}(V=2) = r_{vF} = +8\,\%.$$

Da die Hausbank bei beiden Projekten und allen Umweltentwicklungen ihren vollen vertraglichen Anspruch erhält, steht sie dem Projektwechsel indifferent gegenüber.

Die Aktionäre präferieren wegen der im Erwartungswert höheren Eigenkapitalrendite (29 % > 14 %) genau wie unter a) weiterhin das sichere Projekt A.

c) Bei Einlagen von 0,5 Mio. € und Krediten von 8,5 Mio. €, also V = 17 (= 8,5 Mio. / 0,5 Mio.), erzielen Aktionäre mit Projekt A eine Eigenkapitalrendite von

$$r_E^A(V = 17) = 0{,}15 + 17 \cdot (0{,}15 - 0{,}08) = +134\,\%$$

und die Hausbank eine Fremdkapitalrendite von

$$r_{tF}^A(V = 17) = r_{vF} = +8\,\%.$$

Mit Projekt B erzielen die Eigenfinanciers je nach Projektverlauf

$$r_E^{B+}(V = 17) = 0{,}3 + 17 \cdot (0{,}3 - 0{,}08) = +404\,\% \text{ bzw.}$$
$$r_E^{B-}(V = 17) = -0{,}1 + 17 \cdot (-0{,}1 - 0{,}08) = -316\,\%$$
$$\Rightarrow r_E^{B-}(V = 17) = -100\,\%.$$

Bei negativem Projektverlauf verlieren die Aktionäre ihr gesamtes im Unternehmen eingesetztes Vermögen. Im Erwartungswert erzielen sie mit Projekt B daher eine Eigenkapitalrendite von

$$E\left[r_E^B(V = 17)\right] = 0{,}5 \cdot 4{,}04 + 0{,}5 \cdot (-1{,}00) = +152\,\%.$$

Da das Unternehmensvermögen mit Projekt B nur bei positivem Projektverlauf für die Begleichung aller Schulden ausreicht, gilt für die Fremdkapitalrendite

$$r_{tF}^{B+}(V = 17) = r_{vF} = +8\,\% \text{ und}$$
$$r_{tF}^{B-}(V = 17) = r_G^{B-} + \frac{1 + r_G^{B-}}{V} = -0{,}1 + \frac{1 - 0{,}1}{17} = -4{,}71\,\%.$$

Die Hausbank erhält also bei Projekt A sicher ihre volle Forderung. Bei Projekt B erhält sie bei negativem Projektverlauf hingegen keine Zinsen und verliert auch noch 4,71 % ihres eingesetzten Betrages. Sie präferiert daher das sichere Projekt A.

Die Aktionäre präferieren wegen der im Erwartungswert höheren Eigenkapitalrendite (152 % > 134 %) jetzt das riskante Projekt B.

d) Das Beispiel verdeutlicht, wie die Möglichkeit, Projektrisiken teilweise auf Fremdfinanciers abzuwälzen, bei Eigenfinanciers einen Anreiz erzeugt, zu Lasten der

Fremdfinanciers und zum eigenen Vorteil riskantere Projekte durchzuführen.

Projekt B ist dem Projekt A bei risikoneutraler Bewertung unterlegen, da es im Erwartungswert eine geringere Gesamtkapitalrendite erbringt. Tragen die Eigenfinanciers im unverschuldeten Unternehmen alle Chancen und Risiken der Projekte selbst (wie in a)), entscheiden sie sich daher für das insgesamt und dann auch aus ihrer Sicht vorteilhafte Projekt A.

Die Beurteilung der Aktionäre ändert sich auch bei teilweiser Kreditfinanzierung des Unternehmens nicht, solange (wie in b)) die Kreditaufnahme so gering bleibt, dass die Kreditgeber keine Ausfallrisiken tragen, also die Eigenfinanciers weiterhin alle Chancen und Risiken des riskanteren Projektes selber tragen.

Verändern kann sich die Beurteilung der Aktionäre aber, wenn der Verschuldungsgrad des Unternehmens (wie in c)) so hoch ist, dass die zusätzlichen Risiken des riskanteren Projektes teilweise auf die Kreditgeber abgewälzt werden. Dann profitieren die Eigenfinanciers nach wie vor alleine von den zusätzlichen Chancen, tragen die zusätzlichen Risiken aber nur teilweise, nämlich nur bis zum vollständigen Verlust ihrer Einlage. Damit entsteht für sie ein Anreiz, zu Lasten der Kreditgeber nicht nur riskantere, sondern auch insgesamt unvorteilhafte Investitionen durchzuführen.

Aufgabe 3 Bei Eintritt der besonders ungünstigen Entwicklung ($r_G^{--} = -30\,\%$) würde die Investor GmbH am Periodenende nur über Vermögen von 7 Mio. € verfügen. Dann werden die Forderungen der Fidelitas AG nicht vollständig erfüllt, egal wie hoch der vertragliche Zinssatz gewählt wird. Wegen dieser Ausfallrisiken muss der vertragliche Zinssatz auf jeden Fall über der geforderten Mindestrendite von 10 % liegen.

Tritt die ungünstige Entwicklung ($r_G^- = 0\,\%$) ein, beträgt das Vermögen der Investor GmbH am Periodenende 10 Mio. €. Dann könnte sie die Forderungen der Fidelitas AG voll erfüllen, solange der vertragliche Zinssatz nicht höher als 11,11 % liegt:

$$9 \cdot (1 + r_{vF}) \leq 10$$
$$\Leftrightarrow r_{vF} \leq 11{,}11\,\%.$$

Unter dieser Bedingung wird die Investor GmbH nur beim besonders ungünstigen Projektverlauf insolvent und reicht der Fidelitas AG daher ein vertraglicher Zinssatz, der folgender Relation genügt:

$$0{,}25 \cdot 7 + 0{,}75 \cdot 9 \cdot (1 + r_{vF}) \geq 9 \cdot (1 + 0{,}1)$$
$$\Leftrightarrow r_{vF} \geq 20{,}74\,\%.$$

Auf der linken Seite der Gleichung steht der Erwartungswert der Zahlungen, die die Fidelitas bei einem vertraglichen Zinssatz von bis zu 11,11 % erzielt. Mit einer Wahrscheinlichkeit von 25 % erhält sie das Unternehmensvermögen von 7 Mio. €. Mit 75 % Wahrscheinlichkeit erhält sie ihre volle Forderung.

Dieser Erwartungswert muss mindestens dem Vermögen bei einer Verzinsung von 10 % entsprechen. Dies ist für eine Zinsforderung von mindestens 20,74 % erfüllt. Für einen solch hohen Zinssatz gilt aber der Rechenansatz nicht. Er gilt nur für vertragliche Zinssätze bis 11,11 %. Der Rechenansatz muss also in der Weise modifiziert werden, dass er auch bei ungünstigem Projektverlauf von der Insolvenz des Unternehmens ausgeht.

Tritt die günstige Entwicklung (r_G^+ = +30 %) ein, beträgt das Vermögen der Investor GmbH am Periodenende 13 Mio. €. Dann könnte sie die Forderungen der Fidelitas AG also voll erfüllen, solange der vertragliche Zinssatz nicht höher als 44,44 % liegt:

$$9 \cdot (1 + r_{vF}) \leq 13$$
$$\Leftrightarrow r_{vF} \leq 44{,}44\,\%.$$

Wenn ein vertraglicher Zinssatz von maximal 44,44 % ausreichen sollte, dann müsste der vertragliche Zinssatz aus Sicht der Fidelitas also folgende Bedingung erfüllen:

$$0{,}25 \cdot 7 + 0{,}25 \cdot 10 + 0{,}5 \cdot 9 \cdot (1 + r_{vF}) \geq 9 \cdot (1 + 0{,}1)$$
$$\Leftrightarrow r_{vF} \geq 25{,}56\,\%.$$

Auf der linken Seite steht wieder der Erwartungswert der Zahlungen, die die Fidelitas bei einem vertraglichen Zinssatz von diesmal zwischen 11,11 und 44,44 % erzielt. Mit einer Wahrscheinlichkeit von jeweils 25 % erhält sie das Unternehmensvermögen von 7 Mio. € (besonders ungünstigste Entwicklung) bzw. 10 Mio. € (ungünstige Entwicklung). Mit 50 % Wahrscheinlichkeit erhält sie ihre volle Forderung (günstige und besonders günstige Entwicklung).

Dieser Erwartungswert muss mindestens dem geforderten Vermögen bei einer Verzinsung von 10 % entsprechen. Dies ist für eine Zinsforderung von mindestens 25,56 % erfüllt. Für diesen Zinssatz trifft der gewählte Rechenansatz zu. Der vertragliche Zinssatz muss also mindestens 25,56 % betragen, damit die Fidelitas AG zur Vergabe des Kredits bereit ist.

Aufgabe 4

a) Zunächst sei wieder angenommen, GmbH und Bank würden beide bei ihren Kalkulationen jeweils fest von Projekt A ausgehen. Da alle Projekt A betreffenden Daten unverändert geblieben sind, gilt wie im Ausgangsbeispiel, dass der Grenzzinssatz der Bank (10 %) unterhalb des Grenzzinssatzes der GmbH (20 %) liegt und daher bei symmetrischer Information in diesem Zinsintervall Spielraum für eine Kreditvereinbarung zur Durchführung von Projekt A besteht.

Gehen beide Parteien bei ihren Kalkulationen jeweils fest von Projekt B aus, dann ist jetzt, anders als im Ausgangsbeispiel, von $r_G^{B+} = 30\,\%$ statt $r_G^{B+} = 40\,\%$ auszugehen. Die Bank fordert einen risikoangepassten Zinssatz, für den (unverändert) gilt:

$$0{,}8 \cdot r_{vF} + 0{,}2 \cdot (-1) \geq 0{,}1$$

$$\Leftrightarrow r_{vF} > \frac{0{,}3}{0{,}8} = 37{,}5\,\%.$$

Für die Bank führt die Verminderung der Gesamtkapitalrentabilität bei positiver Entwicklung des Projekts B also nicht dazu, dass sie ihre Zinsuntergrenze anpassen muss. Die GmbH wird maximal einen vertraglichen Kreditzinssatz akzeptieren, bei dem die Eigenkapitalrendite im Erwartungswert nicht die Referenzrendite unterschreitet. Für diesen maximal akzeptablen vertraglichen Zinssatz gilt jetzt aus Sicht der GmbH:

$$0{,}8 \cdot [0{,}3 + 1 \cdot (0{,}3 - r_{vF})] + 0{,}2 \cdot (-1) \geq 0{,}1$$

$$\Leftrightarrow 0{,}3 + 1 \cdot (0{,}3 - r_{vF}) \geq \frac{0{,}1 + 0{,}2}{0{,}8}$$

$$\Leftrightarrow r_{vF} \leq 0{,}3 - \frac{0{,}1 + 0{,}2}{0{,}8} + 0{,}3 = 22{,}5\,\%.$$

Für die GmbH führt die Verminderung der Gesamtkapitalrentabilität bei positiver Entwicklung des Projekts B zu einer deutlichen Verminderung des von ihr maximal akzeptierbaren vertraglichen Kreditzinssatzes. Bank und Gesellschafter der GmbH sind von der Senkung der Gesamtkapitalrentabilität bei positivem Projektausgang asymmetrisch betroffen. Da der Grenzzinssatz der Bank mit 37,5 % oberhalb des Grenzzinssatzes der GmbH von 22,5 % liegt, besteht jetzt also bei symmetrischer Information kein Spielraum für eine Kreditvereinbarung zur Durchführung von Projekt B. Besteht nun zwischen Bank und GmbH eine Informationsasymmetrie dergestalt, dass die GmbH die Bank nicht glaubwürdig über das von der Bank zu tragende Projektrisiko informieren kann, und geht die Bank unverändert davon aus, dass die Durchführung eines der beiden Projekte A oder B a priori mit derselben Wahrscheinlichkeit von 50 % möglich ist, gilt für die Mindestzinsforderung der Bank (unverändert zum Ausgangsbeispiel):

$$0{,}9 \cdot r_{vF} + 0{,}1 \cdot (-1) \geq 0{,}10$$
$$\Leftrightarrow r_{vF} \geq 22{,}22\,\%.$$

Wie im Ausgangsbeispiel kommt es zur adversen Selektion. Nur Kreditnehmer, die über Projekt B verfügen, würden ein Kreditangebot der Bank mit einem vertraglichen Kreditzinssatz von 22,22 % akzeptieren. Der für Projekt B passende risikoadjustierte Kreditzinssatz beträgt jedoch nach wie vor mindestens 37,5 %. Verlangt die Bank diesen Zinssatz, werden jetzt (anders als im Ausgangsbeispiel) auch Kreditnehmer, die über Projekt B verfügen, auf die Kreditaufnahme und damit auf die Durchführung von Projekt B verzichten. In dieser Situation werden also gar keine Kredite mehr vergeben und keine Investitionen mehr durchgeführt.

b) Zunächst sei jetzt angenommen, GmbH und Bank würden beide bei ihren Kalkulationen jeweils fest von Projekt B ausgehen. Da alle Projekt B betreffenden Daten unverändert geblieben sind, gilt wie im Ausgangsbeispiel, dass der Grenzzinssatz der Bank (37,5 %) unterhalb des Grenzzinssatzes der GmbH (42,5 %) liegt und daher in diesem Zinsintervall Spielraum für eine Kreditvereinbarung zur Durchführung von Projekt B besteht.
Gehen beide Parteien bei ihren Kalkulationen jeweils fest von Projekt A aus, dann ist jetzt, anders als im Ausgangsbeispiel, von $r_G^A = 20\,\%$ statt $r_G^A = 15\,\%$ auszugehen. Die Bank fordert einen risikoangepassten Zinssatz, für den (unverändert) gilt: $r_{vF} \geq 10\,\%$. Ein Risikoaufschlag auf den Zinssatz wäre aus Sicht der Bank bei Finanzierung des sicheren Projekts A wie im Ausgangsbeispiel nicht erforderlich.
Die GmbH würde maximal einen vertraglichen Kreditzinssatz akzeptieren, der gerade noch zu einer Eigenkapitalrendite in Höhe des Referenzzinssatzes der Gesellschafter führt. Aus Sicht der GmbH müsste für den vertraglichen Kreditzinssatz also gelten:

$$0{,}2 + 1 \cdot (0{,}2 - r_{vF}) \geq 0{,}1$$
$$\Leftrightarrow r_{vF} \leq 30\,\%.$$

Da der Grenzzinssatz der Bank mit 10 % unterhalb des Grenzzinssatzes der GmbH von 30 % liegt, besteht in diesem Zinsintervall jetzt ein größerer Spielraum für eine Kreditvereinbarung als im Ausgangsbeispiel.

Für die Mindestzinsforderung der Bank bei der von uns unterstellten Informationsasymmetrie gilt (unverändert zum Ausgangsbeispiel):

$$0{,}9 \cdot r_{vF} + 0{,}1 \cdot (-1) \geq 0{,}10$$
$$\Leftrightarrow r_{vF} \geq 22{,}22\,\%.$$

Anders als im Ausgangsbeispiel kommt es jetzt aber nicht zur adversen Selektion. Sowohl Kreditnehmer, die über Projekt A verfügen, als auch Kreditnehmer, die über Projekt B verfügen, würden ein Kreditangebot der Bank annehmen, soweit diese einen vertraglichen Kreditzins im Intervall von 22,22 % (Mindestzins aus Sicht der Bank) bis 30 % (Höchstzins aus Sicht der GmbH mit Verfügungsmöglichkeit über Projekt A). In dieser Situation werden also Kredite an alle Kreditnehmer zu einem „Mischzinssatz" vergeben und beide Investitionstypen können durchgeführt werden.

c) Die nachfolgende Tabelle stellt die hier relevanten Ergebnisse zusammen.

Betroffenheit von Qualitätsrisiken	Kreditnehmer mit	
	Projekt A	Projekt B
Ausgangssituation	negative Betroffenheit, da keine vorteilhafte Kreditaufnahme mehr möglich ist	keine Betroffenheit, da mit und ohne Qualitätsrisiken Projekt B zum risikoadäquaten Kreditzinssatz finanziert wird
Variation unter a)	negative Betroffenheit, da keine vorteilhafte Kreditaufnahme mehr möglich ist	keine Betroffenheit, da mit und ohne Qualitätsrisiken Projekt B nicht finanziert wird
Variation unter b)	negative Betroffenheit, da wegen der Qualitätsrisiken Projekt A nur zum höheren „Mischzinssatz" finanziert werden kann	positive Betroffenheit, da wegen der Qualitätsrisiken Projekt B zum niedrigeren „Mischzinssatz" finanziert werden kann

Kreditnehmer mit dem sicheren Projekt A sind von der Qualitätsunsicherheit des Kreditgebers also in allen drei Konstellationen negativ betroffen und haben daher auf jeden Fall Interesse an einer Minderung der Qualitätsunsicherheit. Kreditnehmer mit dem unsicheren Projekt B haben hingegen kein Interesse an einer Minderung der Qualitätsunsicherheit, da sie davon nicht betroffen sind oder sogar davon profitieren.

Aufgabe 5

a) Wie bereits in Aufgabe 2c) berechnet, erzielen die Aktionäre mit Projekt A eine Rendite von +134 % und mit Projekt B im Erwartungswert eine Rendite von +152 %. Die Hausbank muss daher bei der Kalkulation der Kreditkonditionen davon ausgehen, dass nach Kreditvergabe Projekt B durchgeführt wird.
Bei der Durchführung von Projekt B trägt die Hausbank, wie ebenfalls bereits in Aufgabe 2c) berechnet, aber Ausfallrisiken. Bei ungünstigem Projektverlauf erhält sie keine Zinsen und verliert zusätzlich 4,71 % ihres Kreditbetrages. Zur Kompensation dieser Risiken muss sie einen vertraglichen Zinssatz vereinbaren, der oberhalb der im Erwartungswert geforderten Mindestrendite liegt. Für den vertraglich zu fordernden Zinssatz gilt:

$$0{,}5 \cdot r_{vF} + 0{,}5 \cdot (-0{,}0471) \geq 0{,}08$$
$$\Leftrightarrow r_{vF} \geq 20{,}71\,\%.$$

Der dem Verhaltensrisiko angepasste vertragliche Kreditzinssatz beträgt also 20,71 %.

b) Wenn vertraglich ein Kreditzinssatz von 20,71 % vereinbart würde, betrüge die Rendite der Aktionäre bei Durchführung von Projekt A:

$$r_E^A(V = 17) = 0{,}15 + 17 \cdot (0{,}15 - 0{,}2071) = -82{,}07\,\%$$

und bei Durchführung von Projekt B je nach Projektverlauf:

$$r_E^{B+}(V = 17) = 0{,}3 + 17 \cdot (0{,}3 - 0{,}2071) = +187{,}93\,\% \text{ bzw.}$$
$$r_E^{B-}(V = 17) = -0{,}1 + 17 \cdot (-0{,}1 - 0{,}2071) = -532{,}07\,\%$$
$$\Rightarrow r_E^{B-}(V = 17) = -100\,\%.$$

Im Erwartungswert erzielen sie mit Projekt B dann also eine Eigenkapitalrendite von:

$$E\left[r_E^B(V = 17)\right] = 0{,}5 \cdot 1{,}8793 + 0{,}5 \cdot (-1{,}00) = +43{,}97\,\%.$$

Auch bei dem wegen der Risikoanpassung höheren Zinssatz präferieren die Aktionäre also das riskante Projekt B. Sie erzielen damit aber nicht mehr eine Eigenkapitalrendite von im Erwartungswert 152 %, sondern nur noch eine Eigenkapitalrendite von im Erwartungswert 44 %.

c) Wenn die Kreditgeber die asymmetrische Kompetenzverteilung und die Verhaltensanreize der Aktionäre richtig voraussehen, passen sie ihren vertraglichen Zinssatz so an, dass sie im Erwartungswert auf dieselbe Rendite von 8 % kommen, wie sie sie ohne die Investitionsalternative B auch erzielt hätten. Die Nachteile des Verhaltensrisikos müssen bei vollständiger Voraussicht also ausschließlich die Aktionäre tragen.

Dass die Aktionäre hier alleine alle Nachteile des Verhaltensrisikos tragen, erkennt man auch an folgenden Zusammenhängen:

- In Aufgabe 2a) wurde errechnet, dass Projekt B im Erwartungswert eine Gesamtkapitalrendite von +10 % aufweist im Vergleich zu +15 % bei Projekt A. Bei einem Vermögenseinsatz von insgesamt 9 Mio. € führt Projekt B im Erwartungswert am Periodenende also zu einem um 450.000 € geringeren Gesamtvermögen.
- Bestünde nur die Möglichkeit, Projekt A durchzuführen, würde der Kredit zu 8 % ausgereicht und würden die Aktionäre eine Eigenkapitalrendite von 134 % erzielen. Bei einem Mitteleinsatz von 0,5 Mio. € entspricht das einem Endvermögen von 1,17 Mio. € für die Aktionäre.
- Besteht auch die Möglichkeit, Projekt B durchzuführen, wird der Kredit nur zu 20,71 % ausgereicht und erzielen die Aktionäre bei Durchführung des dann für sie vorteilhaften Projektes B eine Eigenkapitalrendite von im Erwartungswert 44 %. Bei einem Mitteleinsatz von unverändert 0,5 Mio. € entspricht das einem Endvermögen von 0,72 Mio. € für die Aktionäre. Das Endvermögen der Aktionäre liegt also mit Verhaltensrisiken um 450.000 € (= 1.170.000–720.000) niedriger als ohne Verhaltensrisiken. Die Aktionäre tragen damit den vollen Nachteil, den Projekt B insgesamt im Vergleich zu Projekt A aufweist.

Aufgabe 6

a) B ist zu einer Einlage bereit, wenn sein quotaler Anteil q am Unternehmensvermögen am Jahresende mindestens 1,08 Mio. € Vermögen entspricht. Welche Quote B

fordert, hängt davon ab, von welchem Projektausgang er bei seiner Kalkulation ausgeht.
Bei Kenntnis eines positiven Forschungsergebnisses fordert er daher mindestens eine Quote von 36 %:

$$3 \cdot q \geq 1{,}08 \Leftrightarrow q \geq 36\,\%,$$

bei Kenntnis eines negativen Ergebnisses mindestens eine Quote von 67,5 %:

$$1{,}6 \cdot q \geq 1{,}08 \Leftrightarrow q \geq 67{,}5\,\%.$$

b) A nimmt B nur als Gesellschafter auf, wenn seine Restquote am Unternehmen so groß bleibt, dass er damit mindestens dasselbe Vermögen (VB) erreicht wie er als Vermögen bei der Aufnahme eines Kredits (VK) erreichen würde. Auch die Quote, die A dem B höchstens anbietet, hängt davon ab, von welchem Projektausgang er bei seiner Kalkulation ausgeht.
Bei Kenntnis eines positiven Forschungsergebnisses bietet er dem B für seine Einlage von 1 Mio. € daher maximal eine Unternehmensquote von 36,67 % an:

$$VB = 3 \cdot (1 - q) \text{ und } VK = 3 - 1{,}1 = 1{,}9$$
$$\Rightarrow VB \geq VK \Leftrightarrow 3 \cdot (1 - q) \geq 1{,}9 \Leftrightarrow q \leq 36{,}67\,\%,$$

bei Kenntnis eines negativen Ergebnisses maximal eine Quote von 68,75 %:

$$VB = 1{,}6 \cdot (1 - q) \text{ und } VK = 1{,}6 - 1{,}1 = 0{,}5$$
$$\Rightarrow VB \geq VK \Leftrightarrow 1{,}6 \cdot (1 - q) \geq 0{,}5 \Leftrightarrow q \leq 68{,}75\,\%.$$

c) Zur Beteiligung des B kommt es, wenn seine geforderte Mindestquote nicht die von A angebotene Maximalquote übersteigt. Ein zwischen diesen beiden Quoten bestehender Spielraum verdeutlicht den Vorteil, den A und B insgesamt aus einer Unternehmensbeteiligung ziehen können. Diesen Vorteil können A und B im Wege von Verhandlungen unter sich aufteilen.
  (1) Wissen beide, dass erfolgreich geforscht wurde, fordert B mindestens 36 % und bietet A höchstens 36,67 %. In diesem Intervall ist eine Einigung möglich.
  (2) Wissen beide, dass erfolglos geforscht wurde, fordert B mindestens 67,5 % und bietet A höchstens 68,75 %. In diesem Intervall ist eine Einigung möglich.

(3) Wissen beide, dass die Forschung noch nicht abgeschlossen und mit jeweils 50 % Wahrscheinlichkeit erfolgreich bzw. erfolglos ist, fordert B mindestens eine Quote von 51,75 %:

$$0{,}5 \cdot 0{,}36 + 0{,}5 \cdot 0{,}675 = 51{,}75\,\%$$

und bietet A höchstens eine Quote von 52,71 %:

$$0{,}5 \cdot 0{,}3667 + 0{,}5 \cdot 0{,}6875 = 52{,}71\,\%.$$

In diesem Intervall ist eine Einigung möglich.
In einem Zwischenergebnis können sich A und B also in allen drei unter (1) bis (3) untersuchten Konstellationen mit symmetrischer Informationsverteilung auf einen Beteiligungsvertrag einigen.

(4) Kennt B das Forschungsergebnis noch nicht und geht er davon aus, dass A es bereits kennt, ist eine Unternehmensbeteiligung nur möglich, wenn die Forschung tatsächlich bereits abgeschlossen und negativ verlaufen ist. Es kommt damit zu einer adversen Selektion.
Wird B eine Quote bis zu 36,67 % angeboten und geht er davon aus, dass die Forschung abgeschlossen ist, kann dieses Angebot aus seiner Sicht zunächst einmal bedeuten, dass die Forschung erfolgreich war oder dass sie ein Misserfolg war. Da er nicht weiß, welcher Fall vorliegt, kann er dann nur auf Basis seiner Wahrscheinlichkeitsvorstellung a priori davon ausgehen, dass beide Fälle jeweils 50 % Wahrscheinlichkeit haben. Unter dieser Annahme muss er aber, wie unter (3) berechnet, mindestens eine Quote von 51,75 % fordern. Auf diese Forderung geht A, wie in (1) und (2) berechnet, aber nur ein, wenn er erfolglos geforscht hat. Damit ist eine Unternehmensbeteiligung des B ausgeschlossen, wenn die Forschung tatsächlich abgeschlossen und positiv verlaufen ist. Dann würde A nämlich maximal 36,67 % anbieten und B mindestens 51,75 % fordern.

Wird B eine Quote oberhalb von 36,67 % angeboten und geht er davon aus, dass die Forschung abgeschlossen ist, weiß B sicher, dass die Forschung negativ verlaufen ist. Dann fordert er aber nicht mehr 51,75 %, wie auf Basis seiner „Mischkalkulation", sondern mindestens eine Quote von 67,5 %. Auf diese Forderung geht A nur ein, wenn die Forschung tatsächlich negativ abgeschlossen wurde. Dann ist eine Einigung im Intervall von 67,5 bis 68,75 % möglich.

Zu einer Unternehmensbeteiligung des B käme es im Übrigen auch dann nicht, wenn B nur irrtümlich davon ausgeht, dass die Forschung bereits abgeschlossen ist. Er würde auf Basis dieser Annahme mindestens eine Quote von 67,5 % fordern. Ist die Forschung tatsächlich noch nicht abgeschlossen, würde A, wie unter (3) berechnet, dann aber nur 52,71 % anbieten. Für das Auftreten der adversen Selektion ist es also gar nicht entscheidend, ob B tatsächlich ex ante einen Informationsnachteil hat oder ob er diesen nur argwöhnt.

Literatur

Akerlof, G. A. (1970): The Market for „Lemons"– Quality Uncertainty and the Market Mechanism, in: Quarterly Journal of Economics, Vol. 84 (1970), S. 488–500.

Ewert, J. (1993): Finanzierung risikobehafteter Investitionsvorhaben – Eine vertragstheoretische Untersuchung idealtypischer Ausgestaltungen eines Finanzierungsvertrages, Kapitel B 1.1 und 2.1, Heidelberg.

Bitz, M., Niehoff, K. und *Terstege, U.* (2001): Wolfgang Stützels „bestandsökonomische Darstellung" und die neuere Finanzierungstheorie, in: Wolfgang Stützel – Moderne Konzepte für Finanzmärkte, Beschäftigung und Wirtschaftsverfassung, hrsg. von H. Schmidt, E. Ketzel, S. Prigge, Tübingen, S. 207–243.

Bitz, M. und *Ewert, J.* (2014): Übungen in Betriebswirtschaftslehre, Übungsaufgaben 2.16 bis 2.25, 8. Aufl., München.

Hartmann-Wendels, Th., Pfingsten, A. und *Weber, M.* (2010): Bankbetriebslehre, Kapitel B, 5. Aufl., Berlin u. a.

Breuer, W., Schweizer, T. und *Breuer, C.* (2012): Gabler Lexikon Corporate Finance, 2. Aufl., Wiesbaden.

Breuer, W. (2013): Finanzierung, Kapitel VII, 3. Aufl., Wiesbaden.

Drukarczyk, J. und *Lobe, S.* (2014): Finanzierung: Eine Einführung, Kapitel 5, 11. Aufl., Stuttgart.

Franke, G. und *Hax, H.* (2009): Finanzwirtschaft des Unternehmens – und Kapitalmarkt, Kapitel VIII, 6. Aufl., Berlin u. a.

Kürsten, W. (2005): Finanzierung, in: Vahlens Kompendium der Betriebswirtschaftslehre, hrsg. von M. Bitz, M. Domsch, R. Ewert und F.W. Wagner, Bd. 1, 5. Aufl., München, S. 173–235.

Perridon, L., Steiner, M. und *Rathgeber, A.* (2017): Finanzwirtschaft der Unternehmung, Kapitel D, Unterkapitel V, 17. Aufl., München.

Innenfinanzierung

Prof. Dr. Udo Terstege, Dr. Jürgen Ewert

3.1	**Sichtweisen und Gestaltungsfelder** – **129**	
3.1.1	Zahlungssicht – 129	
3.1.2	Jahresabschlusssicht – 133	
3.2	**Zahlungsbedingungen** – **143**	
3.2.1	Überblick – 143	
3.2.2	Kundenanzahlungen – 145	
3.2.3	Skontogewährung – 149	
3.3	**Liquidierung von Forderungen** – **157**	
3.3.1	Diskontkredit – 157	
3.3.2	Factoring – 162	
3.3.3	Asset Backed Securities – 173	
3.4	**Zusammenfassung** – **178**	
3.5	**Wiederholungsfragen** – **179**	
3.6	**Aufgaben** – **180**	
3.7	**Lösungen** – **183**	
	Literatur – 186	

© Springer-Verlag GmbH Deutschland 2018
U. Terstege, J. Ewert, *Betriebliche Finanzierung – Schnell erfasst*, Wirtschaft – Schnell erfasst
https://doi.org/10.1007/978-3-662-53077-1_3

Lernziele dieses Kapitels

- Zusammenhang zwischen zahlungsorientierter und jahresabschlussorientierter Betrachtung der Innenfinanzierung kennen
- Defizite der jahresabschlussorientierten Betrachtung kennen und erläutern können
- Wesentliche Instrumente des Innenfinanzierungsmanagements kennen und systematisch einordnen können
- Gestaltungsparameter der Innenfinanzierungsinstrumente kennen
- Vor- und Nachteile der Innenfinanzierungsinstrumente in qualitativer Hinsicht kennen
- Für konkrete Anwendungssituationen Vorteilhaftigkeit von Instrumenten des Innenfinanzierungsmanagements beurteilen können

Schlüsselbegriffe

Anzahlungen (von Kunden), Asset Backed Securities (ABS), Ausschüttungspolitik, Avalprovision, Debitorenlimit, Delkrederefunktion, Diskontkredit, Diskontprovision, Diskontsatz, Factoring (notifiziertes und nichtnotifiziertes, unechtes), Fälligkeits-Factoring, Finanzierung aus Abschreibungen, Finanzierung aus Kapitalumschichtungen, Finanzierung aus Rückstellungen, Finanzierungseffekte bzw. -funktion, First-Loss Piece, Handelsbilanzpolitik, Handelswechsel, Inhouse-Factoring, Innenfinanzierungsanalyse, Innenfinanzierungsmanagement, Innenfinanzierungsquellen, Junior-Tranche, Lieferantenkredit, Lieferungs- und Leistungsgarantie, Mezzanine Tranche, Originator, Pass-Through, Pay-Through, Rating-Agenturen, Risikoeffekte bzw. -funktion, Sale & Lease Back, Selbstfinanzierung, Senior-Tranche, Serviceeffekte bzw. -funktion, Servicer, Skonto(abzugsmöglichkeit), Skontofrist, Skontosatz, Special Purpose Vehicle (SPV), Standard-Factoring, Steuerbilanzpolitik, Treuhänder, Wechsel, Zahlungsbedingungen, Zahlungsziel, Zession (offene und stille), Zinskosten (effektive), Zweckgesellschaft.

Innenfinanzierung ist als Saldo der aus Umsätzen resultierenden Einzahlungen und der mit der Umsatztätigkeit verbundenen laufenden Auszahlungen definiert. In der Finanzanalyse sind die Beträge der entsprechenden Zahlungsströme zu identifizieren und zu saldieren. Im Finanzmanagement sind die Parameter zu identifizieren und zielorientiert zu gestalten, durch die sich diese Zahlungsströme beeinflussen lassen. Wie wir sehen werden, bieten sich dabei zur Beeinflussung laufender Umsatzeinzahlungen, singulärer Liquidationserlöse und laufender Auszahlungen unterschiedliche Gestaltungsparameter. Besondere Aufmerksamkeit widmen wir der Gestaltung laufender Umsatzeinzahlungen. Diese lassen sich zum einen durch die eigenen Zahlungsbedingungen und zum anderen durch die vorfällige Liquidation von Forderungen beeinflussen.

Neben der zahlungsorientierten Sichtweise ist gerade im Bereich der Innenfinanzierung auch eine jahresabschlussorientierte Betrachtungsweise weit verbreitet. Diese Betrachtungsweise entspringt dem Bedürfnis Unternehmensexterner, das Innenfinanzierungsvolumen eines Unternehmens aus publizierten Informationen extrahieren zu können. Wie wir erkennen werden, ist sie für darüber hinausgehende Fragestellungen, wie die nach den Quellen oder den Beeinflussungsmöglichkeiten der Innenfinanzierung, aber gänzlich ungeeignet.

3.1 Sichtweisen und Gestaltungsfelder

3.1.1 Zahlungssicht

Wir haben Innenfinanzierung bzw. Cash Flow, im Kapitel „Grundlagen der Finanzierung", als Saldo bestimmter Ein- und Auszahlungen abgegrenzt. Im Detail sind dabei, je nachdem welche Zahlungsgrößen einbezogen werden, diverse Innenfinanzierungsbegriffe zu unterscheiden. So haben wir zwischen Innenfinanzierung vor bzw. nach Ausschüttungen und Innenfinanzierung im engen bzw. im weiten Sinne unterschieden. Ungeachtet solcher Details ist allen Innenfinanzierungsbegriffen gemeinsam: In den Saldo gehen einerseits die aus Umsätzen resultierenden Einzahlungen und andererseits die mit der Umsatztätigkeit verbundenen „laufenden" Auszahlungen ein. Diese zahlungsorientierte Definition legt es nahe, sich auch in analytischer und gestalterischer Hinsicht zahlungsorientiert mit der Innenfinanzierung zu beschäftigen.

Innenfinanzierungsbegriff

◘ Selbst gemachtes Geld

zahlungsorientierte IF-Analyse

Will man für eine vergangene oder zukünftige Periode analysieren, wie hoch der Innenfinanzierungssaldo ist und durch welche Sachverhalte er verursacht wird, sind aus zahlungsorientierter Sicht die Zahlungsgrößen zu identifizieren und zu saldieren, die den interessierenden Innenfinanzierungssaldo ausmachen. Soll z. B. die Innenfinanzierung im weiten Sinne nach Ausschüttungen analysiert werden, ist die Staffelrechnung gemäß der Aufstellung in ◘ Abb. 3.1 numerisch zu füllen.

zahlungsorientiertes IF-Management

Analog sind beim zahlungsorientierten Management der Innenfinanzierung die Parameter zu identifizieren und zielorientiert zu gestalten, die dem Finanzmanagement zur Beeinflussung der den Innenfinanzierungssaldo ausmachenden Zahlungsgrößen zur Verfügung stehen. Also ist z. B. zu fragen, durch welche Maßnahmen die Einzahlungen aus Umsatztätig-

	Einzahlungen aus Umsatztätigkeit
+	Einzahlungen aus singulären Liquidationen
-	Auszahlungen für Löhne/Gehälter
-	Auszahlungen für Werkstoffe
-	Auszahlungen für Zinsen
-	Auszahlungen für Steuern
=	**Innenfinanzierung im weiten Sinne vor Ausschüttungen**
-	Auszahlungen für Ausschüttungen
=	**Innenfinanzierung im weiten Sinne nach Ausschüttungen**

◘ **Abb. 3.1** Zahlungsorientierte IF-Analyse

3.1 · Sichtweisen und Gestaltungsfelder

keit in ihrer Höhe und ihrem zeitlichen Anfall beeinflusst werden können und wie diese Möglichkeiten zu nutzen sind, um die finanzwirtschaftlichen Ziele bestmöglich zu erreichen.

Dabei ist eine weitere Erkenntnis aus dem Grundlagenkapitel zu berücksichtigen: Wesentliche Parameter zur Beeinflussung der Innenfinanzierung fallen nicht in die Kompetenz des Finanzmanagements, sondern in die Kompetenz leistungswirtschaftlicher Abteilungen. Eigene gestalterische Kompetenzen hat das Finanzmanagement im Bereich der Innenfinanzierung i. d. R. nur insoweit, wie damit keine oder nur geringe Rückwirkungen auf leistungswirtschaftliche Prozesse verknüpft sind. Berücksichtigt man diese Einschränkung, stehen dem Finanzmanagement zur Erhöhung der Innenfinanzierung einer Betrachtungsperiode im Kern nur Maßnahmen zur Verfügung, die

- den Eingang von Einzahlungen aus laufenden Umsätzen beschleunigen,
- (frühere) Einzahlungen aus der Liquidation von Vermögen ohne Beeinträchtigung leistungswirtschaftlicher Prozesse erlauben oder
- laufende Auszahlungen vermeiden bzw. aufschieben.

Aus zahlungsorientierter Sicht stehen dafür insbesondere die in ◘ Abb. 3.2 verdeutlichten Gestaltungsfelder offen.

Im Bereich der laufenden Einzahlungen aus dem Umsatzprozess stehen dem Finanzmanagement i. d. R. keine Möglichkeiten zur Erzielung definitiv zusätzlicher Einzahlungen,

Beeinflussung lfd. Umsatzeinzahlungen

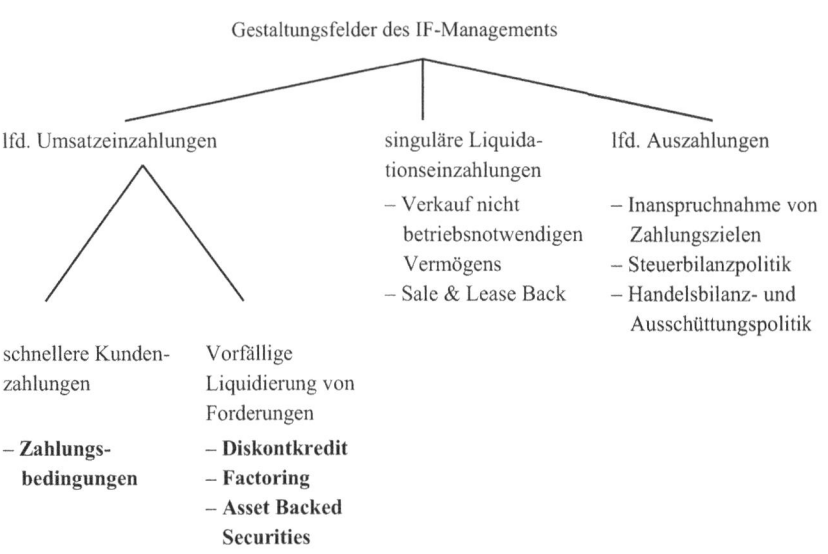

◘ Abb. 3.2 Gestaltungsfelder des IF-Managements

sondern nur Möglichkeiten zur Beschleunigung der Einzahlungen zur Verfügung. Dafür bestehen zwei Ansatzpunkte. Zum einen können Kunden veranlasst werden, bei gegebenen Lieferungen und Leistungen ihre Zahlungen früher zu leisten. Darauf kann das Unternehmen mit der Gestaltung eigener Zahlungsbedingungen Einfluss nehmen. Zum anderen können, bei gegebenem Zahlungsverhalten der Kunden, die gegen Kunden bestehenden Forderungen genutzt werden, um dafür von Dritten schon Einzahlungen zu erzielen, bevor die Kunden ihre Rechnungen bezahlen. Dazu kommen insbesondere die Diskontierung von Handelswechseln, der Verkauf der Forderungen an einen Factor oder der Verkauf von Forderungen im Wege sogenannter Asset Backed Securities in Betracht.

Beeinflussung singulärer Liquidationseinzahlungen

Im Bereich der Liquidationseinzahlungen stehen dem Finanzmanagement verschiedene Möglichkeiten offen, Vermögensgegenstände ohne Einfluss auf die Leistungsprozesse zu verkaufen. Solche Möglichkeiten bestehen offensichtlich bei nicht betriebsnotwendigem Vermögen, das ja per definitionem nicht für den betrieblichen Leistungsprozess benötigt wird. Das trifft z. B. auf die Brachfläche neben der Werkshalle zu, die zusammen mit dem Betriebsgrundstück erworben wurde, aber selbst nicht für eine betriebliche Nutzung vorgesehen ist. Solche Gegenstände kann das Finanzmanagement in alleiniger Kompetenz verkaufen. Es kann aber auch anderes, betriebsnotwendiges Vermögen autonom verkaufen, wenn die Gegenstände so verkauft werden, dass sie unverändert betrieblich genutzt werden können. Das Sale & Lease Back erlaubt eine entsprechende Gestaltung von Verkäufen betriebsnotwendigen Vermögens. Dabei werden Gegenstände an einen Leasing-Geber verkauft und gleichzeitig zurückgemietet. Um auch am Ende der Mietdauer die betriebliche Nutzung sicherzustellen, wird für das Vertragsende meist zusätzlich ein verbindlicher Rückkauf oder ein Rückkaufrecht vereinbart.

Beeinflussung lfd. Auszahlungen

Laufende Auszahlungen kann das Finanzmanagement im Wesentlichen in die Zukunft verschieben, im Einzelfall aber auch ganz oder teilweise definitiv vermeiden. So kann das Unternehmen bei der Bezahlung von Rechnungen Zahlungsziele nutzen. Steuerzahlungen können durch die Gestaltung der steuerlichen Bemessungsgrundlagen, insbesondere der steuerlichen Gewinnermittlung, beeinflusst werden. Ausschüttungen können zum einen durch die Gestaltung der den maximalen Ausschüttungsrahmen definierenden Handelsbilanz und zum anderen durch die Gestaltung der auf der Handelsbilanz aufbauenden Gewinnverwendungsbeschlüsse beeinflusst werden. Daneben stehen dem Finanzmanagement weitere Instrumente zur Beeinflussung der Auszahlungsgrößen der Innenfinanzierung zur Verfügung. Darauf soll hier aber nicht genauer eingegangen werden, da diese Möglichkeiten stark beschränkt oder erklärungsbedürftig sind.

Wir folgen bei der genaueren Betrachtung der Innenfinanzierung in diesem Kapitel der skizzierten zahlungsorientierten Sicht. Dabei beschränken wir uns allerdings auf die Instrumente zur Beeinflussung der lfd. Einzahlungen, die in ◘ Abb. 3.2 gefettet wurden. Wir kommen aber nicht umhin, im folgenden Abschnitt zuvor eine andere, jahresabschlussorientierte Sichtweise auf die Zusammenhänge der Innenfinanzierung zu skizzieren. Diese jahresabschlussorientierte Sicht erachten wir zwar als wenig hilfreich. Ihr wird aber sowohl in der betrieblichen Praxis als auch in anderen Lehrbüchern überwiegend gefolgt. Daher sollten Sie wissen, auf welchen Grundgedanken sie basiert und warum wir sie als wenig hilfreich ablehnen.

3.1.2 Jahresabschlusssicht

Zahlungsvorgänge der Innenfinanzierung schlagen sich, neben anderen Geschäftsvorfällen, durch Buchungen in der Bilanz und der GuV nieder. Z. B. führt der Eingang einer offenen Forderung aus Lieferung und Leistung zu einer Erhöhung des Bankguthabens und einer Verminderung des Forderungsbestandes. Im Jahresabschluss sind also Informationen über Innenfinanzierungsprozesse verarbeitet. Das Konzept der jahresabschlussorientierten Sichtweise auf die Innenfinanzierung besteht darin, Innenfinanzierungsprozesse nicht direkt anhand der Zahlungsvorgänge zu betrachten, sondern indirekt auf der Basis ihres Niederschlags in Bilanz und GuV. Wir verdeutlichen das Konzept beispielhaft anhand des Unternehmens U, bei dem in der Betrachtungsperiode die in ◘ Abb. 3.3 gelisteten 12 Geschäftsvorfälle und die mit diesen verbundenen Zahlungs- und Erfolgskonsequenzen anfallen.

In der Periode ergibt sich ein Überschuss der Auszahlungen über die Einzahlungen und damit eine Verminderung der Zahlungsmittelbestände von 520. Der Überschuss der Erträge über die Aufwendungen und damit der Jahresüberschuss der Periode beträgt 710.

Bestimmt man die Innenfinanzierung zahlungsorientiert, ist folgende Staffelrechnung gemäß ◘ Abb. 3.4 aufzustellen. Die geklammerten Zahlen geben die Geschäftsvorfälle an, aus denen die Zahlungen resultieren. Die Geschäftsvorfälle (6), (9) und (10) bleiben unberücksichtigt, da sie (in der Betrachtungsperiode) nicht zu Zahlungen führen, Geschäftsvorfall (11), weil er eine Mittelverwendung für Investitionen darstellt.

zahlungsorientierte IF-Ermittlung

Die in ◘ Abb. 3.4 saldierten Zahlungen sind allerdings nur für Unternehmensinterne direkt beobachtbar. Will sich ein

IF-Beispiel: Geschäftsvorfälle

	Geschäftsvorfall	Zahlung	Erfolg
(1)	U liefert Waren (Buchwert: 300; Rechnung: 1.000; Zahlung sofort)	+1.000	+1.000 / -300
(2)	U verkauft gebrauchte Maschine (Buchwert: 550; Rechnung: 700; Zahlung sofort)	+700	+150
(3)	Kunde zahlt Lieferung der Vorperiode (Rechnung: 380)	+380	--
(4)	U erhält Werkstoffe (Rechnung: 300; Zahlung sofort)	-300	--
(5)	U zahlt fällige Löhne von 400	-400	-400
(6)	U liefert Waren auf Ziel (Buchwert: 250; Rechnung: 1.000)	--	+1.000 / -250
(7)	U zahlt fällige Steuern von 160	-160	-160
(8)	U zahlt Werkstofflieferung der Vorperiode (Rechnung: 670)	-670	--
(9)	U tätigt Abschreibung von 140	--	-140
(10)	U erhöht Pensionsrückstellungen um 190	--	-190
(11)	U kauft neue Maschine (Rechnung: 1.000; Zahlung sofort)	-1.000	--
(12)	U tätigt Ausschüttung von 70	-70	--
Σ		-520	+710

◘ Abb. 3.3 Geschäftsvorfälle (Beispiel: Innenfinanzierung)

	Einzahlungen aus laufenden Umsätzen	+1.000	(1)
		+380	(3)
+	Einzahlungen aus singulären Liquidationen	+700	(2)
-	Auszahlungen für Löhne/Gehälter	-400	(5)
-	Auszahlungen für Werkstoffe	-300	(4)
		-670	(8)
-	Auszahlungen für Zinsen	--	
-	Auszahlungen für Steuern	-160	(7)
=	**Innenfinanzierung im weiten Sinne vor Ausschüttungen**	+550	
-	Ausschüttungen	-70	(12)
=	**Innenfinanzierung im weiten Sinne nach Ausschüttungen**	+480	

◘ Abb. 3.4 Zahlungsorientierte IF-Ermittlung

Externer, z. B. ein Kreditgeber, ein Bild von der Innenfinanzierung machen, steht ihm dafür als „verlässliche" Informationsbasis i. d. R. nur der Jahresabschluss zur Verfügung. Dieses Informationsdefizit Unternehmensexterner im Hinblick auf die Zahlungsvorgänge bildet wohl den gedanklichen Ausgangspunkt für die jahresabschlussorientierte Sicht auf Innenfinanzierungsvorgänge.

Alternativ zur direkten zahlungsorientierten Ermittlung könnte der Innenfinanzierungssaldo in seinem Gesamtbetrag nämlich auch indirekt ermittelt werden, wenn man den Jahresüberschuss um alle zwischen ihm und der Innenfinanzierung bestehenden Verwerfungen korrigiert. Abstrahiert man von der Möglichkeit, dass erfolgswirksame Zahlungen auch außerhalb des betrieblichen Leistungs- und Umsatz-prozesses anfallen können und damit für die Innenfinanzierung zu vernachlässigen wären, dann sind dazu die vier in der folgenden Rechnung (◘ Abb. 3.5) aufgeführten Korrekturkategorien zu berücksichtigen.

Zahlungsunwirksamer Aufwand mindert den Jahresüberschuss, aber nicht die Innenfinanzierung. Er muss daher wieder aus dem Jahresüberschuss eliminiert werden. Dazu ist er zum Jahresüberschuss zu addieren. Das trifft z. B. auf den Wareneinsatz bei Verkäufen, auf Abschreibungen und auf Zuführungen zu Rückstellungen zu.

Zahlungsunwirksamer Ertrag erhöht den Jahresüberschuss, aber nicht die Innenfinanzierung. Er muss wieder subtrahiert werden, um ihn aus dem Jahresüberschuss zu eliminieren. Das trifft z. B. auf Umsätze auf Ziel zu.

Grundkonzept jahresabschlussorientierter IF-Ermittlung

	Jahresüberschuss	+710	
+	zahlungsunwirksamer Aufwand	+300	(1)
		+250	(6)
		+140	(9)
		+190	(10)
-	zahlungsunwirksamer Ertrag	-1.000	(6)
+	ertragsunwirksame IF-Einzahlung	+550	(2)
		+380	(3)
-	aufwandsunwirksame IF-Auszahlung	-300	(4)
		-670	(8)
		-70	(12)
=	**Innenfinanzierung im weiten Sinne nach Ausschüttungen**	+480	

◘ **Abb. 3.5** Grundkonzept der jahresabschlussorientierten IF-Ermittlung

Ertragsunwirksame Einzahlungen sind im Jahresüberschuss nicht berücksichtigt. Soweit sie Bestandteil der Innenfinanzierung sind, müssen sie also noch zum Jahresüberschuss addiert werden. Das trifft z. B. auf Einzahlungen aus Liquidationen in Höhe der Buchwerte oder auf Zahlungseingänge aus Umsätzen in Vorperioden zu.

Spiegelbildlich sind aufwandsunwirksame Auszahlungen noch vom Jahresüberschuss zu subtrahieren, soweit sie Bestandteil der Innenfinanzierung sind. Das trifft z. B. auf die Bezahlung von Werkstoffen und auf Ausschüttungen zu. Aber z. B. nicht auf Auszahlungen für Investitionen, die zwar ebenfalls aufwandsunwirksame Auszahlungen sind, aber nicht die Innenfinanzierung betreffen.

Wird der Jahresüberschuss um sämtliche Verwerfungen korrigiert, die zu einer der vier Korrekturkategorien gehören, kann das Innenfinanzierungsvolumen tatsächlich indirekt bestimmt werden. In ◘ Abb. 3.5 ist eine solche vollständige Korrektur vorgenommen worden. Es stellt sich aber die Frage, ob entsprechende Korrekturen auf der Basis der im Jahresabschluss enthaltenen Informationen überhaupt möglich sind. Diesem Problem sind wir bislang ausgewichen. Wir haben in ◘ Abb. 3.5 den Jahresüberschuss nämlich einfach um alle Verwerfungen korrigiert, die im Beispiel zwischen Jahresüberschuss und Innenfinanzierung bestehen und die wir anhand der Angaben aus ◘ Abb. 3.3 leicht identifizieren konnten. In ◘ Abb. 3.3 sind aber auch die von Unternehmensexternen nicht direkt beobachtbaren Zahlungsvorgänge angegeben. Wie aber sollen die Notwendigkeit und das Ausmaß solcher Korrekturen erkannt werden, wenn tatsächlich nur der Jahresabschluss und nicht die Zahlungsvorgänge selbst bekannt sind? In unserem Beispiel würde das etwa durch die in ◘ Abb. 3.6 dargestellte Vorgehensweise gelingen. Dort wird der Innenfinanzierungssaldo, wie in ◘ Abb. 3.5, wieder durch Korrekturen des Jahresüberschusses bestimmt. Diesmal werden die Korrekturgrößen aber nicht durch den Vergleich von Zahlungs- und Erfolgsgrößen gewonnen, sondern ausschließlich dem Jahresabschluss entnommen.

Die in ◘ Abb. 3.6 zusammengestellten Korrekturen basieren auf folgenden Überlegungen:

(1) Die Belieferung des Kunden führt in Höhe der Zahlung (1000) zu Innenfinanzierung. Der im Jahreüberschuss enthaltene Ertrag fällt netto aber geringer aus, weil der Wareneinsatz (300) als Aufwand gebucht wird. Der Wareneinsatz lässt sich in der Bilanz als Minderung der Vorräte ablesen. Daher wird der Jahresüberschuss um die Veränderung der Vorräte reduziert, um den Wareneinsatz aus dem Jahresüberschuss zu eliminieren.

3.1 · Sichtweisen und Gestaltungsfelder

	Jahresüberschuss	+710	
−	Ausschüttungen	−70	(12)
+	Abschreibungen	+140	(9)
+	Δ Rückstellungen	+190	(10)
−	Δ Forderungen aus LuL	+380	(3)
		−1000	(6)
−	Δ Vorräte	+300	(1)
		−300	(4)
		+250	(6)
+	Buchwert von AV-Abgang	+550	(2)
+	Δ Verbindlichkeiten aus LuL	−670	(8)
=	Innenfinanzierung im weiten Sinne nach Ausschüttungen	+480	

jahresabschlussorientierte IF-Ermittlung

◘ Abb. 3.6 Jahresabschlussorientierte IF-Ermittlung im Beispiel

(2) Der Verkauf der gebrauchten Maschine führt in Höhe der vollen Zahlung (700) zu Innenfinanzierung im weiten Sinne. In Höhe des Verkaufsgewinnes (150) ist diese Einzahlung bereits im Jahresüberschuss enthalten. Noch nicht enthalten ist der Teil der Zahlung, der dem Buchwert der Maschine entspricht (550). Deshalb ist zum Jahresüberschuss noch der Buchwert des im Periodenverlauf abgegangenen Anlagevermögens zu addieren. Diese Größe ist ggfs. im Anlagenspiegel zu erkennen.

(3) Die Bezahlung einer aus Vorperioden offenen Rechnung durch einen Kunden (380) ist im Jahresüberschuss dieses Jahres nicht enthalten. Sie gehört aber zur Innenfinanzierung. Sie entspricht in der Bilanz einer Reduzierung der offenen Forderungen aus Lieferung und Leistung (LuL). Deshalb ist vom Jahresüberschuss die Veränderung dieser Forderungen zu subtrahieren.

(4) Die Bezahlung einer Werkstofflieferung durch das Unternehmen (300) ist im Jahresüberschuss nicht enthalten. Sie gehört aber zur Innenfinanzierung. Sie entspricht einer Erhöhung der Vorratsbestände, kann also erfasst werden, indem vom Jahresüberschuss Veränderungen der Vorräte subtrahiert werden.

(6) Verkäufe auf Ziel betreffen nicht die Innenfinanzierung dieser Periode, sind aber in Höhe des Umsatzes (1000) als Ertrag und in Höhe des Wareneinsatzes (250) als Aufwand im Jahresüberschuss enthalten. Der Umsatz führt zu einer Erhöhung der Forderungen aus LuL, lässt sich also wieder aus dem Jahresüberschuss eliminieren,

indem Veränderungen dieser Forderungen subtrahiert werden. Die Höhe des Wareneinsatzes führt zur Verminderung der Vorräte, lässt sich also wieder aus dem Jahresüberschuss eliminieren, indem Veränderungen der Vorräte subtrahiert werden.

(8) Die Bezahlung einer Werkstofflieferung aus der Vorperiode (670) wird nicht im Jahresüberschuss abgebildet, betrifft aber die Innenfinanzierung. Sie lässt sich in der Bilanz als Minderung der Verbindlichkeiten aus LuL erkennen und korrigieren, indem Veränderungen der Verbindlichkeiten aus LuL zum Jahresüberschuss addiert werden.

(9) Abschreibungen (140) mindern den Jahresüberschuss, aber nicht die Innenfinanzierung. Sie lassen sich in der GuV bzw. ggfs. im Anlagenspiegel erkennen. Zur sachgerechten Korrektur sind die Abschreibungen zum Jahresüberschuss zu addieren.

(10) Zuführungen zu den Rückstellungen (190) mindern den Jahresüberschuss, aber nicht die Innenfinanzierung. Sie lassen sich in der Bilanz als Veränderung der Rückstellungen erkennen und korrigieren, indem zum Jahresüberschuss die Veränderung der Rückstellungen addiert wird.

(12) Ausschüttungen (70) mindern nicht den Jahresüberschuss, aber die Innenfinanzierung nach Ausschüttungen. Sie lassen sich in der Gewinnverwendungsrechnung (in der erweiterten GuV oder im Anhang) erkennen und für die Zwecke der Ermittlung der Innenfinanzierung durch Subtraktion vom Jahresüberschuss sachgerecht korrigieren.

(weitgehende) Erkennbarkeit des Korrekturbedarfs

Im Beispiel lassen sich also alle zur indirekten Ermittlung der Innenfinanzierung erforderlichen Korrekturen anhand von Jahresabschlussgrößen erkennen. Das ist in realen Situationen nicht unbedingt in jedem Einzelfall möglich. Die vollständige Erkennung des Korrekturbedarfs anhand von Jahresabschlussinformationen scheitert dort vor allem daran, dass sich in den GuV-Positionen „sonstige betriebliche Erträge" und „sonstige betriebliche Aufwendungen" eine Vielzahl unterschiedlicher Sachverhalte vermengt, die teilweise einer Korrektur bedürften, sich aber nicht nach ihrem Korrekturbedarf trennen lassen. Wenn man von solchen Problemen absieht, bietet der Jahresabschluss einer großen Kapitalgesellschaft nach dem Handelsgesetzbuch aber zumindest fast alle Informationen, die erforderlich sind, um das Innenfinanzierungsvolumen auf indirektem Weg zu bestimmen.

Insoweit können Unternehmensexterne mittels jahresabschlussorientierter Betrachtung den nicht direkt beobachtbaren Zahlungssaldo der Innenfinanzierung auf indirektem Weg recht gut abschätzen. Gegen diesen Einsatz der indirekten Betrachtungsweise ist auch zunächst einmal gar nichts einzuwenden. Im Gegenteil, er stellt eines der wichtigsten Instrumente der Jahresabschlussanalyse dar, da er es erlaubt, wichtige Informationen aus dem Jahresabschluss zu extrahieren. Diese positive Beurteilung der indirekten Betrachtungsweise ist aber ausdrücklich an drei Bedingungen gebunden:

- die Betrachtung erfolgt durch Externe,
- die Korrekturmöglichkeiten werden vollständig ausgeschöpft und
- die Interpretation der indirekten Analyse bleibt darauf beschränkt, deren Endergebnis als Schätzung des Innenfinanzierungssaldos zu betrachten.

drei Voraussetzungen jahresabschlussorientierter IF-Betrachtung

Die jahresabschlussorientierte Betrachtung von Innenfinanzierung bleibt in Theorie und Praxis allerdings nicht auf diesen engen Rahmen beschränkt. Wird dieser Rahmen auf die eine oder andere Art verlassen, ist sie, wie wir nachfolgend verdeutlichen, aber völlig anders zu beurteilen.

Problem 1: Indirekte Betrachtung der Innenfinanzierung durch Interne

Häufig werden Innenfinanzierungsvorgänge auch von Unternehmensinternen anhand von Jahresabschlussgrößen betrachtet oder wird ihnen ein solches Vorgehen vorgeschlagen. Im Unterschied zu Unternehmensexternen ist die indirekte Vorgehensweise für Unternehmensinterne aber nicht sinnvoll. Denn sie ist, auch bei noch so akribischer Durchführung, im Detail ungenau und sie erlaubt nur die Ermittlung des Innenfinanzierungssaldos, vermittelt aber keinen Einblick in die zugrunde liegenden einzelnen Zahlungsströme. Sie schöpft die im Unternehmen zur Innenfinanzierung verfügbaren Informationen also nur unzureichend aus.

Interne sollten IF nur zahlungsorientiert betrachten

Dass dieser Irrweg dennoch regelmäßig beschritten oder vorgeschlagen wird, liegt wohl teilweise daran, dass die für eine direkte Innenfinanzierungsbetrachtung erforderliche Zahlungsrechnung in vielen Unternehmen nicht vorhanden oder unterentwickelt ist. Teilweise aber auch wohl daran, dass es den Akteuren am Verständnis für die untersuchten Zusammenhänge mangelt. Beide Ursachen dürften dabei letztlich einen gemeinsamen Ursprung haben. Traditionell ist das betriebliche Rechnungswesen in Deutschland nämlich in erster Linie auf den zwangsweise zu erstellenden Jahresabschluss und in zweiter Linie auf die Kostenrechnung ausgerichtet. Das Bewusstsein, wichtige Fragen der Unternehmensführung nur auf der Basis einer Zahlungsrechnung

unterentwickeltes Zahlungsdenken

sachgerecht beantworten zu können, ist demgegenüber nur unzureichend vorhanden.

Problem 2: Unvollständige Korrektur des Jahresüberschusses

jahresabschlussorientierte IF-Ermittlung sollte vollständig erfolgen

Häufig werden die Möglichkeiten zur möglichst präzisen indirekten Betrachtung von Innenfinanzierung nur unvollständig genutzt. Eine weit verbreitete und zugleich besonders grobe Vereinfachung beschränkt sich auf die Korrektur des Jahresüberschusses um Ausschüttungen, Abschreibungen und Rückstellungsveränderungen, in unserem Beispiel also auf die ersten drei der in ◘ Abb. 3.6 vorgenommenen Korrekturen. Die anderen in ◘ Abb. 3.6 enthaltenen und weitere mögliche Korrekturen bleiben, häufig mit Verweis auf die Arbeitsersparnis und wohl der Hoffnung, sie würden sich schon ausgleichen, unberücksichtigt.

Dass solche Verkürzungen der möglichen Korrekturen wenig Sinn machen und kaum durch die ersparte Arbeit zu rechtfertigen sind, lässt sich schon an unserem Beispiel erkennen. Dort ergäbe das verkürzte Korrekturschema einen Schätzwert für das Innenfinanzierungsvolumen von +970, der gelegentlich auch als Praktiker-Cash-Flow bezeichnet wird. Dieser Wert liegt vom tatsächlichen Innenfinanzierungsvolumen (+480) weiter entfernt als der Jahresüberschuss (+710), der die Ausgangsgröße der Korrekturen bildet. Hier würde man also besser ganz auf Korrekturen des Jahresüberschusses verzichten, als sie nur so rudimentär wie beschrieben vorzunehmen. Dieser Grad an Ergebnisungenauigkeit lässt sich auch kaum durch ersparte Arbeit rechtfertigen, zumal die sonstigen in ◘ Abb. 3.6 enthaltenen Korrekturen relativ simpel zu erkennen und durchzuführen sind.

Problem 3: Interpretation der Korrekturposten als Finanzierungsquellen

Korrekturschema der indirekten IF-Ermittlung enthält keine IF-Quellen

Besonders problematisch wird die indirekte Betrachtung der Innenfinanzierung allerdings, wenn das dabei verwendete Korrekturschema nicht mehr allein als Hilfsmittel zur indirekten Bestimmung des Innenfinanzierungssaldos, sondern die darin auftauchenden Korrekturpositionen zudem als Quellen der Innenfinanzierung interpretiert werden. Um diese Fehlinterpretation an unserem Beispiel zu verdeutlichen, zeigen wir das in ◘ Abb. 3.6 dargestellte Korrekturschema noch einmal in leicht veränderter Darstellungsweise in ◘ Abb. 3.7.

In der linken Spalte findet sich das bereits aus ◘ Abb. 3.6 bekannte Korrekturschema, das uns im Beispiel eine exakte indirekte Bestimmung des Innenfinanzierungssaldos erlaubte. Wir haben jetzt lediglich, wie das häufig geschieht, den Einzelausweis auf die ersten drei Korrekturen beschränkt und die restlichen Korrekturen zu einem Sammelposten „Kapital-

3.1 · Sichtweisen und Gestaltungsfelder

	Jahresüberschuss	+710	„Selbstfinanzierung"
-	Ausschüttungen	-70	
+	Abschreibungen	+140	„Finanzierung aus Abschreibungen"
+	Δ Rückstellungen	+190	„Finanzierung aus Rückstellungen"
+/-	sonstige Korrekturen	-490	„Finanzierung aus Kapitalumschichtungen"
=	IF i.w.S. nach Ausschüttungen	+480	

Abb. 3.7 Vermeintliche jahresabschlussorientierte „IF-Quellen"

umschichtungen" zusammengefasst. Das so aggregierte Korrekturschema wird dann häufig wie in der rechten Spalte angegeben gelesen. Nach dieser Lesart setzt sich die Innenfinanzierung aus vier Komponenten zusammen:

- „Selbstfinanzierung" in Höhe der Differenz aus Jahresüberschuss und Ausschüttungen,
- „Finanzierung aus Abschreibungen" in Höhe der Abschreibungen,
- „Finanzierung aus Rückstellungen" in Höhe der Rückstellungsveränderungen und
- „Finanzierung aus Kapitalumschichtungen" in Höhe sonstiger Korrekturen.

Rein arithmetisch ist gegen die Aufteilung der Innenfinanzierung in diese vier Komponenten nicht viel einzuwenden. Abgesehen von Ermittlungsungenauigkeiten, addieren sich die vier Teilbeträge ja tatsächlich zum Innenfinanzierungssaldo. Und selbst die Bezeichnung der vier Komponenten mit Namen, die den Eindruck erwecken, als würde die Innenfinanzierung aus diesen vier Komponenten gespeist, wäre solange nicht bedenklich, wie jedem klar ist, was genau damit gemeint ist: Die vier Komponenten verdeutlichen, wie sich im Schema zur indirekten Ermittlung das Innenfinanzierungsvolumen darstellt. Sie verdeutlichen aber nicht, aus welchen realen Vorgängen der Innenfinanzierungssaldo resultiert.

Zu einem Problem wird die skizzierte jahresabschlussorientierte Gliederung der Innenfinanzierung allerdings, sobald sie auch als Systematik der tatsächlichen Quellen der Innenfinanzierung angesehen wird. Der Gefahr dieser Sichtweise unterliegen verständlicherweise Laien. Ihr unterliegen, wie viele Beispiele in der Literatur zeigen, aber leider auch Fachleute. Konsequenz dieser verfehlten Sichtweise ist es insbesondere, dass über Möglichkeiten zur Gestaltung der Innenfinan-

Verwechselung von Realität und Abbild

zierung nicht mehr in der Weise nachgedacht wird, wie die ursprünglich für die Innenfinanzierung maßgeblichen Zahlungsströme beeinflusst werden können, sondern wie diese vier (Korrektur-) Komponenten in ihrer Höhe variiert werden können. Damit verschiebt sich das Nachdenken über die Gestaltung der Innenfinanzierung von der tatsächlich maßgeblichen Zahlungsebene auf die Ebene von Bilanz und GuV, auf der diese Zahlungen aber nicht entstehen, sondern nur abgebildet werden. Diese Sichtweise ist in etwa so verfehlt wie der Versuch, das morgendliche Kämmen nicht mehr durch das Kämmen des realen Menschen, sondern durch das Kämmen seines Bildes im Spiegel erledigen zu wollen. In beiden Fällen werden die eigentlich interessierende reale Welt und das Abbild dieser realen Welt verwechselt. Und in beiden Fällen wird das weitere Nachdenken über die reale Welt durch diese Verwechselung auf eine völlig falsche Bahn geführt, die nur noch unter erheblichen gedanklichen Verrenkungen Aussagen erlaubt.

Verdeutlichung am Beispiel der Abschreibungen

Dass eine Interpretation der bei der indirekten Ermittlung der Innenfinanzierung verwendeten Korrekturposten als Quellen der Innenfinanzierung und damit auch als Aktionsfelder des Innenfinanzierungsmanagements wenig Sinn macht, verdeutlichen wir kurz am Beispiel der Abschreibungen. Die Bezeichnung „Finanzierung aus Abschreibungen" legt die Assoziation nahe, durch die Vornahme einer Abschreibung ließe sich im selben Zeitpunkt und selben Betrag die Innenfinanzierung erhöhen. Das trifft aber so nicht zu.

Abschreibungen leisten keinen direkten Beitrag zur IF

Wenn eine zusätzliche Abschreibung vorgenommen wird, bedeutet das zunächst einmal nur, dass eine Zahl in der Bilanz durchgestrichen und durch eine niedrigere Zahl ersetzt wird. Eine höhere Einzahlung oder eine geringere Auszahlung ist damit auf einer ersten Betrachtungsebene zunächst einmal gar nicht verbunden. Das wäre auch zu schön um wahr zu sein, denn dann könnten Unternehmer sich zum Zwecke der Finanzierung ganz darauf verlegen, Zahlen in ihrer Bilanz durchzustreichen und durch niedrigere zu ersetzen.

Folgerichtig schlägt sich die zusätzliche Abschreibung auch nicht im zahlungsorientierten Schema zur Ermittlung der Innenfinanzierung nieder, sie lässt die Innenfinanzierung also unverändert. Dasselbe trifft im Übrigen auch auf das Schema zur indirekten Betrachtung der Innenfinanzierung zu. Zwar erhöht sich dort wegen der zusätzlichen Abschreibung der Korrekturposten „Abschreibungen", gleichzeitig reduziert sich aber um denselben Betrag der Jahresüberschuss. Auch die indirekt ermittelte Innenfinanzierung bleibt bei zusätzlichen Abschreibungen also unverändert. Das kann auch gar nicht anders sein, wenn man sich noch einmal in Erinnerung ruft, warum bei der indirekten Betrachtung der Jahresüberschuss um Abschreibungen erhöht wird. Er wird ja nur deshalb um Abschreibungen erhöht, weil diese den Jahresüberschuss reduziert haben, aber gerade nicht zu Zahlungen geführt haben. Die Korrektur erfolgt also nicht, weil Abschreibungen für die Innenfinanzierung Bedeutung haben, sondern genau umgekehrt, weil sie für die Innenfinanzierung keine Bedeutung haben und deshalb aus dem Jahresüberschuss wieder eliminiert werden müssen.

Die vorstehende Sichtweise ist allerdings deshalb etwas zu relativieren, weil Abschreibungen mittelbar doch Zahlungskonsequenzen haben können. Zu denken ist dabei vor allem an drei mögliche Zahlungskonsequenzen. Zum einen können sie zu geringeren Steuerzahlungen führen, wenn Abschreibungen auch steuerlich anerkannt sind. Zum anderen können sie zu geringeren Ausschüttungen führen, wenn Ausschüttungen umso geringer ausfallen, je geringer der Jahresüberschuss ausfällt. Schließlich können sie zu höheren Einzahlungen führen, wenn Absatzpreise sich aus einer Preiskalkulation ergeben, in die die höheren Abschreibungen eingehen. All diese Zahlungskonsequenzen sind dann, wenn sie eintreten, im Innenfinanzierungsvolumen zu berücksichtigen, nämlich als geringere Steuerzahlungen, geringere Ausschüttungen oder höhere Einzahlungen aus Umsätzen. Aber erst dann, wenn sie eintreten und nicht bereits bei Vornahme der Abschreibungen. Tatsächlich treten die Zahlungskonsequenzen aber nicht im Zeitpunkt der Abschreibung, sondern mit mehr oder weniger großer zeitlicher Verzögerung ein. Z. B. kann eine Abschreibung nie die Ausschüttungen der Periode reduzieren, in der sie vorgenommen wird, sondern immer nur Ausschüttungen, die in nachfolgenden Perioden erfolgen.

Wir werden aus den aufgezeigten Gründen die ansonsten in finanzwirtschaftlichen Lehrbüchern weit verbreitete Übung, Vorgänge der Innenfinanzierung aus jahresabschlussorientierter Sicht zu betrachten, hier nicht weiter verfolgen. Wir setzen uns mit der Innenfinanzierung nachfolgend ausschließlich zahlungsorientiert auseinander.

Abschreibungen tangieren IF allenfalls sehr indirekt

3.2 Zahlungsbedingungen

3.2.1 Überblick

Welche Möglichkeiten zur Beschleunigung des Zahlungseingangs aus laufenden Umsätzen bestehen, hängt u. a. davon ab, wie Kunden ihre Rechnungen in der Ausgangssituation bezahlen. Dabei wollen wir uns hier auf vertragskonforme Zahlungsweisen beschränken.

Erfolgen Leistung und Gegenleistung in der Ausgangssituation Zug-um-Zug, bezahlen Kunden ihre Rechnungen also bei Leistungserbringung, kann das Unternehmen die Einzahlungen nur dadurch noch früher erzielen, dass Kunden bereits vor Erhalt der Leistung Anzahlungen auf den Kaufpreis leisten. Kundenanzahlungen können idealtypisch auf zwei unterschiedlichen Wegen erzielt werden:

Kunde zahlt vor Erhalt der Leistung (Kundenanzahlung)

- Kunden kann eine Anzahlung obligatorisch abverlangt werden. Werden Kunden in der Ausgangssituation Zug-um-Zug beliefert, werden sie in der Vergleichssituation also nur noch dann beliefert, wenn sie bereits vor Lieferung eine Anzahlung auf den Rechnungsbetrag leisten. Bei einer solchen Veränderung der Zahlungsbedingungen haben Kunden nur die Wahl, die geforderte Anzahlung zu akzeptieren oder den Lieferanten zu wechseln.
- Kunden kann aber auch eine Wahl zwischen der weiterhin bestehenden Möglichkeit der Zug-um-Zug-Belieferung und der Möglichkeit einer Belieferung nach Anzahlung eingeräumt werden, wobei i. d. R. die Anzahlung mit dem Anreiz eines Preisnachlasses verbunden wird.

Von diesen beiden Gestaltungsmöglichkeiten einer Anzahlung betrachten wir nur die erste. Dazu untersuchen wir in ▶ Abschn. 3.2.2, wie sich die Situation des liefernden Unternehmens durch den Wechsel von einem Zug-um-Zug-Angebot zu einer obligatorischen Kundenanzahlung verändert.

geringere Inanspruchnahme von Zahlungszielen (z. B. Skontoabzug)

Räumt der Lieferant seinen Kunden in der Ausgangssituation ein Zahlungsziel ein, das diese nutzen, eröffnen sich für den Lieferanten weitere Möglichkeiten, die Einzahlungen seiner Kunden früher zu erzielen:

- Das Zahlungsziel kann verkürzt, im Extremfall ganz gestrichen werden. Kunden haben bei dieser obligatorischen Änderung der Zahlungsbedingungen wiederum nur die Wahl, das verkürzte Zahlungsziel zu akzeptieren oder den Lieferanten zu wechseln.
- Kunden kann aber auch durch Einräumung eines Skontos, den sie bei vorzeitiger Bezahlung vom Rechnungsbetrag abziehen dürfen, ein Anreiz gegeben werden, freiwillig auf die vollständige Nutzung des Zahlungsziels zu verzichten.

Von diesen beiden Möglichkeiten konzentrieren wird uns auf die zweite. Dazu gehen wir in ▶ Abschn. 3.2.3 von einem Unternehmen aus, das sich bereits entschieden hat, seinen Kunden sowohl ein Zahlungsziel als auch die Möglichkeit eines

3.2 · Zahlungsbedingungen

Skontoabzugs einzuräumen, und das nur noch über die genaue Ausgestaltung dieser Zahlungsbedingungen nachdenkt.

Ändert ein Lieferant seine Zahlungsbedingungen, kann diese Maßnahme Finanzierungseffekte haben, wenn Kunden Zahlungen in anderer Höhe oder zu anderen Zeitpunkten leisten. Unter Umständen kann sie auch Risikoeffekte haben, wenn sich die Wahrscheinlichkeit des Zahlungseingangs verändert. Finanzierungs- und Risikoaspekte bilden mithin relevante Kategorien für die Beurteilung von Zahlungsbedingungen.

3.2.2 Kundenanzahlungen

Aus Lieferantensicht haben Kundenanzahlungen im Vergleich zu einem Zug-um-Zug-Geschäft ceteris paribus sowohl Finanzierungsvorteile als auch Risikovorteile:

(1) Finanzierungsvorteile: Die Zahlungen des Kunden gehen früher ein. Dadurch kann der Lieferant Zinsvorteile in Form zusätzlicher Haben- oder vermiedener Sollzinsen erzielen. Eventuell kann er sogar wegen der Kundenanzahlungen die eigene Insolvenz vermeiden.

Finanzierungsvorteile des Lieferanten

(2) Risikovorteile: Der Lieferant ist bei einem Zug-um-Zug-Geschäft dem Risiko ausgesetzt, dass der Kunde die zugesagte Zahlung bei Lieferung nicht leistet (Ausfallrisiko). Dieses Risiko kann insbesondere deshalb eintreten, weil der Kunde bis zum Zahlungstermin insolvent wird (Insolvenzrisiko) oder weil er die Leistung des Lieferanten zum vereinbarten Termin aus anderen Gründen nicht abnimmt (Abnahmerisiko). Folgenreich ist der Eintritt dieses Risikos für den Lieferanten vor allem dann, wenn er die erstellte Leistung nicht oder nur unter erheblichen Abschlägen anderweitig vermarkten kann (Verwertungsrisiko). Anzahlungen können das Ausfallrisiko mindern, weil sie sowohl das Insolvenzrisiko als auch das Abnahmerisiko reduzieren können. Offensichtlich können Anzahlungen Insolvenzrisiken mindern, da der Kunde Anzahlungen früher leisten muss und deshalb weniger Risiko besteht, dass er bis zum Zahlungstermin insolvent wird. Insolvenzrisiken können zudem reduziert werden, weil Anzahlungen dem Lieferanten bei deren Ausbleiben die Chance bieten, eine Insolvenz des Kunden früher zu erkennen und darauf angemessen zu reagieren. Abnahmerisiken können sich durch Anzahlungen reduzieren, da bereits geleistete Anzahlungen die Bereitschaft des Kunden zur Abnahme tendenziell erhöhen. Bereits geleistete Anzahlungen machen also den Ausfall noch ausstehender Restzah-

Risikovorteile des Lieferanten

lungen unwahrscheinlicher. Schließlich haben Anzahlungen im Hinblick auf Insolvenz- und Abnahmerisiken aber auch positive Selektionseffekte innerhalb der Kundschaft. Tendenziell werden sich eher Kunden auf eine Anzahlung einlassen, die davon ausgehen, dass sie vereinbarte Anzahlungen auch leisten können und bereits angezahlte Leistungen später abnehmen werden.

Besonders wichtig sind Finanzierungsvorteile für Lieferanten, die vor der Belieferung des Kunden zur Erstellung oder Beschaffung der Leistung selbst Auszahlungen in erheblicher Höhe und/oder mit erheblichem zeitlichen Vorlauf erbringen müssen. Risikovorteile sind für Lieferanten tendenziell umso ausgeprägter, je größer das Insolvenzrisiko ihrer Kunden, je größer das Abnahmerisiko ihrer Kunden und je größer das Verwertungsrisiko der erbrachten Leistungen sind.

empirische Bedeutung von Anzahlungen

Empirisch besonders häufig kommen Kundenanzahlungen daher in Situationen vor, in denen einer dieser Vorteile besonders ausgeprägt ist und/oder in denen mehrere dieser Vorteile kumulieren. Das gilt z. B. für die Bestellung einer besonders ausgefallenen Ware, wie dem Sportwagen in Lindgrünmetallic-Lackierung, die für den Lieferanten mit erheblichen Verwertungsrisiken verbunden ist. Das gilt aber ganz besonders für langfristige Auftragsfertigungen im Schiffs-, Maschinen-, Anlagen-, Hoch- oder Tiefbau. Z. B. bedeutet für einen Anlagenbauer die Konstruktion und Errichtung einer auf die speziellen Kundenwünsche zugeschnittenen Produktionsanlage nicht nur hohe und langfristige finanzielle Vorleistungen, sondern auch in besonderem Maße Abnahme- und Verwertungsrisiken, da bei Verweigerung der Leistungsabnahme durch den Auftraggeber eine Verwertung durch Verkauf an einen anderen Abnehmer weitgehend ausscheidet.

Nachteile des Kunden

Den Vorteilen des Lieferanten stehen allerdings spiegelbildliche Nachteile des Anzahlung leistenden Kunden gegenüber. Er erleidet einen Finanzierungsnachteil durch entgehende Habenzinsen oder zusätzliche Sollzinsen. Und er ist nach einer Anzahlung seinerseits zusätzlichen Risiken in der Form erhöhter Lieferungs- und Leistungsrisiken ausgesetzt. Bei Eintritt des Risikofalls erhält er keine Leistung der erwarteten Qualität, weil der Lieferant insolvent wird oder nur eine Leistung minderer Qualität erbringt. Beiden Risiken ist der Kunde grundsätzlich auch ohne Anzahlung ausgesetzt. Mit Anzahlung nehmen diese Risiken aber an Bedeutung zu, weil dann auch noch die Anzahlung auf dem Spiel steht. Auf diese Nachteile der Anzahlung kann der Kunde in unterschiedlicher Weise mit unterschiedlichen Konsequenzen für den Lieferanten reagieren:

3.2 · Zahlungsbedingungen

- Im günstigsten Fall trägt der Kunde die Nachteile einfach. Dann bietet die Anzahlung für den Lieferanten nur Vorteile. Dann stellt sich aber zugleich die Frage, ob der Lieferant seine Verhandlungsmacht im Rahmen des Zug-um-Zug-Geschäfts vollständig genutzt hat oder er den Kunden nicht zu zusätzlichen Zugeständnissen, etwa in Form eines höheren Kaufpreises, hätte bewegen können.
- Im ungünstigsten Fall nimmt der Kunde die zu tragenden Nachteile zum Anlass, auf die Beauftragung des Lieferanten zu verzichten. Dann entgehen dem Lieferanten alle mit einem Zug-um-Zug-Geschäft verbundenen Vorteile.
- Schließlich besteht die Möglichkeit, dass der Kunde die zu tragenden Nachteile im Wege von Verhandlungen ganz oder teilweise auf den Lieferanten zurückwälzt.

Reagiert der Kunde in der dritten Weise, wovon wir im Folgenden ausgehen wollen, dann kann er das auf zwei Wegen tun, die für den Lieferanten jeweils mit Nachteilen einhergehen:

(1) Avalnachteil: Der Kunde verlangt u. U. eine Versicherung gegen die zusätzlichen Lieferungs- und Leistungsrisiken. So eine Versicherung erfolgt typischerweise durch die Lieferungs- und Leistungsgarantie einer Bank. Sie kann unterschiedlich ausgestaltet werden und z. B. die Rückerstattung der Anzahlung für den Fall nicht eingehaltener Lieferfristen oder -qualitäten oder zusätzlich auch die für einen solchen Fall vertraglich vereinbarten Konventionalstrafen abdecken. Für den Abschluss einer Lieferungs- und Leistungsgarantie berechnet die Bank zu Lasten des Lieferanten eine Avalprovision. *Avalnachteil des Lieferanten*

(2) Preisnachteil: Der Kunde verlangt u. U. die Reduktion des Kaufpreises, er ist mit Anzahlung also nur zur Bezahlung eines niedrigeren Kaufpreises bereit. *Preisnachteil des Lieferanten*

Um die Vorteilhaftigkeit einer Kundenanzahlung beurteilen zu können, muss der Lieferant im Einzelfall die Vorteile und Nachteile abschätzen und gegeneinander abwägen, etwa so wie im folgenden Beispiel.

Angenommen, Lieferant L erstellt für den Kunden K ein Bauobjekt, dessen Errichtung 3 Jahre dauert. K hat sich bereit erklärt, alternativ zwei Zahlungsweisen zu akzeptieren. *Beispiel zur Beurteilung*

- Zug-um-Zug: K zahlt bei Übergabe der Leistung, also in drei Jahren, 24 Mio. €.
- Anzahlung: K zahlt bei Baubeginn, also sofort, und zum Ende jedes der drei Baujahre jeweils 5 Mio. €, aber nur,

wenn L ihm die Lieferungs- und Leistungsgarantie einer Bank verschafft.

Für die Beurteilung der Zahlungsalternativen geht L von folgenden Annahmen aus:
- Alle Zahlungen schlagen sich auf seinem Girokonto nieder, auf dem er in den kommenden 3 Jahren mit Sicherheit stets einen Kontokorrentkredit in Anspruch nehmen wird. Dafür verlangt die Bank pro Quartal einen Zinssatz von 3 %. Die Zinsen werden quartalsweise abgerechnet.
- K schätzt er aktuell als solvent ein. Er erwartet aber im Verlauf jedes Jahres, zu dessen Beginn K solvent ist, mit 1 % Wahrscheinlichkeit den Eintritt der Insolvenz von K. Wenn K insolvent ist, erwartet L keine weiteren Zahlungen.
- Der Insolvenzeintritt von K erfolgt unabhängig von der vereinbarten Zahlungsweise. Auch die Möglichkeiten, eine Insolvenz von K zu erkennen, sind unabhängig von der vereinbarten Zahlungsweise.
- Neben dem Insolvenzrisiko bestehen keine Ausfallrisiken.
- Wenn K insolvent ist, kann L bereits erstellte Bauten nicht anderweitig verkaufen (Wert: 0).
- Die Bank verlangt für die Lieferungs- und Leistungsgarantie eine Avalprovision von 0,2 Mio. €, fällig sofort.
- L ist risikoneutral, entscheidet also auf der Basis von Erwartungswerten.

Da alle Risiken unabhängig von der Zahlungsweise eintreten und beobachtbar sind, kann L auf der Auszahlungsseite unabhängig von der Zahlungsweise darauf reagieren. Nur deshalb kann er hier bei der Beurteilung der Zahlungsalternativen eigene Auszahlungen außer Betracht lassen und sich ganz auf die Einzahlungsseite konzentrieren. Dabei gilt es ohne Berücksichtigung von Risiken, folgende Zahlungsreihen zu vergleichen (Beträge in Mio. €; Zahlungszeitpunkte sofort, in einem, in zwei und in drei Jahren):

Zug-um-Zug (Z):	0	0	0	+24
Anzahlung (A):	+4,8	+5	+5	+5

Den Vergleich der Zahlungsreihen nimmt L durch Berechnung der Barwerte BW vor, wobei er berücksichtigen muss, dass sofortige Zahlungen sicher eingehen, der Eingang von späteren Zahlungen mit jedem Jahr aber um eine bedingte Wahrschein-

3.2 · Zahlungsbedingungen

lichkeit von 1 % abnimmt. So errechnet er folgende Erwartungswerte der Barwerte:

$$BW(Z) = 24 \cdot 1{,}03^{-12} \cdot 0{,}99^3 = 16{,}33$$
$$BW(A) = 4{,}8 + 5 \cdot (1{,}03^{-4} \cdot 0{,}99 + 1{,}03^{-8} \cdot 0{,}99^2$$
$$+ 1{,}03^{-12} \cdot 0{,}99^3)$$
$$= 16{,}47.$$

In diesem Beispiel würde sich L also für die Vereinbarung einer Kundenanzahlung entscheiden, da sie im Erwartungswert einen höheren Barwert des Einzahlungsstroms aufweist.

3.2.3 Skontogewährung

Wir gehen im Folgenden von einem Lieferanten aus, der bereits entschieden hat, seinen Kunden ein Zahlungsziel und die Möglichkeit eines Skontoabzugs bei frühzeitiger Zahlung anzubieten. Es ist nur noch zu entscheiden, wie Zahlungsziel und Skontoabzugsmöglichkeit genau gestaltet werden. Im einfachsten Fall, und nur den wollen wir hier betrachten, sehen die Zahlungsbedingungen dann vor, dass Kunden entweder brutto den vollen Rechnungsbetrag R innerhalb des längeren Zahlungsziels T_2 oder netto den um den Skontosatz S gekürzten Rechnungsbetrag $(1 - S) \cdot R$ innerhalb der kürzeren Skontofrist T_1 bezahlen können. Mit dem Skontosatz S, der Skontofrist T_1 und dem Zahlungsziel T_2 bestehen die Zahlungsbedingungen also aus drei Parametern, über deren Gestaltung der Lieferant zu entscheiden hat.

Da Kunden u. U. ihr Zahlungsverhalten und ihr Bestellverhalten an die Zahlungsbedingungen des Lieferanten anpassen, muss der Lieferant mit seinen Überlegungen zur Gestaltung der Zahlungsbedingungen bei den Kunden beginnen. Er muss sich zunächst in deren Situation versetzen, um deren Reaktionen abzuschätzen. Erst auf der Basis dieser Abschätzung kann er anschließend beurteilen, ob eine geplante Veränderung der Zahlungsbedingungen für ihn selbst vorteilhaft oder unvorteilhaft ist.

Rahmensituation: einfache Skontoabzugsmöglichkeit

a) Zahlungsverhalten der Kunden bei gegebenen Zahlungsbedingungen und gegebenem Bestellverhalten
Hat ein Kunde Leistungen im Rechnungswert von R erhalten und der Lieferant ihm ein Zahlungsziel T_2, einen Skontosatz S und eine Skontofrist T_1 eingeräumt, kann der Kunde über die Annahme zweier vom Lieferanten angebotener Kredite entscheiden:

kostenloser Anfangskredit innerhalb der Skontofrist	▬ Anfangskredit: Er kann den reduzierten Rechnungsbetrag $(1 - S) \cdot R$ sofort, in $t = 0$, oder bis spätestens $t = T_1$ bezahlen. Dieser Kredit ist für ihn kostenlos, da der Kunde unabhängig von der Dauer seiner Inanspruchnahme denselben Betrag leisten muss. Der Lieferant muss daher davon ausgehen, dass rationale Kunden den Anfangskredit voll in Anspruch nehmen und ihre Rechnungen frühestens in $t = T_1$ bezahlen. Das wollen wir hier im Sinne einer idealtypischen Betrachtung zumindest unterstellen. Tatsächlich gehen Kundenzahlungen teilweise wohl auch schon vor dem Ende der Skontofrist ein – sei es, weil Kunden ihre Rechnungen grundsätzlich sofort nach Eingang bezahlen, oder sei es, weil sie nicht die Gefahr einer verpassten Skontoabzugsmöglichkeit eingehen wollen und die Dauer des Zahlungsvorgangs nicht sicher einschätzen können oder ihrer eigenen Organisation des Zahlungsverkehrs das sichere Einhalten von Überweisungsterminen nicht zutrauen. Solche Aspekte sollen hier aber nicht weiter betrachtet werden.
kostenträchtige Kreditverlängerung nach Ablauf der Skontofrist	▬ Kreditverlängerung: Der Kunde kann die Inanspruchnahme des Kredits verlängern und die Rechnung bis spätestens $t = T_2$ bezahlen. Die Kreditverlängerung ist allerdings nicht mehr kostenlos. Nimmt er sie in Anspruch, vermeidet er in $t = T_1$ eine Auszahlung von $(1 - S) \cdot R$, der kreditierte Betrag beläuft sich also auf $(1 - S) \cdot R$. Dann muss er später statt $(1 - S) \cdot R$ den vollen Rechnungsbetrag R bezahlen. Der für die Kreditverlängerung zu zahlende Zins beträgt also $S \cdot R$. Da unabhängig davon, ob der Kunde die Kreditverlängerung nur für einen Tag oder für die Maximaldauer von $T_2 - T_1$ Tagen in Anspruch nimmt, stets derselbe Zinsbetrag anfällt, ist analog zu obiger Argumentation davon auszugehen, dass Kunden, die ihre Rechnung brutto bezahlen, dies erst in $t = T_2$ tun. Den Zinsbetrag von $S \cdot R$ muss der Kunde also für einen Kreditbetrag von $(1 - S) \cdot R$ und eine Kredit(verlängerungs)dauer von $T_2 - T_1$ Tagen leisten. Ob er die Kreditverlängerung in Anspruch nimmt, kann er durch Vergleich mit seinen Handlungsalternativen entscheiden.
effektive Zinskosten p. a. als Beurteilungskriterium	Die Entscheidung über die Kreditverlängerung hängt vom Vergleich mit der günstigsten Handlungsalternative des Kunden, seiner sogenannten Opportunitätshandlung, ab. Die Opportunität kann je nach der Situation des Kunden in der Inanspruchnahme eines anderen Kredits oder im Verzicht auf eine Mittelanlage bestehen. Solche Vergleiche werden meist anhand der

effektiven Jahresrenditen der Handlungsalternativen vorgenommen. Wie Effektivrenditen oder Effektivzinssätze genau zu berechnen sind, kann von den Zinsverrechnungsmodalitäten der zu vergleichenden Alternativen abhängen. Einen besonders einfachen Vergleich erhält man, wenn man unterstellt, dass die Zahlungskonsequenzen aller zu vergleichenden Alternativen innerhalb eines Jahres vollständig abgewickelt sind und innerhalb dieses Jahres keine Zinsen belastet oder gutgeschrieben werden, die noch innerhalb desselben Jahres weiterverzinst werden. Unter dieser Annahme kann der effektive Jahreszinssatz r* der Kreditverlängerung wie folgt errechnet werden:

$$r^* = \frac{S \cdot R}{(1-S) \cdot R} \cdot \frac{360}{T_2 - T_1} = \frac{S \cdot \frac{360}{T_2 - T_1}}{1 - S}. \qquad 3.1$$

In der ersten Schreibweise steht im Zähler des ersten Bruchs der zu zahlende Zinsbetrag und im Nenner der Kreditbetrag, für dessen Überlassung dieser Zinsbetrag zu zahlen ist. Der erste Bruch gibt also bereits einen Zinssatz an, der für die Kreditverlängerung zu zahlen ist. Dieser Zinssatz bezieht sich allerdings noch nicht auf eine Kreditdauer von einem Jahr, sondern auf die Kreditdauer von $T_2 - T_1$ Tagen. Um ihn auf einen Zinssatz per annum (p. a.) umzurechnen, ist er mit dem zweiten Bruch zu multiplizieren. Der zweite Bruch gibt an, wie oft der Kredit aufgenommen werden muss, wie oft also der Kreditzins zu zahlen ist, wenn der Kunde ein volles Jahr über den Kreditbetrag verfügen will.

Angenommen, die Zahlungsbedingungen lauten: „Rechnungsbetrag zahlbar brutto in 30 Tagen; bei Zahlung innerhalb von 10 Tagen Abzug von 2 % Skonto". Dann lauten die Parameter der Zahlungsbedingungen $T_2 = 30$, $T_1 = 10$ und $S = 2$ % und verursacht die Verlängerung des Lieferantenkredits als Jahreszinssatz ausgedrückte Kosten in Höhe von:

Beispiel zu effektiven Zinskosten p. a. der Kreditverlängerung

$$r^* = \frac{2 \cdot \frac{360}{30-10}}{100 - 2} = \frac{2 \cdot 18}{98} = 36{,}7\,\%.$$

Idealtypisch sollten dann Kunden auf die Kreditverlängerung verzichten und unter Abzug von Skonto, also netto, zahlen, wenn ihre günstigste Kreditalternative geringere jährliche Zinskosten verursacht bzw. ihre unattraktivste Mittelanlage einen geringeren jährlichen Zinsertrag erbringt. Nur bei umgekehrter Zinsrelation sollten Kunden die Verlängerung des Lieferantenkredits in Anspruch nehmen und brutto zahlen.

Die Zahlen des Beispiels wurden realitätsnah gewählt. Der auf ihrer Basis errechnete Effektivzinssatz von 36,7 % p. a. signalisiert einen relativ teuren Kredit. Realiter dürften Kunden sich eher selten in einer so prekären finanziellen Situation befinden, dass sie nicht anderweitig günstigere Kredite aufnehmen könnten. Im Normalfall sollte nach unseren bisherigen Überlegungen daher davon auszugehen sein, dass die weitaus meisten Kunden Skonto abziehen, und nur die wenigen Kunden brutto zahlen, die ihre sonstigen Kreditalternativen bereits vollständig oder sehr weitgehend ausgeschöpft haben.

evtl. zusätzliche Gründe für Verzicht auf Skontoabzug

Diese Schlussfolgerung greift allerdings noch etwas zu kurz, da in der Realität auch andere Gründe als Zinsvorteile für die Inanspruchnahme der Kreditverlängerung beim Lieferanten sprechen können. Zu denken ist etwa an den Fall, in dem der Kunde vor der Bezahlung der Rechnung erst die Qualität der Ware prüfen will, weil er davon ausgeht, dass Mängelrügen nach Bezahlung schwerer durchsetzbar sind als davor. Ist die Qualitätsprüfung zeitintensiv, kann er u. U. schon deshalb den ansonsten vorteilhaften Skontoabzug nicht nutzen. Solche und ähnliche Überlegungen können den Zinsvergleich als Basis für eine Entscheidung über die verlängerte Inanspruchnahme des Lieferantenkredits überlagern. Für unsere weiteren Überlegungen gehen wir vereinfachend davon aus, dass Kunden solche zusätzlichen Argumente für einen Verzicht auf den Skontoabzug bereits in ihren Referenzinssatz der Handlungsopportunität „eingepreist" haben.

b) Veränderungen im Zahlungsverhalten der Kunden bei gegebenem Bestellverhalten und veränderten Zahlungsbedingungen

isolierte Analyse nur des Zahlungsverhaltens

Erwägt der Lieferant Änderungen seiner Zahlungsbedingungen, muss er zwei mögliche Reaktionen seiner Kunden in Betracht ziehen. Sie können, wenn sie bestellen, ihre Zahlungsweise anpassen und sie können ihr Bestellverhalten anpassen. Wir betrachten zunächst isoliert die erste Reaktionsmöglichkeit, wir unterstellen also zunächst unverändertes Bestellverhalten der Kunden. Wie Kunden ihr Zahlungsverhalten an geänderte Zahlungsbedingungen anpassen, untersuchen wir anhand einer Ceteris-paribus-Variation einzelner Parameter, d. h. wir variieren jeweils einen Parameter der Zahlungsbedingungen bei Konstanz der anderen Parameter.

c. p.-Variation der Skontofrist

$T_1\uparrow$: Verlängert der Lieferant seine Skontofrist, muss er mit folgenden Effekten rechnen:
- Der Effektivzinssatz der Kreditverlängerung erhöht sich.
- Ursprüngliche Bruttozahler werden deshalb teilweise Nettozahler; sie zahlen zwar früher, wegen des Skontoabzugs aber weniger.
- Bruttozahler, die unverändert Bruttozahler bleiben, zahlen identische Beträge zum identischen Zeitpunkt.

3.2 · Zahlungsbedingungen

- Ursprüngliche Nettozahler bleiben Nettozahler. Sie zahlen identische Beträge, aber später.

$T_2\downarrow$: Verkürzt der Lieferant sein Zahlungsziel, muss er mit folgenden Effekten rechnen:
- Der Effektivzinssatz der Kreditverlängerung erhöht sich.
- Ursprüngliche Bruttozahler werden deshalb teilweise Nettozahler; sie zahlen zwar früher, wegen des Skontoabzugs aber weniger.
- Bruttozahler, die unverändert Bruttozahler bleiben, zahlen identische Beträge früher.
- Ursprüngliche Nettozahler bleiben Nettozahler. Sie zahlen identische Beträge zum identischen Zeitpunkt.

c. p.-Variation des Zahlungsziels

$S\uparrow$: Erhöht der Lieferant seinen Skontosatz, muss er mit folgenden Effekten rechnen:
- Der Effektivzinssatz der Kreditverlängerung erhöht sich.
- Ursprüngliche Bruttozahler werden teilweise Nettozahler; sie zahlen zwar früher, wegen des Skontoabzugs aber weniger.
- Bruttozahler, die unverändert Bruttozahler bleiben, zahlen identische Beträge zum identischen Zeitpunkt.
- Ursprüngliche Nettozahler bleiben Nettozahler. Sie zahlen zum identischen Zeitpunkt, wegen des höheren Skontosatzes aber geringere Beträge.

c. p.-Variaton des Skontosatzes

Die hier zunächst nur qualitativ beschriebenen Veränderungen im Zahlungsverhalten der Kunden muss der Lieferant im konkreten Anwendungsfall quantifizieren. Er muss quantifizieren, wann und in welcher Höhe Zahlungen von den Kunden bei den ursprünglichen und bei den veränderten Zahlungsbedingungen zu erwarten sind. Dann muss er von den Zahlungen, die bei veränderten Zahlungsbedingungen zu erwarten sind, die Zahlungen subtrahieren, die bei den ursprünglichen Zahlungsbedingungen zu erwarten wären. Diese Differenzzahlungsreihe bildet die Beurteilungsgrundlage der Maßnahme „Veränderung der Zahlungsbedingungen". Den Maßstab für die Beurteilung dieser Maßnahme bildet der Kalkulationszinssatz des Lieferanten. Wir verdeutlichen die Vorgehensweise an einem Beispiel.

Angenommen, Lieferant L plant ursprünglich Zahlungsbedingungen mit $T_2 = 70$ Tage, $T_1 = 10$ Tage und $S = 2\%$ und erwägt nun c. p. eine Erhöhung des Skontosatzes auf $S' = 3\%$. Für die Beurteilung dieser Maßnahme geht er davon aus, dass
- jeweils 20 % seiner Kunden für ihre Entscheidung über den Skontoabzug einen Opportunitätszinssatz von 5 %, 10 %, 15 %, 20 % bzw. 25 % zugrunde legen und

Beispiel zur Beurteilung veränderten Zahlungsverhaltens

- sein eigener Kalkulationszinssatz p. a. (ohne unterjährige Zinstermine) 20 % beträgt.

Um die Vorteilhaftigkeit der Maßnahme zu beurteilen, geht L von der anschaulichen Vorstellung aus, dass er an einem Tag eine Vielzahl „kleiner" Kunden beliefert und die Summe der Bruttorechnungsbeträge 100 Mio. € beträgt.

Bei den ursprünglichen Zahlungsbedingungen beträgt der Effektivzinssatz p. a. der Kreditverlängerung aus Sicht der Kunden:

$$r^* = \frac{2 \cdot \frac{360}{70-10}}{100-2} = \frac{2 \cdot 6}{98} = 12{,}24\,\%,$$

bei den ins Auge gefassten veränderten Zahlungsbedingungen:

$$r^{*\prime} = \frac{3 \cdot \frac{360}{70-10}}{100-3} = \frac{3 \cdot 6}{97} = 18{,}56\,\%.$$

Deshalb muss L davon ausgehen, dass nach 10 Tagen bei den ursprünglichen Zahlungsbedingungen 40 % der Rechnungsbeträge unter Abzug von 2 % Skonto eingehen, bei den veränderten Zahlungsbedingungen aber 60 % unter Abzug von dann 3 % Skonto. Daraus ergeben sich für die beiden Zahlungsbedingungen folgende Zahlungserwartungen und daraus die folgende beurteilungsrelevante Differenzzahlungsreihe (Angaben in Mio. €).

Zeitpunkt	t = 10	t = 70
I. Zahlungserwartung bei S' = 3%	0,97·0,6·100=58,2	0,4·100=40
II. Zahlungserwartung bei S = 2%	0,98·0,4·100=39,2	0,6·100=60
Differenzzahlungsreihe (I-II)	+19	-20

Die Erhöhung des Skontosatzes würde also dazu führen, dass L 10 Tage nach Lieferung um 19 Mio. € höhere Einzahlungen erhält und 70 Tage nach Lieferung um 20 Mio. € geringere Einzahlungen. Vorteilhaft wäre die erwogene Veränderung, wenn der Barwert der Differenzzahlungsreihe positiv ist. Der Barwert BW errechnet sich ohne zwischenzeitliche Zinstermine auf dem Girokonto bezogen auf den ersten Zahlungstermin in t = 10 aus:

$$BW = +19 - 20 \cdot \left(1 + 0{,}2 \cdot \frac{60}{360}\right)^{-1} = -0{,}3548.$$

Im Beispiel ist die erwogene Änderung der Zahlungsbedingungen also unvorteilhaft.

Dabei mag auf den ersten Blick irritieren, dass aus Sicht der Kunden bei der geplanten Erhöhung des Skontosatzes ein Wechsel von der Brutto- zur Nettozahlung schon bei einem Referenzzinssatz zwischen 12,24 % und 18,56 % vorteilhaft ist. Für L ist der Wechsel im Zahlungsverhalten seiner Kunden aber sogar bei einem Zinssatz von 20 % noch nicht vorteilhaft. Das liegt bei genauerer Betrachtung daran, dass nicht nur diejenigen Kunden geringere Beträge zahlen, die wegen des höheren Skontosatzes ihre Zahlungen früher leisten, sondern auch Kunden, die ohnehin netto zahlen, jetzt aber mehr Skonto abziehen können. Die ursprünglichen Nettozahler sind also „Trittbrettfahrer" der erwogenen Maßnahme. Sie leisten geringere Zahlungen, ohne dass diesem Nachteil aus Sicht des Lieferanten ein Vorteil gegenüberstünde.

Das Beispiel verdeutlicht damit, dass es für die Beurteilung einer Veränderung der Zahlungsbedingungen nicht ausreicht zu wissen, wie viele Kunden ihre Zahlungsweise ändern werden. Zusätzlich ist die Ausgangsverteilung der Kunden auf Netto- und Bruttozahler für den Lieferanten beurteilungsrelevant, weil davon das Ausmaß solcher Trittbrettfahrereffekte abhängt. Das wird offensichtlich, wenn man davon ausgeht, dass bereits in der Ausgangssituation alle Kunden netto zahlen. Dann wäre eine Erhöhung des Skontosatzes für den Lieferanten, bei gegebenem Bestellverhalten seiner Kunden, ganz eindeutig unvorteilhaft, weil damit nur Nachteile in Form höherer Skontoabzüge verbunden wären, ohne dass diesen Nachteilen noch ein Vorteil gegenüber stehen könnte.

Trittbrettfahrereffekte

c) Veränderungen im Bestellverhalten bei veränderten Zahlungsbedingungen

Neben Reaktionen im Zahlungsverhalten muss der Lieferant bei Änderungen seiner Zahlungsbedingungen mit Reaktionen im Bestellverhalten seiner Kunden rechnen. Diese zweite Möglichkeit von Kundenreaktionen tangiert die leistungswirtschaftlichen Prozesse des Unternehmens. Sie legt es daher nahe, dass das Finanzmanagement nicht oder zumindest nicht autonom über die Zahlungsbedingungen entscheiden kann. Die Entscheidung wird mindestens in erheblichem Maße von leistungswirtschaftlichen Funktionsbereichen der Unternehmung, vor allem von der Verkaufsabteilung, mitgestaltet.

Für die Veränderungen im Bestellverhalten der Kunden ist nicht der Effektivzinssatz der Kreditverlängerung beurteilungsrelevant, sondern ob die Zahlungsbedingungen insgesamt günstiger oder ungünstiger werden. Wir betrachten zur Analyse der Veränderungen im Bestellverhalten dieselben c. p.-

isolierte Analyse nur des Bestellverhaltens

c. p.-Variation der Skontofrist	Variationen der Parameter, wie wir sie vorstehend zur Analyse von Veränderungen im Zahlungsverhalten betrachtet haben. $T_1\uparrow$: Verlängert der Lieferant seine Skontofrist, muss er mit folgenden Reaktionen rechnen: – Die Modalitäten der Bruttozahlung bleiben unverändert, die der Nettozahlung werden verbessert. – Kunden werden daher teilweise neu gewonnen; und zwar Kunden, die ihre Rechnung netto zahlen.
c. p.-Variation des Zahlungsziels	$T_2\downarrow$: Verkürzt der Lieferant seine Zahlungsfrist, muss er mit folgenden Reaktionen rechnen: – Die Modalitäten der Nettozahlung bleiben unverändert, die der Bruttozahlung werden verschlechtert. – Kunden werden daher teilweise zu anderen Lieferanten abwandern; und zwar Kunden, die ihre Rechnung brutto gezahlt hätten.
c. p.-Variation des Skontosatzes	$S\uparrow$: Erhöht der Lieferant seinen Skontosatz, muss er mit folgenden Reaktionen rechnen: – Die Modalitäten der Bruttozahlung bleiben unverändert, die der Nettozahlung werden verbessert. – Kunden werden daher teilweise neu gewonnen; und zwar Kunden, die ihre Rechnung netto zahlen.
Probleme der Beurteilung veränderten Bestellverhaltens	Wenn der Lieferant Zahlungseffekte, die mit einem veränderten Bestellverhalten seiner Kunden einhergehen, abschätzen will, steht er allerdings vor einem erheblich komplexeren Problem als bei Veränderungen des Zahlungsverhaltens. Denn die Veränderung des Bestellverhaltens löst nicht nur Veränderungen bei den Kundeneinzahlungen aus, sondern auch Veränderungen bei den Beschaffungs-, Lager-, Produktions- und Absatzmengen und damit Veränderungen bei den Auszahlungen des Unternehmens auf allen Stufen des Leistungserstellungsprozesses. Ist ein verändertes Bestellverhalten der Kunden in Betracht zu ziehen, können Veränderungen der Zahlungsbedingungen also nur noch sachgerecht beurteilt werden, nachdem auch diese mit dem veränderten Leistungsvolumen verbundenen Änderungen der Unternehmensauszahlungen abgeschätzt worden sind. Wir wollen es an dieser Stelle bei dieser Erkenntnis belassen und die damit verbundenen Ermittlungsprobleme nicht weiter vertiefen.
ausgewählte Risikoeffekte	**d) Risikoeffekte veränderter Zahlungsbedingungen** Ebenso wollen wir an dieser Stelle darauf verzichten, die mit einer Änderung der Zahlungsbedingungen möglicherweise verbundenen Risikoaspekte detailliert zu diskutieren. Wir beschränken uns auf einige ausgewählte Hinweise:

- Nutzen Kunden die Möglichkeit des Skontoabzugs, so gehen Einzahlungen früher ein und sind insoweit nicht mehr dem Insolvenzrisiko der Kunden ausgesetzt. Dieser Risikovorteil darf aber nicht überbewertet werden, da tendenziell solche Kunden netto zahlen, die über günstige Kreditalternativen verfügen und daher vermutlich ein eher geringes Insolvenzrisiko tragen.
- Interessant ist allerdings die Erkenntnis, welche Kunden die Rechnungen brutto zahlen. Diese Zahlungsweise kann aus Lieferantensicht möglicherweise als Signal für eine schlechte Bonität des Kunden gedeutet werden. Zumindest kann dieses Signal den Auslöser für eine genauere Kreditwürdigkeitsanalyse des Kunden und in der Folge dann möglicherweise eine stärkere Zurückhaltung bei Lieferungen auf Ziel an diesen Kunden bilden.
- Wenn das Zahlungsziel verkürzt wird, kann das eine positive Selektion innerhalb der Kundschaft auslösen. Gerade Kunden mit Liquiditätsproblemen dürften Lieferanten bevorzugen, die ihnen ein langes Zahlungsziel einräumen.

3.3 Liquidierung von Forderungen

3.3.1 Diskontkredit

Einen Diskontkredit nimmt ein Unternehmen auf, indem es einen Wechsel vor dessen Fälligkeit an eine Bank verkauft. Dabei werden dem Unternehmen sofort Zahlungsmittel in Höhe der um Diskontabzüge gekürzten Wechselsumme zur Verfügung gestellt. Zum Diskont eingereicht werden können Handelswechsel, denen eine Warenlieferung oder Dienstleistung zugrunde liegt, oder Finanzwechsel, die auf Finanzkontrakten beruhen. Im Kontext der Innenfinanzierung ist nur die Diskontierung von Handelswechseln von Interesse.

Die Diskontierung von Wechseln im Allgemeinen und von Handelswechseln im Besonderen ist mit der Einführung des Euros „aus der Mode gekommen". So weist die Statistik der Deutschen Bundesbank für die wechselunterlegten Forderungen aller Geschäftsbanken gegenüber inländischen Nichtbanken für Juli 1998, also kurz vor Einführung des Euros, noch einen Bestand von 50,6 Mrd. DM bzw. 25,9 Mrd. € aus. Im Januar 1999, unmittelbar nach Einführung des Euros, betrug dieser Bestand schon nur noch 7,5 Mrd. € und im Januar 2017 sogar nur noch 0,3 Mrd. €. Die Ursache für diese Entwicklung liegt wohl insbesondere in den mit der Euroeinführung ver-

reduzierte empirische Bedeutung von Diskontkrediten

änderten Refinanzierungsfazilitäten der Zentralbank. Während Wechsel den Banken zu D-Mark-Zeiten besonders günstige Refinanzierungsmöglichkeiten eröffneten, haben sie diese Sonderstellung mit der Einführung des Euros verloren. Gleichwohl besteht die Möglichkeit des Diskontkredits nach wie vor und wird, wie die Statistik der Bundesbank zeigt, fallweise ja auch noch genutzt. Zudem haben Wechsel neben ihrer Finanzierungswirkung auch Sicherungswirkungen, die sie unabhängig von ihrer Diskontierung entfalten. Wir erläutern daher trotz der deutlich reduzierten empirischen Bedeutung des Diskontkredits kurz die relevanten Aspekte rund um den Handelswechsel in folgenden Schritten. Zunächst skizzieren wir den Umgang mit Wechseln, anschließend die Finanzierungs-, Risiko- und Serviceeffekte eines Diskontkredits.

Während Finanzierungs- und Risikoeffekte bereits für die Beurteilung veränderter Zahlungsbedingungen in ▶ Abschn. 3.2 relevant waren, kommen Serviceeffekte hier erstmals als beurteilungsrelevanter Aspekt in Betracht. Serviceeffekte entfalten Maßnahmen der Innenfinanzierung dann, wenn sie den Lieferanten in die Lage versetzen, die Arbeiten, die sich, wie z. B. die Fakturierung und die Debitorenbuchhaltung, um die Kundenforderungen ranken, mit weniger eigenem Input oder mit einem besseren Ergebnis zu erledigen. Solche Effekte treten bei Veränderungen der Zahlungsbedingungen im Wesentlichen nicht auf. Sie können aber bei der Liquidierung von Forderungen auftreten, da dort Forderungen auf Dritte übertragen werden und mit den Forderungen u. U. auch Arbeiten, die sich um die Forderungen ranken.

a) Der Umgang mit Wechseln

„Schicksal" eines Handelswechsels

Ein Handelswechsel entsteht, wenn ein auf Ziel belieferter Kunde einen Wechsel über die Rechnungssumme durch seine Unterschrift akzeptiert. Mit dem akzeptierten Wechsel hält der Lieferant ein abstraktes Zahlungsversprechen des Kunden in Händen. Der Kunde verspricht, die Wechselsumme bei Fälligkeit unabhängig von allen sonstigen Umständen an den Inhaber des Wechsels zu zahlen.

- bis zur Fälligkeit

Den Wechsel kann der Lieferant bis zur Fälligkeit halten oder vorher verkaufen. Verkauft er ihn an eine Bank, kommt es zum Diskontkredit. Oft wird zwischen Banken und Unternehmen vorab eine Diskontkreditlinie vereinbart, mit der sich die Banken verpflichten, bis zum vereinbarten Maximalvolumen Wechsel mit vereinbarten Qualitätsmerkmalen anzukaufen. Die Bank kann ihrerseits den Wechsel bis zur Fälligkeit halten oder zwischenzeitlich verkaufen usw. Jeder Inhaber des Wechsels leistet bei dessen Übergabe ein Indossament, so dass

3.3 · Liquidierung von Forderungen

die Chronologie der Inhaberschaft auf dem Wechsel nachvollziehbar bleibt.

Bei Fälligkeit des Wechsels legt der aktuelle Inhaber dem ursprünglich auf Ziel belieferten Kunden den Wechsel vor. Kassiert er die Wechselsumme, sind alle Verpflichtungen aus dem Wechsel und seiner Weitergabe erloschen und ist insbesondere der Diskontkredit des Lieferanten getilgt. Zahlt der Kunde die Wechselsumme nicht, wird der „Protest" festgestellt. Anschließend kann der Inhaber versuchen, die Wechselsumme im Wege eines sogenannten Wechselprozesses gegen den Kunden einzuklagen oder die Wechselsumme von einem anderen Vorbesitzer des Wechsels verlangen. Im Regelfall wenden sich Inhaber von zu Protest gegangenen Wechseln nicht an den Kunden, sondern an einen anderen Vorbesitzer, so dass am Ende dieser Kette der ursprüngliche Lieferant die Wechselsumme bezahlen muss und dafür den Wechsel zurückerhält. Er kann dann versuchen, die Wechselsumme gegen seinen Kunden durchzusetzen.

- bei Fälligkeit

b) Finanzierungseffekte eines Diskontkredits

Lässt man Risikoaspekte außer Acht, hat die Diskontierung eines Wechsels folgende Zahlungskonsequenzen. Bei Diskontierung, in t = 0, erhält das Unternehmen zusätzlich Zahlungsmittel in Höhe der um Diskontabzüge D gekürzten Wechselsumme W, die Auszahlung beträgt also W – D. Dafür entgehen dem Unternehmen bei Fälligkeit des Wechsels, in t = T, Einzahlungen des Kunden in Höhe von W. Die Laufzeit des Kredits entspricht also der Restlaufzeit des Wechsels T und der für den Kredit zu zahlende Zinsbetrag den Diskontabzügen D. Daraus errechnet sich, analog zum Effektivzinssatz eines Lieferantenkredits, für den Diskontkredit ein Effektivzinssatz p. a. r* in Höhe von

Effektivzinssatz eines Diskontkredits

$$r^* = \frac{D \cdot \frac{360}{T}}{W - D}.$$ 3.2

Lieferanten sollten unter diesem Gesichtspunkt Wechsel diskontieren, wenn ihre günstigste Kreditalternative teurer bzw. ihre günstigste Mittelanlagemöglichkeit rentabler ist.

Die Diskontabzüge können dabei aus bis zu drei unterschiedlichen Komponenten bestehen:

Zinsbestandteile eines Diskontkredits

- Der Diskontabschlag wird immer fällig. Er stellt einen prozentualen Abzug von der Wechselsumme dar. Banken geben den Prozentsatz als Satz p. a. an und nennen ihn Diskontsatz. Fällig wird dieser Abzug anteilig für die Restlaufzeit des Wechsels.

- Daneben erheben Banken u. U. eine Diskontprovision. Sie stellt ebenfalls einen prozentualen Abzug von der Wechselsumme dar, aber unabhängig von der Restlaufzeit des Wechsels.
- Schließlich verlangen einzelne Banken Spesen für die Diskontierung eines Wechsels. Spesen werden als Absolutbetrag angegeben und fallen unabhängig von Wechselsumme und Restlaufzeit an.

Beispiel zum Effektivzinssatz

Angenommen, ein Lieferant reicht einen Wechsel über 10.000 € mit einer Restlaufzeit von 90 Tagen zum Diskont bei seiner Bank ein und die Bank berechnet einen Diskontsatz von 9 % p. a., eine Diskontprovision von 0,25 % und Spesen von 20 €. Dann berechnet die Bank insgesamt einen Diskontabzug in Höhe von 270 €, der sich wie folgt zusammensetzt:

- 225 Diskontabschlag für ein Quartal
  (2,25 % = 9 % · (90/360) der Wechselsumme)
- 25 Diskontprovision (0,25 % der Wechselsumme)
- 20 Spesenbetrag

Zur Auszahlung kommen also 9730 €. Der Effektivzinssatz des Diskontkredits p. a. beträgt

$$r^* = \frac{D \cdot \frac{360}{T}}{W - D} = \frac{270 \cdot \frac{360}{90}}{10.000 - 270} = 11{,}1\ \%\ \text{p.a.}$$

c) Risikoeffekte von Diskontkredit und Wechsel

Zu unterscheiden sind Risikoaspekte der Wechseldiskontierung, die sich erst ergeben, weil ein vorhandener Wechsel zur Aufnahme eines Diskontkredits eingereicht wird, und Risikoaspekte der Wechselunterlegung, die sich bereits ergeben, weil sich ein Lieferant vom Kunden einen Wechsel über die kreditierte Rechnungssumme unterschreiben lässt.

keine Risikoeffekte der Wechseldiskontierung

Die Wechseldiskontierung verändert, wenn man von speziellen Details absieht, nicht die Risikosituation des Lieferanten. Zahlt sein Kunde bei Erreichen des Zahlungsziels die Rechnung nicht oder nicht rechtzeitig, hat der Lieferant daraus resultierende Nachteile ohne und mit Diskontierung des Wechsels in etwa in gleicher Weise zu tragen. Das liegt daran, dass Folgeinhaber ihn in diesem Fall in Regress nehmen werden und er dann doch wieder selbst die Forderung gegen seinen Kunden durchsetzen muss.

Prozessualvorteile der Wechselunterlegung

Die Wechselunterlegung kann die Risikosituation des Lieferanten hingegen deutlich verbessern. Das liegt nicht etwa daran, dass der Wechsel dem Lieferanten, wie viele andere Kreditsicherheiten, in der Insolvenz seines Kunden eine Vor-

3.3 · Liquidierung von Forderungen

rangstellung einräumte. Diese Eigenschaft hat der Wechsel gerade nicht; im Insolvenzverfahren ist er fast bedeutungslos. Sicherungswirkung kann der Wechsel aber vor allem vor Eröffnung eines Insolvenzverfahrens entfalten. Sie beruht darauf, dass eine mit einem Wechsel unterlegte Forderung besonders schnell durchgesetzt und deshalb möglicherweise noch vor dem Eintritt eines Insolvenzverfahrens beigetrieben werden kann. Basis der Sicherungswirkung eines Wechsels sind also Vorteile in der Geschwindigkeit seiner Durchsetzung, die man auch als Prozessualvorteile bezeichnet.

Die Prozessualvorteile eines Wechsels resultieren aus der Zivilprozessordnung (§§ 592–605 ZPO). Zum einen kommt es bei Wechselklagen binnen relativ kurzer Frist zum Gerichtsprozess, zum anderen wird der Gerichtsprozess meist sehr zügig abgeschlossen, da er als Urkundenprozess geführt werden kann. Gegen die urkundlich unterlegte Wechselforderung können dann im Wesentlichen nur Einwände vorgebracht werden, die die Richtigkeit der Urkunde widerlegen und ihrerseits durch Urkunden belegt werden können. Damit scheiden viele Einwände aus, die einen Gerichtsprozess ansonsten deutlich in die Länge ziehen können, z. B. der Einwand, die Qualität der Lieferung habe nicht der vereinbarten Qualität entsprochen.

Zusätzlich können Wechsel aber mittelbar bereits vor einem Wechselprozess Sicherungswirkung entfalten. Da jeder mit dem Instrument des Wechsels Vertraute weiß, wie schnell und wie leicht sich Wechsel durchsetzen lassen, gilt es allgemein als äußerst bedenkliches Zeichen für die Liquiditätssituation eines Marktteilnehmers, wenn er einen Wechsel zu Protest gehen lässt. Wenn bekannt wird, dass ein Wechsel zu Protest gegangen ist, wird dies regelmäßig zum Anlass genommen, dem Marktteilnehmer keine Anzahlungen mehr zu leisten, ihn nur noch gegen Vorkasse zu beliefern oder ihm keine Darlehen mehr auszureichen. Daher setzen die meisten Marktteilnehmer alles daran, keinen Wechsel zu Protest gehen zu lassen. Solange sie noch über Zahlungsmittel verfügen, bezahlen sie vorzugsweise Verbindlichkeiten, die mit Wechseln unterlegt sind. Das kommt dem Lieferanten zu Gute, der seine Forderung mit einem Wechsel unterlegt hat.

mittelbare Risikovorteile der Wechselunterlegung

d) Service-Effekte eines Diskontkredits

Nachdem ein Lieferant Wechsel zum Diskont eingereicht hat, obliegt der Bank oder Folgeinhabern des Wechsels die Überwachung der Forderungsfälligkeit und zumindest der erste Versuch der Forderungsbeitreibung. Insoweit reduzieren sich die Arbeiten des Lieferanten im Hinblick auf Debitorenbuchhaltung und Mahnwesen.

geringfügige Servicevorteile der Wechseldiskontierung

Die positiven Service-Effekte bleiben für den Lieferanten allerdings relativ unbedeutend, da er auch für weitergegebene Wechsel noch immer eine gewisse Mindestbuchführung betreiben muss, solange noch die Gefahr besteht, dass der Kunde die Wechselverpflichtung nicht erfüllt und der Lieferant dafür eventuell in Anspruch genommen werden kann. Diese Mindestbuchführung ist schon allein deshalb erforderlich, weil Wechselforderungen nach der Weitergabe des Wechsels zwar nicht mehr in der Bilanz selbst ausgewiesen werden. Der Lieferant muss aber gemäß § 251 HGB zum Geschäftsjahresende in Form eines „Unter-dem-Strich-Vermerks" in seinem Jahresabschluss über Eventualverbindlichkeiten aus weitergegebenen Wechseln berichten.

3.3.2 Factoring

Factoring kommt in vielen Varianten vor. Wir konzentrieren unsere Darstellung zunächst auf eine Variante, die als Standard-Factoring bezeichnet wird. Diese Variante vereint alle mit Factoring realisierbaren Funktionen in sich und eignet sich daher aus didaktischen Gründen besonders für eine erste Beschäftigung mit dem Factoring. Anschließend geben wir einen Überblick über Gestaltungsalternativen. Abschließend tragen wir Aspekte zusammen, die für die Beurteilung von Factoring Bedeutung haben.

a) Darstellung von Standard-Factoring

Definition von Standard-Factoring

Standard-Factoring ist im Kern dadurch gekennzeichnet, dass
- ein Unternehmen (genannt: Anschlusskunde) und
- ein Factoring-Unternehmen (genannt: Factor)
- im Rahmen eines Pauschalvertrages vereinbaren,
- dass der Factor alle Forderungen, die der Anschlusskunde aus Lieferungen und Leistungen gegen seine Kunden (genannt: Debitoren) generiert,
- im Zeitpunkt ihres Entstehens unter Abzug eines Sperrbetrages von 10–20 % bevorschusst und
- das Risiko des Zahlungsausfalls übernimmt.

wichtige Regelungen beim Standard-Factoring:

Der Pauschalvertrag wird meist für mehrere Jahre mit stillschweigender Verlängerung geschlossen. Im Rahmen des Pauschalvertrages kommt es mit jeder Forderung, die der Factor ankauft, zu einem Zessionsvertrag. Inhalt des einzelnen Zessionsvertrages ist der „regresslose" Ankauf der Forderung durch den Factor. Regresslos heißt, der Factor kann nicht Rückgriff auf den Anschlusskunden nehmen, wenn ein Debitor die vom Factor angekaufte Forderung ohne rechtlichen Grund schuldig

3.3 · Liquidierung von Forderungen

bleibt. Beim Standard-Factoring vereinbaren Factor und Anschlusskunde regelmäßig u. a. folgende präzisierende Regelungen:

- Generelle Angebotspflicht: Der Anschlusskunde verpflichtet sich, dem Factor *sämtliche* Forderungen aus Lieferung und Leistung zum Kauf anzubieten. Dadurch beschränkt der Factor das ansonsten bestehende Verhaltensrisiko, dass der Anschlusskunde ihm „schlechte" Forderungen verkauft und „gute" Forderungen selbst hält. Von der Angebotspflicht können Ausnahmen vereinbart werden, für einzelne Kunden oder für bestimmte Kundengruppen. — generelle Angebotspflicht

- Offener Abtretungsvermerk: Der Anschlusskunde verpflichtet sich, den Debitoren die Abtretung (= Zession) der Forderung auf seinen Rechnungen offen anzuzeigen und sie explizit zur Zahlung an den Factor anzuweisen. Dadurch können Debitoren Rechnungen nur noch an den Factor schuldbefreiend begleichen. Zahlen sie trotzdem an den Anschlusskunden, bleibt ihre Schuld gegenüber dem Factor bestehen, bis der Anschlusskunde die Zahlung an den Factor weitergeleitet hat. Dadurch vermeidet der Factor es, für beim Anschlusskunden eingegangene, aber noch nicht an ihn weitergeleitete Zahlungen das Insolvenzrisiko des Anschlusskunden tragen zu müssen. — offene Zession

- Auszahlung des Sperrbetrages: Der Factor verpflichtet sich, dem Anschlusskunden bei Fälligkeit der angekauften Forderung auch den zunächst einbehaltenen 10–20 %igen Sperrbetrag auszubezahlen. Die genaue Höhe des Sperrbetrages und der exakte Zeitpunkt seiner Fälligkeit sind im Pauschalvertrag zu vereinbaren. Kürzen darf der Factor die Auszahlung dieses Sperrbetrags nur insoweit, wie Debitoren Zahlungen aufgrund von Rabatten, Skonti, Mängeln etc. berechtigt gekürzt haben. Zahlungsschwierigkeiten der Debitoren berechtigen ihn hingegen nicht zu Kürzungen. Der Sperrbetrag dient also ausdrücklich nicht zur Kompensation der vom Factor übernommenen Ausfall- und Verzugsrisiken. Er wird auch ausgezahlt, wenn der Debitor seine Zahlung schuldig bleibt. — Auszahlung des Sperrbetrags

- Debitorenlimite: Factor und Anschlusskunde vereinbaren für jeden Debitor ein Debitorenlimit. Bis zu diesem Betrag verpflichtet sich der Factor, ihm angebotene Forderungen gegen den entsprechenden Debitor anzukaufen. Darüber hinausgehende Forderungen muss der Anschlusskunde zwar noch anbieten, der Factor aber nicht mehr ankaufen. Vor der Vereinbarung von Debitorenlimiten unterzieht der Factor die Debitoren — individuelle Debitorenlimite

i. d. R. einer, wie die Factoring-Unternehmen es selbst nennen, „banküblichen" Kreditwürdigkeitsprüfung. Durch die Festlegung von Debitorenlimiten sichert sich der Factor sowohl vor einer Risikokumulation bei einzelnen Debitoren auf Grund exogener Einflüsse als auch vor speziellen Verhaltensrisiken. Ohne Debitorenlimite könnte der Anschlusskunde nämlich bereit sein, Debitoren mit schlechter Bonität, denen er ohne Factoring schon lange keine Zahlungsziele mehr einräumen würde, weiterhin „ohne Limit" auf Ziel zu beliefern.

– Vereinbarung und Übertragung von Sicherheiten

- Vereinbarung und Übertragung von Sicherheiten: Der Anschlusskunde verpflichtet sich, von seinen Kunden bestimmte Sicherheiten zu verlangen (z. B. bestimmte Eigentumsvorbehalte) und diese Sicherheiten zusammen mit den Forderungen auf den Factor zu übertragen.

– Servicepaket

- Serviceleistungen: Der Factor verpflichtet sich, bestimmte Dienstleistungen rund um die angekauften Forderungen für den Anschlusskunden zu erbringen. Das Servicepaket kann unterschiedlich weit gefasst sein. Im Kern umfasst es oft die Fakturierung, die Debitorenbuchhaltung und das Mahnwesen. Die Serviceleistungen werden i. d. R. auch für die vom Factor nicht angekauften Forderungen vereinbart.

Im Rahmen von Standard-Factoring erbringt der Factor für den Anschlusskunden mit den skizzierten Regelungen Finanzierungs-, Risiko- und Serviceleistungen, die auch als ökonomische Funktionen des Factoring bezeichnet und jeweils eigenständig vergütet werden.

b) Finanzierungsfunktion des Standard-Factoring

Finanzierungsfunktion

Der Anschlusskunde erhält 80–90 % des Rechnungsbetrages bereits bei Rechnungsstellung und nicht erst bei Zahlung des Kunden. Daraus resultiert für den Anschlusskunden ein Liquiditäts- und ein Zinsvorteil.

Diese Leistung lässt sich der Factor nach Art und Höhe wie einen Kontokorrentkredit vergüten. Er richtet für den Anschlusskunden ein Konto ein, auf dem Auszahlungen an den Anschlusskunden und Rückerstattungen an Debitoren belastet werden. Andererseits werden auf dem Konto Zahlungen der Debitoren, Einzahlungen des Anschlusskunden und Forderungen gegen Kunden, für die der Delkredere-Fall eingetreten ist, weil sie bei Fälligkeit noch nicht eingegangen sind, gutgeschrieben. Die daraus resultierenden Salden des Kontos werden mit analogen Sätzen und analogen Methoden wie andere bei Banken geführte Kontokorrentkonten abgerechnet.

I. d. R. ist der Saldo auf diesem Konto negativ, also mit dem Sollzinssatz zu verzinsen.

c) Delkrederefunktion des Standard-Factoring

Der Anschlusskunde erhält den Rechnungsbetrag, 80–90 % sofort und den Rest bei Fälligkeit, unabhängig davon, ob der Debitor mit seiner Zahlung in Verzug gerät oder gar endgültig ausfällt. Er wird durch den Factor also gegen Ausfall- und Verzugsrisiken seiner Debitoren gesichert. Ein solches Eintreten für den Ausfall eines anderen Verpflichteten bezeichnet man auch als Delkredere. Daher wird die Funktion der Risikoübernahme im Kontext von Factoring als Delkrederefunktion bezeichnet.

Delkrederefunktion

Diese Leistung lässt sich der Factor durch eine prozentuale Gebühr auf das angekaufte Forderungsvolumen vergüten. Der Prozentsatz der sogenannten Delkrederegebühr hängt insbesondere von der Wahrscheinlichkeit des Ausfalls der einzelnen Forderungen, also von der Bonität der Debitoren, und von der Risikodiversifikation im angekauften Forderungspool ab. Vereinbarte Gebührensätze liegen oft zwischen 0,1 und 1 %.

d) Servicefunktion des Standard-Factoring

Der Factor erbringt für den Anschlusskunden Dienste im Umfeld der Forderungen. Überwiegend handelt es sich dabei um Ersatzleistungen, die der Anschlusskunde ansonsten selbst erbringen oder anderweitig einkaufen würde. Solche Ersatzleistungen erlauben es dem Anschlusskunden, eigene Kapazitäten zur Erfüllung der Funktionen abzubauen oder erst gar nicht aufzubauen bzw. Auszahlungen für die Beauftragung anderer Dienstleister einzusparen. Für Anschlusskunden, die bereits über die entsprechenden Kapazitäten verfügen, ist das Einsparpotential dabei kurz- bis mittelfristig allerdings meist gering, weil die betreffenden Auszahlungen teilweise (z. B. für die Software zur Debitorenbuchhaltung) bereits in der Vergangenheit geleistet wurden und teilweise (z. B. die Gehälter der Mitarbeiter der Debitorenbuchhaltung) nur mit längeren Anpassungsfristen vermeidbar sind. Im Einzelfall kann es sich bei den Dienstleistungen des Factors aber auch um Zusatzleistungen handeln, die der Anschlusskunde ohne Factoring nicht erbringen würde, vielleicht sogar gar nicht erbringen könnte, weil ihm das dazu erforderliche Know How fehlt.

Auch Serviceleistungen lässt sich der Factor i. d. R. durch eine prozentuale Gebühr auf das Forderungsvolumen vergüten. Die Höhe der Gebühr hängt vor allem vom Umfang der vereinbarten Serviceleistungen und von Merkmalen der Forderungen ab. Z. B. machen bei gleichem Gesamtforderungsbetrag viele kleine Forderungen tendenziell mehr Arbeit als wenige große und führen daher eher zu einer höheren Servicegebühr. Vereinbarte Gebührensätze liegen oft zwischen 0,5 und 2 %.

e) Gestaltungsalternativen von Factoring

Standard-Factoring ist vor allem durch zwei Vertragsmerkmale gekennzeichnet, den Charakter der vereinbarten Abtretung (offene Zession) und den vereinbarten Funktionsumfang (Finanzierungs-, Delkredere- und Servicefunktion). Varianten von Factoring-Verträgen lassen sich nach ihren Ausprägungen dieser beiden zentralen Vertragsmerkmale unterscheiden.

Nach der Erkennbarkeit der Forderungszession lassen sich zwei Typen unterscheiden:

- Notifiziertes Factoring, bei dem Debitoren die Forderungsabtretung, wie beim Standard-Factoring, durch einen Vermerk auf der Rechnung offen angezeigt wird. Dann trägt der Factor nur Verzugs- und Ausfallrisiken der Debitoren.
- Nichtnotifiziertes Factoring, bei dem Debitoren die Forderungsabtretung nicht angezeigt wird. Dann trägt der Factor für die beim Anschlusskunden bereits eingegangenen aber noch nicht weitergeleiteten Debitorenzahlungen auch Ausfallrisiken des Anschlusskunden. Wegen der zusätzlichen Risiken des Factors ist nichtnotifiziertes Factoring für Anschlusskunden tendenziell teurer.

Nach dem vereinbarten Funktionsumfang lassen sich vier Typen unterscheiden:

- Standard-Factoring (auch Full-Factoring genannt), bei dem alle drei Funktionen vereinbart werden.
- Unechtes-Factoring (auch Recourse-Factoring genannt), bei dem keine Delkredere-Funktion vereinbart wird. Bei dieser Variante muss der Anschlusskunde bereits erhaltene Vorschusszahlungen an den Factor zurückzahlen, wenn ein Debitor ausfällt.
- Fälligkeits-Factoring (auch Inkasso-Factoring oder Maturity-Factoring genannt), bei dem keine Finanzierungsfunktion vereinbart wird. Bei dieser Variante erhält der Anschlusskunde den Rechnungsbetrag vom Factor erst bei Fälligkeit der Forderung.
- Inhouse-Factoring (auch Eigenservice-Factoring genannt), bei dem keine Servicefunktion vereinbart wird. Bei dieser Variante bleiben alle Arbeiten, die sich um die Rechnungsstellung und die Forderungsverwaltung ranken, beim Anschlusskunden.

3.3 · Liquidierung von Forderungen

Durch Kombination der beiden Vertragsmerkmale mit zwei bzw. vier Merkmalausprägungen lassen sich theoretisch acht Factoring-Typen kombinieren. Davon machen bestimmte Kombinationen mehr und andere weniger Sinn. Z. B. liegt es nahe, nichtnotifiziertes Factoring als Inhouse-Factoring zu gestalten, weil den Debitoren das Factoring schwerlich verborgen bleiben kann, wenn der Factor die Rechnungen und Mahnungen erstellt.

Empirisch dominiert in Deutschland mit ca. 80 % des Factoring-Volumens das Inhouse-Factoring. Ein erster Grund für diese Dominanz liegt sicherlich darin, dass viele Unternehmen bei der Inanspruchnahme der Servicefunktion kurz- bis mittelfristig nur relativ wenig Einsparpotential im eigenen Haus sehen. Ein zweiter Grund dürfte in qualitativen Nachteilen liegen, die sich mit der Inanspruchnahme der Servicefunktion verknüpfen können. Der zweite Grund wird nachvollziehbar, wenn wir im folgenden Abschnitt die für Factoring beurteilungsrelevanten Aspekte zusammenstellen.

Neben dem Inhouse-Factoring erreicht noch das Standard-Factoring mit ca. 20 % in Deutschland einen nennenswerten Marktanteil. Unechtes Factoring und Fälligkeits-Factoring sind in Deutschland hingegen fast bedeutungslos.

f) Beurteilung von Factoring

Für die Beurteilung gehen wir davon aus, dass der Anschlusskunde einen Factoring-Vertrag vom Typ des Standard-Factoring abschließt oder Forderungen gegen Kunden bis zu deren Fälligkeit selbst hält. Bei der Beurteilung von Factoring sind dann insbesondere die in ◘ Abb. 3.8 zusammengestellten Aspekte zu berücksichtigen.

Einerseits lassen sich quantitative und qualitative Aspekte unterscheiden. Quantitative Aspekte lassen sich relativ einfach in Zahlungsgrößen ausdrücken. Qualitative Aspekte hingegen schlagen sich letztlich zwar auch in Zahlungskonsequenzen

Aspekte	Vorteile	Nachteile
quantitative Aspekte	- Finanzierungsfunktion - Delkrederefunktion - Ersatzleistungen (als Teil der Servicefunktion)	- zu zahlende Zinsen - Delkrederegebühr - Servicegebühr
qualitative Aspekte	- Zusatzleistungen (als Teil der Servicefunktion)	- Imageprobleme - Vertraulichkeitsprobleme - Abhängigkeit - Beeinträchtigung der Kundenkontakte

◘ **Abb. 3.8** Beurteilungsrelevante Aspekte von Factoring

Vorteile von Factoring

nieder, die Konsequenzen lassen sich aber relativ schwer beziffern. Andererseits lassen sich Vorteile und Nachteile unterscheiden.

Die Vorteile des Factoring entsprechen den skizzierten Funktionen des Factoring, also der Finanzierungs-, der Delkredere- und der Servicefunktion. Davon lassen sich die Vorteile der Finanzierungsfunktion, der Delkrederefunktion und der Ersatzleistungen als ein Teil der Serviceleistungen relativ einfach in Zahlungsgrößen ausdrücken. Für Ersatzleistungen gilt dies, weil der Vorteil des Anschlusskunden dabei in der Möglichkeit besteht, Auszahlungen für eigene Dienstleistungskapazitäten oder für Dienste Dritter einzusparen. Betrag und Zeitpunkt der einsparbaren Auszahlungen abzuschätzen, ist zwar keine triviale, aber doch einigermaßen gut zu lösende Aufgabe. Vergleichsweise schwierig ist es hingegen, den durch Zusatzleistungen entstehenden Zusatznutzen in Zahlungsgrößen zu quantifizieren. Die Zusatzleistungen ordnen wir daher als qualitativen Vorteil ein.

Nachteile von Factoring

Nachteile des Factoring bestehen in den vom Anschlusskunden für die Factoring-Funktionen zu leistenden Gebührenzahlungen. Diese Nachteile sind zweifellos quantitativ. Daneben können mit einem Standard-Factoring aber diverse weitere Nachteile verknüpft sein, die sich zunächst einmal nur qualitativ beschreiben lassen. Auf die qualitativen Nachteile gehen wir gleich noch etwas genauer ein. Vorher wollen wir die Beurteilung der quantitativen Aspekte, und zwar zunächst einmal *nur* der quantitativen Aspekte, exemplarisch verdeutlichen.

Beispiel zur Beurteilung quantitativer Vor- und Nachteile

Angenommen, Unternehmer U verschickt nur zu Beginn jedes Monats eine Rechnung über 1 Mio. € mit Fälligkeit zum Ende des folgenden Monats und ohne Skontoabzugsmöglichkeit. Alle lfd. Zahlungen wickelt U über ein Kontokorrentkonto ab, das ständig negative Salden aufweist, dessen Kreditlinie aber nie ausgeschöpft ist. Für das Konto gilt ein Sollzinssatz von 13,2 % p. a. und ist eine monatliche Zinsabrechnung vereinbart. U wird nun ein Factoring-Vertrag zu folgenden Konditionen angeboten:

- Auszahlung von 80 % des Rechnungsbetrages bei Rechnungsversand und des Restbetrages bei Rechnungsfälligkeit.
- Verzinsung des Factoring-Kontos mit 1 % pro Monat mit monatlicher Zinsabrechnung (Belastung auf dem Factoring-Konto).
- Für die Übernahme der Delkrederefunktion und der Debitorenverwaltung sind bei Forderungsabtretung 3 % des Rechnungsbetrages durch separate Überweisung zu zahlen.

3.3 · Liquidierung von Forderungen

U überlegt, ob er dieses Angebot annehmen soll und geht für seine Überlegungen von folgenden Annahmen aus:
- Er strebt Endvermögensmaximierung an und ist risikoneutral,
- mit Factoring kann er monatlich (jeweils am Monatsende fällige) Auszahlungen von 5000 € im Bereich der Debitorenverwaltung einsparen,
- Kunden, die ihre Rechnungen bezahlen, nehmen im Durchschnitt 10 % berechtigte Kürzungen vor,
- 3 % der Kunden bleiben den Rechnungsbetrag schuldig und leisten dann gar keine Zahlungen, die restlichen 97 % zahlen pünktlich und vollständig zum Zahlungsziel.

Um die quantitativen Aspekte des offerierten Factoring-Vertrages beurteilen zu können, muss U die Zahlungsreihen vergleichen, die er mit und ohne Factoring erwartet. Da jeder Monat dieselben Zahlungsprozesse auslöst, reicht ein Vergleich der Zahlungskonsequenzen einer einzigen Rechnung. Die Zahlungsreihen werden in ◘ Abb. 3.9 dargestellt.

Ohne Factoring erhält U am Ende des 2. Monats den Rechnungsbetrag abzüglich 10 % berechtigter Kürzungen, also eine Einzahlung von 900.000 €. Diese Zahlung geht aber nur mit einer Wahrscheinlichkeit von 97 % ein. Daher beträgt die Einzahlung ohne Factoring im Erwartungswert 873.000 €.

Mit Factoring erhält U bei Rechnungserstellung, also zu Beginn des 1. Monats, vom Factor sicher 80 % des Rechnungsbetrages, also 800.000 €. Bei Fälligkeit der Rechnung erhält U vom Factor zudem den restlichen Rechnungsbetrag von 200.000 €, gekürzt um die berechtigten Abzüge des Debitors. Berechtigte Kürzungen werden in Höhe von 97.000 € vorgenommen, nämlich 10 % der eingehenden Rechnungsbeträge.

	Anfang des 1. Monats	Ende des 1. Monats	Ende des 2. Monats
Zahlungen bei Factoring:			
Rechnungsbetrag abzgl. Einbehalt	+ 800.000	–	–
Auszahlung des Einbehalts	–	–	+ 103.000
Gebühren	– 30.000	–	–
Zinsen	–	–	– 16.080
eingesparte Auszahlungen	–	+ 5.000	–
Zahlungsreihe mit Factoring (1)	+ 770.000	+ 5.000	+ 86.920
Zahlungsreihe ohne Factoring (2)	–	–	+ 873.000
Differenzzahlungsreihe (1) - (2)	+ 770.000	+ 5.000	– 786.080

◘ Abb. 3.9 Quantitative Effekte von Factoring

Für die Übernahme des Delkredererisikos und der Debitorenbuchhaltung zahlt er zu Beginn des 1. Monats 3 % des Rechnungsbetrages, also 30.000 €, an den Factor. Durch die Auslagerung der Debitorenbuchhaltung spart er 5000 € zum Ende des ersten Monats ein. Beide Beträge dürfen hier nur einmal berücksichtigt werden, weil die Gebührenzahlung und die eingesparte Auszahlung des 2. Monats der Rechnung des 2. Monats zuzurechnen sind.

Für die Finanzierungsfunktion zahlt U am Ende des 2. Monats Zinsen auf den Sollbestand des Factoring-Kontos. Da er die Delkrederegebühr und die Servicegebühr durch separate Überweisungen von seinem Kontokorrentkonto begleicht, beträgt der zu verzinsende negative Bestand auf seinem Factoring-Konto nur die 800.000 €, die U sofort für den Forderungsverkauf erhalten hat. Darauf werden ihm nach 2 Monaten bei einem monatlichen Zinssatz von 1 % Zinsen in Höhe von 16.080 € belastet.

$$800.000 \cdot 1{,}01^2 - 800.000 = 16.080.$$

Als Endwert des Factoring-Vertrages (bezogen auf eine Rechnung und einen Bewertungszeitpunkt nach 2 Monaten) ergibt sich also:

$$EW = \left[770.000 \cdot \left(1 + \frac{0{,}132}{12}\right) + 5000\right] \cdot \left(1 + \frac{0{,}132}{12}\right)$$
$$- 786.080$$
$$= +6008{,}17.$$

U sollte im Beispiel das Angebot des Factors unter den getroffenen Annahmen im Hinblick auf die quantitativen Aspekte also annehmen.

mögliche qualitative Probleme:

Den quantitativen Aspekten sind qualitative Aspekte gegenüberzustellen. Dabei ist vor allem an folgende negative Aspekte zu denken:

– Imageprobleme

- Imageprobleme: Sie können auftreten, wenn der Verkauf von Forderungen als Zeichen finanzieller Schwäche oder unsoliden Finanzgebahrens interpretiert wird. Dabei kommt es nicht darauf an, ob der Verkauf von Forderungen tatsächlich finanzielle Schwäche oder unsolides Finanzgebahren anzeigt, sondern nur, ob er von Dritten so interpretiert wird. Interpretieren Geschäftspartner ihn in der einen oder anderen Weise negativ, muss der Anschlusskunde z. B. davon ausgehen, dass sich beim Abschluss eines Factoringvertrages eigene Lieferanten mit Lieferungen auf Ziel zurückhalten oder eigene Abnehmer sich nach anderen Lieferanten umschauen.

3.3 · Liquidierung von Forderungen

Inwieweit Factoring tatsächlich als negatives Signal interpretiert wird, kann nicht theoretisch, sondern nur empirisch analysiert werden. Es steht zu vermuten, dass sich Imageprobleme des Factoring – wegen seiner zunehmenden Anwendung – in den vergangenen 20–30 Jahren zwar deutlich reduziert haben, aber partiell nach wie vor bestehen. Imageprobleme können nur auftreten, wenn das Factoring bekannt wird. Vermeiden ließen sie sich also vor allem dadurch, dass Factoring mit stiller Zession und vorzugsweise als Inhouse-Factoring betrieben wird. Dann ist es unwahrscheinlich, dass die Nutzung des Factoring durch den Anschlusskunden bekannt wird.

- Vertraulichkeitsprobleme: Sie können sich ergeben, weil der Anschlusskunde dem Factor Informationen über seine Kunden offenlegt, für die sich auch Konkurrenten des Anschlusskunden interessieren. Er muss also darauf vertrauen, dass die Informationen nicht über den Factor an Konkurrenten gelangen. Die Gefahr ist umso ausgeprägter, je enger Factoring-Unternehmen mit Konkurrenten des Anschlusskunden zusammenarbeiten. Sie ist also tendenziell größer bei Factoring-Unternehmen, die sich auf bestimmte Branchen spezialisiert haben. Die Gefahr ist zudem umso ausgeprägter, je mehr Informationen der Factor über die Debitoren erhält. Sie dürfte daher mit dem Umfang des Service-Pakets wachsen. — Vertraulichkeitsprobleme

- Abhängigkeit: Mit der Inanspruchnahme von Standard-Factoring begibt sich der Anschlusskunde in eine gewisse Abhängigkeit vom Factor. Sie resultiert weitgehend aus der Inanspruchnahme von Serviceleistungen. Werden z. B. Debitorenverwaltung und Fakturierung auf den Factor übertragen und die entsprechende unternehmensinterne Infrastruktur abgebaut bzw. erst gar nicht aufgebaut, so besteht für den Anschlusskunden bei Beendigung des Factoringvertrages die Notwendigkeit, die Aufgaben wieder selbst zu übernehmen. Die dabei zu erwartenden Anpassungsschwierigkeiten stärken die Verhandlungsposition des Factors – z. B. wenn er nach Ablauf eines ersten Vertragsabschnitts höhere Gebührensätze für einen Anschlussvertrag durchsetzen will. — Abhängigkeitsprobleme
Das Ausmaß der Abhängigkeit hängt zum einen vom Umfang des Servicepaketes ab und zum anderen von den Möglichkeiten des Anschlusskunden, ausgelagerte Service-Funktionen anderweitig erledigen zu können. Damit hängt das Ausmaß der Abhängigkeit insbesondere auch von den Möglichkeiten ab, die Service-Leistungen gegebenenfalls wieder selbst übernehmen oder auf

andere Dienstleister, insbesondere andere Factoring-unternehmen, übertragen zu können. Wegen des letztgenannten Aspektes ist es umso unbedenklicher, einen Factoring-Vertrag mit umfangreichen Service-Leistungen abzuschließen, je mehr konkurrierende Factoring-Unternehmen bereitstehen, bei Bedarf ähnliche Leistungen anzubieten, je stärker also die Konkurrenz der Factoring-Anbieter ist.

– Beeinträchtigung der Kundenkontakte

- Beeinträchtigung der Kundenkontakte: Kundenkontakte können durch Factoring in unterschiedlicher Weise beeinträchtigt werden. Zunächst einmal werden die Kontakte zwischen dem Anschlusskunden und dessen Kunden rein zahlenmäßig reduziert. Dadurch reduzieren sich quantitativ die Gelegenheiten des Anschlusskunden, eine persönliche Beziehung zu seinen Kunden zu pflegen oder auch Informationen über deren Zufriedenheit bzw. Wünsche zu erlangen. Die Kundenkontakte werden aber auch qualitativ beeinträchtigt. Z. B. werden die Möglichkeiten des Anschlusskunden, gelegentliche Überschreitungen von Zahlungszielen angesichts einer insgesamt guten Geschäftsbeziehung stillschweigend zu akzeptieren oder ausstehende Beträge nicht sofort durch formelle Schreiben, sondern zunächst durch bestehende persönliche Kontakte informell anzumahnen, deutlich eingeschränkt. Der für solche Gestaltungsaspekte der Kundenbeziehung nun zuständige Factor wird sich in aller Regel weniger kulant zeigen, da sein Interesse stärker auf den frist- und betragsgenauen Eingang der gerade offenstehenden Forderungen gerichtet sein dürfte, während der Anschlusskunde in seine Pflege der Kundenkontakte stärker die Auswirkungen auf mögliche Folgegeschäfte einbeziehen dürfte. Auslöser auch für die Beeinträchtigung der Kundenkontakte sind im Wesentlichen die vom Factor erbrachten Serviceleistungen.

qualitative Nachteile des Factoring und empirische Relevanz des Inhouse-Factoring

Die Skizze der qualitativen Nachteile von Factoring verdeutlicht nicht nur, dass diese Nachteile vielgestaltig und im Einzelfall von sehr unterschiedlichem Gewicht sein können. Sie verdeutlicht auch, dass ein Großteil dieser Nachteile durch die Service-Leistungen des Factors ausgelöst oder verschärft wird. Angesichts dieses Zusammenhangs erscheint der empirische Befund, nach dem in Deutschland ca. 80 % des Factoring-Geschäftes als Inhouse-Factoring abgewickelt werden, relativ plausibel.

3.3.3 Asset Backed Securities

Asset Backed Securities (kurz: ABS) ließen sich als „durch Vermögen gesicherte Wertpapiere" übersetzen. Tatsächlich werden sie aber nicht auf Basis beliebiger Vermögensgegenstände, sondern i. d. R. ausschließlich auf der Basis von Forderungsbeständen errichtet. Ihren Ursprung können die verwendeten Forderungsbestände in unterschiedlichen Sachverhalten finden. Es kann sich z. B. um Forderungen aus der Kreditvergabe einer Bank, aus gekauften Anleihen oder aus Strafen für Verstöße gegen Verkehrsregeln handeln. Im Kontext der Innenfinanzierung interessieren hier allerdings nur ABS auf der Basis von Forderungen, die ein Lieferant aus Lieferung und Leistung gegen seine Kunden erworben hat.

Konstruktionen zur Nutzung von ABS sind empirisch durch viele beteiligte Parteien und zahlreiche Vereinbarungen gekennzeichnet. Aus didaktischen Gründen reduzieren wir diese unübersichtliche Komplexität zunächst auf die für ABS unabdingbaren Elemente, auch wenn sie faktisch in dieser Einfachheit nicht vorkommen. Anschließend erweitern wir die Betrachtung um einige Zusatzelemente, die empirisch häufig anzutreffen sind. Auch dabei haben wir aber nicht den Anspruch, die gesamte Komplexität realer Konstruktionen abzubilden.

a) Die Grundkonstruktion von ABS

ABS erfordern mindestens vier Akteure, die bei Auflegung der ABS die in ◘ Abb. 3.10 verdeutlichten Transaktionen vornehmen.

vier Akteure in der Grundkonstruktion

- Der Originator ist – in unserem Anwendungsfall – ein Unternehmen, das für seine Kunden Leistungen auf Ziel erbringt und deshalb über Forderungen verfügt.

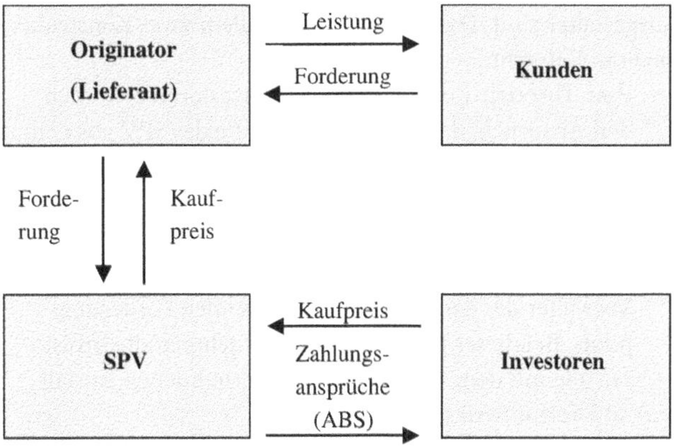

◘ **Abb. 3.10** Grundkonstruktion von ABS

- Das Special Purpose Vehicle (kurz: SPV; deutsch: Zweckgesellschaft) ist ein rechtliches Konstrukt, das nur für die Abwicklung der ABS-Transaktion gegründet wird. Es kauft den Forderungsbestand vom Originator und leistet dafür den Kaufpreis.
- Die, meist institutionellen, Investoren kaufen vom SPV Zahlungsansprüche, die als Wertpapiere verbrieft und ABS genannt werden. Die Zahlungsansprüche der Investoren können – in der Grundkonstruktion – nur durch den Zahlungsstrom gespeist werden, den das SPV aus seinem Forderungspool erhält, da das SPV idealtypisch über kein anderes Vermögen verfügt.

Funktionen von ABS in der Grundkonstruktion

In der Grundkonstruktion verkauft der Originator also Forderungen aus Lieferung und Leistung vor deren Fälligkeit regresslos an das SPV. Damit verbunden ist für ihn ein Finanzierungseffekt, weil er zwar einen Abschlag vom Forderungsbetrag hinnehmen muss, dafür das Geld aber früher erhält, ein Sicherungseffekt, weil er nicht mehr das Risiko des Forderungsverzugs und -ausfalls trägt, und ein Serviceeffekt, weil er für die verkauften Forderungen keine Debitorenbuchhaltung und kein Mahnwesen mehr durchführen muss.

Erbracht wird die Service-Leistung – in der bisher betrachteten Grundkonstruktion – vom SPV. Auch die Finanzierungs- und die Delkrederefunktion werden aus Sicht des Originators auf einer ersten Betrachtungsebene vom SPV erbracht. Da das SPV aber über kein anderes Vermögen als die angekauften Forderungen verfügt, kann es die Finanzierungsfunktion und Risikoübernahme aber letztlich nicht selbst erbringen, sondern nur vermitteln. Beide Leistungen werden in der Grundkonstruktion letztlich von den Investoren erbracht. Dabei hängt die genaue Ausgestaltung der Risikoübernahme durch Investoren davon ab, wie deren Zahlungsansprüche gegen das SPV ausgestaltet sind. Dazu kommen vor allem zwei Konstruktionen in Betracht:

Pass-Through-Variante

- Pass-Through-Konstruktion: Die Investoren erwerben den Anspruch, dass Einzahlungen, die das SPV aus dem Forderungspool erzielt, unmittelbar an die Investoren weitergeleitet werden. Das SPV ist also nicht Schuldner terminlich und betraglich fixierter Zahlungsansprüche, sondern – ähnlich wie bei Investmentzertifikaten – nur Verwalter des den Investoren gehörenden Forderungspools. Bei dieser Konstruktion übernehmen die Investoren alle mit dem Forderungspool verbundenen Ausfall- und Terminrisiken unmodifiziert.

Pay-Through-Variante

- Pay-Through-Konstruktion: Die Investoren erwerben betraglich und zeitlich fixierte Ansprüche gegen das SPV

3.3 · Liquidierung von Forderungen

als Schuldner. Das SPV leitet die aus dem Forderungspool erzielten Einzahlungen also nicht unmittelbar weiter, sondern legt sie zunächst an und leistet aus den angelegten Beträgen so Zins- und Tilgungszahlungen an die Investoren, wie sie betraglich und zeitlich in den ABS vereinbart sind. Diese Konstruktion birgt grundsätzlich das Risiko, dass das SPV Zahlungsansprüche bedienen muss, ohne selbst über ausreichende Zahlungsmittel zu verfügen. Es ist also insolvenzgefährdet. Da die Insolvenz des SPV mit Kosten verbunden wäre und diese Kosten vermieden werden sollen, erhalten die Investoren von vornherein zwar betraglich und zeitlich fixierte, aber nur bedingte Ansprüche. Sie verfügen nur über Ansprüche, soweit das SPV genügend Zahlungsmittel hat. Damit tragen Investoren auch bei dieser Konstruktion das volle Ausfallrisiko. Und auch die Risiken aus nicht termingerechten Zahlungseingängen tragen letztlich noch immer die Investoren. Diese Risiken tragen sie aber nicht mehr unmodifiziert, sondern in der durch das SPV modifizierten Form.

Unabhängig davon, ob ABS in der Pass-Through- oder in der Pay-Through-Konstruktion aufgelegt werden, gehen in der Grundkonstruktion also letztlich alle mit den Forderungen verbundenen Chancen und Risiken vom Originator über das SPV auf die Investoren über. Dieser Transfer von Chancen und Risiken auf die Investoren bildet die Grundidee von ABS: Investoren soll die Möglichkeit verschafft werden, die mit den Forderungen verbundenen Chancen und Risiken, und zwar *nur* diese Chancen und Risiken in möglichst reiner Form, erwerben zu können. Damit soll ihnen eine Anlagemöglichkeit eröffnet werden, die ihnen ansonsten in dieser reinen Form nicht offensteht und die ihnen eine bessere Diversifikation ihrer Portefeuilles erlaubt. Den Vorteil der Investoren will der Originator durch einen hohen Verkaufserlös für seine Forderungen (teilweise) abschöpfen.

Grundidee: Bessere Diversifikationsmöglichkeiten für Investoren durch ABS

Bislang haben wir stillschweigend unterstellt, alle Zahlungsansprüche der Investoren seien untereinander identisch ausgestattet. Dieser Fall kommt zwar empirisch vor, bildet aber eher die Ausnahme. Meist werden die Ansprüche der Investoren in verschiedene Tranchen mit hierarchischen Ansprüchen und dementsprechend unterschiedlichen Risikostrukturen gegliedert. Dabei sind folgende Typen von Tranchen zu unterscheiden:

häufig Tranchierung der ABS:

- Senior Tranche: Die Inhaber der Senior Tranche erhalten zu jedem Zahlungstermin ihre Zahlungsansprüche mit Vorrang erfüllt. Ihre Inhaber tragen daher die geringsten Risiken.

– Senior-Tranche

– Junior-Tranche

- Junior Tranche (First-Loss Piece): Die Inhaber der Junior Tranche erhalten zu jedem Zahlungstermin ihre Zahlungsansprüche als Letzte erfüllt, also nur dann, wenn alle anderen Tranchen schon vollständig bedient wurden. Inhaber dieser Tranche sind daher als erste von Ausfallrisiken bedroht; daher auch die Bezeichnung als First-Loss Piece.

– Mezzanine-Tranchen

- Mezzanine Tranchen: Die Inhaber erhalten ihre Zahlungsansprüche erst, nachdem alle vorrangigen Tranchen bedient wurden. Sie tragen Ausfallrisiken also mit mittlerer Intensität.

Die Tranchierung verändert grundsätzlich nicht die von den Investoren insgesamt zu tragenden Chancen und Risiken, sondern nur deren Aufteilung innerhalb der Investorenschaft. Empirisch wird allerdings das First-Loss Piece, zumindest bei Auflegung der Konstruktion, häufig vom Originator selbst übernommen. In diesem Fall führt die Tranchierung für die „restlichen" Investoren zu einer Risikoreduktion. Deshalb wird von der Tranchierung häufig auch als Methode zur Besicherung von ABS gesprochen. Die Risikoreduktion für die „restlichen" Investoren ist i. d. R. beabsichtigt, weil man oftmals davon ausgeht, dass relativ risikoarme Wertpapiere problemloser am anonymen Finanzmarkt platziert werden können.

b) Zusätzliche Gestaltungselemente von ABS

zusätzliche Akteure:

Neben den unter a) angeführten Grundelementen sind reale ABS-Konstruktionen i. d. R. durch zusätzliche Akteure und Regelungen gekennzeichnet. Diese Zusatzelemente können die für die Grundkonstruktion dargestellte Verteilung von Aufgaben, Chancen und Risiken teilweise deutlich verändern:

– Servicer

- Servicer: Die Verwaltung der Forderungen (z. B. Forderungseinzug und Mahnwesen) erfordert Ressourcen, über die das SPV nicht verfügt. Diese Arbeiten überträgt das SPV daher gegen Zahlung einer Service-Gebühr auf Dritte, die als Servicer bezeichnet werden. Oftmals übernimmt diese Aufgabe der Originator selbst. Das liegt vor allem dann nahe, wenn der Originator, wie bei der Übernahme der Junior-Tranche, als erster von den Risiken des Forderungsausfalls und -verzugs betroffen wäre. Ist der Originator selbst der Servicer, geht für ihn die Servicefunktion der ABS-Emission allerdings verloren.

– Treuhänder

- Treuhänder: Der Treuhänder überwacht im Interesse der Investoren die ordnungsgemäße Verwaltung der Forderungen und den ordnungsgemäßen Umgang mit erzielten Einzahlungen. Dadurch werden aus Sicht der Investoren die Verhaltensrisiken reduziert.

3.3 · Liquidierung von Forderungen

- Rating-Agenturen: Die Investoren haben i. d. R. weder die Informationen noch die Fähigkeiten, die Risikostruktur des Forderungspools zu beurteilen. Das ist aber Voraussetzung für die erfolgreiche Platzierung der ABS. Daher werden Rating-Agenturen eingeschaltet, die die Risiken des Forderungspools, die Wirkung zusätzlicher Sicherungselemente und die Risiken der Gesamtkonstruktion beurteilen und für jede ABS-Tranche eine Rating-Note für deren Bonität vergeben.
- Banken: Banken können vielfältige Funktionen in der ABS-Finanzierung übernehmen. Oftmals konzipieren sie die gesamte Konstruktion (Arrangeur), organisieren den Verkauf der Wertpapiere (Placeur) und statten das SPV mit Anfangsvermögen aus (Sponsor), damit dieses überhaupt die Forderungen vom Originator kaufen kann. Vor allem treten Banken i. d. R. aber auch als zusätzlicher Sicherungsgeber auf (Credit Enhancer), indem sie z. B. Garantien für die Zahlungsansprüche der Investoren geben. Solche Garantien bewirken, ähnlich wie eine Vielzahl weiterer hier nicht diskutierter Ausstattungselemente, eine Verbreiterung der Vermögensbasis, die den Investoren zur Befriedigung ihrer Zahlungsansprüche zur Verfügung steht. Sie werden daher auch unter dem Oberbegriff der Credit Enhancements zusammengefasst. Credit Enhancements können nicht nur Banken, sondern auch andere Akteure (z. B. Versicherungsunternehmen) leisten.

– Rating-Agenturen

– Banken

Oft wird die Gesamtkonstruktion der ABS empirisch wie folgt gewählt:
- Service-Funktion: Der Originator übernimmt die sich um den Forderungsbestand rankenden Arbeiten als Servicer im Endeffekt doch wieder selbst.
- Finanzierungsfunktion: Der Originator nutzt die Finanzierungsfunktion sehr weitgehend, da er bereits bei Verkauf der Forderungen an das SPV Einzahlungen aus seiner Leistungserbringung erzielt und nicht erst, wenn seine Kunden ihre Rechnungen bezahlen.
- Delkredere-Funktion: Der Originator trägt (z. B. durch Übernahme der Junior-Tranche) das Risiko des ersten Ausfalls, das betraglich eng begrenzt bleibt, aber mit hoher Wahrscheinlichkeit eintritt. Der Betrag dieser ersten Risikoschicht wird oft als Erwartungswert der Forderungsausfälle ermittelt. Zusätzliche Sicherungsgeber (Credit Enhancer) übernehmen eine zweite Risikoschicht, die betraglich weiter gefasst ist, aber nur noch mit geringerer Wahrscheinlichkeit eintritt. Die

häufig gewähltes funktionales Arrangement

Investoren tragen dann nur noch das sehr unwahrscheinliche Risiko extrem großer Forderungsausfälle, das auch als Katastrophen-Risiko bezeichnet wird.

Für die Auflegung von ABS trägt der Originator Kosten, die im Wesentlichen aus zwei Quellen stammen:
- Zum einen erwarten die Investoren eine positive Rendite. Sie sind daher nur bereit, die ABS mit Preisabschlägen (des Emissionserlöses der ABS im Vergleich zu der im SPV vorhandenen Forderungssumme) zu erwerben.
- Zum anderen muss der Originator die Auflegung der gesamten rechtlichen Konstruktion und die Entgelte der zahlreichen daran beteiligten Parteien, wenn auch nicht zwingend direkt bezahlen, so doch zumindest im Endeffekt wirtschaftlich tragen.

3.4 Zusammenfassung

Innenfinanzierung ergibt sich aus den Einzahlungen aus Umsätzen abzüglich der mit diesen Umsätzen verbundenen laufenden Auszahlungen. Entsprechend dieser zahlungsorientierten Definition sind Analyse und Management der Innenfinanzierung zahlungsorientiert zu gestalten. Die weit verbreitete jahresabschlussorientierte Sichtweise der Innenfinanzierung ist demgegenüber nur als Notlösung für Unternehmensexterne zu akzeptieren, die sich aus dem Jahresabschluss ein Bild vom Innenfinanzierungssaldo eines Unternehmens machen wollen. Für weitergehende Fragen nach den Quellen und den Einflussfaktoren der Innenfinanzierung ist diese Sichtweise hingegen ungeeignet, weil sie die reale Welt der interessierenden Zahlungsströme mit deren Abbildung im Jahresabschluss verwechselt.

Zahlungsorientiert lässt sich das Management der Innenfinanzierung in drei Bereiche unterteilen: die laufenden Umsatzeinzahlungen, die singulären Liquidationseinzahlungen und die laufenden Auszahlungen. Innerhalb der laufenden Umsatzeinzahlungen tuen sich mit der Gestaltung der eigenen Zahlungsbedingungen und der vorfälligen Liquidierung von Forderungen aus Lieferung und Leistung vor allem zwei Gestaltungsansätze auf.

Im Rahmen der Zahlungsbedingungen ist z. B. zu entscheiden, ob Kunden eine Anzahlung angeboten oder abverlangt, ein Zahlungsziel eingeräumt und gegebenenfalls eine Skontoabzugsmöglichkeit eingeräumt wird. Solche Maßnahmen nehmen Einfluss auf den Zeitpunkt der Kundenzahlungen und u. U. auf deren Ausfallrisiko. Daneben können sie sich aber auch deutlich auf die Absatztätigkeit auswirken, weshalb Zahlungsbedingungen i. d. R. nicht der alleinigen Gestaltungskompetenz des Finanzmanagements unterliegen.

Einzahlungen aus Forderungen gegen Kunden können bereits vor Zahlung der Kunden z. B. durch die Diskontierung von Wechseln, die Zession der Forderungen an einen Factor oder die Emission von Asset Backed Securities erzielt werden. Dabei bieten letztgenannte Instrumente jeweils eine Vielzahl von Gestaltungsvarianten. Alle Maßnahmen in diesem Bereich entfalten Finanzierungseffekte, u. U. aber auch Risikoeffekte und Serviceeffekte. Auftreten und Intensität der Effekte hängt stark vom gewählten Instrument und von der konkreten Variante dieses Instruments ab. Rückwirkungen auf die Absätze des Unternehmens sind bei der vorfälligen Liquidierung von Forderungen ebenfalls möglich, aber tendenziell weniger bedeutsam als bei der Gestaltung der Zahlungsbedingungen.

3.5 Wiederholungsfragen

1. Welche Ansatzpunkte zum Management der Innenfinanzierung bieten sich aus zahlungsorientierter Sicht? Lösung ▶ Abschn. 3.1.1
2. Für welche Fragestellungen der Finanzanalyse und des Finanzmanagements erscheint die jahresabschlussorientierte Sicht auf die Innenfinanzierung akzeptabel und für welche Fragestellungen erscheint sie ungeeignet? Lösung ▶ Abschn. 3.1.2
3. Inwiefern erscheint es irreführend, wenn die Innenfinanzierung oft in „Selbstfinanzierung", „Finanzierung aus Abschreibungen", „Finanzierung aus Rückstellungen" und „Finanzierung aus Kapitalumschichtungen" gegliedert wird? Lösung ▶ Abschn. 3.1.2
4. Welche Vorteile und Nachteile sind gegeneinander abzuwägen, wenn Kunden statt einer Zug-um-Zug-Bezahlung der Leistung Anzahlungen leisten sollen? Lösung ▶ Abschn. 3.2.2
5. Welche Veränderungen im Zahlungs- und Bestellverhalten der Kunden sind zu erwarten, wenn ein Unternehmen die Skontofrist verlängert? Lösung ▶ Abschn. 3.2.3
6. Aufgrund welcher Zusammenhänge kann der Wechselunterlegung einer Forderung eine Sicherungswirkung zugerechnet werden, nicht aber der Wechseldiskontierung? Lösung ▶ Abschn. 3.3.1

7. Welchem Zweck dient beim Factoring der zunächst einbehaltene Sperrbetrag? Lösung ▶ Abschn. 3.3.2
8. Warum ist dem Factor daran gelegen, im Rahmenvertrag die generelle Angebotspflicht des Anschlusskunden für alle Forderungen aus Lieferung und Leistung, die offene Zession der Forderungen und die Fixierung von Obergrenzen seiner Ankaufpflicht im Hinblick auf die Debitoren (Debitorenlimite) zu vereinbaren? Lösung ▶ Abschn. 3.3.2
9. Aus welchen Gründen ist in Deutschland Factoring vor allem in seiner Variante als Inhouse-Factoring verbreitet? Lösung ▶ Abschn. 3.3.2
10. Wie verändern sich für den Originator die Risikoeffekte einer ABS-Emission, wenn er dabei selbst die Junior-Tranche der ABS-Titel übernimmt? Lösung ▶ Abschn. 3.3.3

3.6 Aufgaben

Aufgabe 1 Ein Reeder hat seine Verhandlungen mit einer Werft über den Bau eines neuen Container-Schiffs abgeschlossen. Dabei hat der Reeder der Werft zwei alternative Zahlungsweisen angeboten, zwischen denen sich die Werft nun entscheiden kann:

- Entweder bezahlt der Reeder bei Fertigstellung des Schiffs in vier Jahren einmalig einen Kaufpreis von 100 Mio. € (Zug-um-Zug).
- Oder der Reeder zahlt der Werft zu Baubeginn, also sofort, und zum Ende jedes Baujahres, insgesamt also fünfmal, jeweils einen Betrag von 18 Mio. € (Anzahlung). Zu Anzahlungen ist der Reeder allerdings nur bereit, wenn die Werft ihm gleichzeitig eine Lieferungs- und Leistungsgarantie definierten Umfangs der Elbe-Bank verschafft.

Die Werft geht bei ihren Überlegungen davon aus, dass

- der Reeder derzeit solvent ist,
- der Reeder im Verlauf jedes Jahres, das er solvent beginnt, mit einer Wahrscheinlichkeit von 0,5 % insolvent werden kann,
- der Reeder bei Eintritt der Insolvenz keinerlei Zahlungen an die Werft mehr leistet,
- die Werft keine Möglichkeit hat, das Schiff an einen anderen Abnehmer als den Reeder zu verkaufen,
- der Eintritt und die Beobachtbarkeit der Insolvenz des Reeders unabhängig von der vereinbarten Zahlungsweise sind,

3.6 · Aufgaben

- außer dem Risiko der Insolvenz des Reeders keine anderen Risiken bestehen,
- die Avalprovision für die Lieferungs- und Leistungsgarantie der Bank vollständig sofort fällig wird und
- der eigene Kalkulationszinssatz 8 % p. a. bei jährlicher Zinsabrechnung beträgt.

Wie teuer darf die Lieferungs- und Leistungsgarantie der Bank höchstens sein, damit die risikoneutrale Werft sich für die Anzahlungslösung entscheidet?

Aufgabe 2 Die Skonto AG räumt ihren Kunden bisher Zahlungsbedingungen mit einem Zahlungsziel von 40 Tagen, einer Skontofrist von 10 Tagen und einem Skontosatz von 2 % ein.

a) Wie hoch sind für Kunden der Skonto AG ohne Berücksichtigung von Zinseszinseffekten die effektiven Zinskosten p. a., wenn sie sich entscheiden, Rechnungen nicht bei Ablauf der Skontofrist netto, sondern erst bei Erreichen des Zahlungsziels brutto zu bezahlen?

b) Ein Kunde der Skonto AG wickelt seinen gesamten Zahlungsverkehr über ein Girokonto ab, das er jederzeit debitorisch führt und für das ihm die Bank einen Sollzinssatz p. a. von 12 % bei einmal jährlicher Zinsabrechnung belastet. Sollte dieser Kunde Rechnungen der Skonto AG netto oder brutto bezahlen?

c) Die Skonto AG erwägt eine Veränderung ihrer Zahlungsbedingungen, bei der sie – bei unveränderter Skontofrist – den Skontosatz von 2 auf 3 % erhöhen und die Zahlungsfrist von 40 auf 30 Tage verkürzen will. Sie geht davon aus, dass Kunden angesichts dieser Änderung nicht ihr Bestellverhalten, möglicherweise aber ihr Zahlungsverhalten anpassen werden. Um sich die Veränderungen im Zahlungsverhalten der Kunden zu vergegenwärtigen, geht die Skonto AG von einem einmaligen Absatz mit einem Gesamtrechnungsbetrag von 1 Mio. € an eine Vielzahl unterschiedlicher Kunden aus und unterstellt, dass jeweils 25 % ihrer Kunden für die Entscheidung über die Nutzung des vollen Zahlungsziels einen Opportunitätszinssatz von 10 % oder 20 % p. a. zugrunde legen und jeweils 10 % der Kunden einen Opportunitätszinssatz von 30 %, 40 %, 50 %, 60 % oder 70 %. Bestimmen Sie die Zahlungskonsequenzen der geplanten Veränderung der Zahlungsbedingungen!

d) Die Skonto AG rechnet selbst mit einem Kalkulationszinssatz von 1,5 % pro Monat. Zinsabrechnungen auf dem Konto erfolgen monatlich. Sowohl das Ende der Skontofrist als auch das Ende des ursprünglichen

Zahlungsziels fallen genau auf ein Monatsende. Sollte die Skonto AG angesichts der unter c) ermittelten beurteilungsrelevanten Zahlungsreihe ihre Zahlungsbedingungen in der geplanten Weise verändern oder besser bei den ursprünglichen Zahlungsbedingungen bleiben?

Aufgabe 3 Die Liefer GmbH beliefert ihre Kunden mit 90 Tagen Zahlungsziel. Alle Kunden akzeptieren einen Handelswechsel und nutzen das Zahlungsziel vollständig. Ausfall- und Verzugsrisiken ihrer Kunden schätzt die Liefer GmbH als vernachlässigbar gering ein. Die Liefer GmbH will entscheiden, ob sie

- die von Kunden akzeptierten Wechsel unmittelbar nach Lieferung zum Diskont bei ihrer Hausbank einreichen soll oder
- auf den Diskontkredit verzichten und im Gegenzug den von der Hausbank eingeräumten Kontokorrentkredit stärker in Anspruch nehmen soll.

Für den Kontokorrentkredit berechnet die Bank 12 % p. a. bei einmal jährlicher Zinsabrechnung. Für die Diskontierung der Handelswechsel berechnet sie einen Diskontabschlag von 10 % p. a. und eine Diskontprovision von 0,2 %. Wie soll die Liefer GmbH mit den Wechseln verfahren?

Aufgabe 4 Der risikoneutrale Einzelunternehmer Clever verfolgt das Ziel der Vermögensmaximierung. Er beliefert seine Kunden mit einem Zahlungsziel von 90 Tagen, das diese voll in Anspruch nehmen. Die Lieferungen erfolgen immer nur zu Beginn eines Monats. Die Zahlungen der Kunden sind mit einem Ausfallrisiko von 2 % behaftet. Verzugsrisiken und berechtigte Rechnungskürzungen seiner Kunden schätzt Clever als vernachlässigbar ein.

Seinen Zahlungsverkehr wickelt Clever über das Kontokorrentkonto bei seiner Hausbank ab. Das Konto ist stets überzogen. Dafür berechnet die Bank einen Sollzinssatz von 1 % pro Monat mit monatlich nachschüssiger Zinsabrechnung und -belastung.

Clever überlegt nun, ob er einen Factoring-Vertrag vom Typ des Inhouse-Factoring abschließen soll. Das ihm vorliegende Angebot sieht vor, dass die Forderungen aus Lieferung und Leistung im Zeitpunkt ihres Entstehens zu 90 % bevorschusst werden, die restlichen 10 % werden dem Anschlusskunden abzüglich berechtigter Kürzungen der Debitoren bei Fälligkeit der Forderung ausgezahlt. Für das Factoring-Konto wird ebenfalls ein monatlicher Sollzinssatz von 1 % mit nachschüssiger Zinsabrechnung und -belastung berechnet. Für die

Delkrederegebühr werden zusätzlich 2 % der Rechnungssumme als Gebühr erhoben. Diese Gebühr wird sofort bei Bevorschussung der Forderung fällig. Sie wird nicht auf dem Factoring-Konto belastet, sondern durch separate Überweisung beglichen.

Soll Clever das Factoring-Angebot annehmen oder besser weiterhin auf den unsicheren Eingang der Kundenzahlungen warten?

3.7 Lösungen

Aufgabe 1 Bei Vereinbarung des Zug-um-Zug-Geschäfts beträgt der auf heute (t = 0) bezogene Barwert aller Einzahlungen, die die Werft vom Reeder zu erwarten hat, im Erwartungswert:

$$100 \text{ Mio.} \cdot \left(\frac{0{,}995}{1{,}08}\right)^4 = 72.043.914.$$

Muss die Werft heute an die Bank eine Provision von X bezahlen, beträgt der entsprechende Barwert abzüglich der Provision bei der Anzahlungslösung im Erwartungswert:

$$18 - X + 18 \cdot \left(\frac{0{,}995}{1{,}08}\right)^1 + 18 \cdot \left(\frac{0{,}995}{1{,}08}\right)^2$$
$$+ 18 \cdot \left(\frac{0{,}995}{1{,}08}\right)^3 + 18 \cdot \left(\frac{0{,}995}{1{,}08}\right)^4$$
$$= 76.905.117 - X.$$

Die Werft entscheidet sich also für die Anzahlungslösung, wenn die Provision der Bank geringer als 4.861.203 € ist:

$$76.905.117 - X > 72.043.914$$
$$\Leftrightarrow X < 4.861.203.$$

Aufgabe 2
a) Die Zinskosten p. a. für die volle Inanspruchnahme des Zahlungsziels betragen:

$$r^* = \frac{2 \cdot \frac{360}{40-10}}{100-2} = \frac{24}{98} = 24{,}49\,\%.$$

b) Der Kunde kann entscheiden, ob er
— die Rechnung netto bezahlt und dafür einen zusätzlichen Kredit bei der Bank aufnimmt, der p. a. 12 % kostet,

— oder die Verlängerung des Lieferantenkredits um 30 Tage in Anspruch nimmt, die p. a. Zinskosten von 24,49 % verursacht.

Er sollte den billigeren Kredit aufnehmen und netto zahlen.

c) Auf Basis der geplanten Zahlungsbedingungen würden aus Sicht der Kunden die effektiven Zinskosten p. a. für die volle Inanspruchnahme der Zahlungsfrist betragen:

$$r^{*\prime} = \frac{3 \cdot \frac{360}{30-10}}{100 - 3} = \frac{54}{97} = 55{,}67\,\%.$$

Bei den ursprünglichen Zahlungsbedingungen würden nur Kunden mit einem Opportunitätszinssatz von 10 % oder 20 % ihre Rechnungen netto bezahlen. Dann würde also die Hälfte der Rechnungsbeträge nach 10 Tagen unter Abzug von 2 % Skonto eingehen und die andere Hälfte nach 40 Tagen brutto.

Bei den geplanten Zahlungsbedingungen würden auch Kunden mit Opportunitätszinssätzen von 30 %, 40 % oder 50 % ihre Rechnungen netto bezahlen. Dann würden also 80 % der Rechnungen nach 10 Tagen unter Abzug von 3 % Skonto eingehen und 20 % nach 30 Tagen brutto. Daraus ergeben sich folgende Zahlungsreihen.

Zeitpunkt	t = 10	t = 30	t = 40
I. geplante Bedingungen	0,97 · 0,8 · 1 Mio. = 776.000	0,2 · 1 Mio. = 200.000	--
II. ursprüngliche Bedingungen	0,98 · 0,5 · 1 Mio. = 490.000	--	0,5 · 1 Mio. = 500.000
Differenzzahlungsreihe (I-II)	+286.000	+200.000	-500.000

d) Bezogen auf t = 40 führt die geplante Veränderung der Zahlungsbedingungen zu einem Endwert von:

$$EW = 286.000 \cdot 1{,}015 + 200.000 \cdot \left(1 + \frac{0{,}015 \cdot 10}{30}\right) - 500.000$$

$$= -8710.$$

Die Skonto AG sollte daher unter den getroffenen Annahmen auf die geplante Änderung der Zahlungsbedingungen verzichten.

Aufgabe 3 Wenn die beiden Kreditalternativen anhand von Jahreszinssätzen verglichen werden sollen, müssen auch die

Kosten des Diskontkredits als Effektivzinssatz p. a. ausgedrückt werden.

Reicht die Liefer GmbH Wechsel über eine Summe von 100 € zum Diskont ein, zahlt ihr die Bank nur 97,3 € aus. 2,5 € behält die Bank als Diskontabschlag ein [= 100 · 10 % · (1/4)] und 0,2 € als Diskontprovision (= 100 · 0,2 %). Sie zahlt also für ein viertel Jahr und eine Kreditsumme von 97,3 € Zinsen von 2,7 €. Daraus errechnet sich ein Jahreszinssatz von:

$$r^* = \frac{2,7 \cdot \frac{360}{90}}{100 - 2,7} = 11,1\,\%.$$

Verglichen mit den Zinskosten des Kontokorrentkredits von 12 % p. a. sollte die Liefer GmbH daher die Wechsel zum Diskont einreichen und nicht den Kontokorrentkredit in Anspruch nehmen.

Aufgabe 4 Mit und ohne Factoring muss Clever bei je 1000 € Rechnungssumme im Erwartungswert von folgenden Zahlungsreihen und damit von der folgenden beurteilungsrelevanten Differenzzahlungsreihe ausgehen.

	Anfang 1. Monat	Ende 3. Monat
Zahlungen bei Factoring:		
Rechnungsbetrag abzgl. Einbehalt	+ 900	–
Auszahlung des Einbehalts	–	+ 100
Delkrederegebühren	- 20	–
Zinsbelastung	–	- 27,27
Zahlungsreihe mit Factoring (1)	+ 880	+ 72,73
Zahlungsreihe ohne Factoring (2)	–	+ 980
Differenzzahlungsreihe (1) ./. (2)	+ 880	-907,27

Bei der Zinsbelastung auf dem Factoring-Konto bleibt die Delkredere-Gebühr außen vor, da sie nicht auf dem Factoring-Konto belastet wird. Für den Abschluss des Factoring-Vertrages errechnet sich damit, bezogen auf einen Rechnungsbetrag von 1000 € und auf den Zeitpunkt des Zahlungsziels, ein Endwert von

$$EW = 880 \cdot 1{,}01^3 - 907{,}27 = -0{,}61.$$

Clever sollte den Factoring-Vertrag folglich nicht abschließen.

Das Ergebnis mag auf den ersten Blick verwundern, weil Clever sowohl mit als auch ohne Factoring im Erwartungswert einen identischen Nachteil von jeweils 20 € aus dem Delkredere-Risiko seiner Kunden tragen muss und auch die Zinssätze und Abrechnungsmodalitäten von Kontokorrentkonto und Factoring-Konto identisch sind. Der Nachteil des Factoring-Vertrages resultiert in diesem Fall ausschließlich aus dem Umstand, dass Clever die 20 € Nachteil aus dem Delkredere-Risiko ohne Factoring erst am Ende des dritten Monats, mit Factoring aber bereits zu Beginn des ersten Monats bei Bezahlung der Delkredere-Gebühr tragen muss: $20 - 20 \cdot 1{,}01^3 = -0{,}61$.

Literatur

Bitz, M. (1994): Finanzierung als Marktprozeß – Reflexionen zu Inhalt und Differenzierung des Finanzierungsbegriffs, in: Planwirtschaft am Ende – Marktwirtschaft in der Krise?, Festschrift für Wolfram Engels, hrsg. v. W. Gerke, Stuttgart, S. 187–216.

Bitz, M. und *Terstege, U.* (2002): Grundlagen des Cash-Flow-Managements, in: Praktiker-Handbuch Unternehmensfinanzierung – Kapitalbeschaffung und Rating für mittelständische Unternehmen, hrsg. von D. Krimphove, D. Tytko, Stuttgart, S. 287–330.

Bitz, M. und *Ewert, J.* (2014): Übungen in Betriebswirtschaftslehre, Übungsaufgaben 2.6 bis 2.13, 8. Aufl., München.

Breuer, W., Schweizer, T. und *Breuer, C.* (2012): Gabler Lexikon Corporate Finance, 2. Aufl., Wiesbaden.

Chmielewicz, K. (1976): Betriebliche Finanzwirtschaft I, Berlin/New York.

Drukarczyk, J. und *Lobe, S.* (2014): Finanzierung: Eine Einführung, Kapitel 10, 11. Aufl., Stuttgart.

Perridon, L., Steiner, M. und *Rathgeber, A.* (2017): Finanzwirtschaft der Unternehmung, Kapitel D, Unterkapitel III, 17. Aufl., München.

Wöhe, G., Bilstein, J., Ernst, D. und *Häcker, J.* (2013): Grundzüge der Unternehmensfinanzierung, Teil C, 11. Aufl., München.

Eigenfinanzierung

Prof. Dr. Udo Terstege, Dr. Jürgen Ewert

4.1	**Rechtsformübergreifender Überblick**	**– 189**
4.1.1	Verfügbare Rechtsformen	– 189
4.1.2	Einlagepflichten	– 193
4.1.3	Haftungspflichten	– 199
4.1.4	Mitwirkungs- und Kontrollrechte	– 205
4.1.5	Beteiligung an Gewinn und Verlust	– 208
4.1.6	Entnahme- und Ausschüttungsrechte	– 217
4.2	**Eigenfinanzierung der Aktiengesellschaft**	**– 224**
4.2.1	Grundlagen	– 224
4.2.2	Aktienarten	– 228
4.2.3	Kapitalerhöhungsarten	– 232
4.2.3.1	Vorbemerkung	– 232
4.2.3.2	Nominelle Kapitalerhöhung	– 233
4.2.3.3	Kapitalerhöhung gegen Einlagen	– 236
4.2.3.4	Genehmigtes Kapital	– 238
4.2.3.5	Bedingtes Kapital	– 240
4.2.4	Bewertungs- und Kurszusammenhänge	– 241
4.2.4.1	Theoretische Bewertungszusammenhänge	– 241
4.2.4.2	Reale Kurszusammenhänge	– 251
4.3	**Zusammenfassung**	**– 252**
4.4	**Wiederholungsfragen**	**– 253**
4.5	**Aufgaben**	**– 253**
4.6	**Lösungen**	**– 256**
	Literatur	– 261

© Springer-Verlag GmbH Deutschland 2018
U. Terstege, J. Ewert, *Betriebliche Finanzierung – Schnell erfasst*, Wirtschaft – Schnell erfasst
https://doi.org/10.1007/978-3-662-53077-1_4

Lernziele dieses Kapitels

- Wichtige Merkmale von Eigenfinanzierungstiteln kennen
- Rechtsformabhängige Gestaltungsspielräume dieser Merkmale kennen
- Alternative Wege einer Kapitalerhöhung von Aktiengesellschaften kennen
- Unterschiedliche Kurseffekte von Kapitalerhöhungen gegen Einlagen trennen können
- Idealtypische Verwässerungs- und Kompensationseffekte einer Kapitalerhöhung gegen Einlagen analysieren und erläutern können

Schlüsselbegriffe

Agio, Aktie (alte und junge, stimmberechtigt und stimmrechtslos), Aktienregister, Ankündigungseffekt, Äquivalenzfiktion, Arbitrage, Aufsichtsrat, Ausschüttung, Außenverhältnis, Bezugsrecht (Handel, Ausschluss), Bezugsverhältnis, Bilanzgewinn/-verlust, Effekten, Einlage (ausstehende, erbrachte und eingetragene), Emissionskurs, Entnahme, Fremdorganschaft, Geschäftsführer, Geschäftsführung (laufende), Gewinnrücklagen (andere), Gewinnvortrag, Gratisaktien, Grundkapital, Grundsatzentscheidungen, Haftung, Hauptversammlung, Informationsrechte, Inhaberaktie, Innenverhältnis, Kapital (bedingtes, genehmigtes), Kapitalerhöhung (aus Gesellschaftsmitteln, gegen Einlagen, nominelle), Kapitalrücklagen, Kompensationseffekt, Nachschusspflicht, Namensaktie (vinkulierte), Nennwert, Nennwertaktie, opération blanche, Primärmarkt/-geschäft, Rücklage (gesetzliche), Sekundärmarkt/-geschäft, Selbstorganschaft, Solvenztest, Stammaktie, Stammkapital, Stimmrechtsbeschränkung, Stückaktie, Unternehmergesellschaft (haftungsbeschränkt), Unter-Pari-Emission (Verbot der), Verlustvortrag, Verwässerungseffekt, Vorstand, Vorzugsaktie (kumulative), Wertpapier (vertretbares)

Bei der Außenfinanzierung erzielt das Unternehmen Einzahlungen im Rahmen von Finanzkontrakten. Erfolgt die Außenfinanzierung als Eigenfinanzierung (auch „Einlagenfinanzierung" oder „Beteiligungsfinanzierung" genannt), überlassen bisherige oder neue Gesellschafter dem Unternehmen Zahlungsmittel, ohne dafür ein Rückforderungsrecht zu erhalten, insbesondere auch kein Forderungsrecht in der Insolvenz des Unternehmens. Deshalb erhöht sich mit der Eigenfinanzierung das Unternehmensvermögen ohne gleichzeitige Erhöhung der Verbindlichkeiten.

Die genaue Rechtsposition der Eigenfinanciers hängt von der Gestaltung des Gesellschaftsvertrages ab. Die Möglichkeiten zur Gestaltung dieses Vertrages hängen ihrerseits von der Rechtsform des Unternehmens ab. Daher geben wir zunächst einen Überblick über wichtige, nach deutschem Recht für private Unternehmen verfügbare Rechtsformen und erläutern deren Merkmale, soweit sie für die Rechtsposition der Eigenfinanciers von wesentlicher Bedeutung sind.

Obwohl deutlich weniger als 1 % aller deutschen Unternehmen als Aktiengesellschaft geführt werden, widmen wir uns anschließend der Eigenfinanzierung der Aktiengesellschaften etwas genauer. Für diese Rechtsform, deren wirtschaftliche Bedeutung deutlich größer ist, als ihr relativer Anteil an der Zahl der Unternehmen vermuten lässt, gelten zum einen besonders detaillierte rechtliche Vorgaben. Zum anderen erlaubt sie einen börsenmäßigen Handel der Unternehmensanteile und daher einen anschaulichen Einblick in Bewertungszusammenhänge, die sich mit der Eigenfinanzierung verknüpfen. Die am Beispiel der Aktiengesellschaft besonders anschaulichen Zusammenhänge lassen sich zum Teil auf andere Rechtsformen übertragen.

4.1 Rechtsformübergreifender Überblick

4.1.1 Verfügbare Rechtsformen

Unternehmerische Tätigkeit setzt voraus, die Beziehungen zwischen Gesellschaftern bzw. Gesellschaftsorganen innerhalb des Unternehmens (= Innenverhältnis) und die Beziehungen zwischen dem Unternehmen und Außenstehenden (= Außenverhältnis) rechtlich zu regeln. Der Gesetzgeber hat diese Regelungen nicht vollständig der freien vertraglichen Gestaltung überlassen, sondern dafür unterschiedliche Regelungsbündel als Rechtsformen vorgeprägt. Jedes Unternehmen wird in einer solchen Rechtsform geführt.

◘ Eigenes Geld

verfügbare Rechtsformen

In Betracht kommen für ein Unternehmen, das in Deutschland seine Geschäftstätigkeit aufnehmen soll, grundsätzlich
- Rechtsformen nach deutschem Recht,
- Rechtsformen nach EU-Recht (z. B. Societas Europaea = SE) und
- nach der Rechtsprechung des Europäischen Gerichtshofs auch alle Rechtsformen nach dem Recht jedes anderen EU-Staates (z. B. britische Limited).

Wir beschränken uns hier auf die folgenden, besonders wichtigen Rechtsformen für private Unternehmen nach deutschem Recht:
- Einzelunternehmung (kurz: EUg; geregelt in §§ 1–104a Handelsgesetzbuch (HGB)),
- Offene Handelsgesellschaft (kurz: OHG; geregelt in §§ 105–160 HGB i. V. m. §§ 705–740 Bürgerliches Gesetzbuch (BGB)),
- Kommanditgesellschaft (kurz: KG; geregelt in §§ 161–177a HGB i. V. m. §§ 105–160a HGB und §§ 705–740 BGB),
- Gesellschaft mit beschränkter Haftung (kurz: GmbH sowie als Variante der GmbH die „Unternehmergesellschaft haftungsbeschränkt" (kurz: UG h.b.); geregelt im Gesetz betreffend die Gesellschaften mit beschränkter Haftung (GmbHG)) und
- Aktiengesellschaft (kurz: AG; geregelt im Aktiengesetz (AktG)).

Personen- und Kapitalgesellschaften

Einzelunternehmung, OHG und KG fassen wir als Personenunternehmen zusammen. Dabei sprechen wir von Personengesellschaften, wenn wir nur OHG und KG meinen. GmbH und

4.1 · Rechtsformübergreifender Überblick

AG bezeichnen wir in Abgrenzung dazu zusammenfassend als Kapitalgesellschaften.

Neben den fünf hier behandelten bestehen auch nach deutschem Recht weitere Rechtsformen, die für eine private Unternehmung in Betracht kämen, z. B. die Kommanditgesellschaft auf Aktien (KGaA), die Genossenschaft (eG), die Gesellschaft bürgerlichen Rechts (GbR), die Reederei, die Bergrechtliche Gewerkschaft, die Partnerschaft, der Versicherungsverein auf Gegenseitigkeit (VVaG) oder die Stiftung privaten Rechts. Um uns nicht in Details zu verlieren, gehen wir darauf allerdings nicht weiter ein.

Wenn Personen unternehmerisch tätig werden, treffen sie die Entscheidung über die Rechtsform i. d. R. ausdrücklich. Aber auch wenn sie diese Entscheidung nicht explizit treffen, hat ihre Unternehmung eine bestimmte Rechtsform. Nimmt z. B. eine einzelne natürliche Person eine unternehmerische Tätigkeit auf, so tut sie dies ohne anderslautende Regelung automatisch als Einzelunternehmer. Nehmen mehrere Wirtschaftssubjekte gemeinsam unternehmerische Aktivitäten auf, ohne sich explizit für eine Rechtsform entschieden zu haben, so tun sie dies – je nach Art und Umfang der gemeinsamen Geschäftstätigkeit – automatisch entweder als OHG oder als GbR.

jedes Unternehmen hat Rechtsform

Bei der Wahl der Rechtsform sind vor allem folgende Restriktionen zu beachten:

Restriktionen der Rechtsformwahl

- Grundsätzlich kann die Rechtsform frei gewählt werden. Die Freiheit kann aber im Hinblick auf bestimmte Unternehmenszwecke beschränkt sein. So darf z. B. ein privates Versicherungsunternehmen gemäß § 8 Abs. 2 Versicherungsaufsichtsgesetz nur als VVaG, SE oder AG gegründet werden oder ein Kreditinstitut gemäß § 2b Kreditwesengesetz nicht als Einzelunternehmung und eine GbR gemäß §105 Abs. 1 HGB nicht für den Betrieb eines Handelsgewerbes.
- Gesetzliche Vorgaben zu jeder Rechtsform bestehen zum Teil aus zwingenden und zum Teil aus dispositiven Vorschriften. Zwingende Vorschriften gelten auf jeden Fall, egal was Gesellschafter vertraglich vereinbaren, dispositive Vorschriften hingegen nur solange, wie Gesellschafter nichts anderes vereinbaren. Daneben existieren weitere Regelungsfelder, zu denen regelmäßig in Gesellschaftsverträgen Vereinbarungen getroffen werden, für die der Gesetzgeber aber weder zwingende noch dispositive Vorgaben macht.

Welche empirische Bedeutung verschiedene Rechtsformen haben, hängt, wie ◘ Abb. 4.1 verdeutlicht, stark von dem Merkmal ab, anhand dessen man die Bedeutung misst.

empirische Bedeutung von Rechtsformen

Rechtsform	Zahl der Unternehmen (1)		Umsatz (1)		sozialversicherungspflichtige Beschäftigte (2)	
	absolut	Anteil	absolut in Mio. €	Anteil	absolut	Anteil
EUg	2.181.285	67,0%	574.640	9,6%	3.198.245	12,7%
OHG	15.971	0,5%	86.181	1,4%	4.536.312	18,0%
GbR	208.016	6,4%	84.050	1,4%		
KG	150.090	4,6%	1.345.840	22,5%		
GmbH/UG	555.792	17,1%	2.299.322	38,4%	13.951.979	55,4%
AG/KGaA/SE	8.010	0,2%	1.061.993	17,7%		
sonstige	136.373	4,2%	537.717	9,0%	3.478.750	13,8%
Summe	3.255.537	100%	5.989.743	100%	25.165.286	100,0%

◻ **Abb. 4.1** Bedeutung der Rechtsformen in Deutschland. ((1) gemäß Umsatzsteuerstatistik (Voranmeldungen) 2015, Fachserie 14, Reihe 8.1, (Zahlen für 2015; nur umsatzsteuerpflichtige Unternehmen), abrufbar unter ▶ www.destatis.de; (2) gemäß Günterberg, Brigitte, Unternehmensgrößenstatistik, Institut für Mittelstandsforschung, Bonn 2012, S. 172–173 (Zahlen für 2009))

Zum Beispiel ist gemessen an der Zahl der Unternehmen die Einzelunternehmung die mit Abstand wichtigste und die AG die unwichtigste Rechtsform. Im Jahr 2015 waren von gut 3,2 Mio. umsatzsteuerpflichtigen Unternehmen in Deutschland fast 70 % Einzelunternehmen und nur etwa 0,2 % AGs. Es gab ca. 272mal so viele Einzelunternehmen wie AGs. Die relative Bedeutung dieser beiden Rechtsformen sieht schon anders aus, wenn man auf die Zahl der Beschäftigten schaut. Hier ist der Anteil der Einzelunternehmen z. B. nur noch 12,7 % statt ihres zahlenmäßigen Anteils von 67 %. Sie kehrt sich sogar um, wenn man auf die Höhe des steuerpflichtigen Umsatzes schaut. Auf die AGs entfällt fast doppelt so viel Umsatz wie auf die Einzelunternehmen.

Bei der Interpretation solcher Zahlen ist allerdings zu beachten, dass es keine Statistik mit dem speziellen Zweck gibt, die Bedeutung der Rechtsformen zu ermitteln. Daher sind die Daten Statistiken entnommen, die zu anderen Zwecken erstellt wurden. Z. B. wurde die Zahl der Unternehmen der Umsatzsteuerstatistik entnommen; umsatzsteuerbefreite Unternehmen sind daher nicht erfasst. Zudem sind die Daten zur Zahl der Beschäftigten älter und liegen z. T. nur für Gruppen von Rechtsformen vor.

wichtige Merkmale von Rechtsformen

Die uns interessierenden fünf Rechtsformen charakterisieren wir anhand von fünf Merkmalen, die für die Rechtsposition der Eigenfinanciers besonders bedeutsam sind. Die beiden ersten Merkmale beschreiben zentrale Pflichten, die weiteren Merkmale zentrale Rechte der Eigenfinanciers:

4.1 · Rechtsformübergreifender Überblick

- Einlagepflichten, die beschreiben, in welchem Maße sich Eigenfinanciers verpflichten, der Unternehmung überhaupt Vermögen zu überlassen, und in welchem Maße sie dieser Verpflichtung unverzüglich nachkommen müssen.
- Haftungspflichten, die beschreiben, in welchem Maße sie sich verpflichten, mit ihrem Privatvermögen für die Schulden des Unternehmens einzustehen.
- Mitwirkungs- und Kontrollrechte, die beschreiben, welchen Einfluss sie auf grundsätzliche Entscheidungen des Unternehmens und auf die Führung der laufenden Geschäfte nehmen können.
- Monetäre Partizipationsrechte, die beschreiben, wie sie von den Erfolgen bzw. Misserfolgen des Unternehmens betroffen sind. Dabei geht es um
  - Beteiligung an Gewinn und Verlust, also die buchtechnische Betroffenheit von erzielten Jahresüberschüssen bzw. Jahres-fehlbeträgen, und um
  - Entnahme- und Ausschüttungsrechte, also die Möglichkeiten eines Vermögenstransfers aus dem Unternehmensvermögen in das Privatvermögen.

4.1.2 Einlagepflichten

a) Überblick

Als Einlage bezeichnet man Vermögen, das Eigenfinanciers dem Unternehmen ohne Recht auf Rückforderung überlassen. Die übernommene Einlagepflicht bezeichnet den Betrag, zu dem sie sich zur Erbringung von Einlagen verpflichtet haben, die erbrachte Einlage den Betrag, den sie tatsächlich bereits geleistet haben, und die ausstehende Einlage spiegelbildlich den Betrag, in dessen Höhe sie die Einlagepflicht noch nicht erfüllt haben.

übernommene, erbrachte und ausstehende Einlage

In welchem Betrag sich Eigenfinanciers zur Einlage verpflichten und in welchem Umfang sie sich verpflichten, dieser Einlagepflicht sofort und nicht erst später nachzukommen, ist vertraglich gestaltbar. Allerdings bestehen zum Teil gesetzliche Untergrenzen für entsprechende vertragliche Vereinbarungen. Entsprechende gesetzliche Regelungen zur Mindesteinlagepflicht unterscheiden danach,
- in welcher Rechtsform das Unternehmen geführt wird,
- ob die Gesamtheit aller oder einzelne Gesellschafter betrachtet werden, und
- ob die Einlage durch Überlassung von Zahlungsmitteln (Bareinlage) oder durch Überlassung sonstigen Vermögens (Sacheinlage) erfolgt.

| | gesetzliche Untergrenzen der Einlagepflicht | Einen Überblick über die gesetzlichen Untergrenzen der Einlagepflichten gibt ◘ Abb. 4.2. |

b) Personenunternehmen

Äquivalenzfiktion bei Personenunternehmen, keine Mindesteinlage

Für Personenunternehmen besteht keine gesetzliche Mindesteinlagepflicht, weil der Gesetzgeber hier keine Notwendigkeit zum gesetzlichen Schutz der Unternehmensgläubiger sieht. Die Regelung fußt auf der gelegentlich als Äquivalenzfiktion bezeichneten Vorstellung, nach der es für Gläubiger von Personenunternehmen keinen wesentlichen Unterschied macht, ob sich Vermögensgegenstände im Privatvermögen der Unternehmenseigner oder im Unternehmensvermögen befinden.

Diese Fiktion basiert ihrerseits auf den Haftungsregeln; ihr Verständnis erfordert also einen gewissen Vorgriff auf die eigentlich erst im folgenden Abschnitt zu erörternden Haftungspflichten. Die Äquivalenzfiktion erklärt nicht nur, warum der Gesetzgeber bei Personenunternehmen auf Untergrenzen der Einlagen, sondern zugleich, warum er für diese Rechtsformen auf Obergrenzen der Entnahmen verzichtet.

Das Vermögen der Einzelunternehmung ist ohnehin nur ein rechtlich unselbständiger Teil des Vermögens, über das der Einzelunternehmer insgesamt verfügt. Egal ob er als Privatmann oder als Unternehmer Schulden hat, die Gläubiger können ihre Forderungen immer aus seinem gesamten Vermögen befriedigen.

Das Vermögen der OHG und KG stellt zwar ein rechtlich von den Privatvermögen der Gesellschafter getrenntes Sonder-

Rechtsform	mindestens zu übernehmende Einlagepflicht		mindestens sofort zu leistende Einlage	
	(1) insgesamt	(2) je Anteil	(3) insgesamt	(4) je Anteil
EUg, OHG, KG	--	--	--	--
GmbH	25.000 € (1 € bei UG h.b.)	1 €	25% des Stammkapitals, mind. 12.500 € (100% des Nennkapitals bei UG h.b.)	25% des Nennwerts + volles Agio (100% des Nennwerts bei Sacheinlagen und bei UG h.b.)
AG	50.000 €	1 €	25 % des Grundkapitals	25% des Nennwerts + volles Agio (100 % des Nennwerts bei Sacheinlagen)

◘ Abb. 4.2 Gesetzliche Mindesteinlagepflichten

vermögen dar, das den Gesellschaftern als Gesamtheit gehört und über das sie nur gemeinsam verfügen können (daher auch „Vermögen zur gesamten Hand" oder „Gesamthandvermögen"). Für die Schulden der Gesellschaft haften den Gläubigern aber bei beiden Rechtsformen auch Gesellschafter unbeschränkt und unmittelbar mit ihrem Privatvermögen, bei der OHG alle Gesellschafter und bei der KG alle Komplementäre. Daher hat der Gesetzgeber auch für OHG und KG keine Mindestbeträge für die Einlagen vorgesehen.

Der Verzicht auf gesetzliche Mindesteinlagevorschriften gilt im Hinblick auf die KG auch für die Kommanditisten, die nur bis zur Höhe ihrer ausstehenden Einlagen mit ihrem Privatvermögen für Schulden der KG haften. Für Kommanditisten ist zwar im Handelsregister ein Betrag einzutragen, in dessen Höhe sie sich zur Einlage verpflichten. Es existiert aber weder eine Vorgabe, wie hoch dieser Betrag mindestens ausfallen muss, noch eine Vorgabe, in welchem Umfang der ins Handelsregister eingetragene Betrag tatsächlich als Einlage erbracht werden muss.

c) Kapitalgesellschaften

Kapitalgesellschaften sind völlig eigenständige juristische Personen, die – fast wie natürliche Personen – selbständige Träger von Rechten und Pflichten sein können. Sie können, anders als Personenunternehmen, nicht nur rechtswirksame Verträge mit ihren Gesellschaftern schließen, sie werden auch selbst Eigentümer des Unternehmensvermögens und Schuldner der Unternehmensverbindlichkeiten. Gesellschafter von Kapitalgesellschaften sind daher strenggenommen keine Unternehmer, denn sie halten nicht direkt Anteile an Vermögen und Schulden der Unternehmung, sondern nur Anteile an der Gesellschaft, der ihrerseits Vermögen und Schulden der Unternehmung „gehören". Deshalb haftet den Gläubigern einer Kapitalgesellschaft im Falle vollständig geleisteter Einlagen auch nur die Unternehmung selbst und nicht die Gesellschafter. Hier gilt also nicht die Äquivalenzfiktion, denn für Gläubiger von Kapitalgesellschaften macht es einen wesentlichen Unterschied, ob sich Vermögensgegenstände im Unternehmensvermögen oder im Privatvermögen der Gesellschafter befinden. Daher hat der Gesetzgeber für Kapitalgesellschaften im Interesse des Gläubigerschutzes Mindestvorgaben für die Einlagepflichten gemacht. Durch diese Mindestvorgaben soll ein Mindestpuffer zwischen dem Vermögen und den Schulden des Unternehmens geschaffen werden.

keine Äquivalenzfiktion bei Kapitalgesellschaften, Mindesteinlage

Die Mindesteinlagepflichten für GmbH und AG sind ähnlich konstruiert, im Detail gelten aber etwas unterschiedliche Zahlen und unterschiedliche Bezeichnungen:

Mindesteinlagepflichten bei Kapitalgesellschaften

Mindestnennkapital	(1) Für beide Rechtsformen ist (im Gesellschaftsvertrag der GmbH bzw. in der Satzung der AG) ein Nennkapital betraglich zu bestimmen. Bei der GmbH heißt es Stammkapital, bei der AG Grundkapital. Das Nennkapital gibt den Betrag an, zu dem sich die Gesellschafter in ihrer Gesamtheit mindestens zur Leistung von Einlagen verpflichten. Die Festlegung dieser Untergrenze für die zu übernehmende Einlagepflicht hat der Gesetzgeber im Prinzip den Gesellschaftern überlassen. Sie darf aber gemäß § 5 GmbHG 25.000 € und gemäß § 7 AktG 50.000 € nicht unterschreiten. Das Stammkapital einer GmbH muss also mindestens 25.000 € betragen und das Grundkapital einer AG mindestens 50.000 €.
Mindestnennwert pro Anteil	(2) Bei GmbH und AG entspricht das Nennkapital der Summe der Nennwerte aller Unternehmensanteile. Das Nennkapital wird, bildlich gesprochen, auf die Nennwerte der Anteile verteilt. Im selben Verhältnis wie das Nennkapital wird auch die mit dem Nennkapital verbundene Pflicht zur Erbringung von Einlagen auf die einzelnen Unternehmensanteile verteilt. Für GmbH-Anteile und Aktien darf der Nennwert des einzelnen Anteils gemäß § 5 GmbHG bzw. § 8 AktG nicht unter 1 € liegen. Mit jedem Anteil muss ein Gesellschafter deshalb mindestens die Pflicht zur Erbringung einer Einlage von 1 € übernehmen. Diese Regelung gilt auch für sogenannte Stückaktien. Stückaktien ist zwar nicht dauerhaft ein fester Nennbetrag zugeordnet, auch ihnen lässt sich aber jederzeit rechnerisch ein fiktiver Nennbetrag zuordnen, indem man das Grundkapital durch die Zahl der Stückaktien dividiert. Dieser fiktive Nennbetrag darf gemäß § 8 Abs. 3 AktG ebenfalls 1 € nicht unterschreiten. Auch mit der Übernahme neuer Stückaktien müssen sich Aktionäre daher mindestens zu einer Einlage in Höhe des fiktiven Nennwertes, also bei Wahl des geringstmöglichen Nennwertes mindestens zu einer Einlage von 1 € je übernommener Aktie verpflichten.
tatsächlich insgesamt zu erbringende Einlage	(3) GmbHG und AktG sehen in gleicher Weise vor, dass die insgesamt von Gesellschaftern übernommene Einlagepflicht mindestens zu 25 % sofort, d. h. vor Eintragung des Nennkapitals in das Handelsregister, tatsächlich zu erbringen ist. Maximal dürfen also 75 % des Stamm- bzw. Grundkapitals als Einlagen ausstehen. Diese Regelung wird in § 7 GmbHG um eine zweite, ebenfalls einzuhaltende Einlageuntergrenze ergänzt. Die Gesellschafter der GmbH müssen insgesamt mindestens 12.500 € als Einlagen tatsächlich leisten. Die zusätzliche

4.1 · Rechtsformübergreifender Überblick

Bedingung ist für eine GmbH die strengere und damit die bindende Regelung, wenn ihr Stammkapital geringer als 50.000 € ist – dann sind 12.500 € mehr als 25 % des Stammkapitals. Die zusätzliche Grenze bewirkt, dass eine GmbH im Vergleich zur AG zwar mit geringerer Einlagepflicht der Gesellschafter verbunden sein kann, nicht aber mit einer geringeren tatsächlich sofort zu leistenden Einlage.

(4) Mit der Verteilung des Nennkapitals auf die Nennwerte der Anteile wird nicht nur die Einlagepflicht, sondern auch die Pflicht zur sofortigen Leistung zugesagter Einlagen auf die Anteile verteilt. Also muss auch jeder Gesellschafter mindestens 25 % des Nennwertes seines Anteils sofort als Einlage leisten. Das Privileg, die restlichen 75 % zunächst als Einlage ausstehen zu lassen, beschränkt der Gesetzgeber allerdings für GmbH und AG auf Bareinlagen. Für den mit Bewertungsproblemen verbundenen Fall der Sacheinlage fordert er die vollständige Einlage des Nennwertes.

tatsächlich je Anteil zu erbringende Einlage

GmbH und AG dürfen Anteile nur ausgeben, wenn die Gesellschafter dafür eine Einlagepflicht mindestens in Höhe des Nennwertes übernehmen. Dieses sogenannte „Verbot der Unter-Pari-Emission" ergibt sich implizit bereits aus den beschriebenen Zusammenhängen, ist aber in § 9 AktG zudem explizit geregelt. Andererseits ist es aber, einer AG in § 9 AktG ausdrücklich und einer GmbH im Sinne analoger Rechtsanwendung implizit ebenfalls, freigestellt, neuen Gesellschaftern eine höhere Einlagepflicht als den Nennwert der Anteile abzuverlangen. Einen solchen Aufschlag des Ausgabebetrages auf den Nennwert bezeichnet man als Agio. Geben GmbH oder AG Anteile mit Agio aus, müssen die neuen Gesellschafter in Höhe des Agios – zusätzlich zur Einlage auf den Nennwert – in jedem Fall sofort Einlagen leisten.

Im Hinblick auf die GmbH bedürfen die vorstehenden Grundzüge der gesetzlich vorgesehenen Mindesteinlagepflichten zweier Ergänzungen:

- Nachdem der EUGH es, insbesondere mit den Überseering- und Inspire Art-Urteilen, in den Jahren 2002 und 2003 ermöglichte, Unternehmen auch dann in einer beliebigen Rechtsform irgendeines EU-Staates zur gründen, wenn sie ihren tatsächlichen Verwaltungssitz in Deutschland nehmen, wurde diese Möglichkeit rege genutzt. Vor allem wurden viele Unternehmen als britische Limited gegründet. Diese Rechtsform ist der deutschen GmbH ähnlich, aber z. B. nicht mit Mindesteinlagepflichten verbunden. Um die „Flucht in ausländische Rechtsformen" zu bremsen, installierte der deutsche Gesetzgeber im Jahr 2008 mit der „Unternehmergesellschaft haftungsbeschränkt" in § 5a GmbHG eine Variante der GmbH, bei der das Nennkapital ebenfalls weniger als 25.000 €, im Extremfall nur 1 €, betragen kann. Wer diese Erleichterung eines geringeren Nennkapitals nutzt, muss im Gegenzug allerdings Einschränkungen beachten:

Unternehmergesellschaft haftungsbeschränkt

- Die Gesellschaft darf nicht GmbH heißen, sondern muss sich als „Unternehmergesellschaft (haftungsbeschränkt)" bzw. „UG (haftungsbeschränkt)" zu erkennen geben.
- Einlagen müssen sofort in voller Höhe des Nennkapitals erbracht werden (keine ausstehenden Einlagen).
- Einlagen müssen bar erbracht werden (keine Sacheinlagen).
- Ein Viertel des um einen Verlustvortrag gekürzten Jahresüberschusses ist in eine gesetzliche Rücklage einzustellen, darf also nicht zur Gegenbuchung von Ausschüttungen verwendet werden.

Nachschusspflicht

- Erläuterungsbedürftig erscheint zudem die in § 26 GmbHG geregelte Nachschusspflicht. Danach kann der Gesellschaftsvertrag vorsehen, dass die Gesellschafter nachträglich die Einforderung weiterer Einzahlungen, sogenannter Nachschüsse, beschließen können. Nachschüsse gehen, wie ein Agio, über die Nennbeträge der Anteile hinaus, werden aber erst nach der Ausgabe der Anteile beschlossen und eingefordert. Nachschüsse sind von den Gesellschaftern anteilig nach den Nennwerten ihrer Anteile nur dann zu leisten, wenn die Gesellschafter deren Einforderung mit der erforderlichen Mehrheit beschließen. Die Nachschusspflicht beschreibt also zusätzliche Einlagepflichten der Gesellschafter, die anders als die zuvor beschriebenen Mindesteinlagepflichten aber an zusätzliche Bedingungen geknüpft sind:
    - Nachschüsse können maximal in dem Betrag gefordert werden, zu dem sie im Gesellschaftsvertrag vorgesehen sind. Der Gesellschaftsvertrag kann auch den vollständigen Ausschluss von Nachschüssen vorsehen.
    - Ein GmbH-Gesellschafter übernimmt mit der Nachschusspflicht nur eine bedingte Einlagepflicht. Sie wird erst wirksam, wenn die Gesellschafter den Beschluss zur Einforderung fassen.

4.1.3 Haftungspflichten

a) Überblick

Haftung erlangt Bedeutung, wenn einem Gläubiger eine fällige Forderung nicht erfüllt wird und er sie, gegen den Willen des Schuldners, durchsetzen will. Dann definiert Haftung die Vermögensgegenstände oder die Vermögensgesamtheit, auf die der Gläubiger zur Befriedigung seiner Ansprüche zugreifen kann – im Wege der Einzelvollstreckung außerhalb der Insolvenz oder im Wege der Gesamtvollstreckung in der Insolvenz des Schuldners.

Haftung, allgemein

Dabei haftet grundsätzlich jeder Schuldner mit seinem gesamten Vermögen für seine Schulden. Dieser Grundsatz gilt für Unternehmen ebenso wie für Privatpersonen. Dementsprechend haften Unternehmen jeder Rechtsform unbeschränkt mit ihrem Vermögen für ihre Schulden. Insbesondere haftet also trotz ihrer missverständlichen Bezeichnung als „Gesellschaft mit beschränkter Haftung" auch eine GmbH für ihre Schulden mit ihrem eigenen Vermögen unbeschränkt. Dieser Grundsatz ist so selbstverständlich, dass Experten darüber i. d. R. keine Worte verlieren. Für Laien unter Umständen missverständliche Formulierungen in Gesetzen (vgl. z. B. § 272 Abs. 1, Satz 1 HGB a. F. in der bis zum 31.12.2015 geltenden alten Fassung) oder auch die Bezeichnung der GmbH werden zumeist unkommentiert übernommen, denn „man weiß ja, was gemeint ist".

Wird im Hinblick auf die Rechtsform von Unternehmen über Haftung reflektiert, geht es daher i. d. R. nur darum, inwieweit Gläubiger des Unternehmens rechtsformbedingt auch auf Privatvermögen der Eigner zur Befriedigung ihrer Ansprüche zugreifen können. Einen Überblick über die private Haftung der Eigenfinanciers verschiedener Rechtsformen gibt ◘ Abb. 4.3.

Haftung, private

	private Haftung **außerhalb der Insolvenz** (Einzelvollstreckung)	private Haftung **in der Insolvenz** (Gesamtvollstreckung)
Einzelunternehmer, OHG-Gesellschafter, Komplementär	unbeschränkt	
Kommanditist	bis zum Betrag ausstehender Einlage	
GmbH-Gesellschafter, Aktionär	keine	bis zum Betrag ausstehender Einlage
Genosse	keine	in Höhe der vereinbarten „Nachschusspflicht"

◘ Abb. 4.3 Private Haftung der Eigenfinanciers

b) Personenunternehmen

unbeschränkte und unmittelbare private Haftung der Einzelunternehmer, OHG-Gesellschafter und Komplementäre

Wie bereits erläutert, ist die Einzelunternehmung nur ein rechtlich unselbständiger Teil des Vermögens des Einzelunternehmers. Es gibt also keine rechtliche Grenze zwischen dem Vermögen des Unter-nehmens und dem sonstigen Vermögen des Einzelunternehmers. Gläubiger können daher außerhalb und innerhalb der Insolvenz zur Befriedigung ihrer gegenüber dem Unternehmen bestehenden Forderungen unbeschränkt und unmittelbar auch auf das sonstige Vermögen des Unternehmers zugreifen. Unmittelbar heißt dabei, dass sich Gläubiger zur Befriedigung ihrer Ansprüche nicht erst an das Unternehmen halten müssen, sondern direkt auf das sonstige Vermögen des Unternehmers zugreifen können.

Das Vermögen der OHG und der KG stellt zwar rechtlich ein gesondertes „Gesamthandvermögen" dar. Insoweit besteht hier eine gewisse rechtliche Grenze zwischen dem Vermögen des Unternehmens und den Privatvermögen der Gesellschafter. Die eigene rechtliche Persönlichkeit der Personengesellschaften ist allerdings zu schwach, als dass sich die Gesellschaften im haftungsrechtlichen Sinne schützend vor ihre Gesellschafter stellen könnten.

So haften alle Gesellschafter einer OHG unbeschränkt und unmittelbar auch mit ihrem Privatvermögen (§ 128 HGB). Gläubiger bzw. die zuständigen Vollstreckungsorgane können sich innerhalb und außerhalb der Insolvenz mit ihren Vollstreckungsmaßnahmen also direkt an die Gesellschafter halten und versuchen, aus deren gesamten Vermögen Befriedigung zu erlangen. Sie müssen sich nicht zunächst an das Gesellschaftsvermögen der OHG halten. Zudem haften alle Gesellschafter solidarisch als Gesamtschuldner; d. h. jeder ist verpflichtet, Gesellschaftsverbindlichkeiten in voller Höhe, und nicht etwa nur in einer seinem Anteil entsprechenden Quote, zu befriedigen. Wird ein einzelner Gesellschafter „einseitig" in Anspruch genommen, kann er anschließend nur versuchen, von seinen Mitgesellschaftern im Innenverhältnis anteiligen Ersatz zu erhalten.

unmittelbare private Haftung in Höhe ausstehender Einlagen der Kommanditisten

In der KG existieren mit den Komplementären und den Kommanditisten zwei Gruppen von Gesellschaftern. Komplementäre sind haftungsrechtlich den OHG-Gesellschaftern gleichgestellt. Sie haften Gläubigern des Unternehmens unbeschränkt, (innerhalb und außerhalb der Insolvenz) unmittelbar und solidarisch. Die Haftungspflichten der Kommanditisten sind im Vergleich dazu eingeschränkt. Sie haften zwar ebenfalls innerhalb und außerhalb der Insolvenz unmittelbar und solidarisch. Aber der Betrag ihrer privaten Haftung ist beschränkt. Jeder Kommanditist verpflichtet sich, in Höhe des für ihn in das Handelsregister eingetragenen Betrages Einlagen zu erbringen. Der ins Handelsregister eingetragene Betrag bildet die Obergrenze seiner privaten Haftung. Tatsächlich haftet er aber nur noch insoweit privat, wie er die Einlage nicht bereits erbracht hat. Hat er seine Einlagepflicht vollständig erfüllt, haftet er nicht mehr privat für die Schulden der KG, ansonsten in Höhe der ausstehenden Einlage. Interessant und zudem erklärungsbedürftig ist dabei, wie sich die Höhe der ausstehenden Einlage und damit die private Haftung genau bestimmt. Die Ermittlung ist in § 172 HGB geregelt. Die dort kodifizierte Regel verdeutlicht ◘ Abb. 4.4.

Den Ausgangs- und zugleich Maximalbetrag der privaten Haftung bildet die in das Handelsregister eingetragene Einlage. Die tatsächliche private Haftung liegt um bereits erbrachte Einlagen unter diesem Maximalbetrag. Einlagen kann der Kommanditist durch die Übertragung von Vermögensgegenständen aus seinem Privatvermögen oder durch seinem Kapitalkonto zugebuchte Gewinnanteile leisten. Gewinnanteile müssen allerdings zunächst eingesetzt werden, um in Vorperioden abgebuchte Verlustanteile auszugleichen. Als Einlage zählen Gewinnanteile nur, wenn sie Verluste vorangegangener Perioden übersteigen.

Anderseits führen Entnahmen des Kommanditisten zu einer Reduzierung seiner geleisteten Einlage und damit zur Erhöhung der privaten Haftung, soweit der Stand seines Kapitalkontos wegen der Entnahme unter der eingetragenen Einlage liegt. Ob die Entnahme den Kontostand unter den zu Beginn der Periode bestehenden Kontostand reduziert oder nur eine Erhöhung des Kontostandes durch Gewinnzuschreibung verhindert wird, ist dabei unerheblich – auch wenn der Text des HGB in diesem Punkt zunächst eine andere Interpretation nahelegen könnte. Interessant ist in diesem Zusammenhang vor allem, dass nicht Verlustanteile, sondern nur Entnahmen, die zu einem Kontostand unterhalb der eingetragenen Einlage führen, zu einem Aufleben der Haftung führen. Verlustanteile können nur indirekt haftungsschädlich wirken; zum einen, weil sie die Möglichkeiten reduzieren, Entnahmen zu tätigen, ohne den Kapitalanteil unter die eingetragene Einlage zu drücken,

private Haftung durch Entnahmen, nicht durch Verluste

	In das Handelsregister eingetragene Einlage (= Maximalbetrag privater Haftung)
-	Einlagen durch Übertragung von Vermögen auf die Gesellschaft
-	Gewinnanteile, soweit nicht zum Ausgleich vorheriger Verlustanteile erforderlich
+	Entnahmen, die den Kapitalanteil unter die eingetragene Einlage reduzieren
=	Ausstehende Einlage (private Haftung), soweit positiv

◘ Abb. 4.4 Private Haftung eines Kommanditisten

Beispiel zur Haftung von Kommanditisten

zum anderen, weil sie die Möglichkeiten reduzieren, durch zukünftige Gewinnanteile die private Haftung zu reduzieren, da Verluste zunächst einmal ausgeglichen werden müssen.

Zur beispielhaften Verdeutlichung der Haftungspflichten eines Kommanditisten gehen wir von folgender Konstellation aus:

- Ein Kommanditist tritt zu Beginn des Jahres 01 in die KG ein.
- In das Handelsregister wird für ihn eine Einlage von 200.000 € eingetragen, darauf leistet er sofort durch Vermögensübertragung 130.000 €.
- In den ersten sechs Jahren seiner Gesellschaftszugehörigkeit werden ihm die in Zeile (2) der folgenden Tabelle ausgewiesenen Gewinne (+) und Verluste (−) zugerechnet und tätigt er die in Zeile (3) ausgewiesenen weiteren Einlagen (+) und Entnahmen (−) (alle Angaben in Tausend €).

Dann bestimmen sich für den Kommanditisten zum Ende der sechs Geschäftsjahre der Stand seines Kapitalkontos, der Betrag seiner geleisteten Einlage und damit die Höhe seiner noch ausstehenden Einlage bzw. seiner privaten Haftung wie folgt.

	Jahr	1	2	3	4	5	6
(1)	Kapitalkonto zu Jahresbeginn	130	132	127	119	124	112
(2)	+ Gewinn / − Verlust	+20	+10	−8	+15	−5	+26
(3)	+ Einlage / − Entnahme	−18	−15	0	−10	−7	−3
(4)	= Kapitalkonto zu Jahresende	132	127	119	124	112	135
(5)	Geleistete Einlage	132	127	127	124	117	135
(6)	Ausstehende Einlage / private Haftung	68	73	73	76	83	65

Im Jahr 1 entnimmt er den auf ihn entfallenden Gewinn teilweise. Der nicht entnommene Gewinnanteil von 2 T€ vermindert, wie eine Einlage, seine private Haftung (Ausgangswert: 200 − 130 = 70) auf 68 T€.

Im Jahr 2 wird ihm ein Gewinn von 10 T€ zugerechnet, den er ohne Veränderung seiner geleisteten Einlage entnehmen könnte. Er entnimmt darüber hinaus aber weitere 5 T€, die seine private Haftung wieder auf dann 73 T€ aufleben lassen.

Im Jahr 3 entfällt ein Verlustanteil von 8 T€ auf ihn. Die Abbuchung des Verlustes von seinem Kapitalkonto hat keine unmittelbaren Konsequenzen für seine private Haftung. Da er keine Entnahme tätigt, beträgt seine private Haftung unverändert 73 T€.

Im Jahr 4 wird ihm ein Gewinn von 15 T€ zugerechnet. Dieser Gewinn wäre zunächst in Höhe von 8 T€ einzusetzen, um die Verluste aus Vorperioden auszugleichen. Nur die restlichen 7 T€ stünden für haftungsunschädliche Entnahmen zur Verfügung. Er entnimmt aber 10 T€ und verhindert dadurch in Höhe von 3 T€ den Verlustausgleich. Um diesen Betrag von 3 T€ lebt seine private Haftung auf dann 76 T€ auf.

Im Jahr 5 wird ihm ein Verlust von 5 T€ zugerechnet, der haftungsunschädlich ist. Zugleich tätigt er aber eine Entnahme von 7 T€, um die sich seine Haftung auf dann 83 T€ erhöht.

Im Jahr 6 erzielt er einen Gewinn von 26 T€. Damit wird zunächst der Verlust der Vorperiode von 5 T€ ausgeglichen. Daneben ist zwar in einem Teilbetrag von 3 T€ auch noch der Verlust des Jahres 3 unausgeglichen. In Höhe dieses Teilbetrages ist die Haftung aber bereits im Jahr 4 aufgelebt, so dass der aus Jahr 3 offene Verlust nicht mehr auszugleichen ist. Nach Ausgleich des Verlustes von 5 T€ steht noch Gewinn von 21 T€ für haftungsunschädliche Entnahmen zur Verfügung. Der Kommanditist entnimmt aber nur 3 T€. Die restlichen 18 T€ erhöhen seine geleistete Einlage und reduzieren seine private Haftung auf jetzt 65 T€.

c) Kapitalgesellschaften

Kapitalgesellschaften werden als juristische Personen selbständig Träger von Rechten und Pflichten. Ihre Rechtspersönlichkeit ist so stark, dass sich Gläubiger einer GmbH oder AG zur Befriedigung ihrer Forderungen durch Einzelvollstreckung außerhalb der Insolvenz nur an die Gesellschaft und nicht an die Gesellschafter halten können. Dieser Ausschluss unmittelbarer Haftung gilt auch, wenn Einlagen ausstehen.

Der Ausschluss unmittelbarer Gesellschafterhaftung gilt im Prinzip auch in der Insolvenz. Allerdings geht dann die Geschäftsführung auf den Insolvenzverwalter über, der sie mit der Maxime ausfüllen muss, offene Ansprüche der Gläubiger möglichst weitgehend zu befriedigen. Dazu muss er u. a. alle offenen Forderungen der Gesellschaft beitreiben. Zu den offenen Forderungen der Gesellschaft zählen auch ausstehende Einlagen, die der Insolvenzverwalter nun gegen die Gesellschafter geltend macht – zur Not mit den Mitteln der Zwangsvollstreckung. Auf diesem Weg haften Gesellschafter einer AG oder GmbH in der Insolvenz also letztlich doch ähnlich wie Kommanditisten, nämlich mit ihrem gesamten Privatvermögen und begrenzt auf den Betrag ausstehender Einlagen – nur eben nicht unmittelbar, sondern nur mittelbar durch ihre Verpflichtung gegenüber der Gesellschaft.

mittelbare private Haftung in Höhe ausstehender Einlagen der GmbH-Gesellschafter und Aktionäre

keine Haftung für Nachschusspflichten

Als offene Forderungen gelten dabei nur ausstehende Einlagen, nicht aber Beträge, in deren Höhe möglicherweise im Gesellschaftsvertrag einer GmbH die Pflicht zu Nachschüssen vereinbart wurde. Eine Nachschusspflicht verpflichtet Gesellschafter nur im Innenverhältnis, ihre Einlagen auf Beschluss der Gesellschafterversammlung zu erhöhen. Diesen Beschluss kann aber nicht der Insolvenzverwalter stellvertretend für die Gesellschafter herbeiführen. Nachschüsse kann er nur einfordern, wenn Gesellschafter zuvor bereits selbst die Einforderung beschlossen haben, sie aber noch nicht geleistet wurden.

Insoweit bestehen für Aktionäre und GmbH-Gesellschafter zunächst einmal identische Haftungspflichten. Im Detail bestehen für die Gesellschafter beider Rechtsformen allerdings doch noch zwei Unterschiede, die im Einzelfall bedeutsam werden können:

Aufleben privater Haftung bei unzulässigen Ausschüttungen

- Auch die private Haftung von Aktionären und GmbH-Gesellschaftern kann unter Umständen durch Entnahmen wieder aufleben. Bei AG und GmbH stellt sich dieses Problem allerdings in anderer Weise als bei Kommanditisten. Denn GmbH-Gesellschafter und Aktionäre dürfen, wie wir weiter unten noch sehen werden, anders als Kommanditisten, nur dann Ausschüttungen erhalten, wenn Gewinne in entsprechender Höhe vorhanden sind. Deshalb reduziert sich das Problem auflebender privater Haftung bei diesen beiden Rechtsformen auf die Frage, inwiefern Haftung auflebt, wenn gegen die gesetzliche Ausschüttungsrestriktion verstoßen wird und Gesellschafter Ausschüttungen ohne entsprechenden Gewinn empfangen. Die Gesetze sehen für beide Rechtsformen unterschiedliche Antworten auf diese Frage vor.
Haben Aktionäre unzulässige Ausschüttungen im guten Glauben empfangen, konnten sie also nach ihrem Informationsstand davon ausgehen, es handele sich um zulässige Ausschüttungen, sind sie nicht zur Rückzahlung verpflichtet. Aktionäre müssen dafür auch im Insolvenzverfahren nicht haften (§ 62 AktG). GmbH-Gesellschafter sind hingegen auch bei gutem Glauben insoweit zur Rückerstattung verpflichtet, wie dies zur Befriedigung der Gläubiger notwendig ist (§ 31 GmbHG).

erweiterte Haftung für ausstehende Einlagen

- Kann eine ausstehende Einlage nicht vom entsprechenden Gesellschafter erlangt werden, haften dafür bei AG und GmbH unisono zunächst etwaige Rechtsvorgänger des betreffenden Gesellschafters, also frühere Gesellschafter, die ihren Anteil an den säumigen Gesellschafter übertragen haben (§ 65 AktG und § 22 GmbHG). Sind auch von diesen nicht hinlängliche Beträge zu erlangen, haften aber für weiter offene Beträge bei der GmbH auch die übrigen Gesellschafter anteilig (§§ 24, 31 GmbHG). Das AktG kennt keine vergleichbare Haftungserweiterung auf andere Aktionäre.

4.1.4 Mitwirkungs- und Kontrollrechte

Im Hinblick auf den Einfluss von Eigenfinanciers auf das Unternehmensgeschehen ist zwischen ihrer Mitwirkung an Grundsatzentscheidungen und an der laufenden Geschäftsführung zu trennen. Soweit sie nicht an der Führung der laufenden Geschäfte beteiligt sind, ist weitergehend von Interesse, welche Informations- und Kontrollrechte sie zur Überwachung der laufenden Geschäftsführung haben. Einen Überblick über entsprechende Rechte der Eigenfinanciers verschiedener Rechtsformen gibt ◘ Abb. 4.5. Unberücksichtigt bleiben dabei die unabhängig von der Rechtsform bestehenden Möglich-

Rechtsform	grundsätzliche Entscheidungen	lfd. Geschäftsführung	Informations- und Kontrollrechte bei Ausschluss von lfd. Geschäftsführung
EUg		Einzelunternehmer	--
OHG	Gesellschaftervers.	jeder Gesellschafter (gemeinsame Geschäftsführung und Beschränkung auf einzelne möglich)	Jahresabschluss, jederzeitige Auskunft und Einblick in Bücher und Schriften
KG	Gesellschaftervers. (je nach Vertrag, evtl. mit Kommanditisten)	jeder Komplementär (dispositiv wie bei OHG), Kommanditisten definitiv ausgeschlossen	Komplementäre: Jahresabschluss, jederzeitige Auskunft und Einblick in Bücher und Schriften, Kommanditisten: Jahresabschluss und Einblick in Bücher und Schriften, um dessen Richtigkeit zu prüfen
GmbH	Gesellschaftervers.	Geschäftsführung durch von Gesellschaftervers. bestellte Geschäftsführer	Jahresabschluss, jederzeitige Auskunft und Einblick in Bücher und Schriften
AG	Hauptversammlung	Gesamtgeschäftsführung durch vom Aufsichtsrat bestellten Vorstand	Jahresabschluss, Auskunftsrecht auf HV; bei 5% Anteil Recht auf Einberufung von HV und Aufnahme von TOP

◘ Abb. 4.5 Mitwirkungs- und Kontrollrechte

Grundsatzentscheidungen durch Gesellschafter

keiten, Kompetenzen der laufenden Geschäftsführung durch Prokura oder Handlungsvollmacht zu übertragen.

In der Einzelunternehmung obliegen alle grundsätzlichen und laufenden Entscheidungen dem Inhaber. Deshalb besteht kein Bedarf an Mitwirkungs- und Kontrollrechten für von der laufenden Geschäftsführung ausgeschlossene Eigenfinanciers. Bei den übrigen Rechtsformen liegen Entscheidungen von grundlegender Bedeutung bei der Gesellschafterversammlung, die bei der AG Hauptversammlung heißt. Grundlegend sind dabei mindestens alle Änderungen des Gesellschaftsvertrages und je nach Rechtsform weitere Entscheidungen. Welche Entscheidungen genau der Gesellschafterversammlung vorbehalten sind, hängt damit auch von der Regelungstiefe des Gesellschaftsvertrages ab. Mindestinhalte eines Gesellschaftsvertrages sind z. B.:

- Kreis der Gesellschafter bzw. Menge der ausgegebenen Anteile,
- Kompetenzen der Gesellschafter bzw. der Gesellschaftsorgane,
- Zweck der Gesellschaft,
- Sitz der Gesellschaft und
- Unternehmensverträge wie Fusion, Beherrschung oder Gewinnabführung.

Entscheidungen über diese Sachverhalte bleiben daher stets der Gesellschafterversammlung vorbehalten. Inwieweit bei der KG daran die Kommanditisten beteiligt sind, hängt vom Gesellschaftsvertrag ab. An die mit der laufenden Geschäftsführung betrauten Personen dürfen diese Entscheidungen grundsätzlich nicht delegiert werden. Der Gesellschaftsvertrag kann über die Mindestinhalte hinausgehende Regelungen enthalten, deren Änderung bleibt dann ebenfalls den Gesellschaftern vorbehalten.

Selbstorganschaft bei Personengesellschaften

Bei der Führung der laufenden Geschäfte folgt der Gesetzgeber für Personengesellschaften dem Leitbild der Selbstorganschaft. Danach liegt die Führung laufender Geschäfte bei den Gesellschaftern selbst. Konkret ist gemäß §§ 114, 164 HGB bei der OHG jeder Gesellschafter und bei der KG jeder Komplementär einzeln zur Führung der laufenden Geschäfte berechtigt und verpflichtet. Diese Konkretisierung des Leitbilds ist dispositiv. Sie kann durch Vereinbarungen im Gesellschaftsvertrag in zwei Richtungen modifiziert werden. Einerseits kann die Geschäftsführung an das Erfordernis des gemeinsamen Handelns mehrerer Gesellschafter geknüpft werden – im Extremfall kann Gesamtgeschäftsführung vereinbart werden, bei der nur alle Gesellschafter zusammen handeln können. Andererseits können einzelne Gesellschafter von der Geschäftsführung ausgeschlossen werden – der Extremfall, alle

Gesellschafter von der Geschäftsführung auszuschließen und sie einem Nichtgesellschafter zu übertragen, wird nach herrschender Meinung aber als nicht zulässig angesehen. Definitiv von der laufenden Geschäftsführung ausgeschlossen bleiben nach § 164 HGB die Kommanditisten.

Bei der Geschäftsführung der Kapitalgesellschaften folgt der Gesetzgeber hingegen dem Leitbild der Fremdorganschaft. Danach liegt die laufende Geschäftsführung bei dafür angestellten Personen, was nicht ausschließt, dass diese Personen zugleich Gesellschafter sind. Das Leitbild der Fremdorganschaft wird für GmbH und AG etwas unterschiedlich konkretisiert.

Fremdorganschaft bei Kapitalgesellschaften

Die Geschäftsführung einer GmbH obliegt gemäß §§ 6, 35 GmbHG einem oder mehreren Geschäftsführern, die durch Beschluss der Gesellschafterversammlung bestellt werden. Besonderheiten gelten für Gesellschaften mbH, für die das Montanmitbestimmungsgesetz, das Mitbestimmungsgesetz (MitbestG) oder das Betriebsverfassungsgesetz gilt. Hier ist zwingend ein Aufsichtsrat zu bilden, der seinerseits die Geschäftsführer bestimmt. Freiwillig kann auch jede nicht einem dieser Mitbestimmungsgesetze unterfallende GmbH einen Aufsichtsrat bilden, der dann ebenfalls für die Bestellung der Geschäftsführer zuständig ist.

Organe der GmbH

Das AktG sieht hingegen generell drei Organe vor, nämlich
- die Hauptversammlung, die die Mitglieder des Aufsichtsrats wählt, soweit diese nicht aufgrund mitbestimmungsrechtlicher Vorschriften von den Arbeitnehmern entsandt werden,
- den Aufsichtsrat, der gemäß § 84 AktG den Vorstand bestellt und ihn gemäß § 111 AktG überwacht, und
- den Vorstand, der die laufenden Geschäfte führt.

Organe der AG

Mitglieder von Vorstand und Aufsichtsrat können Aktionäre sein, müssen es aber nicht.

Abgesehen von der Einzelunternehmung kann es also bei allen Rechtsformen Gesellschafter geben, die nicht an der laufenden Geschäftsführung beteiligt sind. Bei der OHG kann diese Konstellation bei entsprechenden Vereinbarungen im Gesellschaftsvertrag entstehen, bei der KG und bei Kapitalgesellschaften stellt sie sogar den gesetzlichen Normalfall dar. Damit Gesellschafter ihre sonstigen Rechte sinnvoll ausfüllen können, bedürfen sie aber einer Mindestinformation über die laufenden Geschäfte. Deshalb hat der Gesetzgeber allen von der laufenden Geschäftsführung ausgeschlossenen Gesellschaftern besondere Informations- und Kontrollrechte eingeräumt. Einheitlich hat er ihnen dazu das Recht auf Kenntnis des Jahresabschlusses eingeräumt (§§ 118, 166 HGB, 42a

Informationsrechte der nicht geschäftsführenden Gesellschafter

GmbHG, 175 AktG). Welche Rechte ihnen zusätzlich zustehen, differiert hingegen deutlich nach der Rechtsform.

Von der Geschäftsführung ausgeschlossene OHG-Gesellschafter und Komplementäre dürfen sich nach § 118 HGB jederzeit persönlich über die Angelegenheiten der Gesellschaft unterrichten und dazu auch die Bücher und Schriften der Gesellschaft einsehen. Kommanditisten dürfen nach § 166 HGB zwar ebenfalls die Bücher und Papiere der Gesellschaft einsehen, aber nur, um die Richtigkeit des Jahresabschlusses zu prüfen.

Unterschiede zwischen GmbH und AG

Aktionäre haben nach § 131 AktG ein Auskunftsrecht auf der i. d. R. einmal jährlich stattfindenden Hauptversammlung. Zudem haben sie nach § 122 AktG bei mindestens 5 % Anteil am Grundkapital das Recht, die Einberufung einer Hauptversammlung und die Aufnahme von Tagesordnungspunkten zu verlangen. GmbH-Gesellschafter haben nach § 51a GmbHG im Vergleich zu Aktionären deutlich weiter gehende Rechte. Ihnen müssen die Geschäftsführer auf Verlangen jederzeit und unverzüglich Auskunft über die Angelegenheiten der Gesellschaft geben und Einsicht in die Bücher und Schriften gestatten. Dieser Unterschied zwischen GmbH und AG ist bemerkenswert. Denn während früher bestehende deutliche Unterschiede zwischen beiden Rechtsformen in vielen Bereichen in den vergangenen 30 Jahren stark reduziert wurden, bleibt an dieser Stelle deutlich die unterschiedliche Grundidee beider Rechtsformen erhalten: Die AG als in ihrem Idealtypus fern von ihren Gesellschaftern konstruierte Gesellschaft, an der sich die Gesellschafter primär vermögensmäßig beteiligen und lediglich einmal jährlich Mitbestimmungsrechte in dem stark reglementierten Rahmen der Hauptversammlung wahrnehmen. Und die GmbH als in ihrem Idealtypus eng an ihren Gesellschaftern konstruierte Gesellschaft, an deren Aktivitäten die Gesellschafter regelmäßig und zeitnah teilnehmen, auch wenn sie nicht die laufenden Geschäfte führen.

4.1.5 Beteiligung an Gewinn und Verlust

a) Überblick
In diesem Abschnitt geht es zunächst nur um die buchtechnische Verteilung von Gewinnen und Verlusten. Ansprüche auf Auszahlungen, Entnahmen bei Personenunternehmen bzw. Ausschüttungen bei Kapitalgesellschaften, werden erst im folgenden Abschnitt behandelt. Einen Überblick über die Grundregeln zur buchtechnischen Verteilung von Gewinnen und Verlusten gibt ◘ Abb. 4.6.

4.1 · Rechtsformübergreifender Überblick

Rechtsform	Verteilung von Gewinn und Verlust	
EUg	keine Verteilung	
OHG	Verteilung auf individuelle Gesellschafterkonten; nach Maßgabe des Gesellschaftsvertrages	dispositive gesetzliche Regel: Gewinn: 4% auf Kapitalanteile, Rest nach Köpfen; Verlust: nach Köpfen
KG		dispositive gesetzliche Regel: Gewinn: 4% auf Kapitalanteile, Rest in „den Umständen angemessenem Verhältnis"; Verlust: in „den Umständen angemessenem Verhältnis"; definitive Grenzen für Kommanditisten: negativer Bestand des Kapitalkontos maximal in Höhe ausstehender Einlage, positiver Bestand maximal in Höhe eingetragener Einlage
GmbH	keine individuellen Gesellschafterkonten, Ermittlung eines kollektiven Bilanzgewinns aus JÜ/JF bei Feststellung des Jahresabschlusses	Feststellung des Jahresabschlusses durch Gesellschafterversammlung; gesetzliche Rücklagen nur bei UG (haftungsbeschränkt)
AG		Feststellung des Jahresabschlusses i.d.R. durch Aufsichtsrat und Vorstand; Pflicht zur Bildung gesetzlicher Rücklage; beschränkte Möglichkeiten zur Bildung freiwilliger Rücklagen (bei JA-Feststellung)

◘ Abb. 4.6 Verteilung von Gewinn und Verlust

b) Personenunternehmen

Bei der Einzelunternehmung wird der in der Gewinn- und Verlustrechnung ermittelte Jahresüberschuss bzw. -fehlbetrag en bloc dem Eigenkapital zu- oder abgebucht. Eine weitere buchtechnische Behandlung findet nicht statt.

Für Personengesellschaften sieht das HGB die Verteilung des Gewinns bzw. Verlustes auf individuelle Eigenkapitalkonten der Gesellschafter vor. Deshalb kann hier von einer individualistischen Gewinnzurechnung gesprochen werden. Die Festlegung des Verteilungsschlüssels liegt dabei vollständig bzw. weitgehend bei den Gesellschaftern selbst.

individuelle Ergebnisverteilung bei Personengesellschaften

Für die Verteilung des Jahresergebnisses der OHG sieht das HGB nur eine dispositive Regelung für den Fall vor, dass der Gesellschaftsvertrag keine abweichende Regelung trifft (§ 121 HGB). Danach gilt folgender Schlüssel:

dispositive Regel zur Ergebnisverteilung der OHG

- Wurde Gewinn erzielt, wird zunächst jedem Gesellschafter ein Gewinnanteil in Höhe von 4 % seines „Kapitalanteils" zugerechnet. Der Kapitalanteil bestimmt sich dabei nach dem Durchschnittsbestand des Kapitalkontos in der zurückliegenden Periode. Reicht der Gewinn nicht

für die Verzinsung der Kapitalkonten zu 4 % aus, wird allen Gesellschaftern ein entsprechend niedrigerer Prozentsatz gutgeschrieben.
- Verbleibt danach noch ein Restgewinn, wird dieser, genau wie ein Verlust, nach Köpfen auf die Gesellschafter verteilt.

Zur beispielhaften Verdeutlichung gehen wir von folgender Situation aus:
- Das Eigenkapital der OHG beträgt zu Jahresbeginn 305.000 €, 120.000 € auf dem Kapitalkonto von Gesellschafter A und 185.000 € auf dem Kapitalkonto von Gesellschafter B.
- Gesellschafter A entnimmt am Ende des ersten Quartals 40.000 €; Gesellschafter B tätigt während des gesamten Jahres weder Entnahmen noch Einlagen.
- Der Gesellschaftsvertrag sieht keine Regelung zur Gewinnverteilung vor.
- Zum Jahresende wird ein Jahresüberschuss von 61.000 € festgestellt.

Dann ergeben sich die Kapitalanteile der beiden Gesellschafter für dieses Jahr wie folgt:
A: $120.000 \cdot 0{,}25 + 80.000 \cdot 0{,}75 = 90.000$
B: 185.000.

Darauf erhalten die Gesellschafter zunächst jeweils 4 %, also A 3600 € (= $90.000 \cdot 0{,}04$) und B 7400 € (= $185.000 \cdot 0{,}04$). Der Restgewinn von 50.000 € wird jedem Gesellschafter hälftig zugerechnet. Insgesamt kommt es also zu folgenden Gewinngutschriften:
A: $3600 + 25.000 = 28.600$
B: $7400 + 25.000 = 32.400$.

dispositive Regel zur Ergebnisverteilung der KG

Auch für die Verteilung des Jahresergebnisses der KG sieht das HGB eine dispositive Regel vor (§ 168 HGB). Danach gilt:
- Vom Gewinn wird zunächst jedem Gesellschafter, analog zur Regelung für die OHG, ein Gewinnanteil in Höhe von 4 % seines Kapitalanteils zugerechnet.
- Für die Verteilung darüber hinausgehender Gewinne soll, genau wie für einen möglichen Verlust, in der Formulierung des Gesetzes „ein den Umständen nach angemessenes Verhältnis der Anteile als bedungen" gelten.

Diese Regelung ist in ihrem zweiten Teil dermaßen unscharf, dass sie nicht operational ist. Erscheint eine vertragliche Regelung der Gewinn- und Verlustverteilung für die OHG nur erforderlich, wenn eine von der gesetzlichen Regel abweichende Partizipation der Gesellschafter gewünscht ist, sollte für eine KG schon wegen dieser Unschärfe der gesetzlichen Regelung in jedem Fall im Gesellschaftsvertrag eine Regel für die Verteilung von Gewinnen und Verlusten vereinbart werden.

Egal, ob die unscharfe gesetzliche oder eine vertragliche Regel anzuwenden ist, die Zurechnung von Gewinnen und Verlusten auf den Kapitalanteil eines Kommanditisten ist in jedem Fall zwingend durch zwei Vorgaben des § 167 HGB begrenzt:

begrenzte Ergebnisbeteiligung der Kommanditisten

- Der Stand seines Kapitalkontos darf durch Verlustzuweisungen zwar auch negativ werden, aber maximal in Höhe der ausstehenden Einlage.
- Gewinne dürfen seinen Kapitalanteil nur erhöhen, bis dieser den Betrag der vereinbarten Einlage erreicht.

Anders als es die gesetzliche Regelung auf den ersten Blick nahelegt, ist damit aber keine symmetrische Begrenzung der Teilnahme an Verlusten und Gewinnen gemeint. Die genannte Begrenzung der Verlustzuweisungen wirkt effektiv. Ist die in § 167 HGB beschriebene Grenze für Verlustzurechnungen erreicht, nimmt der Kommanditist nicht an der Verteilung weiterer Verluste teil. Diese sind dann allein von anderen Gesellschaftern zu tragen. Gewinne werden ihm hingegen auch nach Erreichen der in § 167 HGB beschriebenen Grenze zugeschrieben; nur nicht mehr auf seinen Kapitalanteil, sondern auf einem gesonderten Konto, das z. B. nicht Grundlage für die 4 %-ige Vorabverteilung von Gewinnen in Folgejahren ist.

Zur beispielhaften Verdeutlichung der Gewinn- und Verlustgrenzen für Kommanditisten gehen wir von folgender Situation aus:

Beispiel zur Ergebnisverteilung einer KG

- Komplementär A und Kommanditist B betreiben eine KG. Zu Jahresbeginn weisen die Kapitalkonten von A 80.000 € und von B 20.000 € aus. B hat auf seine eingetragene Einlage von 30.000 € noch 10.000 € ausstehen.
- Während des Jahres werden keine Entnahmen oder Einlagen getätigt.
- Nach dem Gesellschaftsvertrag sind den Gesellschaftern im Gewinnfall zunächst 4 % auf den Kapitalanteil gutzuschreiben. Darüber hinausgehende Gewinne sollen, ebenso wie Verluste, im Verhältnis 2:1 auf A und B verteilt werden.

Ein Jahresüberschuss von 64.000 € wäre dann wie folgt zu verteilen:
B: $20.000 \cdot 0{,}04 + 60.000 \cdot 1/3 = 20.800$
A: $80.000 \cdot 0{,}04 + 60.000 \cdot 2/3 = 43.200$.

Da das Kapitalkonto von Kommanditist B maximal einen Stand in Höhe der eingetragenen Einlage aufweisen darf, werden ihm von seinem Gewinnanteil in Höhe von 20.800 € nur 10.000 € auf seinen Kapitalanteil und die restlichen 10.800 € auf einem gesonderten Konto gutgeschrieben. Komplementär A wird sein gesamter Gewinnanteil von 43.200 € auf dem Kapitalkonto gutgeschrieben.

Alternativ würde ein Jahresfehlbetrag von 75.000 € wie folgt verteilt:
B: $-75.000 \cdot 1/3 = -25.000$
A: $-75.000 \cdot 2/3 = -50.000$.

Beiden Gesellschaftern werden die Verlustanteile vom Kapitalkonto abgebucht. Danach beträgt der Stand des Kapitalkontos von B −5000 €. Der Bestand ist also negativ, übersteigt aber nicht die ausstehende Einlage in Höhe von 10.000 €.

Ein Jahresfehlbetrag von 120.000 € würde schließlich wie folgt verteilt:
B: -30.000
A: $-120.000 - (-30.000) = -90.000$.

Nach dem vereinbarten Schlüssel müsste Kommanditist B ein Drittel des Verlustes, also 40.000 € tragen. Dann würde sein Kontostand mit −20.000 € allerdings den Betrag der ausstehenden Einlage von 10.000 übersteigen, was nicht zulässig ist. Deshalb darf ihm nur noch ein Verlust von 30.000 zugerechnet werden. Den restlichen Verlust muss Komplementär A tragen.

c) Kapitalgesellschaften

kollektive Ergebnisverrechnung bei Kapitalgesellschaften

Bei Kapitalgesellschaften existieren keine individuellen Kapitalkonten der Gesellschafter. Dort wird das in der Gewinn- und Verlustrechnung ermittelte Jahresergebnis nur en bloc (für alle Gesellschafter gemeinsam) buchtechnisch weiterverarbeitet. Deshalb kann hier von kollektivistischer Gewinnverrechnung gesprochen werden. Im Zuge dieser Weiterverarbeitung wird der Jahresüberschuss/-fehlbetrag zum Bilanzgewinn/-verlust modifiziert. Diese Modifikation des Jahresergebnisses hat vor

	Jahresüberschuss/Jahresfehlbetrag
+	Gewinnvortrag
−	Verlustvortrag
−	Bildung von Gewinnrücklagen im Zuge der JA-Feststellung
+	Auflösung von Rücklagen
=	Bilanzgewinn/Bilanzverlust

◻ **Abb. 4.7** Zusammenhang zwischen Jahresergebnis und Bilanzgewinn

4.1 · Rechtsformübergreifender Überblick

allem Bedeutung, weil Ausschüttungen maximal in Höhe des Bilanzgewinns möglich sind. Das Grundschema für die Ermittlung des Bilanzgewinns verdeutlicht ◘ Abb. 4.7.

Über die Ausfüllung dieses Schemas entscheidet jeweils das Gesellschaftsorgan, das den Jahresabschluss feststellt. Mit seiner Feststellung wird der Jahresabschluss rechtsverbindlich. Bei der AG sind dafür i. d. R. Aufsichtsrat und Vorstand und in Ausnahmefällen die Hauptversammlung zuständig, bei der GmbH immer die Gesellschafterversammlung. Dabei sind folgende Vorgaben zu beachten:

vom Jahresüberschuss zum Bilanzgewinn

(1) Ein Gewinnvortrag besteht in der Höhe, wie die Gesellschafter in der Vorperiode beschlossen haben, einen Bilanzgewinn buchmäßig „vorzutragen", ihn also nicht zu Ausschüttungen zu verwenden und auch nicht den Rücklagen zuzubuchen. Ein Verlustvortrag besteht, wenn in der Vorperiode ein Bilanzverlust ausgewiesen wurde. Ein Gewinnvortrag wird automatisch zum Ergebnis dieses Jahres addiert, ein Verlustvortrag automatisch davon subtrahiert. Dabei bestehen keine Entscheidungsspielräume.

Verrechnung von Gewinn- und Verlustvortrag

(2) Gewinnrücklagen können aufgrund gesetzlicher Vorgaben, aufgrund von Satzungsvorgaben oder freiwillig gebildet werden.

— Eine GmbH muss qua Gesetz keine Gewinnrücklagen bilden, wohl aber eine UG (haftungsbeschränkt), die nach § 5a GmbHG ein Viertel ihres um einen Verlustvortrag gekürzten Jahresüberschusses in die Gewinnrücklagen einstellen muss. Ihre Pflicht zur Bildung einer gesetzlichen Rücklage erlischt, wenn die UG über ein Stammkapital in Höhe des für die GmbH vorgesehenen Mindeststammkapitals von 25.000 € verfügt. Dieses Stammkapital kann sie nach § 57c GmbHG u. a. durch die Umwandlung von Gewinnrücklagen, also eine „Kapitalerhöhung aus Gesellschaftsmitteln", bilden. Eine AG muss eine gesetzliche Rücklage gemäß § 150 AktG bilden: „In diese ist der zwanzigste Teil des um einen Verlustvortrag aus dem Vorjahr geminderten Jahres-überschusses einzustellen, bis die gesetzliche Rücklage und die Kapitalrücklagen (…) zusammen den zehnten oder den in der Satzung bestimmten höheren Teil des Grundkapitals erreichen." Da in die Kapitalrücklage das bei der Ausgabe von Aktien erzielte Agio gebucht wird und ein Agio bei der Ausgabe von Aktien eher den empirischen Regelfall als die Ausnahme darstellt, verfügen die meisten AGs über so hohe Kapitalrücklagen, dass die Pflicht zur Bildung gesetzlicher Rücklagen aus Gewinnen bei ihnen nicht greift.

gesetzlich erzwungene Rücklagen

durch Satzung erzwungene Rücklagen

- Für die GmbH schafft § 29 GmbHG die Möglichkeit, Anteile des um einen Verlustvortrag reduzierten Jahresüberschusses durch entsprechende Vereinbarungen im Gesellschaftsvertrag von der „Verteilung unter die Gesellschafter" auszuschließen. Ober- oder Untergrenzen einer solchen Pflicht zur Bildung von Gewinnrücklagen aufgrund des Gesellschaftsvertrages sieht das Gesetz nicht vor.

   Für die AG sieht das AktG die Bildung von Gewinnrücklagen aufgrund satzungsmäßigen Zwangs nur für den Ausnahmefall einer Feststellung des Jahresabschlusses durch die Hauptversammlung vor. Für diesen Fall kann die Satzung vorsehen, dass bis zu 50 % des Jahresüberschusses zwangsweise in die Gewinnrücklagen einzustellen sind. Dabei ist der Jahresüberschuss nach der Kürzung um einen Verlustvortrag und nach der Zuführung zu gesetzlichen Gewinnrücklagen gemeint.

freiwillige Bildung anderer Gewinnrücklagen

- Die Gesellschafterversammlung der GmbH kann gemäß § 29 GmbHG grundsätzlich frei entscheiden, zu welchen Teilen sie das Jahresergebnis nach den gesetzlich oder durch Satzung erzwungenen Zuführungen zu den Rücklagen für Ausschüttungen verwendet, als Gewinn vorträgt oder freiwillig den Gewinnrücklagen zuführt. Im Extremfall kann mit der Feststellung des Jahresabschlusses also das gesamte restliche Jahresergebnis freiwillig den Gewinnrücklagen zugeführt werden.

   Analog zum GmbHG sieht auch das AktG für den Fall, dass die Gesellschafter selbst, also die Hauptversammlung, den Jahresabschluss feststellen, keine Grenze für die freiwillige Bildung von Gewinnrücklagen vor. Stellen Aufsichtsrat und Vorstand den Jahresabschluss fest, sieht der Gesetzgeber allerdings die Gefahr von Interessengegensätzen zwischen Aktionären, die zumindest einen gewissen Teil des Jahresergebnisses für Ausschüttungen verwenden wollen, und Aufsichtsrat und Vorstand, die möglicherweise kein Interesse an Ausschüttungen haben. Mit Blick auf diesen denkbaren Interessenkonflikt begrenzt § 58 AktG die

Begrenzung der Möglichkeit zur Bildung freiwilliger Gewinnrücklagen durch § 58 AktG

Möglichkeiten zur Bildung freiwilliger Gewinnrücklagen durch Aufsichtsrat und Vorstand wie folgt: „Stellen Vorstand und Aufsichtsrat den Jahresabschluss fest, so können sie einen Teil des Jahresüberschusses (gemeint ist der Jahresüberschuss nach Abzug von Verlustvortrag und Zuführung zu gesetzlichen Rücklagen; die Verfasser), höchstens jedoch die Hälfte, in andere

4.1 · Rechtsformübergreifender Überblick

Gewinnrücklagen einstellen. Die Satzung kann Vorstand und Aufsichtsrat zur Einstellung eines größeren oder kleineren Teils, bei börsennotierten Gesellschaften nur eines größeren Teils des Jahresüberschusses ermächtigen. Auf Grund einer solchen Satzungsbestimmung dürfen Vorstand und Aufsichtsrat keine Beträge in andere Gewinnrücklagen einstellen, wenn die anderen Gewinnrücklagen die Hälfte des Grundkapitals übersteigen oder soweit sie nach der Einstellung die Hälfte übersteigen würden."

(3) Die Auflösung von Rücklagen durch die Gesellschafter wird im GmbHG nicht ausdrücklich begrenzt. Nur für spezielle Zwecke aufgelöst werden darf nach § 5a GmbHG allerdings die gesetzliche Rücklage der UG (haftungsbeschränkt).

Für die Auflösung von Rücklagen einer AG sieht das AktG eine Begrenzung vor, die unabhängig davon gilt, ob Aufsichtsrat und Vorstand oder die Hauptversammlung den Jahresabschluss feststellen. Danach dürfen die Kapitalrücklagen und die gesetzliche Gewinnrücklage gemäß § 150 AktG nur unter bestimmten Voraussetzungen aufgelöst werden, für die Auflösung anderer Gewinnrücklagen bestehen hingegen keine gesetzlichen Grenzen.

Auflösung von Rücklagen

Zur beispielhaften Verdeutlichung der für eine AG bestehenden Vorschriften gehen wir von folgender Konstellation aus:
- Zum Ende des Geschäftsjahres stellt die AG einen Jahresüberschuss von 220.000 € fest.
- Die Satzung ermächtigt Aufsichtsrat und Vorstand, maximal 70 % des Gewinns (nach Verlustvortrag und Zuführung zu gesetzlichen Rücklagen) in andere Gewinnrücklagen einzustellen.
- Die Bilanz des Vorjahres weist folgende Positionen des Eigenkapitals aus:

Beispiel zur Ermittlung des Bilanzgewinns einer AG

500.000 €	Grundkapital
20.000 €	Kapitalrücklagen
25.000 €	Gesetzliche Rücklage
230.0000 €	Andere Gewinnrücklagen
20.000 €	Verlustvortrag

Dann ist – unabhängig davon, wer den Jahresabschluss feststellt und mit welcher Intention er dies tut – der Jahresüberschuss zunächst wie folgt zu modifizieren. Der Jahresüberschuss nach Verlustvortrag beträgt 200.000 €. Würden davon gemäß § 150 AktG 5 %, also 10.000 €, in die gesetzliche Rücklage eingestellt, beliefe sich diese auf 35.000 €. Zusammen mit der Kapitalrücklage erreicht die gesetzliche Rücklage 10 % des Grundkapitals aber bereits bei einem Stand von 30.000 €. Daher sind in die gesetzliche Rücklage nur noch 5000 € einzustellen. Deshalb ist der Jahresüberschuss zunächst einmal wie folgt zu modifizieren.

220.000 €	Jahresüberschuss
−20.000 €	Verlustvortrag
−5000 €	Zuführung zu der gesetzlichen Rücklage
= 195.000 €	modifizierter Jahresüberschuss

Ziel: Ausweis eines möglichst hohen Bilanzgewinns

Stellen Aufsichtsrat und Vorstand den Jahresabschluss mit dem Ziel, einen möglichst hohen Bilanzgewinn auszuweisen, fest, verzichten sie auf die freiwillige Bildung von Rücklagen und lösen in maximalem Umfang Rücklagen auf. Auflösen dürfen sie maximal die anderen Gewinnrücklagen in voller Höhe. Der Bilanzgewinn beträgt dann 425.000 €:

195.000 €	modifizierter Jahresüberschuss
+230.000 €	Auflösung von Rücklagen
= 425.000 €	Bilanzgewinn.

Ziel: Ausweis eines möglichst niedrigen Bilanzgewinns

Stellen Aufsichtsrat und Vorstand den Jahresabschluss mit dem Ziel, einen möglichst geringen Bilanzgewinn auszuweisen, fest, lösen sie keine Rücklagen auf und stellen möglichst hohe Beträge in andere Gewinnrücklagen ein. Einstellen dürfen sie nach der Satzung nicht nur die gesetzlich vorgesehenen 50 %, sondern 70 % des modifizierten Jahresüberschusses. Die anderen Gewinnrücklagen betragen aber bereits mehr als 50 % des Grundkapitals, wenn dort nur 50 % des modifizierten Jahresüberschusses zusätzlich eingestellt werden. Daher dürfen Vorstand und Aufsichtsrat keinen Gebrauch mehr von der satzungsmäßigen Erweiterung ihrer Kompetenz zur freiwilligen Bildung von Rücklagen machen. Sie dürfen maximal 50 % des modifizierten Jahresüberschusses einstellen. Der Bilanzgewinn beträgt dann 97.500 €:

195.000 €	modifizierter Jahresüberschuss
−97.500 €	Zuführung zu anderen Gewinnrücklagen
= 97.500 €	Bilanzgewinn.

4.1.6 Entnahme- und Ausschüttungsrechte

a) Überblick

Bei einer Entnahme bzw. Ausschüttung wird Vermögen ohne Gegenleistung aus dem Unternehmensvermögen in das Privatvermögen der Gesellschafter transferiert. Bei Personenunternehmen spricht man von Entnahmen und bringt damit zum Ausdruck, dass die Initiative zum Vermögenstransfer vom einzelnen Begünstigten ausgeht. Bei Kapitalgesellschaften liegt die Entscheidung hingegen bei der Gesamtheit der Gesellschafter, sie gilt dann für alle Gesellschafter in gleicher Weise. Dort spricht man von Ausschüttung und drückt damit aus, dass die Initiative von der Gesellschaft ausgeht.

Entnahme und Ausschüttung

Der betragliche Rahmen, in dem Entnahmen oder Ausschüttungen zulässig sind, kann zum einen im Außenverhältnis der Gesellschaft zu Dritten und zum anderen im Innenverhältnis der Gesellschafter oder Gesellschaftsorgane untereinander begrenzt sein. Beide Regelungsebenen sind gedanklich zu trennen:

- Im Außenverhältnis geht es im Zusammenhang mit Entnahmen und Ausschüttungen um die Frage, welche Grenzen selbst dann zu beachten sind, wenn sich alle Gesellschafter bzw. Gesellschaftsorgane einig sind, möglichst hohe Entnahmen bzw. Ausschüttungen vorzunehmen. Zu beachten sind dabei Grenzen, die der Gesetzgeber vorgesehen hat, um Gläubiger des Unternehmens vor übermäßigen Verminderungen des Unternehmensvermögens zu schützen.

Regelungen im Außenverhältnis

- Im Innenverhältnis geht es hingegen um die Frage, in welchem Maße einzelne Gesellschafter bzw. Gesellschaftsorgane befugt sind, die durch Regelungen des Außenverhältnisses definierten Handlungsspielräume autonom auszufüllen. Im Zusammenhang mit Entnahmen und Ausschüttungen geht es dabei also um die Frage, inwieweit Gesellschafter von anderen Gesellschaftern oder Gesellschaftsorgane von anderen Gesellschaftsorganen in ihren Ausschüttungs- oder Entnahmekompetenzen begrenzt werden können.

Regelungen im Innenverhältnis

Einen Überblick über die Regelungen zu Entnahmen und Ausschüttungen gibt ◘ Abb. 4.8.

b) Personenunternehmen

Personenunternehmen unterliegen im Außenverhältnis keinen Beschränkungen der Entnahmen. Hier kommt wiederum die Äquivalenzfiktion zum Ausdruck, nach der es Gläubigern von Personenunternehmen wegen der unbeschränkten privaten

keine Entnahmegrenzen im Außenverhältnis der Personenunternehmen

Rechtsform	Außenverhältnis	Innenverhältnis
EUg	unbegrenzt	unbegrenzt
OHG	unbegrenzt	Grenzen gemäß Gesellschaftsvertrag; dispositive gesetzliche Regelung: 4% auf Kapitalanteil auch ohne Gewinn, überschießender Gewinn, wenn nicht zum „offenbaren Schaden der Gesellschaft", weitergehende Entnahmen bei Zustimmung anderer Gesellschafter
KG	unbegrenzt (bei Kommanditisten: unbegrenzt, aber private Haftung bei kapitalmindernden Entnahmen)	Grenzen gemäß Gesellschaftsvertrag; dispositive gesetzliche Regelung: für Komplementäre wie bei OHG, für Kommanditisten nur Gewinnanteile und nur, wenn Kapitalanteil nicht durch frühere Verluste unterhalb der eingetragenen Einlage
GmbH	Stammkapital muss erhalten bleiben	Gesellschafterversammlung beschließt Feststellung und Verwendung des Bilanzgewinns; jeder Gesellschafter ist gleich betroffen
AG	keine Ausschüttung in Höhe von Grundkapital, Kapitalrücklage und gesetzlicher Gewinnrücklage	i.d.R. beschließen Aufsichtsrat und Vorstand Feststellung und Hauptversammlung Verwendung des Bilanzgewinns; jeder Gesellschafter ist gleich betroffen

◘ **Abb. 4.8** Entnahme- und Ausschüttungsrechte

Haftung im Wesentlichen egal ist, ob sich Vermögensgegenstände im Unternehmensvermögen oder im Privatvermögen der Unternehmenseigner befinden.

Dabei sind im Außenverhältnis auch Entnahmen der nur beschränkt privat haftenden Kommanditisten unbegrenzt zulässig. Reduzieren Kommanditisten ihren Kapitalanteil allerdings durch Entnahmen auf einen Stand unterhalb der eingetragenen Einlage, lebt bis maximal zur Höhe der eingetragenen Einlage ihre private Haftung auf. Gläubiger erhalten in Höhe sogenannter kapitalmindernder Entnahmen also zusätzlich Zugriff auf das Privatvermögen der Kommanditisten. Diese Haftungserweiterung entspricht wiederum der Äquivalenzfiktion; sie bleibt allerdings auf die Höhe der eingetragenen Einlage beschränkt.

mögliche Entnahmegrenzen im Innenverhältnis der Personengesellschaften

Einzelunternehmer sind bei ihren Entnahmen auch im Innenverhältnis keinen Restriktionen unterworfen, da sie alle Entscheidungen alleine treffen. Für Gesellschafter von Personengesellschaften können hingegen Beschränkungen im Innenverhältnis bestehen. Maßgeblich dafür sind die im Gesellschaftsvertrag getroffenen Vereinbarungen. Vertraglich können Gesellschafter sich gegenseitig in nahezu beliebiger Weise in ihren individuellen Entnahmemöglichkeiten beschneiden, obwohl sie im Außenverhältnis unbegrenzt hohe Beträge entnehmen dürften. Für den Fall, dass ein Gesellschaftsvertrag keine Regelung der individuellen Entnahmemöglichkeiten enthält, sieht das HGB für OHG und KG jeweils eine dispositive gesetzliche Regelung vor.

Für die OHG sieht § 122 HGB dispositiv folgendes dreistufige Entnahmemodell vor:

- Jeder Gesellschafter darf nach freiem Ermessen bis zu 4 % seines Kapitalanteils entnehmen, auch wenn kein oder nur ein geringerer Gewinn erzielt wurde.
- Übersteigt der Gewinnanteil eines Gesellschafters 4 % seines Kapitalanteils, darf er überschießende Gewinnanteile ebenfalls entnehmen, „soweit dies nicht zum offenbaren Schaden der Gesellschaft gereicht". Der unbestimmte Rechtsbegriff „offenbarer Schaden" wird in der Rechtsprechung dabei eng ausgelegt. Er könnte etwa vorliegen, wenn die Gesellschaft wegen der Entnahme zahlungsunfähig wird.
- Über die 4 % oder einen höheren Gewinnanteil hinaus darf der einzelne Gesellschafter nur mit Zustimmung der anderen Gesellschafter Entnahmen tätigen.

Für die Komplementäre der KG sieht § 169 HGB dispositiv dasselbe dreistufige Entnahmemodell wie für OHG-Gesellschafter vor. Für Kommanditisten ist die Entnahmemöglichkeit dort sowohl nach oben als auch nach unten beschränkt. Die Obergrenze ihres Entnahmerechts im Verhältnis zu den anderen Gesellschaftern bildet ihr Gewinnanteil und auch diesen Gewinnanteil dürfen sie nur entnehmen, wenn ihr Kapitalanteil nicht durch Verluste unter die vereinbarte Einlage gesunken ist. Andererseits dürfen Kommanditisten ihren Kapitalanteil auch nicht durch Entnahmeverzicht über die vereinbarte Einlage hinaus erhöhen. Sie müssen also mindestens die Gewinnanteile entnehmen, die zu einem höheren Kapitalanteil führen würden. Dabei ist wohl auch die Umbuchung höherer Gewinnanteile auf ein anderes Konto als das Kapitalkonto möglich.

dispositive Regelung:

– für die OHG

– für die KG

c) Kapitalgesellschaften

Bei Kapitalgesellschaften ist die Haftung für die Unternehmensschulden im Kern auf das Unternehmensvermögen beschränkt, Gesellschafter haften privat nur in Höhe ausstehender Einlagen. Daher mindern Ausschüttungen i. d. R. die Möglichkeiten der Gläubiger zur Befriedigung ihrer Forderungen. Andererseits können, wie die Überlegungen zu den Finanzierungsrisiken zeigen, Eigenfinanciers gerade deshalb Interesse an hohen Ausschüttungen haben, da sie so Vermögen dem Zugriff der Gläubiger entziehen können.

Die Lösung dieses zwischen Eignern und Gläubigern drohenden Interessenkonfliktes überlassen viele Rechtsordnungen weitgehend den betroffenen Parteien. Oft beschränken sie Ausschüttungen von Kapitalgesellschaften gesetzlich nur durch einen Solvenztest. Danach sind Ausschüttungen zulässig, solange sie nicht bewirken, dass das Unternehmen bereits bestehende Schulden bei deren Fälligkeit nicht vollständig wird bedienen können.

Gläubigerschutz durch Ausschüttungsgrenzen bei Kapitalgesellschaften

Der deutsche Gesetzgeber hat sich im Hinblick auf diesen Interessenkonflikt zu Regelungen entschieden, die stärker dem Schutz der Gläubiger verpflichtet sind. Seine Regelungen folgen der Idee, dass zwischen dem Vermögen und den Schulden einer Kapitalgesellschaft ein Puffer in Form von bilanziellem Eigenkapital in einer bestimmten Mindesthöhe bestehen sollte. Zwar stellt der Gesetzgeber nicht sicher, dass dieser Puffer nicht durch Verluste aufgezehrt wird. Er versucht aber zumindest zu erreichen, dass der Puffer erst einmal gebildet wird (durch Mindesteinlagevorschriften) und dass er anschließend nicht einfach durch Entnahmen wieder aufgelöst wird (durch Ausschüttungsgrenzen).

idealtypische Ausschüttungsgrenze im Außenverhältnis

Abstrahiert man zunächst in einer idealtypischen Betrachtung von konkreten Formulierungen und regulatorischen Details, geht der Gesetzgeber bei den in AktG und GmbHG getroffenen Regelungen davon aus, dass Gläubiger gesetzlich nur gegen Ausschüttungen zu schützen sind, die höher als der in ◘ Abb. 4.9 verdeutlichte Betrag ausfallen. Ausschüttungen bis zu diesem Betrag hält er für Gläubiger idealtypisch für zumutbar.

Rechtfertigung einer Ausschüttungsgrenze

Nach der idealtypischen Vorstellung dürfen Kapitalgesellschaften Ausschüttungen in dem Maße vornehmen, wie die Gesellschaft kumuliert über alle abgelaufenen Jahre netto einen Eigenkapitalzuwachs durch ertragreiche Geschäfte erwirtschaftet hat. Wurden diese Ausschüttungsmöglichkeiten nicht bereits in vergangenen Perioden für Ausschüttungen genutzt, stehen sie in dieser Periode dafür zur Verfügung. Diese Ausschüttungsobergrenze lässt sich dadurch rechtfertigen, dass den Gläubi-

	Gewinn der gerade abgelaufenen Periode
+	Gewinne aller Vorperioden
-	Verlust der gerade abgelaufenen Periode
-	Verluste aller Vorperioden
-	Ausschüttungen aller Vorperioden
=	idealtypische Ausschüttungsobergrenze

◘ **Abb. 4.9** Idealtypische Ausschüttungsobergrenze für Kapitalgesellschaften

gern nach einer Ausschüttung des Maximalbetrages im Unternehmen immer noch mindestens der gleiche Überschuss an Vermögen über die Schulden zur Verfügung steht wie zu Beginn der Unternehmenstätigkeit. Wird bei Aufnahme der Unternehmenstätigkeit ein Eigenkapitalpuffer hergestellt, kann dieser also zumindest durch Ausschüttungen nicht reduziert werden.

Bei der Umsetzung dieser Grundidee weicht der Gesetzgeber in zweifacher Weise von dem in ◘ Abb. 4.9 verdeutlichten Schema ab. Zum einen installiert er Ausschüttungsobergrenzen auf einem anderen Weg und beschreitet dabei für AG und GmbH zudem unterschiedliche Wege. Zum anderen installiert er die Grenzen materiell mit etwas anderem Gehalt und trifft auch dabei für AG und GmbH im Detail unterschiedliche Regelungen. Wir betrachten die gesetzlichen Regeln für AG und GmbH daher einzeln und vergleichen sie jeweils mit der idealtypischen Regel.

Das GmbHG sieht in § 30 für das Außenverhältnis eine direkte Begrenzung der maximal zulässigen Ausschüttung vor. Danach gilt: „Das zur Erhaltung des Stammkapitals erforderliche Vermögen der Gesellschaft darf an die Gesellschafter nicht ausgezahlt werden." Da eine Ausschüttung bei ihrer Verbuchung i. d. R. mit einer Vermögensminderung einerseits und einer Minderung des Eigenkapitals andererseits verbunden ist, sind Ausschüttungen nach dieser Regel also nur zulässig, wenn für die Gegenbuchung der Vermögensminderung noch andere Posten des Eigenkapitals als das Stammkapital zur Verfügung stehen.

Ausschüttungsgrenze der GmbH im Außenverhältnis

Bildet man auch die idealtypische Ausschüttungsgrenze der ◘ Abb. 4.9 durch Benennung der Eigenkapitalkomponenten ab, die für die Gegenbuchung von Ausschüttungen verwendet werden dürfen, dann dürften Ausschüttungen idealtypisch nur zulässig sein, wenn sie gegen zuvor aus Gewinnen gebildete Eigenkapitalpositionen gebucht werden können. Das GmbHG zieht die Grenzen der Ausschüttungsmöglichkeiten im Vergleich dazu aber weiter. Es lässt Ausschüttungen nicht nur bei einer Buchung gegen zuvor aus Gewinnen gebildete Eigenkapitalpositionen zu, sondern bei einer Buchung gegen alle Eigenkapitalpositionen außer gegen das Stammkapital. Neben dem Stammkapital und den aus Gewinnen gebildeten Positionen kann das Eigenkapital einer GmbH aber insbesondere auch Kapitalrücklagen umfassen, die bei der Ausgabe von Unternehmensanteilen mit einem Agio oder bei der Erbringung von Nachschüssen gebildet wurden. Diese Positionen, die aus über die Nennwerte hinausgehenden Einlagen der Gesellschafter resultieren, stünden nicht nach der idealtypischen Regel, wohl aber nach der im GmbHG tatsächlich vorgesehenen Regel für Ausschüttungen zur Verfügung. Bildet man die

```
    Gewinn der gerade abgelaufenen Periode
+   Gewinne aller Vorperioden
+   Kapitalrücklage
-   Verlust der gerade abgelaufenen Periode
-   Verluste aller Vorperioden
-   Ausschüttungen aller Vorperioden

=   Ausschüttungsobergrenze der GmbH
```

Abb. 4.10 Ausschüttungsobergrenze einer GmbH

Ausschüttungsgrenze des GmbHG in einem ähnlichen Schema wie die idealtypische Grenze ab, müsste man es also etwa wie in ◘ Abb. 4.10 ergänzen.

Ausschüttungen im Innenverhältnis der GmbH

Im Innenverhältnis liegt die Ausschöpfung der im Außenverhältnis bestehenden Ausschüttungsmöglichkeiten vollständig in der Hand der GmbH-Gesellschafter. Da die Gesellschafterversammlung sowohl über die Feststellung des Jahresabschlusses als auch über die Verwendung des Bilanzgewinns befindet, konkurrieren die Gesellschafter bei Ausschüttungsentscheidungen nicht mit den Kompetenzen anderer Gesellschaftsorgane. Allenfalls konkurrieren Gesellschafter mit anderen Gesellschaftern, wenn einzelne Gesellschafter dadurch in ihren Ausschüttungswünschen beschnitten werden, dass sie bei der Feststellung des Jahresabschlusses oder bei der Gewinnverwendungsentscheidung von anderen Gesellschaftern mit geringerem Ausschüttungsinteresse überstimmt werden. Da die Ausschüttungshöhe en bloc beschlossen wird und einzelne Gesellschafter daran zwangsweise ihrem Kapitalanteil entsprechend teilnehmen, sind individuell unterschiedliche Ausschüttungen ausgeschlossen.

Ausschüttungsgrenze der AG im Außenverhältnis

Das AktG begrenzt Ausschüttungen gemäß § 57 AktG in der Weise, dass vor Auflösung der Gesellschaft kein höherer Betrag als der in ▶ Abschn. 4.1.5 erläuterte Bilanzgewinn ausgeschüttet werden darf. Die im Außenverhältnis vorgegebene Ausschüttungsobergrenze ergibt sich hier also indirekt aus den Grenzen, die den Ausweis eines Bilanzgewinns nach oben limitieren. Wollte man auf diesem Weg auch die idealtypische Ausschüttungsgrenze der ◘ Abb. 4.9 beschreiben, müssten folgende Regeln bei der Ermittlung des Bilanzgewinns gelten:

- Damit frühere Verluste den maximal ausweisbaren Bilanzgewinn in voller Höhe mindern, dürften sie nur vorgetragen oder gegen Gewinnrücklagen gebucht werden. Eine Buchung gegen die Kapitalrücklage müsste ausgeschlossen sein.
- Damit aktuelle und frühere Gewinne den maximal ausweisbaren Bilanzgewinn in voller Höhe erhöhen,

dürfte keine Pflicht zur Bildung von Rücklagen aus dem Jahresüberschuss bestehen und müssten früher gebildete Gewinnrücklagen in voller Höhe auflösbar sein.

Die tatsächlich im AktG vorgesehenen Regeln für die Ermittlung des Bilanzgewinns weichen von dieser Idealvorstellung allerdings in zwei Punkten ab:

- Wie in ▶ Abschn. 4.1.5 beschrieben, ist gemäß § 150 AktG u. U. eine gesetzliche Rücklage zu bilden, die auch später nur in speziellen Situationen wieder aufgelöst werden darf. In Höhe der gesetzlichen Gewinnrücklage gestattet das AktG also eine geringere Ausschüttung als die idealtypische Vorstellung.
- Andererseits können gesetzliche Gewinnrücklagen, aber auch die Kapitalrücklage, nach § 150 AktG unter bestimmten Bedingungen zum buchtechnischen Ausgleich eines Verlustes aufgelöst werden. Wird von dieser Möglichkeit Gebrauch gemacht und dann in einer folgenden Periode wieder Gewinn erzielt, kann dieser Gewinn – anders als es nach der idealtypischen Vorstellung sein müsste – in voller Höhe ausgeschüttet werden. Der nachfolgende Gewinn muss dann nicht zunächst zum Ausgleich der in Vorperioden erzielten Verluste herangezogen werden. In Höhe der gegen gesetzliche oder Kapitalrücklagen verrechneten Verluste gestattet das AktG also eine höhere Ausschüttung als die idealtypische Vorstellung.

Will man die gesetzliche Ausschüttungsgrenze des AktG in einem ähnlichen Schema wie die idealtypische Grenze abbilden, müsste man es also etwa wie in ◘ Abb. 4.11 ergänzen.

	Gewinn der gerade abgelaufenen Periode
+	Gewinne aller Vorperioden
−	alle früheren Zuführungen zur gesetzlichen Rücklage
−	in diesem Jahr erforderliche Zuführung zur gesetzlichen Rücklage
+	früher zum Verlustausgleich aufgelöste gesetzliche und Kapitalrücklage
−	Verlust der gerade abgelaufenen Periode
−	Verluste aller Vorperioden
−	Ausschüttungen aller Vorperioden
=	Ausschüttungsobergrenze der AG

◘ Abb. 4.11 Ausschüttungsobergrenze einer AG

Ausschüttungen im Innenverhältnis der AG

Zur vollen Ausschüttung dieses im Außenverhältnis maximal zulässigen Betrages kommt es aber nur unter zwei Bedingungen: Zum einen muss das für die Feststellung des Jahresabschlusses zuständige Organ, i. d. R. also Aufsichtsrat und Vorstand, von seinen Möglichkeiten zum Ausweis eines Bilanzgewinns in maximalem Umfang Gebrauch machen. Zum anderen muss die Hauptversammlung die volle Ausschüttung des Bilanzgewinns beschließen, also auf einen Gewinnvortrag und die Bildung von Gewinnrücklagen verzichten.

Daher können Aktionäre in ihren Ausschüttungsmöglichkeiten im Innenverhältnis in zweifacher Weise enger beschränkt sein, als das AktG dies im Außenverhältnis vorsieht. Die Gesamtheit aller Gesellschafter unterliegt zusätzlichen Ausschüttungsrestriktionen, wenn Aufsichtsrat und Vorstand freiwillige Zuführungen zu den Rücklagen vornehmen oder auf die mögliche Auflösung von Rücklagen verzichten. Wie wir in ▶ Abschn. 4.1.5 gesehen haben, ist die freiwillige Bildung von Gewinnrücklagen seitens Aufsichtsrat und Vorstand durch die Regelung des § 58 AktG beschränkt. Für die Auflösung von Rücklagen besteht hingegen keine vergleichbare Untergrenze. Der einzelne Gesellschafter unterliegt, analog zur GmbH, zudem Ausschüttungsrestriktionen, wenn er bei der Gewinnverwendungsentscheidung von anderen Gesellschaftern mit geringerem Ausschüttungsinteresse überstimmt wird. Denn auch bei der AG wird die Ausschüttungshöhe kollektiv beschlossen. Die Begrenzung der Ausschüttung im Innenverhältnis durch den Mehrheitsbeschluss der anderen Gesellschafter erfährt allerdings ihrerseits eine gewisse Begrenzung durch § 254 AktG. Danach können Aktionäre einen Gewinnverwendungsbeschluss unter gewissen Umständen gerichtlich anfechten, wenn die Ausschüttung trotz höheren Bilanzgewinns geringer als 4 % des Grundkapitals ist.

4.2 Eigenfinanzierung der Aktiengesellschaft

4.2.1 Grundlagen

Ein genauerer Blick auf die Eigenfinanzierung der AG lohnt sich aus zwei Gründen. Zum einen bestehen für die Eigenfinanzierung der AG die detailliertesten rechtlichen Vorgaben. Zum anderen erlaubt die AG besonders anschauliche Einblicke in Bewertungszusammenhänge, die es bei der Eigenfinanzierung zu beachten gilt. Die Bewertungszusammenhänge gelten ähnlich auch für andere Rechtsformen. Sie schlagen sich dort aber nur in subjektiven Bewertungen von Unternehmens-

4.2 • Eigenfinanzierung der Aktiengesellschaft

anteilen durch Anteilseigner nieder. Bei einer AG mit an der Börse gehandelten Anteilen schlagen sie sich hingegen anschaulich in Börsenkursen nieder.

Eine Auseinandersetzung mit der Eigenfinanzierung der AG setzt Grundbegriffe voraus. Vor allem ist zu klären, was unter einer Aktie zu verstehen ist und was der Börsenhandel von Aktien mit der Finanzierung einer AG zu tun hat.

Die Bezeichnung „Aktie" wird vor allem für zwei unterschiedliche Begriffsinhalte verwendet. Zunächst einmal wird damit das abstrakte Mitgliedschaftsrecht bezeichnet, das ein Aktionär innehat. In diesem Sinne umfasst eine Aktie insbesondere:

- das Recht auf Anteil an der Dividende,
- das Recht auf Anteil am Liquidationserlös,
- Bezugsrechte,
- das Recht zur Teilnahme an und Stimmrecht auf der Hauptversammlung,
- das Recht auf Kenntnis des Jahresabschlusses,
- das Recht auf Auskünfte durch den Vorstand,
- das Recht, Hauptversammlungsbeschlüsse gerichtlich anzufechten,
- ggfs. die Pflicht zur Erbringung ausstehender Einlagen.

Aktie als Bündel von Rechten und Pflichten

Stehen keine Einlagen aus, umfasst die Position eines Aktionärs i. d. R. nur noch Rechte und keine Pflichten. Im abstrakten Sinne wird eine Aktie daher auch einfach als „Bündel der Mitgliedschaftsrechte" eines Aktionärs umschrieben.

Zugleich wird als „Aktie" auch die Urkunde bezeichnet, in der die Rechtsposition des Aktionärs als Wertpapier verbrieft ist. Die wertpapiermäßige Verbriefung bewirkt, dass der Aktionär seine Rechte nur noch unter Vorlage der Urkunde geltend machen kann. Diese Eigenschaft, die zunächst nach einem Nachteil klingt, schafft die Voraussetzung dafür, Rechte besonders einfach übertragen zu können. Wegen ihrer wertpapiermäßigen Verbriefung muss ein Aktionär seine Rechte bei einem Verkauf nämlich nicht einzeln im Wege eines detaillierten Vertrages an seinen Nachfolger zedieren, sondern kann sie einfach und gebündelt übertragen, indem er die Rechte an der Urkunde überträgt. Diese Vereinfachung bieten Aktien auch dann, wenn dafür physisch gar keine Einzelurkunden ausgestellt werden. Dann wird analog der Anteil an einer sogenannten Globalurkunde übertragen.

Aktie als Urkunde

Weiter vereinfacht wird die Übertragung von Aktien, weil es sich bei ihnen um auch als Effekten bezeichnete vertretbare Wertpapiere handelt. Vertretbar sind Wertpapiere, wenn eine größere Zahl von Wertpapieren gleichen rechtlichen Inhalts existiert und diese Wertpapiere untereinander austauschbar

wertpapiermäßige Verbriefung vereinfacht Rechtsübertragung

sind. Dann müssen bei ihrer Übertragung nicht Verträge über ganz bestimmte Exemplare der Wertpapiere geschlossen werden, sondern können einfach Verträge über eine bestimmte Anzahl dieses Wertpapiertyps geschlossen werden.

börslicher Handel von Aktien

Dass Aktien vertretbare Wertpapiere sind, wird als zentrale Voraussetzung für ihren börslichen Handel betrachtet. Diese Voraussetzung ist für die Anteile anderer Gesellschaften nicht in vergleichbarer Weise erfüllt. Die Anteile an anderen Gesellschaften sind in der Regel erst gar nicht als Wertpapiere verbrieft. Und selbst wenn sie es wären, würden die Anteile i. d. R. individuelle Merkmale tragen, sie wären also nicht vertretbar. Rein theoretisch wäre zwar auch der börsliche Handel von Anteilen an Gesellschaften anderer Rechtsformen möglich. Er wäre aber wesentlich schwieriger zu bewerkstelligen. Daher ist der börsliche Handel von Unternehmensanteilen faktisch auf Aktien beschränkt. Das heißt aber nicht, dass im Umkehrschluss die Aktien jeder AG an einer Börse gehandelt werden. Tatsächlich wurden in Deutschland im Mai 2016 bei einem Bestand von ca. 8000 Aktiengesellschaften nur die Anteile von 1175 Gesellschaften an einer Wertpapierbörse gehandelt, also von jeder siebten. Das Gros der Aktiengesellschaften nimmt entweder freiwillig Abstand von einem börslichen Handel ihrer Anteile oder erfüllt weitergehende Voraussetzungen nicht, die üblicherweise an einen Börsenhandel geknüpft werden.

Beim Handel von Aktien kann es sich um zwei Arten von Transaktionen handeln:

Primär- und Sekundärhandel von Aktien

- Entweder verkauft die Gesellschaft selbst Aktien, die erst im Zuge des Verkaufs entstehen. Solche Aktien bezeichnet man als junge Aktien. Die Transaktion bezeichnet man als Primärgeschäft und den Markt, auf dem sie stattfindet, als Primärmarkt.
- Oder es werden, von der Gesellschaft oder einem anderen Besitzer, Aktien verkauft, die bereits zuvor existierten. Solche „gebrauchten" Aktien bezeichnet man auch als alte Aktien. Die Transaktion bezeichnet man als Sekundärgeschäft und den Markt, auf dem sie stattfindet, als Sekundärmarkt.

Theoretisch sind an Wertpapierbörsen Primär- und Sekundärgeschäfte vorstellbar. Praktisch finden in Deutschland an der Börse ausschließlich Sekundärgeschäfte statt. Beim börslichen Aktienhandel geht es also stets um „Gebrauchtaktienhandel". Der Primärhandel oder „Neuaktienhandel" findet hingegen außerhalb der Börse im Rahmen speziell zu organisierender Verkaufsveranstaltungen statt.

4.2 · Eigenfinanzierung der Aktiengesellschaft

Die uns interessierende Eigenfinanzierung der AG findet also gar nicht an, sondern gerade außerhalb der Börse statt. Denn zur Eigenfinanzierung kommt es nur, wenn die Gesellschaft selbst Aktien verkauft und ihr dafür Zahlungsmittel zufließen. Abgesehen von der rechtlich beschränkten Möglichkeit, zunächst eigene Anteile zurückzukaufen und sie später wieder zu verkaufen, ist der AG dies aber nur durch den Verkauf junger Aktien am Primärmarkt möglich. So gesehen erscheint für Fragen der betrieblichen Finanzierung der börsliche Handel von Aktien zunächst einmal uninteressant. Aus unterschiedlichen Gründen ist er dafür indirekt aber doch von Interesse:

- Junge Aktien am Primärmarkt kann die Gesellschaft i. d. R. nur verkaufen, wenn Investoren vergleichbare Aktien nicht günstiger an der Börse kaufen können. Insoweit beschränkt der im Börsenhandel festgestellte Kurs für umlaufende eigene oder für vergleichbare Aktien anderer Unternehmen die Eigenfinanzierungsmöglichkeiten der AG.
- Junge Aktien am Primärmarkt kann die Gesellschaft andererseits einfacher verkaufen, wenn Erwerber die Aussicht haben, die Aktien bei Bedarf später wieder relativ problemlos verkaufen zu können. Insoweit fördert die anschließend bestehende Möglichkeit des Börsenhandels die Eigenfinanzierungsmöglichkeiten der AG.
- Insbesondere verschafft der Börsenhandel Aktionären damit auch Möglichkeiten, besser auf Veränderungen ihres Vermögens zu reagieren, die eine Eigenfinanzierung der Gesellschaft bei ihnen bewirkt. Dieser Aspekt wird sich Ihnen spätestens nach der Lektüre von
▶ Abschn. 4.2.4 erschließen. Insoweit fördert der Börsenhandel die Eigenfinanzierungsmöglichkeiten der AG.
- Zudem vermittelt der Börsenhandel durch die dort festgestellten Kurse eine objektivierte Vorstellung von der Bewertung der Aktien.

Bei einer AG mit börsengehandelten Anteilen schlagen sich alle Aktivitäten der Gesellschaft, insbesondere auch ihre Finanzierungsaktivitäten, in den Bewertungsvorstellungen der Investoren und schließlich in den Börsenkursen nieder. Insoweit spiegeln die im Börsenhandel ermittelten Kurse die Effekte, die eine Eigenfinanzierung der Gesellschaft für das Vermögen ihrer Gesellschafter hat.

Relevanz des börslichen Aktienhandels für die Eigenfinanzierung einer AG

4.2.2 Aktienarten

Die Ausstattung von Aktien kann sich in verschiedenen Merkmalen unterscheiden. Wir gehen auf die wichtigsten Ausstattungsmerkmale ein.

a) Nennwertaktien und Stückaktien

Bedeutung des Nennwerts einer Aktie

Jeder Aktie ist ein Nennwert zugeordnet. Die Summe der Aktiennennwerte entspricht stets dem Grundkapital der Gesellschaft. Bedeutung erlangt der Nennwert einer einzelnen Aktie vor allem in zwei Zusammenhängen:

- Neue Aktien darf die Gesellschaft gegen Einlagen nur ausgeben, wenn sich der Gesellschafter zu einer Einlage mindestens in Höhe des Nennwertes verpflichtet. Dieses Verbot der Unter-Pari-Emission kennen wir bereits aus ▶ Abschn. 4.1.2.
- Etliche Regeln des AktG knüpfen an Beteiligungsquoten an, die nach den Nennwerten der Aktien bemessen werden. So können nach § 122 AktG Aktionäre, die zusammen mindestens 5 % des Grundkapitals halten, die Einberufung einer Hauptversammlung verlangen oder werden nach § 134 AktG die Stimmrechtsverhältnisse auf der Hauptversammlung nach den Nennwerten der Aktien ermittelt. Solche auf den Nennwert rekurrierenden Regeln erlangen Bedeutung, wenn nicht jeder Aktie derselbe Nennwert zugeordnet ist.

Aktien kann auf zwei Wegen ein Nennwert zugeordnet werden. Die Gesellschaft muss sich für einen dieser Wege entscheiden, sie können nicht gleichzeitig vorkommen:

Nennwertaktie

- Nennwertaktien wird ein fester Betrag als Nennwert zugeordnet. Soweit über die Aktie eine Urkunde ausgestellt ist, weist die Urkunde den Nennwert dieser Aktie dann unveränderlich aus. Eine Gesellschaft mit Nennwertaktien kann parallel unterschiedliche Aktiengattungen mit unterschiedlichen Nennwerten pro Aktie ausgeben. Z. B. kann sie zugleich Aktien mit 1 € und mit 1000 € Nennwert haben.

Stückaktie

- Stückaktien wird kein fester Betrag als Nennwert zugeordnet. Ihr (fiktiver) Nennwert ergibt sich nur auf rechnerischem Wege, indem der Betrag des Grundkapitals durch die Zahl der umlaufenden Aktien dividiert wird. Auf der Urkunde einer Stückaktie findet sich also nur ein Eintrag über die Zahl der durch diese Urkunde verbrieften Aktien, aber kein Nennwert. Gleichwohl haben auch Stückaktien einen (fiktiven) Nennwert.

b) Inhaber-, Namens- und vinkulierte Namensaktien

Nach ihrer Übertragbarkeit lassen sich drei Typen von Aktien unterscheiden:

- Inhaberaktien stellen wertpapierrechtlich Inhaberpapiere dar. Sie sind besonders unkompliziert zu übertragen. Ihre Übertragung erfolgt, indem sich der bisherige Eigentümer in einem Verpflichtungsgeschäft zur Übertragung der Aktie verpflichtet und sie im anschließenden Erfüllungsgeschäft an den neuen Eigentümer übergibt. Mit der Aktienurkunde gehen alle darin verbrieften Rechte und Pflichten auf den neuen Eigentümer über. In Kurzform sagt man daher, Inhaberaktien würden „durch Einigung und Übergabe" übertragen. Ausgegeben werden dürfen Inhaberaktien gemäß § 10 AktG erst, nachdem der Nennbetrag oder höhere Ausgabebetrag voll geleistet wurde und nur dann, wenn die Gesellschaft entweder börsennotiert ist oder den Anspruch der Aktionäre auf Einzelverbriefung ihrer Anteile in der Satzung ausgeschlossen hat.

    Inhaberaktie

- Namensaktien sind wertpapierrechtlich, anders als es der Name vermuten lässt, keine Namens- sondern Orderpapiere. Auch ihre Übertragung erfolgt durch Einigung und Übergabe, kann gemäß § 68 AktG aber „auch durch Indossament" erfolgen. D. h., dass bei einer Aktienübertragung zusätzlich festgehalten wird, welcher Voreigentümer die Aktie an welchen Nachfolger übertragen hat. Die Übertragungen werden im Aktienregister festgehalten, das die Gesellschaft führt. Zwar können im Verhältnis zwischen Aktienkäufer und -verkäufer Namensaktien auch ohne Umtragung im Aktienregister übertragen werden. Im Verhältnis zur Gesellschaft gilt gemäß § 67 AktG aber nur als Aktionär, wer als Inhaber ins Aktienregister eingetragen ist. Bei Namensaktien kennt die Gesellschaft also ihre Aktionäre und kann sie direkt ansprechen. Zwangsweise als Namensaktien ausgegeben werden müssen Aktien gemäß § 10 AktG, wenn sie vor der vollen Leistung des Nennbetrages oder des höheren Ausgabebetrages ausgegeben werden. Dadurch soll sichergestellt werden, dass der zur Leistung der ausstehenden Einlage verpflichtete Eigentümer der Aktie bekannt ist und gegebenenfalls auch die Vorbesitzer seiner Aktie ermittelt werden können. Zudem müssen Aktien gemäß § 10 AktG als Namensaktien ausgegeben werden, wenn die Gesellschaft nicht börsennotiert ist oder wenn die Aktionäre einen Anspruch auf Einzelverbriefung ihrer Anteile haben.

    Namensaktie

vinkulierte Namensaktie
- Einen Spezialfall der Namensaktien stellen vinkulierte Namensaktien dar. Für sie gelten alle Regelungen der Namensaktien. Zusätzlich ist ihre Übertragung gemäß § 68 AktG aber an die Zustimmung der Gesellschaft gebunden. Dies verkompliziert die Übertragung der Aktien weiter. Trotzdem haben sich viele Aktiengesellschaften, darunter große börsennotierte Gesellschaften, für die Ausgabe dieses Aktientyps entschieden. Den Grund liefert immer ein besonderes Interesse, „unliebsame" Aktionäre fernzuhalten. Was einen unliebsamen Aktionär charakterisiert, kann dabei sehr unterschiedlich aussehen. Es kann sein, dass Konkurrenten als Aktionäre ausgeschlossen werden sollen, dass die Bildung größerer Aktienpakete verhindert werden soll oder dass bei ausstehenden Einlagen nicht hinreichend zahlungskräftige Aktionäre ausgeschlossen werden sollen. Einen Sonderfall bildet die deutsche Lufthansa, die als nationale Fluglinie Privilegien bei der Vergabe von Start- und Landerechten genießt und zum Erhalt dieser Privilegien sicherstellen muss, dass die Aktienmehrheit in Händen deutscher Investoren liegt.

c) Stamm-, Vorzugs- und kumulative Vorzugsaktien
Nach ihrer Dividendenberechtigung lassen sich folgende Aktientypen unterscheiden:

Stammaktie
- Stammaktien berechtigen zu einem quotalen Anteil an der Dividendensumme. Hat eine Gesellschaft nur Stammaktien ausgegeben, wird die Dividendensumme nach der Höhe der Nennbeträge gleichmäßig auf alle Aktien aufgeteilt.

Vorzugsaktie
- Vorzugsaktien verbriefen einen Dividendenanspruch, der in irgendeiner Weise besser als der Anspruch der Stammaktien ist. Der Dividendenvorteil kann unterschiedlich ausgestaltet werden. Eine praktisch häufig anzutreffende Variante sieht vor, dass Vorzugsaktionäre vorab einen bestimmten Betrag pro Aktie erhalten, soweit der Ausschüttungsbetrag dafür ausreicht. Ist die Dividendensumme damit noch nicht verbraucht, wird der Rest im Verhältnis der Nennwerte gleichmäßig auf Stamm- und Vorzugsaktien verteilt. Bei dieser Variante erhalten Vorzugsaktionäre bei einem positiven Ausschüttungsbetrag also mehr Dividende als Stammaktionäre und nie weniger Dividende. Das ist bei anderen Varianten von Vorzugsaktien mit Dividendenvorteil nicht zwingend der Fall. Daneben gibt es auch Aktien, die Vorteile beim Liquidationserlös aufweisen und ebenfalls als Vorzugsaktien bezeichnet werden.

- Eine spezielle Variante der Vorzugsaktien stellen kumulative Vorzugsaktien dar. Auch Vorzugsaktien erhalten keine Dividende, wenn keine Ausschüttung erfolgt. Bei „normalen" Vorzugsaktien verfällt in Jahren ohne Ausschüttung der Vorzug. Bei kumulativen Vorzugsaktien können Vorzüge hingegen in zukünftige Jahre vorgetragen und kumuliert werden, bis alle rückständigen Vorzüge erfüllt werden.

kumulative Vorzugsaktie

d) Stimmberechtigte und stimmrechtslose Aktien
Nach dem Stimmrecht lassen sich zwei Aktientypen unterscheiden:
- Stimmberechtigte Aktien haben auf der Hauptversammlung ein Stimmrecht, dessen relatives Gewicht sich bei Stückaktien nach der Zahl der stimmberechtigten Aktien und bei Nennwertaktien nach deren Nennwert bemisst.

stimmberechtigte Aktie

- Gemäß § 12 AktG ist auch die Ausgabe von stimmrechtslosen Aktien möglich. Sie wird im AktG allerdings in verschiedener Hinsicht beschränkt. Gemäß § 139 AktG dürfen stimmrechtslose Aktien nur als Vorzugsaktien ausgegeben werden. Der Gesetzgeber verpflichtet die Gesellschaft also, die Aktionäre für den Verzicht auf das Stimmrecht mit einem Vorzug bei der Dividende zu kompensieren – der Vorzug kann insbesondere in einem vorrangigen Dividendenanspruch (Vorabdividende) oder in einem höheren Dividendenanspruch (Mehrdividende) bestehen; zur Höhe des Dividendenvorzugs macht das AktG allerdings keine Vorgaben. Zudem dürfen stimmrechtslose Aktien nach § 139 AktG nur maximal bis zur Hälfte des Grundkapitals ausgegeben werden. Schließlich wächst ihnen nach § 140 AktG doch ein Stimmrecht zu, wenn der Dividendenvorzug nicht erfüllt wird. „Ist der Vorzug nachzuzahlen und wird der Vorzugsbetrag in einem Jahr nicht oder nicht vollständig gezahlt und im nächsten Jahr nicht neben dem vollen Vorzug für dieses Jahr nachgezahlt, so haben die Aktionäre das Stimmrecht, bis die Rückstände gezahlt sind. Ist der Vorzug nicht nachzuzahlen und wird der Vorzugsbetrag in einem Jahr nicht oder nicht vollständig gezahlt, so haben die Vorzugsaktionäre das Stimmrecht, bis der Vorzug in einem Jahr vollständig gezahlt ist." (§ 140 Abs. 2 AktG).

stimmrechtslose Aktie

Neben dem Ausschluss des Stimmrechts einer Gruppe von Aktien kann die Satzung auch Stimmrechtsbeschränkungen nach § 134 AktG vorsehen. Bei einer solchen Beschränkung des Stimmrechts kann ein Aktionär maximal Stimmrechte in

Stimmrechtsbeschränkungen

Höhe einer bestimmten Quote des Grundkapitals ausüben, auch wenn er mehr Aktien als diese Quote besitzt.

4.2.3 Kapitalerhöhungsarten

4.2.3.1 Vorbemerkung

Kapitalerhöhungsbegriff im AktG

Das AktG sieht keine Regelungen unter der Überschrift „Eigenfinanzierung", wohl aber in den §§ 182–221 umfangreiche Regelungen zu „Kapitalerhöhungen" vor. Dabei werden alle Maßnahmen als Kapitalerhöhung bezeichnet, die unmittelbar zu einem höheren Grundkapital führen oder dazu führen können. Wir erläutern nachfolgend die unterschiedlichen Möglichkeiten, die das AktG für eine Kapitalerhöhung vorsieht. Sie sind, wie wir sehen werden, nicht deckungsgleich mit Vorgängen der Eigenfinanzierung.

Da die Höhe des Grundkapitals in der Satzung der Gesellschaft fixiert ist, bedarf jede Kapitalerhöhung eines satzungsändernden Beschlusses der Hauptversammlung. Kapitalerhöhungen erfordern daher gemäß § 182 AktG im Regelfall mindestens die Zustimmung von 75 % „des bei der Beschlussfassung vertretenen Grundkapitals". Dieses Mindestquorum ist gemäß § 182 AktG dispositiv: „Die Satzung kann eine andere Kapitalmehrheit, für die Ausgabe von Vorzugsaktien ohne Stimmrecht jedoch nur eine größere Kapitalmehrheit bestimmen."

Da die Summe aller Aktiennennwerte dem Grundkapital entspricht, müssen Kapitalerhöhungen logischerweise damit einher gehen, dass
- bei unverändertem Nennwert der einzelnen Aktien junge Aktien ausgeben werden oder
- bei unveränderter Aktienzahl der Nennwert der einzelnen Aktien erhöht wird.

Grundkapitalerhöhung i. d. R. durch Ausgabe neuer Aktien

Das AktG schreibt in § 182 AktG grundsätzlich den ersten Weg vor. Bei einer Kapitalerhöhung muss die Gesellschaft also grundsätzlich neue Aktien in dem Verhältnis ausgeben, wie sie ihr Grundkapital erhöht. Abweichend von dieser Grundregel darf eine Gesellschaft gemäß § 207 AktG den zweiten Weg wahlweise nur dann beschreiten, wenn sie Stückaktien hat und ihr Grundkapital erhöht, ohne Einlagen zu verlangen.

Das AktG unterscheidet insgesamt vier Varianten der Kapitalerhöhung, die sich vor allem darin unterscheiden, ob und welche Art von Einlagen geleistet werden, wer letztlich über die Durchführung der Maßnahme entscheidet und wer die neuen Aktien erhält.

4.2.3.2 Nominelle Kapitalerhöhung

In §§ 207–220 regelt das AktG die Möglichkeit, das Grundkapital zu erhöhen, ohne dass die Gesellschaft dafür Einlagen erhält. Bei dieser im Schrifttum überwiegend als „nominelle Kapitalerhöhung" und im Aktiengesetz als „Kapitalerhöhung aus Gesellschaftsmitteln" bezeichneten Variante der Kapitalerhöhung handelt es sich also nicht um eine Maßnahme der Eigenfinanzierung. Wir gehen trotzdem darauf ein, weil die nominelle Kapitalerhöhung interessante mittelbare Wirkungen auf die Finanzierungsmöglichkeiten einer AG entfalten kann.

Da sowohl Vermögen als auch Schulden des Unternehmens unverändert bleiben, kann eine nominelle Kapitalerhöhung schon rein buchtechnisch nur bewerkstelligt werden, indem Beträge aus anderen Posten des bilanziellen Eigenkapitals in das Grundkapital umgebucht werden. Das Eigenkapital bleibt in seiner Höhe also unverändert, es verändert sich lediglich seine Untergliederung. Im Zuge einer nominellen Kapitalerhöhung in Grundkapital umgebucht werden dürfen gemäß § 208 AktG

Umbuchung von Rücklagen ins Grundkapital

- andere Gewinnrücklagen und deren Zuführungen unbeschränkt und
- Kapitalrücklage und gesetzliche Rücklage sowie deren Zuführungen, soweit sie zehn Prozent oder den in der Satzung bestimmten höheren Teil des bisherigen Grundkapitals übersteigen.

Die Umwandlung ist nur möglich, soweit den Rücklagen kein Verlust oder Verlustvortrag gegenübersteht.

Angenommen, der Hauptversammlung liege z. B. eine Bilanz mit folgenden Positionen des Eigenkapitals (in Mio. €) vor und die Satzung enthalte keine Regelungen zur Rücklagenbildung:

Beispiel zur nominellen Kapitalerhöhung

Grundkapital	500
Kapitalrücklage	130
gesetzliche Gewinnrücklage	20
andere Gewinnrücklagen	150
Bilanzgewinn	70

Dann können im Zuge einer nominellen Kapitalerhöhung maximal 250 Mio. € in Grundkapital umgebucht werden. In voller Höhe umgebucht werden können die anderen Gewinnrücklagen und, weil bereits die Kapitalrücklage für das 10 %-Quorum ausreicht, die gesetzliche Gewinnrücklage. Bis auf die für das 10 %-Quorum erforderlichen 50 Mio. € kann zudem die Kapitalrücklage umgebucht werden. Nicht umgebucht werden kann der Bilanzgewinn. Bestünde statt des Bilanzgewinns ein Bilanzverlust, würden sich die Umbuchungsmöglichkeiten um den Betrag des Bilanzverlustes reduzieren.

missverständliche Bezeichnung als „Kapitalerhöhung aus Gesellschaftsmitteln"

Im AktG wird die nominelle Kapitalerhöhung als „Kapitalerhöhung aus Gesellschaftsmitteln" bezeichnet. Diese Bezeichnung erscheint irreführend, weil sie vermuten lässt, finanzielle Mittel würden transferiert. Tatsächlich wird das Vermögen der Gesellschaft aber in seiner Höhe und seiner Struktur durch die Buchung „per Rücklagen an Grundkapital" nicht verändert.

Hat die Gesellschaft Stückaktien ausgegeben, besteht gemäß § 207 AktG die Möglichkeit, eine nominelle Kapitalerhöhung ohne die Ausgabe junger Aktien durchzuführen. Dann erhöht sich der rechnerische Nennwert jeder Aktie um denselben Faktor wie das Grundkapital. Die Gesellschaft hat aber bei Stückaktien auch die Möglichkeit, eine nominelle Kapitalerhöhung mit der Ausgabe junger Aktien durchzuführen. Hat sie Nennwertaktien ausgegeben, ist die Ausgabe junger Aktien zwingend. Dann erhöht sich jeweils die Zahl der Aktien um denselben Faktor wie das Grundkapital. Werden bei einer nominellen Kapitalerhöhung junge Aktien ausgegeben, stehen diese gemäß § 212 AktG zwingend den bisherigen Aktionären im Verhältnis ihrer bisherigen Anteile zu.

Würden also etwa im vorstehenden Beispiel die Möglichkeiten einer nominellen Kapitalerhöhung in maximalem Umfang mit der Ausgabe junger Aktien genutzt, würde sich das Grundkapital um 50 % erhöhen und erhielte jeder Aktionär je zwei alte Aktien zusätzlich eine junge Aktie.

missverständliche Bezeichnung „Gratisaktien"

Die im Zuge einer nominellen Kapitalerhöhung ausgegebenen jungen Aktien werden im Jargon der Wirtschaftspresse auch als „Berichtigungsaktien" oder „Gratisaktien" bezeichnet. Dabei ist insbesondere die letztgenannte Bezeichnung ausgesprochen irreführend, da sie suggeriert, Aktionäre erhielten von der AG etwas geschenkt. Tatsächlich bekommen sie zusätzliche Wertpapiere, ohne Einlagen zu leisten. Ihre alten Aktien verbriefen zusammen mit diesen „Gratisaktien" aber lediglich dieselben Rechte, wie sie zuvor allein die alten Aktien verbrieften. Wenn die AG den Aktionären überhaupt ein Geschenk macht, dann macht sie ihnen dieses Geschenk also aus deren eigenem Vermögen.

Motive einer nominellen Kapitalerhöhung

Gerade der Umstand, dass nominelle Kapitalerhöhungen nicht mit Einlagen einhergehen, wirft die Frage nach den Motiven für solche Maßnahmen auf. Motive können sich vor allem aus ihren Effekten auf die zukünftigen Ausschüttungsmöglichkeiten und auf die Aktienkurse ergeben. Nominelle

4.2 · Eigenfinanzierung der Aktiengesellschaft

Kapitalerhöhungen können z. B. aus folgenden Gründen erfolgen:

(1) Durch die Umbuchung von Rücklagen in Grundkapital reduziert die AG ihre Möglichkeiten, in Zukunft Ausschüttungen vorzunehmen. Insbesondere könnten andere Gewinnrücklagen ansonsten aufgelöst und für Ausschüttungen verwendet werden. Diese Möglichkeit besteht nicht mehr, wenn andere Gewinnrücklagen in Grundkapital umgebucht wurden.
Die ausschüttungsbegrenzende Wirkung einer nominellen Kapitalerhöhung kann im Interesse unterschiedlicher Gruppen liegen. Unmittelbar kann sie im Interesse des Managements, der weniger an Ausschüttungen interessierten Aktionäre und vor allem der Gläubiger des Unternehmens liegen. Soweit die Ausschüttungssperre günstigere Kreditkonditionen erlaubt, kann sie mittelbar sogar im Interesse von Aktionären liegen, die eigentlich eher an hohen Ausschüttungsmöglichkeiten interessiert wären.

Ausschüttungsbegrenzung

(2) Geht die nominelle Kapitalerhöhung mit der Ausgabe junger Aktien einher, reduziert sie den Kurs der Aktien, da jede Aktie anschließend nur noch einen geringeren Anteil am unveränderten Unternehmensnettovermögen verbrieft. Der „leichtere" Kurs kann unter Umständen das Interesse von Anlegern wecken, die die Aktie beim höheren Kurs wegen Stückelungsproblemen nicht in ihr Portefeuille aufnehmen würden. Daraus kann unter Umständen ein höherer, genauer gesagt „unterproportional fallender" Aktienkurs resultieren, der wiederum im Interesse bisheriger Aktionäre liegt.

Kurseffekt

(3) Schließlich können beide bereits genannten Effekte auch als Instrument verwendet werden, um weniger gut informierten Marktteilnehmern ein glaubwürdiges Signal über die guten Geschäftsaussichten der Gesellschaft zu geben. So kann die Ausschüttungssperre unter bestimmten zusätzlichen Bedingungen als Signal dafür interpretiert werden, dass das Unternehmen über glänzende Investitionsmöglichkeiten verfügt und eine Ausschüttung an die Gesellschafter ohnehin nicht in Betracht kommt. Oder die höhere Zahl umlaufender Aktien kann unter bestimmten Bedingungen als Signal dafür interpretiert werden, dass das Unternehmen dieselbe Dividende pro Aktie in Zukunft auch auf die erhöhte Aktienzahl problemlos wird leisten können und somit aufgrund höherer Gewinnerwartungen insgesamt höhere Gesamtausschüttungen zu erwarten sind.

glaubwürdiges Signal

4.2.3.3 Kapitalerhöhung gegen Einlagen

Die in den §§ 182–191 AktG geregelte Kapitalerhöhung gegen Einlagen ist empirisch nicht der meist beschrittene Weg, mittels Kapitalerhöhung Einlagen zu erzielen, aber ihr gedanklicher Urtyp. Mit dem Beschluss einer Kapitalerhöhung gegen Einlagen beauftragt die Hauptversammlung den Vorstand, zeitnah das Grundkapital zu erhöhen, indem junge Aktien ausgegeben werden und die neuen Aktionäre sich zu Einlagen verpflichten. Die Höhe der Einlage, zu der sich Aktionäre pro Aktie verpflichten, heißt Emissionskurs. Bei dieser Art der Kapitalerhöhung fließt der Gesellschaft also tatsächlich Vermögen, i. d. R. in Form von Zahlungsmitteln, zu. Durch sie erfolgt daher i. d. R. Eigenfinanzierung im Sinne unserer Definition. Das primäre Motiv der Kapitalerhöhung gegen Einlagen ist offenkundig die Erzielung zusätzlicher Einlagen ohne gleichzeitige Erhöhung der Verbindlichkeiten.

Emissionskurs

Der Emissionskurs kann nicht ganz beliebig festgelegt werden:
- Er darf de jure (Verbot der Unter-Pari-Emission in § 9 AktG) nicht unterhalb des (rechnerischen) Nennwertes der jungen Aktien liegen und
- er kann de facto in der Regel nicht über dem Börsenkurs alter Aktien liegen – wenn junge und alte Aktien identisch ausgestattet sind und der Verkauf der jungen Aktien gelingen soll.

Bezugsverhältnis

Das Verhältnis b zwischen der Zahl umlaufender alten Aktien a und der Zahl junger Aktien n, also b = a/n, heißt Bezugsverhältnis. Es wird als soweit wie möglich gekürzter Bruch angegeben und drückt aus, wie viele alte Aktien pro junge Aktie existieren.

bilanzielle Abbildung

Bilanziellen Niederschlag findet eine Kapitalerhöhung, bei der die Einlage sofort in voller Höhe durch Überweisung erfolgt, in folgenden Bilanzpositionen:
- In Höhe des Emissionserlöses (= Emissionskurs · Zahl junger Aktien) erhöht sich der Bestand des Bankkontos.
- Die Gegenbuchung in Höhe der Aktiennennwerte erfolgt im Grundkapital.
- Die Gegenbuchung in Höhe darüber hinausgehender Emissionserlöse, also in Höhe des Agios (= Emissionskurs − Nennwert), erfolgt in der Kapitalrücklage.

Beispiel

Emittiert z. B. eine Gesellschaft 2 Mio. junge Aktien mit einem Nennwert von 5 €/Aktie zu einem Emissionskurs von 8 €/Aktie, erhöhen sich der Stand des Bankkontos um 16 Mio. €, das Grundkapital um 10 Mio. € und die Kapitalrücklage um 6 Mio. €.

4.2 • Eigenfinanzierung der Aktiengesellschaft

Damit eine Kapitalerhöhung gegen Einlagen umgesetzt werden kann, müssen sich Käufer für die jungen Aktien finden. Um Interessenten einen Kaufanreiz zu geben, müssen die jungen Aktien i. d. R. zu einem Emissionskurs unterhalb des Börsenkurses identisch ausgestatteter Altaktien angeboten werden. Die Gesellschaft verkauft bei einer Kapitalerhöhung gegen Einlagen also i. d. R. Anteile zu einem Preis unterhalb ihres Wertes. Davon profitieren die Käufer der jungen Aktien und darunter leiden die Altaktionäre. Unter anderem aus diesem Grund sieht § 186 AktG vor, dass grundsätzlich die Altaktionäre im Verhältnis ihrer bisherigen Beteiligungsquoten Anrecht auf den Erwerb der jungen Aktien haben.

Kaufanreiz durch Emissionskurs unterhalb des Börsenkurses

Dieses mitgliedschaftliche Recht der Aktionäre heißt Bezugsrecht, genauer „abstraktes Bezugsrecht". Beschließt die Hauptversammlung eine Kapitalerhöhung, kann sie die gesetzliche Grundregel bestehen lassen oder eine abweichende Regelung zur Verteilung der jungen Aktien treffen. Belässt sie es bei der gesetzlichen Grundregel, resultiert aus dem abstrakten ein konkretes Bezugsrecht der Aktionäre. Wir bezeichnen das konkrete Bezugsrecht, wie in der ökonomischen Literatur üblich, einfach als Bezugsrecht. Bei einem Bezugsrecht erhält jeder Aktionär für jede seiner Altaktien ein Stück Bezugsrecht, das zum Kauf von 1/b bzw. n/a jungen Aktien berechtigt. Damit kann er genau den Anteil der jungen Aktien kaufen, den er an den alten Aktien hält. Für a alte Aktien erhält er a Bezugsrechte und für diese a Bezugsrechte kann er n junge Aktien beziehen.

Bezugsrecht, abstraktes und konkretes

Sind z. B. 2 Mio. alte Aktien in Umlauf und werden 1 Mio. junge Aktien ausgegeben, beträgt das Bezugsverhältnis b = 2/1. Jeder Aktionär erhält dann je Altaktie ein Bezugsrecht, das ihn zum Kauf einer halben (1/b = 1/2) jungen Aktie berechtigt. Hält er z. B. 10 %, also 200.000 Stück, der alten Aktien, erhält er 200.000 Bezugsrechte, für die er 100.000 junge Aktien erwerben kann. Nach Ausübung all seiner Rechte besäße er 300.000 Aktien und damit wiederum 10 % der dann insgesamt 3 Mio. umlaufenden Aktien.

Beispiel zum Bezugsverhältnis

Aktionäre sind allerdings nicht verpflichtet, Bezugsrechte auszuüben. Sie können sie auch ungenutzt verfallen lassen. Sie werden junge Aktien beziehen, wenn es ihnen opportun erscheint, und verzichten andernfalls darauf. Damit verschafft das Bezugsrecht seinem Inhaber eine ähnliche Position wie eine Kaufoption. Neben den Möglichkeiten der Ausübung und des Verfalls kann der Aktionär aber auch noch in einer dritten Weise über seine Bezugsrechte verfügen. Er kann sie – getrennt von den Altaktien – als selbständiges Wertpapier verkaufen. Dazu wurde bis etwa zum Jahr 2000 bei börsennotierten Aktien in den letzten 2–3 Wochen vor der Ausgabe junger Aktien

Nutzung des Bezugsrechts

fast immer ein börsenmäßiger Bezugrechtshandel organisiert. In jüngerer Vergangenheit verzichten viele Gesellschaften darauf. Trotzdem bleiben Bezugsrechte handelbar, nur eben nicht an der Börse.

Bezugsrechtshandel

Ein Bezugsrechtshandel, ob nun börslich oder außerbörslich, ermöglicht es Aktionären, „krumme" Zahlen von Bezugsrechten, die nicht zum Bezug ganzer Zahlen junger Aktien berechtigen, durch Zukauf oder teilweisen Verkauf zu „glatten" Zahlen zu arrondieren. Sie können sich aber auch ganz von ihren Bezugsrechten trennen oder größere Stückzahlen „fremder" Bezugsrechte zukaufen. Am Bezugsrechtshandel dürfen auch Nichtaktionäre teilnehmen. Nach Ablauf der für den Bezugsrechtshandel vorgesehenen Zeit werden junge Aktien an diejenigen Personen ausgegeben, die über die notwendige Zahl an Bezugsrechten verfügen, gegenüber der Gesellschaft deren Ausübung erklären und den Emissionskurs zahlen.

Bezugsrechtsausschluss

Alternativ sieht § 186 AktG auch die Möglichkeit vor, dass die Hauptversammlung mit der Kapitalerhöhung gegen Einlagen zugleich den Ausschluss des Bezugsrechts beschließt. Da ein Bezugsrechtsausschluss einen tiefgreifenden Einschnitt in die Aktionärsrechte darstellt, hat der Gesetzgeber diese Möglichkeit allerdings an strenge Bedingungen geknüpft. Das Bezugsrecht darf nur mit mindestens einer Dreiviertel-Mehrheit ausgeschlossen werden. Die Satzung kann eine größere, aber keine kleinere Mehrheit vorsehen. Zudem müssen entweder besondere Gründe für den Ausschluss des Bezugsrechts in einem schriftlichen Bericht nachgewiesen werden oder die Kapitalerhöhung darf nur maximal 10 % des bisherigen Grundkapitals ausmachen und der Emissionskurs der jungen Aktien zugleich den Börsenkurs identisch ausgestatteter Altaktien nicht wesentlich unterschreiten. Die Logik der Regelung erschließt sich in ▶ Abschn. 4.2.4, wenn wir die Bewertungszusammenhänge einer Kapitalerhöhung gegen Einlagen beleuchten.

Ist das Bezugsrecht ausgeschlossen, werden die jungen Aktien entweder bestimmten Investoren angeboten, z. B. um den Zweck der Kapitalerhöhung (z. B. die Fusion mit einem anderen Unternehmen) zu erreichen, oder sie werden öffentlich zum Kauf angeboten.

4.2.3.4 Genehmigtes Kapital

Begriff des genehmigten Kapitals

Das in den §§ 202–206 AktG geregelte genehmigte Kapital ist keine ganz eigenständige Art der Kapitalerhöhung, sondern ein spezieller Weg zur Durchführung einer Kapitalerhöhung gegen Einlagen. Mit dem Beschluss über die Einrichtung eines genehmigten Kapitals ermächtigt die Hauptversammlung den Vorstand, soweit der Aufsichtsrat zustimmt,

4.2 · Eigenfinanzierung der Aktiengesellschaft

- innerhalb eines bestimmten zukünftigen Zeitraums und
- innerhalb eines bestimmten Maximalbetrages

Kapitalerhöhungen gegen Einlagen durchzuführen.

Ob, wann, in welchem Gesamtbetrag und in welchen Teilbeträgen der Vorstand von dieser Ermächtigung Gebrauch macht, liegt allerdings in seinem freien Ermessen. Während die Hauptversammlung den Vorstand mit dem Beschluss über eine Kapitalerhöhung gegen Einlagen verbindlich zu einer Kapitalerhöhung anweist, stellt das genehmigte Kapital also lediglich eine Ermächtigung, aber keine Verpflichtung des Vorstandes zur Kapitalerhöhung dar.

Die Einrichtung und anschließende Nutzung eines genehmigten Kapitals stellt, zumindest bei großen börsennotierten Gesellschaften, den empirisch häufigsten Fall der Kapitalerhöhung dar. Dass die Hauptversammlung meist nicht direkt eine Kapitalerhöhung gegen Einlagen beschließt, sondern die Entscheidung über deren Durchführung durch die Einrichtung eines genehmigten Kapitals an den Vorstand delegiert, liegt vor allem an Flexibilitätsvorteilen. Bei Existenz eines genehmigten Kapitals kann der Vorstand Kapitalerhöhungen, wenn er sie für angezeigt hält, zeitnah durchführen. Für eine Kapitalerhöhung gegen Einlagen müsste er sonst die nächste Hauptversammlung abwarten oder eine außerordentliche Hauptversammlung mit entsprechenden Ladungsfristen und Durchführungskosten in Kauf nehmen.

Motive für genehmigtes Kapital

Da die Delegation der Kompetenz zur Durchführung von Kapitalerhöhungen die Rechte der Aktionäre erheblich beschneidet, hat der Gesetzgeber für diese Möglichkeit Grenzen installiert. Immerhin geht es um eine Satzungsänderung, die grundsätzlich den Gesellschaftern vorbehalten ist. Gemäß § 202 darf die Ermächtigung des Vorstandes daher

Grenzen genehmigten Kapitals

- maximal 5 Jahre gelten, anschließend aber erneut erteilt werden, und
- maximal 50 % des bei Beschlussfassung vorhandenen Grundkapitals umfassen.

Im Hinblick auf das Bezugsrecht belässt das AktG der Hauptversammlung alle Regelungsmöglichkeiten. Sie kann in ihrem Beschluss über die Einrichtung des genehmigten Kapitals
- das Bezugsrecht bereits definitiv vorsehen,
- das Bezugsrecht bereits definitiv ausschließen oder
- auch die Entscheidung über das Bezugsrecht in das Ermessen der Geschäftsleitung stellen.

4.2.3.5 Bedingtes Kapital

Begriff des bedingten Kapitals

Mit dem in den §§ 192–201 geregelten bedingten Kapital schafft das AktG die Möglichkeit, dass die Hauptversammlung Kapitalerhöhungen beschließt, bei denen

- junge Aktien gezielt anderen Berechtigten als den Aktionären zum Kauf angeboten werden,
- den Berechtigten unter Umständen ein langer Zeitraum für die Entscheidung über das Angebot eingeräumt wird und
- die Kapitalerhöhung dann und nur in dem Umfang umgesetzt wird, wie Berechtigte das Angebot zum Kauf von Aktien annehmen.

Mit der Schaffung bedingten Kapitals wird also der Rahmen gesetzt, in dem eine spätere Kapitalerhöhung maximal möglich ist. Inwieweit es tatsächlich zur Kapitalerhöhung kommt, hängt von der Entscheidung der Bezugsberechtigten ab. Nehmen sie das Angebot an, verpflichten sie sich zu einer Einlage.

Mit dem Beschluss über die Einrichtung eines bedingten Kapitals muss die Hauptversammlung gemäß § 193 AktG mindestens festlegen den

- Zweck der Kapitalerhöhung,
- Kreis der Bezugsberechtigten und
- Emissionskurs der jungen Aktien bzw. die Grundlagen seiner Berechnung.

Grenzen bedingten Kapitals

Die Möglichkeiten zur Einrichtung bedingten Kapitals begrenzt § 192 AktG in verschiedener Hinsicht. Zum einen darf das bedingte Kapital je nach Verwendungszweck nur maximal 50 % oder 10 % des Grundkapitals betragen. Zum anderen kommen als zum Bezug der jungen Aktien Berechtigte ausschließlich folgende Gruppen in Betracht:

- Inhaber von Wandelschuldverschreibungen, womit sowohl Wandel- als auch Optionsschuldverschreibungen im finanzwirtschaftlichen Sinne gemeint sind,
- Gesellschafter anderer Gesellschaften, die in Vorbereitung eines Unternehmenszusammenschlusses abgefunden werden sollen, und
- Arbeitnehmer oder Mitglieder der Geschäftsführung des eigenen oder eines verbundenen Unternehmens.

Motive für bedingtes Kapital

Mögliche Motive für die Einrichtung bedingten Kapitals korrespondieren mit den drei Berechtigtengruppen:

- Anleihen sollen mit einem Wandel- oder Bezugsrecht ausgestattet werden, weil man sich von dieser Kombination günstigere Finanzierungskonditionen verspricht.
- Der Zusammenschluss mit anderen Unternehmen soll möglich werden, ohne eine neue Unternehmung zu

gründen und ohne die Gesellschafter der anderen Gesellschaft durch Geldzahlungen abfinden zu müssen. In diesem Zusammenhang spricht man auch von „(jungen) Aktien als Aquisitionswährung".
- Arbeitnehmern oder Managern soll auf attraktive Weise eine Aktionärsposition angeboten werden, damit sie ihre Handlungsspielräume im Sinne höherer Aktienkurse und damit im Sinne der Aktionäre ausfüllen.

Welche bilanziellen Effekte die Nutzung des bedingten Kapitals hat und worin genau die Einlage der Berechtigten besteht, kann je nach dem Verwendungszweck variieren. Wir verzichten hier auf genauere Erläuterungen.

4.2.4 Bewertungs- und Kurszusammenhänge

4.2.4.1 Theoretische Bewertungszusammenhänge

a) Ausgangslage

Wir untersuchen in diesem Abschnitt die Bewertungszusammenhänge rund um eine Kapitalerhöhung zunächst modellgestützt unter der Annahme eines vollkommenen Finanzmarktes. Dazu gehen wir von folgenden Prämissen aus:

Annahme des vollkommenen Finanzmarktes

- Alle Transaktionen können kostenlos und unverzüglich durchgeführt werden. Steuerliche Effekte bleiben ebenso unberücksichtigt wie Zinseffekte.
- Investoren kennen vorab die Kurse, zu denen sie Transaktionen durchführen können.
- Die Kapitalerhöhung wird sicher im geplanten Umfang durchgeführt. Wir abstrahieren also vom Optionscharakter des Bezugsrechts. Er würde die Bewertung deutlich komplizierter gestalten, hat angesichts der kurzen Bezugsfrist in der Regel aber nur einen geringen Werteinfluss.

Auf den Zusammenhang zwischen der idealtypischen Betrachtung und real beobachtbaren Marktverhältnissen gehen wir kurz in ▶ Abschn. 4.2.4.2 ein.

Unsere idealtypische Betrachtung stellt auf eine Kapitalerhöhung gegen Einlagen ab. Dabei kann es sich sowohl um die direkte Kapitalerhöhung gegen Einlagen aufgrund eines Hauptversammlungsbeschlusses handeln als auch um die Nutzung genehmigten Kapitals durch die Geschäftsleitung. Zudem lassen sich die Überlegungen mit geringen Modifikationen für nominelle Kapitalerhöhungen adaptieren. Nicht gedeckt von unserer Modellierung sind hingegen Schaffung und Nutzung bedingten Kapitals; dafür wären andere Modellansätze erforderlich.

drei mögliche Kurseffekte

Die Kapitalerhöhung kann bis zu drei unterschiedliche Effekte auf das Vermögen der Altaktionäre entfalten, die wir nachfolgend getrennt betrachten:
- Ankündigungseffekte fassen alle anderen Kurseffekte außer dem Verwässerungseffekt und dem Kompensationseffekt zusammen.
- Der Verwässerungseffekt beschreibt den Kursrückgang, der sich ergibt, weil junge Aktien zu einem Preis unterhalb des Börsenkurses der Altaktien verkauft werden.
- Der Kompensationseffekt beschreibt den Einfluss, den das Recht zum Bezug der jungen Aktien auf das Aktionärsvermögen hat.

b) Ankündigungseffekte

mögliche Ursachen von Ankündigungseffekten

Ankündigungseffekte können unterschiedliche Ursachen und unterschiedliche Vorzeichen haben. Verursacht werden können sie vor allem aus drei Gründen:
- Die Kapitalerhöhung verändert ceteris paribus die Finanzierungsstruktur der Gesellschaft; insbesondere reduziert sie den Verschuldungsgrad. Wie unsere Überlegungen zu den Finanzierungsrisiken gezeigt haben, können sich damit Bewertungen der Gesellschaftsanteile verändern.
- Werden Emissionserlöse zur Tilgung von Schulden verwendet, verstärkt das den vorgenannten Bewertungseinfluss. Andernfalls geht die Kapitalerhöhung mit zusätzlichen Investitionen einher. Die zusätzlichen Investitionen können sich ebenfalls in der Bewertung der Aktien niederschlagen.
  Beide genannten Ursachen von Ankündigungseffekten beruhen auf Veränderungen der tatsächlichen Unternehmenssituation, die zwar bei Bekanntwerden der Maßnahme noch nicht eingetreten sind, aber dann, wenn die erfolgreiche Umsetzung der geplanten Maßnahme sicher erwartet wird, trotzdem bereits mit ihrem Bekanntwerden vollständig in der Kursbildung berücksichtigt werden.
- Ist die Geschäftsleitung besser informiert als die Investoren, können Ankündigungseffekte zusätzlich daraus resultieren, dass aus Anlass der Kapitalerhöhung Informationen über den sonstigen Geschäftsgang an das Anlegerpublikum übermittelt werden. Diese Informationstransfers können von der Geschäftsleitung aktiv gestaltet werden oder sich unbeabsichtigt damit verknüpfen. Z. B. werden Kapitalerhöhungen oftmals gezielt

von der Bekanntgabe positiver Geschäftszahlen begleitet, um die Aufnahmebereitschaft für die jungen Aktien zu befördern. Ankündigungseffekte können aber auch ohne bewusste Steuerung auftreten, weil schlechter informierte Anleger versuchen, aus dem Bekanntwerden der Kapitalerhöhung eigenständig Rückschlüsse auf den Gang der Unternehmensgeschäfte zu ziehen. So wird oft schon allein aus dem Umstand, dass die Gesellschaft die Ankündigung der Kapitalerhöhung nicht mit der Bekanntgabe positiver Geschäftszahlen verbindet, der Rückschluss eines schlechten Geschäftsgangs gezogen.

Vorzeichen und Betrag der Ankündigungseffekte können nicht nur unterschiedlich ausfallen, sie können zudem oft auch ex ante kaum abgeschätzt werden, da sie immer davon abhängen, wie Investoren Veränderungen und Informationen interpretieren.

schwierige Prognose von Ankündigungseffekten

- Beschließt z. B. die Geschäftsleitung eine Kapitalerhöhung erklärtermaßen, um die zusätzlichen Einlagen zur Erschließung gerade entdeckter großer Erdgasvorkommen einzusetzen, ist ein positiver Ankündigungseffekt zu vermuten. Selbst in diesem Fall ist er aber nicht sicher absehbar. Vielleicht schätzen Investoren die Erfolgsaussichten dieser Investition ganz anders ein als die Geschäftsleitung.
- Beschließt z. B. die Geschäftsleitung eine Kapitalerhöhung erklärtermaßen, weil sich die bereits bekannte Exploration des Erdgasvorkommens deutlich schwieriger als von ihr erwartet gestaltet und zu deren Fortsetzung zuvor nicht eingeplante zusätzliche Einlagen erforderlich werden, dann ist wohl ein negativer Ankündigungseffekt zu vermuten. Aber auch in diesem Fall ist ein negativer Ankündigungseffekt keineswegs sicher. Vielleicht hatten die Investoren die Aussicht auf einen erfolgreichen Abschluss der Exploration schon ganz aufgegeben und sind jetzt positiv überrascht, dass es nur lösbare technische Probleme bei deren Durchführung gab.

Unsere weiteren Überlegungen konzentrieren wir auf den Verwässerungs- und den Kompensationseffekt. Dazu nehmen wir an, die Tatsache einer Kapitalerhöhung an sich und der Betrag der effektiven Emissionserlöse seien schon bekannt und alle Ankündigungseffekte hätten bereits Eingang in den Börsenkurs gefunden. Bei der Verarbeitung dieser Informationen sollen Investoren zunächst davon ausgegangen sein, junge Aktien würden zu einem Emissionspreis genau in Höhe des

Börsenkurses ausgegeben. Unsere weitere Untersuchung setzt an diesem Informationsstand an und geht der Frage nach, welche Vermögenseffekte sich aus der Information ergeben, dass dieselben effektiven Emissionserlöse jetzt doch mit einem Emissionskurs pro Aktie unterhalb des Börsenkurses alter Aktien und einer entsprechend größeren Zahl junger Aktien erzielt werden sollen.

c) Verwässerungseffekt

Wir gehen nachfolgend von einer Gesellschaft aus, die a alte Aktien ausgegeben hat. Die Gesellschaft beschließt nun, zusätzlich n junge Aktien zu einem Emissionskurs von C_E auszugeben. Das Bezugsverhältnis beträgt damit b = a/n. Durch die Kapitalerhöhung erhält die Gesellschaft zusätzliches Nettovermögen in Höhe von $n \cdot C_E$. Zur beispielhaften Verdeutlichung gehen wir von 2 Mio. alten Aktien (a = 2 Mio.) aus, die nach Ankündigung der Kapitalerhöhung zu einem Kurs von 11 € ($C_{Bö}$ = 11) notieren, und von der Ausgabe von 1 Mio. jungen Aktien (n = 1 Mio.) zu einem Emissionskurs von 8 €/Aktie (C_E = 8). Das Bezugsverhältnis beträgt in diesem Beispiel also b = 2/1.

Mischkurs nach Kapitalerhöhung

Laufen ursprünglich a Altaktien um, die nach der Ankündigung der Kapitalerhöhung zu $C_{Bö}$ notieren, beträgt der ursprünglich von Aktionären gehaltene Marktwert des Eigenkapitals $a \cdot C_{Bö}$. Werden zusätzlich n junge Aktien zum Emissionskurs je Aktie C_E emittiert, erhöht sich der auf die Aktionäre entfallende Teil des Unternehmensvermögens und damit der Marktwert des Eigenkapitals um die Emissionserlöse $n \cdot C_E$. Der auf $a \cdot C_{Bö} + n \cdot C_E$ erhöhte Marktwert verteilt sich allerdings auf a + n Aktien. Nach Durchführung der Kapitalerhöhung sollte sich, wenn man von zwischenzeitlichen exogen verursachten Kursveränderungen absieht, also gemäß ◘ Gl. 4.1 ein „Mischkurs" in Höhe des Kurses $C'_{Bö}$ einstellen:

$$C'_{Bö} = \frac{a \cdot C_{Bö} + n \cdot C_E}{a + n} = \frac{b \cdot C_{Bö} + C_E}{b + 1}. \qquad 4.1$$

Der neue Aktienkurs errechnet sich als gewogener Durchschnitt aus altem Börsenkurs und Emissionskurs. Z. B. gilt bei 2 Mio. alten Aktien (a = 2 Mio.), einem ursprünglichen Kurs von 11 € ($C_{Bö}$ = 11), 1 Mio. jungen Aktien (n = 1 Mio.) und einem Emissionskurs von 8 €/Aktie (C_E = 8) für diesen Misch- oder Durchschnittskurs:

$$C'_{Bö} = \frac{b \cdot C_{Bö} + C_E}{b + 1} = \frac{2 \cdot 11 + 8}{2 + 1} = 10.$$

4.2 · Eigenfinanzierung der Aktiengesellschaft

Liegt der Emissionskurs C_E unter dem ursprünglichen Aktienkurs $C_{Bö}$, liegt auch der Mischkurs $C'_{Bö}$ darunter. Den Kursrückgang von $C_{Bö}$ auf $C'_{Bö}$ bezeichnet man als Verwässerungseffekt der Kapitalerhöhung. Er beträgt gemäß ◘ Gl. 4.2:

Kursrückgang wegen Kapitalerhöhung

$$\begin{aligned} C_{Bö} - C'_{Bö} &= C_{Bö} - \frac{b \cdot C_{Bö} + C_E}{b+1} \\ &= \frac{b \cdot C_{Bö} + C_{Bö} - b \cdot C_{Bö} - C_E}{b+1} \\ &= \frac{C_{Bö} - C_E}{b+1}. \end{aligned} \qquad 4.2$$

In unserem Beispiel beträgt der Verwässerungseffekt 1 € pro Aktie. Er lässt sich alternativ als Differenz zwischen ursprünglichem Kurs und Mischkurs (11 − 10 = 1) oder durch Einsetzen in ◘ Gl. 4.2 ermitteln:

$$C_{Bö} - C'_{Bö} = \frac{C_{Bö} - C_E}{b+1} = \frac{11-8}{2+1} = 1.$$

Die letzte Schreibweise von ◘ Gl. 4.2 lässt erkennen, von welchen Parametern Auftreten und Ausmaß des Verwässerungseffektes abhängen. Der Verwässerungseffekt, also die Kurssenkung, die eine Kapitalerhöhung bewirkt,

Parameter des Verwässerungseffektes

- ist ceteris paribus umso größer, je höher der Abschlag des Emissionskurses vom ursprünglichen Aktienkurs ist ($C_{Bö} - C_E$); maximal fiele er also bei einer nominellen Kapitalerhöhung ohne Einlagen bzw., für Kapitalerhöhungen mit Einlagen, bei einem Emissionskurs in Höhe des Nennwertes aus,
- ist, wenn junge Aktien mit einem Kursabschlag emittiert werden, ceteris paribus umso größer, je kleiner das Bezugsverhältnis b = a/n ist, je mehr junge Aktien also emittiert werden.

Der Verwässerungseffekt bedeutet für die Aktionäre einen Vermögensverlust. Werden ihnen wie bei der nominellen Kapitalerhöhung die jungen Aktien automatisch zugebucht oder wird die Kapitalerhöhung mit Bezugsrecht der Aktionäre durchgeführt, steht diesem Vermögensverlust ein Vermögensvorteil gegenüber. Den Vermögensvorteil, den ein Bezugsrecht bietet, sehen wir uns im folgenden Abschnitt näher an.

Bei Ausschluss des Bezugsrechts müssen die Altaktionäre den Vermögensverlust aus dem Verwässerungseffekt hingegen ohne Kompensation tragen. Wenn der Gesetzgeber in § 186 AktG vorsieht, dass beim sogenannten „vereinfachten Bezugsrechtsausschluss" der Emissionskurs der jungen Aktien den

Begrenzung des Verwässerungseffektes beim „vereinfachten Bezugsrechtsausschluss"

Börsenkurs der Altaktien nicht wesentlich unterschreiten und die Kapitalerhöhung maximal 10 % des bisherigen Grundkapitals ausmachen darf, setzen diese beiden Restriktionen genau an den vorstehend skizzierten Einflussfaktoren des Verwässerungseffektes an:

- Die Vorgabe eines „nicht wesentlichen" Kursabschlags, worunter ein Abschlag von etwa 3 % verstanden wird, soll sicherstellen, dass der Zähler des Verwässerungseffektes klein bleibt.
- Die Vorgabe einer maximal 10 %-igen Kapitalerhöhung soll sicherstellen, dass der Nenner groß ist.

d) Kompensationseffekt

Mit Bezugsrecht steht dem aus dem Verwässerungseffekt resultierenden Vermögensverlust aus Sicht der Aktionäre ein Vermögensvorteil in Form des Bezugsrechts gegenüber. Es verschafft die Gelegenheit, junge Aktien zum Emissionskurs zu erwerben. Einen Vermögensvorteil bietet diese Gelegenheit, wenn der Emissionskurs unter dem Börsenkurs gleich ausgestatteter alter Aktien liegt. Dann können im Rahmen der Kapitalerhöhung Aktien billiger als an der Börse gekauft werden bzw. im Rahmen der Kapitalerhöhung Aktien billig gekauft und an der Börse teuer wieder verkauft werden. Wir haben mit unserer Annahme, dass die Kapitalerhöhung sicher in vollem Umfang gelingt, implizit unterstellt, dass eine solche Kursrelation gilt, dass die Inhaber der Bezugsrechte also einen Anreiz für deren Ausübung haben.

Arbitragefreiheit als Bewertungsprinzip

Um zu erkennen, welchen Vermögensvorteil das Bezugsrecht den Aktionären bietet, bedarf es einer Vorstellung von dessen Wert. Diese Vorstellung kann auf unterschiedlichen Wegen gewonnen werden, die alle auf derselben Grundidee beruhen: Wenn der Aktienmarkt vollkommen ist, dürfen die Wertpapierpreise keine Arbitrage ermöglichen. Das bedeutet

- zum einen, dass es nicht möglich sein darf, durch die Kombination verschiedener Transaktionen risikolose Gewinne zu erzielen, weil dann alle Akteure diese Transaktionen in unendlichem Volumen durchführen wollten (= Differenzarbitrage) und die Preise, die Arbitragemöglichkeiten eröffnen, deshalb keinen Bestand haben können. Das bedeutet aber
- zum anderen auch, dass alle Wege, die zur gleichen Vermögensposition führen, dieselben Kosten verursachen müssen, weil sonst niemand den teureren und alle den billigeren Weg zur Erlangung dieser Position beschreiten würden (= Ausgleichsarbitrage) und die Preise aus diesem Grund keinen Bestand haben können.

4.2 · Eigenfinanzierung der Aktiengesellschaft

Wir folgen zunächst dem ersten Weg zur Bestimmung des Bezugsrechtswertes. Reicht ein Aktionär b Bezugsrechte, die jeweils den zu bestimmenden Wert von B haben, bei der Gesellschaft ein und bezahlt er zudem den Emissionskurs C_E, erhält er eine junge Aktie. Die junge Aktie hat einen Wert von $C'_{Bö}$. Für das Bezugsrecht muss sich auf einem vollkommenen und arbitragefreien Markt ein Kurs B einstellen, für den gilt: $b \cdot B + C_E = C'_{Bö}$. Für B folgt daraus gemäß ◘ Gl. 4.3:

Wert des Bezugsrechts

$$B = \frac{C'_{Bö} - C_E}{b}. \qquad 4.3$$

Diese Darstellung lässt die Relation zwischen dem Verwässerungseffekt und dem Wert des Bezugsrechts noch nicht ganz klar erkennen, denn ◘ Gl. 4.2 stellt den Verwässerungseffekt in Abhängigkeit vom ursprünglichen Aktienkurs $C_{Bö}$ dar. ◘ Gl. 4.3 stellt den Wert des Bezugsrechts hingegen in Abhängigkeit vom Mischkurs $C'_{Bö}$ dar, weil die beziehbare junge Aktie nur noch einen Wert in Höhe dieses Mischkurses hat. Der Wert des Bezugsrechts lässt sich aber – wie ◘ Gl. 4.4 zeigt – leicht ebenfalls in Abhängigkeit vom ursprünglichen Aktienkurs ausdrücken, weil gemäß ◘ Gl. 4.1 der Zusammenhang zwischen beiden Aktienkursen bekannt ist. Dazu muss in ◘ Gl. 4.3 nur für $C'_{Bö}$ der Mischkurs aus ◘ Gl. 4.1 eingesetzt werden:

$$\begin{aligned} B &= \frac{C'_{Bö} - C_E}{b} \\ &= \frac{\frac{b \cdot C_{Bö} + C_E}{b+1} - C_E}{b} \\ &= \frac{\frac{b \cdot C_{Bö} + C_E}{b+1} - \frac{(b+1) \cdot C_E}{b+1}}{b} = \frac{C_{Bö} - C_E}{b+1}. \end{aligned} \qquad 4.4$$

Diese Schreibweise lässt erkennen, dass der Wert des Bezugsrechts genau dem Betrag des Verwässerungseffektes entspricht, denn ◘ Gl. 4.2 und ◘ Gl. 4.4 sind identisch. Der negative Verwässerungseffekt wird also exakt durch den Wert des Bezugsrechts ausgeglichen. Deshalb spricht man auch vom Kompensationseffekt des Bezugsrechts.

Kompensationseffekt des Bezugsrechts

Dieser Zusammenhang lässt sich auch direkter erkennen, wenn man sich verdeutlicht, dass der Anleger, der zunächst b Bezugsrechte zum Preis von jeweils B erwirbt und diese anschließend gegen Zahlung des Emissionspreises C_E ausübt, über dieselbe Rechtsposition verfügt wie ein Anleger, der eine alte Aktie besaß und das daran hängende Bezugsrecht verkaufte. Für das Bezugsrecht muss sich auf einem vollkommenen und arbitragefreien Markt also ein Kurs B einstellen, für den gilt: $b \cdot B + C_E = C_{Bö} - B$. Für B folgt daraus das bereits bekannte Ergebnis:

$$B = \frac{C_{Bö} - C_E}{b + 1}.$$

Irrelevanz des Emissionskurses bei Bezugsrecht

Der Kompensationseffekt des Bezugsrechts bewirkt nicht nur, dass Aktionäre für Verwässerungseffekte vermögensmäßig durch das Bezugsrecht kompensiert werden. Er bewirkt weitergehend, dass es Aktionären unter Vermögensgesichtspunkten gleichgültig sein kann, ob ein gegebener Emissionserlös durch eine geringe Zahl junger Aktien und einen hohen Emissionskurs oder durch eine höhere Zahl junger Aktien und einen entsprechend geringeren Emissionskurs erzielt wird. In unserem numerischen Beispiel wäre es für Aktionäre mit Bezugsrecht also z. B. irrelevant, ob der geplante Emissionserlös von 8 Mio. €,

- wie bislang unterstellt, durch 1 Mio. junge Aktien zu einem Emissionskurs von 8 €/Aktie erzielt wird oder
- durch 4 Mio. junge Aktien zu einem Emissionskurs von 2 €/Aktie.

Im ersten Fall betrüge der Verwässerungseffekt, wie bereits errechnet, 1 €/Aktie und stünde ihm ein Wert pro Bezugsrecht von 1 €/Aktie gegenüber. Im zweiten Fall ergäbe sich mit einem Bezugsverhältnis von $b = 1/2$ zwar ein höherer Verwässerungs-

Anleger A hält ursprünglich 100 Aktien und übt seine Bezugsrechte aus			
vorher:	100 Altaktien á 11 € sowie Barvermögen in Höhe von 900 €		**2.000**
nachher:	100 Altaktien á 10 €:		1.000
	50 junge Aktien á 10 €:		500
	Barvermögen (900 − 50 · 8)		500
	Gesamtvermögen		**2.000**
Anleger B hält ursprünglich 100 Aktien und verkauft alle Bezugsrechte			
vorher:	100 Altaktien á 11 sowie Barvermögen in Höhe von 900 €		**2.000**
nachher:	100 Altaktien á 10 €:		1.000
	Barvermögen (900 + 100 · 1)		1.000
	Gesamtvermögen		**2.000**
Anleger C hat zunächst keine Aktien und kauft 100 Aktien über Bezugsrechte			
vorher:	kein Aktienvermögen; Barvermögen in Höhe von 2.000 €		**2.000**
nachher:	100 junge Aktien á 10 €:		1.000
	Barvermögen (2.000 − 200 · 1 − 100 · 8)		1.000
	Gesamtvermögen		**2.000**

Abb. 4.12 Beispiel Kompensationseffekt

4.2 · Eigenfinanzierung der Aktiengesellschaft

effekt von 6 €/Aktie. Ihm stünde dann aber auch ein Bezugsrechtswert von 6 €/Aktie gegenüber.

Ohne Bezugsrecht präferieren die Aktionäre hingegen eindeutig die erste Variante, da sie dann den Verwässerungseffekt unkompensiert als Vermögensverlust tragen müssen und der Verwässerungseffekt bei höherem Emissionskurs und geringerer Zahl junger Aktien geringer ausfällt.

Der Kompensationseffekt des Bezugsrechts hängt zudem nicht davon ab, wie Aktionäre mit Bezugsrechten verfahren. Das zeigt folgende beispielhafte Betrachtung, die in ◘ Abb. 4.12 zusammengefasst ist. Dabei gehen wir wieder von unserem Ausgangsbeispiel mit $C_{Bö} = 11$, $C_E = 8$ und $b = 2/1$, also von einem Wert des Bezugsrechts von $B = 1$, aus.

Anleger A hält vor der Kapitalerhöhung 100 Aktien. Bei einem Kurs von 11 € hat er also 1100 € seines Vermögens in Aktien dieser Gesellschaft angelegt. Übt er seine 100 Bezugsrechte aus, kann er 50 junge Aktien beziehen. Nach Durchführung der Kapitalerhöhung hält er also 150 Aktien, die allerdings nur noch zu einem Kurs von 10 € notieren. Er hat nun also 1500 € in Aktien dieser Gesellschaft angelegt. Sein Aktienvermögen hat sich um 400 € erhöht. Dieser Erhöhung des Aktienvermögens steht eine identisch hohe Minderung seines sonstigen Vermögens (Barvermögens) gegenüber, denn er musste beim Bezug der 50 jungen Aktien jeweils 8 € Emissionspreis, also insgesamt 400 €, an die Gesellschaft zahlen.

Anleger B hält vor der Kapitalerhöhung ebenfalls 100 Aktien. Er hat also ursprünglich ebenfalls 1100 € in Aktien dieser Gesellschaft angelegt. Verkauft Anleger B seine Bezugsrechte, hält er nach Durchführung der Kapitalerhöhung unverändert 100 Aktien, die dann allerdings nur noch zu einem Kurs von 10 € notieren. Er hat nun also nur noch 1000 € in Aktien dieser Gesellschaft angelegt. Sein Aktienvermögen hat sich um 100 € reduziert. Der Minderung des Aktienvermögens steht eine identisch hohe Mehrung seines sonstigen Vermögens (Barvermögens) gegenüber, denn er konnte durch den Verkauf seiner 100 Bezugsrechte jeweils 1 € Verkaufserlös, insgesamt also 100 € Verkaufserlöse, erzielen.

Anleger C hält vor der Kapitalerhöhung keine Aktien. Nutzt er die Kapitalerhöhung, um zunächst 200 Bezugsrechte zu erwerben und sie anschließend auszuüben, verfügt er nach Durchführung der Kapitalerhöhung über 100 Aktien. Bei einem Aktienkurs von 10 € hat er danach 1000 € in Aktien dieser Gesellschaft investiert. Sein Aktienvermögen hat sich um 1000 € erhöht. Gleichzeitig hat sein sonstiges Vermögen (Barvermögen) aber um 1000 € abgenommen, da er zunächst 200 Bezugsrechte zu je 1 € erwerben und anschließend 100 mal 8 €

Beispiel zur Irrelevanz des Umgangs mit Bezugsrechten

Verhalten des Anlegers für das Gesamtvermögen irrelevant

Relevanz des Anlegerverhaltens für die Vermögensaufteilung

opération blanche

Emissionskurs an die Gesellschaft zahlen musste, um die 100 jungen Aktien zu beziehen.

Das Beispiel verdeutlicht, dass die Durchführung einer Kapitalerhöhung mit Bezugsrechten das Vermögen keines Anlegers verändert – egal, wie er mit Bezugsrechten umgeht. Vermögenseffekte können sich nur durch den Ankündigungseffekt oder daraus ergeben, dass der Finanzmarkt weniger vollkommen ist, als wir es hier unterstellt haben.

Trotzdem kann die Kapitalerhöhung für unsere Anleger A und B unerwünschte Wirkungen entfalten, wenn sie sich so wie bislang skizziert verhalten. Angenommen, beide Anleger hatten ihre Vermögenszusammensetzung vor der Kapitalerhöhung optimal gestaltet, d. h. genau so, wie es ihren Erwartungen und Präferenzen am besten entspricht. Dann ist ihre Vermögenszusammenstellung nach Durchführung der Kapitalerhöhung nicht mehr optimal, denn Anleger A hat durch seine Teilnahme an der Kapitalerhöhung nun 400 € mehr und Anleger B durch seine Nichtteilnahme 100 € weniger in Aktien dieser Gesellschaft angelegt.

Ist der Finanzmarkt so perfekt wie wir das bisher unterstellt haben, lässt sich dieser Fehler im Nachhinein leicht korrigieren. Anleger A könnte zunächst wie beschrieben an der Kapitalerhöhung teilnehmen und anschließend wieder 40 Aktien zum Kurs von 10 € verkaufen. Danach hätte er wie vor der Kapitalerhöhung 1100 € in Aktien dieser Gesellschaft investiert. Analog könnte B zunächst wie beschrieben seine Bezugsrechte verkaufen und anschließend 10 Aktien zu 10 € am Markt erwerben. Er hätte dann ebenfalls wieder 1100 € in Aktien dieser Gesellschaft investiert.

Wenn Wertpapierkäufe und -verkäufe ohne Transaktionskosten möglich sind, sind alle Wege, die im Ergebnis dazu führen, dass ein Aktionär nach der Kapitalerhöhung wieder mit demselben Betrag in dieser Aktie investiert ist wie vor der Kapitalerhöhung, gleichwertig. Das ändert sich allerdings, wenn Transaktionen Kosten verursachen. Dann sollte die angestrebte Vermögenszusammensetzung zur Minimierung der Transaktionskosten auf dem Wege erreicht werden, auf dem möglichst wenig kostenträchtige Wertpapiertransaktionen erforderlich sind. Die dann optimale Strategie bezeichnet man als opération blanche (die „weiße Strategie").

Bei der opération blanche verkauft der Altaktionär von vornherein nur so viele Bezugsrechte, dass er aus den dabei erzielten Verkaufserlösen genau die Emissionspreise bezahlen kann, die er bei der Ausübung seiner restlichen Bezugsrechte an die Gesellschaft leisten muss. Mit einer solchen Strategie bleibt die Aufteilung seines Vermögens von vornherein er-

halten und muss nicht durch anschließende Aktienverkäufe oder -zukäufe wieder hergestellt werden. In unserem Beispiel wäre dazu wie folgt zu verfahren:
- Ein Anleger muss beim Bezug einer jungen Aktie 8 € als Emissionskurs an die Gesellschaft zahlen. Um diese 8 € durch den Verkauf von Bezugsrechten zu erzielen, muss er 8 Bezugsrechte für je 1 € verkaufen.
- Er muss beim Bezug einer jungen Aktie außerdem 2 Bezugsrechte einreichen.

Insgesamt benötigt ein Anleger in unserem Beispiel also jeweils 10 Bezugsrechte, um eine opération blanche durchzuführen: Acht Bezugsrechte verkauft er. Mit dem Verkaufserlös und den restlichen beiden Bezugsrechten bezieht er dann eine junge Aktie.

4.2.4.2 Reale Kurszusammenhänge

Vorstehend sind wir, abgesehen von der letzten Überlegung, davon ausgegangen, dass der Finanzmarkt vollkommen ist, dass also keine Transaktionskosten anfallen, Kurse, zu denen Investoren handeln können, bereits ex ante bekannt sind und die Kapitalerhöhung sicher in vollem Umfang gelingt. Insbesondere diese, aber auch weitere explizite und implizite, Annahmen unserer modellgestützten Überlegungen sind auf realen Märkten nicht erfüllt. Daher entsprechen die Bewertungszusammenhänge auf realen Finanzmärkten nicht immer exakt unseren idealtypischen Zusammenhängen. Insbesondere zeigen empirische Untersuchungen, dass Bezugsrechte

reale „Unterbewertung" von Bezugsrechten

- im Durchschnitt zu Kursen leicht unterhalb des dargestellten idealtypischen Bezugsrechtswertes notieren und
- die „Unterbewertung" der Bezugsrechte in den letzten Tagen des Bezugsrechtshandels besonders ausgeprägt ist.

Diese empirischen Abweichungen von den idealtypischen Bewertungszusammenhängen sind für Finanzwirtschaftler ein interessanter Untersuchungsgegenstand. Im Rahmen solcher Untersuchungen wird genauer analysiert, welche Marktunvollkommenheiten in welche Richtung und mit welcher Intensität Einfluss auf die empirischen Kurse nehmen. Die Abweichungen zwischen Modellzusammenhängen und empirischen Zusammenhängen haben in der weit überwiegenden Zahl aller Kapitalerhöhungen allerdings ein so unbedeutend geringes Ausmaß, dass die modellgestützten Überlegungen im Wesentlichen als gute Abbildung der realen Kurszusammenhänge angesehen werden können.

gute Abbildung realer Kurszusammenhänge im Modell

4.3 Zusammenfassung

Durch Eigenfinanzierung erhält das Unternehmen Vermögen, meist Zahlungsmittel, ohne dass es im Gegenzug Verbindlichkeiten eingeht. Die Stellung der Eigenfinanciers lässt sich vor allem durch ihre Einlagepflichten, Haftungspflichten, Mitwirkungs- und Kontrollrechte, Partizipation an Gewinnen und Verlusten und Ansprüche auf Entnahmen bzw. Ausschüttungen charakterisieren. Die Gestaltungsspielräume im Hinblick auf diese Merkmale unterscheiden sich deutlich zwischen den verschiedenen Rechtsformen.

Eigenfinanciers, die wie Einzelunternehmer, OHG-Gesellschafter und Komplementäre unbeschränkt und unmittelbar mit ihrem Privatvermögen für die Schulden des Unternehmens haften, unterliegen im Außenverhältnis keinen Einlagepflichten und keinen Ausschüttungsgrenzen. Außerdem obliegt ihnen neben den Grundsatzentscheidungen auch die Führung der laufenden Geschäfte. Im Innenverhältnis können die Gesellschafter in all diesen Bereichen abweichende Regelungen treffen.

Auch Kommanditisten, die ebenfalls unmittelbar, aber maximal in Höhe ausstehender Einlagen privat haften, unterliegen im Außenverhältnis keinen Mindesteinlagepflichten und Ausschüttungsgrenzen. Sie nehmen aber nur an gravierenden Grundsatzentscheidungen teil, sind von der laufenden Geschäftsführung und Vertretung der Gesellschaft ganz ausgeschlossen und übernehmen in dem Maße zusätzliche private Haftung, wie sie ihren Kapitalanteil durch Entnahmen unter die eingetragene Einlage reduzieren.

GmbH-Gesellschafter und Aktionäre, die nur mittelbar und nur maximal in Höhe ausstehender Einlagen privat haften, unterliegen hingegen im Außenverhältnis von vornherein Mindesteinlagepflichten und Ausschüttungsgrenzen. Außerdem sind die entsprechenden Rechtsformen vom Leitbild der Fremdorganschaft geprägt. Die laufenden Geschäfte führen dort angestellte Personen.

Die Möglichkeiten der Eigenfinanzierung sind für die AG durch Vorgaben für Kapitalerhöhungen besonders detailliert geregelt. Neben der Möglichkeit einer nominellen Kapitalerhöhung durch Umbuchung von Rücklagen besteht die Möglichkeit der Kapitalerhöhung gegen Einlagen in zwei Varianten und die Einrichtung und Nutzung bedingten Kapitals. Bei Kapitalerhöhungen erweist sich das Bezugsrecht von zentraler Bedeutung, da es Aktionäre für ansonsten durch den Verwässerungseffekt entstehende Vermögensverluste kompensiert.

4.4 Wiederholungsfragen

1. Welche ist empirisch die wichtigste Rechtsform für deutsche Unternehmen? ▶ Abschn. 4.1.1.
2. Was versteht man im Zusammenhang mit rechtsformspezifischen Einlage-, Haftungs-, und Entnahmevorschriften unter der Äquivalenzfiktion und was sind ihre wesentlichen Konsequenzen? ▶ Abschn. 4.1.2.
3. Welche gesetzlichen Vorschriften zur Mindesthöhe der Einlagen (insgesamt und je Anteil) sind bei GmbH und AG zu beachten? ▶ Abschn. 4.1.2.
4. Welche Gemeinsamkeiten und welche Unterschiede bestehen zwischen der Haftungssituation von Kommanditisten und GmbH-Gesellschaftern?
▶ Abschn. 4.1.3.
5. Welche dispositiven Regeln zur Verteilung von Gewinnen und Verlusten auf die Gesellschafter sieht das Handelsgesetzbuch für OHG und KG vor?
▶ Abschn. 4.1.5.
6. Unter welchen Bedingungen erhöhen Verlustanteile und Entnahmen die private Haftung von Kommanditisten? ▶ Abschn. 4.1.3 und 4.1.6.
7. Auf welche Weise und mit welchem Ergebnis beschränkt das GmbHG im Außenverhältnis die maximale Ausschüttung? ▶ Abschn. 4.1.6.
8. Auf welche Weise und mit welchem Ergebnis beschränkt das AktG im Außenverhältnis die maximale Ausschüttung? ▶ Abschn. 4.1.6.
9. Was versteht man unter Arbitragefreiheit und wie lässt sich dieses Konzept für die Bewertung von Bezugsrechten auf junge Aktien nutzen?
▶ Abschn. 4.2.4.1.
10. Für welche Zwecke kann gemäß AktG bedingtes Kapital eingerichtet werden? ▶ Abschn. 4.2.3.5.

4.5 Aufgaben

Aufgabe 1 Ein Kommanditist tritt zu Beginn von Jahr 1 in die KG ein. In das Handelsregister wird für ihn eine Einlage von 100.000 € eingetragen. Darauf leistet er sofort eine Bareinlage von 80.000 €. In den ersten fünf Jahren seiner Gesellschaftszugehörigkeit werden ihm die folgenden Anteile am Gewinn (+) bzw. Verlust (−) zugerechnet und tätigt er folgende weitere Einlagen (+) bzw. Entnahmen (−) (alle Tabellenangaben in Tausend €):

Jahr	1	2	3	4	5
Gewinn / Verlust	-12	+10	-8	+20	+20
Einlage / Entnahme	+20	-5	-3	-15	-8

Bestimmen Sie für die Enden der fünf Geschäftsjahre jeweils den Stand des Kapitalkontos dieses Kommanditisten und den Betrag seiner privaten Haftung.

Aufgabe 2 Eine AG erzielte im abgelaufenen Geschäftsjahr einen Jahresüberschuss von 103.000 €. Ihre Satzung ermächtigt Aufsichtsrat und Vorstand, maximal 75 % des um einen Verlustvortrag und Zuführungen zu gesetzlichen Rücklagen gekürzten Gewinns in andere Gewinnrücklagen einzustellen. Die Bilanz des Vorjahres weist folgende Positionen des Eigenkapitals aus:

200.000 €	Grundkapital
12.000 €	Kapitalrücklage
5000 €	Gesetzliche Rücklage
55.000 €	Andere Gewinnrücklagen
20.000 €	Verlustvortrag

a) Welchen Bilanzgewinn könnten Vorstand und Aufsichtsrat maximal feststellen?
b) Welchen Bilanzgewinn müssten sie mindestens feststellen?

Aufgabe 3 Die Bilanz einer AG weist ursprünglich folgende Eigenkapitalpositionen (in Tausend €) aus:

Grundkapital	100
Kapitalrücklage	40
Gesetzliche Gewinnrücklage	20
Andere Gewinnrücklagen	70
Jahresüberschuss	0

Nach nomineller Kapitalerhöhung im Verhältnis 1:1 hätten diese Positionen folgende Werte:

Grundkapital	200
Kapitalrücklage	30
Gesetzliche Gewinnrücklage	0
Andere Gewinnrücklagen	0
Jahresüberschuss	0

4.5 · Aufgaben

a) Wäre eine nominelle Kapitalerhöhung in diesem Umfang möglich, wenn die Satzung keine besonderen Regelungen zur Gewinnrücklage vorsieht?
b) Welchen Betrag kann die AG ohne und welchen kann sie mit nomineller Kapitalerhöhung maximal ausschütten, wenn sowohl Vorstand und Aufsichtsrat als auch die Hauptversammlung die Ausschüttung maximieren wollen?
c) Wie beurteilen Gläubiger die nominelle Kapitalerhöhung?
d) Wie beurteilen Aktionäre die nominelle Kapitalerhöhung?

Aufgabe 4 Eine AG plant eine Kapitalerhöhung mit folgenden Daten:
- bisheriges Grundkapital: 100 Mio. € (100 Mio. alte Aktien à 1 € Nennwert)
- Börsenkurs vor Ankündigung ($C_{Bö}$): 5 €/Aktie
- Emissionsvolumen: 200 Mio. € nominal
- Emissionskurs (C_E): 2 €/Aktie.

Junge Aktien werden identisch wie Altaktien ausgestattet. Die Kapitalerhöhung entfaltet neben Verwässerungs- und Kompensationseffekten keine Ankündigungseffekte.
a) Bestimmen Sie das Bezugsverhältnis.
b) Bestimmen Sie den Börsenkurs, der sich nach Bekanntwerden der Kapitalerhöhungsabsicht theoretisch einstellen müsste, wenn die Kapitalerhöhung ohne Bezugsrecht der Aktionäre durchgeführt werden soll.
c) Gehen Sie nun davon aus, dieselbe Kapitalerhöhung werde mit Bezugsrecht der Aktionäre durchgeführt. Welchen Wert hätte dann ein Bezugsrecht?
d) Bestimmen Sie den Börsenkurs, der sich nach Bekanntgabe aber noch vor Durchführung der Kapitalerhöhung theoretisch einstellen müsste, wenn die Kapitalerhöhung mit Bezugsrecht der Aktionäre durchgeführt werden soll.
e) Welche Aktivitäten müsste ein Aktionär zur Umsetzung der opération blanche ergreifen, wenn die Kapitalerhöhung mit Bezugsrecht durchgeführt wird?
f) Wird die Kapitalerhöhung in der skizzierten Form durchgeführt, erzielt die AG mit dem Verkauf von 200 Mio. jungen Aktien zu je 2 € einen Emissionserlös von insgesamt 400 Mio. €. Denselben Emissionserlös könnte sie alternativ durch den Verkauf von 400 Mio. jungen Aktien zu einem Emissionskurs von 1 €/Aktie erzielen. Welche der beiden Kapitalerhöhungsvarianten würden Aktionäre ohne Bezugsrecht und welche würden sie mit Bezugsrecht bevorzugen?

4.6 Lösungen

Aufgabe 1 Zu Beginn des ersten Jahres entspricht der Stand des Kapitalkontos dem Betrag der sofort geleisteten Einlage von 80.000. Am Ende der Geschäftsjahre ergeben sich folgende Stände des Kapitalkontos und der privaten Haftung des Kommanditisten (in Tausend €):

Jahr	1	2	3	4	5
Gewinn/ Verlust	-12	+10	-8	+20	+20
Einlage/ Entnahme	+20	-5	-3	-15	-8
Kapitalkonto zum Jahresende	+88	+93	+82	+87	+99
private Haftung zum Jahresende	0	5	8	13	1

Der Stand des Kapitalkontos zum Jahresende ergibt sich jeweils aus:

    Kapitalkonto zu Jahresbeginn

    + / − Gewinn/Verlust

    + / − Einlage/Entnahme

    = Kapitalkonto am Jahresende.

Im Jahr 1 reduziert sich die private Haftung durch die Leistung der ausstehenden Einlage von 20 auf null. Der Verlustanteil ist für die private Haftung zunächst ohne Bedeutung.

Im Jahr 2 ist der Gewinn von 10 zum Ausgleich der Verluste des Vorjahres in Höhe von 12 einzusetzen. Danach verbleibt ein unkompensierter Verlust von 2. Die Entnahme reduziert das Kapitalkonto wieder auf einen Stand unterhalb der eingetragenen Einlage. In ihrem Umfang lebt private Haftung auf.

Im Jahr 3 ist der Verlust haftungsunschädlich, er erhöht nur die noch auszugleichenden Verluste auf 10. Die Entnahme ist in voller Höhe haftungsschädlich, da sie den ohnehin unter der eingetragenen Einlage liegenden Stand des Kapitalkontos weiter reduziert.

Im Jahr 4 ist der Gewinn in Höhe von 10 zum Ausgleich offener Verluste einzusetzen. Die restlichen 10 reduzieren die private Haftung. Gleichzeitig erhöht sich die private Haftung aber durch die haftungsschädliche Entnahme von 15, so dass sich die private Haftung im Saldo um 5 erhöht.

Im Jahr 5 reduziert der Gewinn die private Haftung auf null, da durch ihn der Stand des Kapitalkontos (mindestens)

4.6 · Lösungen

die Höhe der eingetragenen Einlage erreicht. Die Entnahme reduziert den Stand des Kapitalkontos aber wieder auf einen Betrag, der um 1 unter der eingetragenen Einlage liegt. In Höhe dieses haftungsschädlichen Teils der Entnahme bleibt private Haftung erhalten.

Aufgabe 2 Unabhängig von ihrem Interesse, einen Bilanzgewinn bestimmter Höhe auszuweisen, müssen Vorstand und Aufsichtsrat den Verlustvortrag vom Jahresüberschuss subtrahieren und anschließend Zuführungen zu gesetzlichen Rücklagen vornehmen. Nach Abzug des Verlustvortrages verbleibt ein Jahresüberschuss von 83.000 €. Davon wären grundsätzlich 5 %, also 4150 €, in die gesetzliche Rücklage einzustellen. Diese Pflicht besteht allerdings nur solange, bis die gesetzliche Rücklage zusammen mit der Kapitalrücklage 10 % des Grundkapitals beträgt. Zum Erreichen dieser Grenze fehlen nur noch 3000 €. Daher sind nur 3000 € der gesetzlichen Rücklage zuzuführen. Danach beträgt der modifizierte Jahresüberschuss 80.000 €:

103.000 €	Jahresüberschuss
−20.000 €	Verlustvortrag
−3000 €	Zuführung zur gesetzlichen Rücklage
= 80.000 €	modifizierter Jahresüberschuss.

a) Wollen Vorstand und Aufsichtsrat einen möglichst hohen Bilanzgewinn ausweisen, verzichten sie auf die freiwillige Bildung von Rücklagen und lösen in maximalem Umfang Rücklagen auf. Auflösen dürfen sie maximal die anderen Gewinnrücklagen in voller Höhe. Der Bilanzgewinn beträgt dann 135.000 €:

80.000 €	modifizierter Jahresüberschuss
+55.000 €	Auflösung von Rücklagen
= 135.000 €	maximaler Bilanzgewinn.

b) Wollen Vorstand und Aufsichtsrat einen möglichst geringen Bilanzgewinn ausweisen, lösen sie keine Rücklagen auf und stellen möglichst hohe Beträge in andere Gewinnrücklagen ein. Einstellen dürfen sie nach der Satzung nicht nur die gesetzlich vorgesehenen 50 %, sondern 75 % des modifizierten Jahresüberschusses. Nach voller Ausschöpfung dieser besonderen Ermächtigung würden die anderen Gewinnrücklagen aber insgesamt 115.000 € (= 55.000 + 0,75 · 80.000) und damit mehr als 50 % des Grundkapitals betragen. Daher dürfen Vorstand und Aufsichtsrat von der satzungsmäßigen Ermächtigung nicht mehr in voller Höhe, sondern nur noch bis zum Erreichen dieser 50 %-Schwelle Gebrauch machen. Sie dürfen andere Gewinnrücklagen aufgrund der besonderen Ermächtigung daher maximal noch um 45.000 € erhöhen. Der Bilanzgewinn beträgt deshalb mindestens 35.000 €:

80.000 €	modifizierter Jahresüberschuss
− 45.000 €	Zuführung zu anderen Gewinnrücklagen
= 35.000 €	minimaler Bilanzgewinn.

Aufgabe 3
a) Nach den angegebenen Daten würden gesetzliche und andere Gewinnrücklagen in voller Höhe und zusätzlich 10.000 € aus der Kapitalrücklage in das Grundkapital umgebucht. Da kein Verlustvortrag vorliegt, dürfen andere Gewinnrücklagen gemäß § 208 AktG in voller Höhe umgebucht werden und gesetzliche Gewinnrücklage und Kapitalrücklage insoweit, wie sie zehn Prozent oder den in der Satzung bestimmten höheren Teil des bisherigen Grundkapitals übersteigen. Die Kapitalrücklage beträgt anschließend noch immer 30 % des bisherigen Grundkapitals und die Satzung sieht keine höhere Grenze vor. Also wird auch diese Grenze eingehalten. Die nominelle Kapitalerhöhung ist daher im skizzierten Umfang zulässig.
b) Ohne Kapitalerhöhung könnten maximal 70.000 € ausgeschüttet werden, da die anderen Gewinnrücklagen aufgelöst und zu Ausschüttungen verwendet werden könnten. Mit nomineller Kapitalerhöhung wäre keine Ausschüttung möglich, da dann keine auflösbaren anderen Gewinnrücklagen mehr zur Verfügung stünden.
c) Gläubiger der AG beurteilen die nominelle Kapitalerhöhung wegen ihrer die maximalen Ausschüttungsmöglichkeiten begrenzenden Wirkung positiv. Sie vermindert die Gefahr, dass Gläubigern durch Ausschüttungen Vermögen entzogen wird, auf das sie zur Befriedigung ihrer Ansprüche zugreifen können.
d) Für Aktionäre entfaltet die Kapitalerhöhung neben der unmittelbaren eine mittelbare Wirkung. Zudem kann die unmittelbare Wirkung differenziert beurteilt werden. Die unmittelbare Wirkung der nominellen Kapitalerhöhung besteht in der Beschneidung der Ausschüttungsmöglich-

keiten. Sie würden im Beispiel sogar zunächst einmal vollständig aufgegeben. Ohne Interessenunterschiede innerhalb der Aktionärsschaft wäre diese unmittelbare Wirkung negativ zu beurteilen, da zusätzliche Handlungsalternativen zunächst einmal keinen negativen Wert haben können.

Schon die Beurteilung der unmittelbaren Wirkung kann aber differenziert ausfallen, wenn einzelne Aktionäre an hohen und andere Aktionäre an geringen Ausschüttungen interessiert sind. Dann beurteilen die Aktionäre mit geringem Ausschüttungsinteresse die unmittelbare Wirkung positiv, da sie die Gefahr aus ihrer Sicht zu hoher Ausschüttungen reduziert.

Hinzu kommt eine mittelbare Wirkung, die alle Aktionäre, unabhängig von ihrem Ausschüttungsinteresse, positiv beurteilen. Da Gläubiger von der Maßnahme profitieren, verbessert sich die Kreditwürdigkeit der Gesellschaft. Eventuell können Kredite über höhere Summen oder zu günstigeren Bedingungen aufgenommen werden. Davon profitieren die Aktionäre.

Wenn die Vorteile, insbesondere die Vorteile bei der Kreditaufnahme, die Nachteile der Ausschüttungsbegrenzung überwiegen, können letztlich auch Aktionäre die Maßnahme insgesamt positiv beurteilen. Das ist insbesondere der Fall, wenn sie ohnehin keine hohen Ausschüttungen planen. Dann kann die Ankündigung der nominellen Kapitalerhöhung einen positiven Effekt auf den Aktienkurs entfalten.

Aufgabe 4

a) Es laufen a = 100 Mio. alte Aktien um. Bei einem nominalen Emissionsvolumen von 200 Mio. € und einem Nennwert der jungen Aktien von ebenfalls 1 €/Aktie sollen n = 200 Mio. junge Aktien ausgegeben werden. Das Bezugsverhältnis b beträgt mithin:

$$b = \frac{a}{n} = \frac{100 \text{ Mio.}}{200 \text{ Mio.}} = \frac{1}{2}.$$

b) Wird die Kapitalerhöhung ohne Bezugsrecht bekannt und gehen Aktionäre davon aus, diese Absicht werde erfolgreich umgesetzt, werden ihre Aktien nach Abschluss der Maßnahme nur noch einen Wert in Höhe des Mischkurses haben. Da sich der Verwässerungseffekt nicht mehr vermeiden lässt und ihm auch kein Kompensationseffekt des Bezugsrechts gegenüber steht, stellt sich der Mischkurs ohne Bezugsrecht bereits direkt nach Bekanntwerden der Maßnahme ein. Der Börsenkurs beträgt also:

$$C'_{Bö} = \frac{a \cdot C_{Bö} + n \cdot C_E}{a + n} = \frac{1 \cdot 5 + 2 \cdot 2}{1 + 2} = 3$$

c) Für das Bezugsrecht muss sich auf einem vollkommenen und arbitragefreien Finanzmarkt folgender Börsenkurs B einstellen:

$$b \cdot B + C_E = C_{Bö} - B$$

$$\Leftrightarrow B = \frac{C_{Bö} - C_E}{b + 1} = \frac{5 - 2}{0{,}5 + 1} = 2$$

d) Wird die Kapitalerhöhung mit Bezugsrecht angekündigt, umfasst eine Aktie vor Beginn des Bezugsrechtshandels noch sowohl eine spätere Aktie ohne Bezugsrecht als auch das Bezugsrecht. Die Aktie ohne Bezugsrecht hat einen Wert in Höhe des Mischkurses, das Bezugsrecht einen Wert in Höhe des soeben berechneten Betrages. Für den Aktienkurs unmittelbar nach Bekanntgabe muss also gelten:

$$C = C'_{Bö} + B = 3 + 2 = 5 = C_{Bö}$$

Mit Bezugsrecht verändert sich der Kurs der Aktie durch die Ankündigung der Maßnahme zunächst einmal nicht – zumindest dann nicht, wenn die Kapitalerhöhung, wie hier unterstellt, keine sonstigen Ankündigungseffekte entfaltet. Dann steht dem zu erwartenden Verwässerungseffekt noch ein Bezugsrecht gleichen Wertes gegenüber.

e) Die opération blanche könnte ein Aktionär für jeweils drei Altaktien durchführen:
- Zwei Bezugsrechte verkauft er und erlöst dafür insgesamt 4 €.
- Das dritte Bezugsrecht übt er zum Bezug von zwei jungen Aktien aus und leistet dafür insgesamt 4 € Emissionspreis an die Gesellschaft.

f) Ohne Bezugsrecht präferieren Aktionäre ceteris paribus die Ausgestaltung der Kapitalerhöhung, die den geringeren Verwässerungseffekt auslöst, da sie diesen Verwässerungseffekt dann effektiv als Vermögensverlust tragen müssen. Sie präferieren deshalb die geringere Zahl junger Aktien und den höheren Emissionskurs.

Mit Bezugsrecht steht dem negativen Verwässerungseffekt stets ein positiver Wert des Bezugsrechts gleichen Betrags gegenüber (Kompensationseffekt des Bezugsrechts). Wird ein geringerer Emissionskurs und eine entsprechend höhere Zahl junger Aktien gewählt, müssen Aktionäre zwar einen höheren Verwässerungseffekt tragen. Mit Bezugsrecht erhöht sich dann aber auch der Wert ihrer Bezugsrechte um genau denselben Betrag. Mit Bezugsrecht ist bei gegebenem Emissionserlös die Festlegung der Zahl junger Aktien und des Emissionskurses für die Vermögenssituation der Aktionäre also irrelevant. Sie stehen beiden Varianten indifferent gegenüber.

Literatur

Bitz, M. und *Ewert, J.* (2014): Übungen in Betriebswirtschaftslehre, Übungsaufgaben 2.52 bis 2.58, 8. Aufl., München.

Bitz, M. und *Stark, G.* (2015): Finanzdienstleistungen, Kapitel 3.2, 9. Aufl., Berlin, München, Boston.

Bitz, M., Terstege, U. und *Stark, G.* (2007): Kapitalerhöhungen börsennotierter Gesellschaften ohne Bezugsrechtshandel, in: Festschrift für Ulrich Eisenhardt zum 70. Geburtstag, hrsg. von U. Wackerbarth, T. Vormbaum, H.-P. Marutschke, München, S. 399–419.

Breuer, W., Schweizer, T. und *Breuer, C.* (2012): Gabler Lexikon Corporate Finance, 2. Aufl., Wiesbaden.

Breuer, W. (2013): Finanzierung, Kapitel X, Unterkapitel 2, 3. Aufl., Wiesbaden.

Drukarczyk, J. und *Lobe, S.* (2014): Finanzierung: Eine Einführung, Kapitel 9, 11. Aufl., Stuttgart.

Franke, G. und *Hax, H.* (2009): Finanzwirtschaft des Unternehmens und Kapitalmarkt, Kapitel IX, Unterkapitel 3, 6. Aufl., Berlin u. a.

Kürsten, W. (2005): Finanzierung, in: Vahlens Kompendium der Betriebswirtschaftslehre, hrsg. von M. Bitz, M. Domsch, R. Ewert und F.W. Wagner, Bd. 1, 5. Aufl., München, S. 173–235.

Perridon, L., Steiner, M. und *Rathgeber, A.* (2017): Finanzwirtschaft der Unternehmung, Kapitel D, Unterkapitel II.1, 17. Aufl., München.

Terstege, U. (2001a): Namensaktien, in: Wirtschaftswissenschaftliches Studium, 30. Jg., S. 429–434.

Terstege, U. (2001b): Bezugsrechte bei Kapitalerhöhungen, Wiesbaden 2001.

Wöhe, G., Bilstein, J., Ernst, D. und *Häcker, J.* (2013): Grundzüge der Unternehmensfinanzierung, Kapitel 6, 11. Aufl., München.

Fremdfinanzierung

Prof. Dr. Udo Terstege, Dr. Jürgen Ewert

5.1	**Instrumentenübergreifender Überblick** – **265**	
5.1.1	Zahlungsansprüche – 265	
5.1.1.1	Grundlagen – 265	
5.1.1.2	Auszahlung und Tilgung – 266	
5.1.1.3	Verzinsung – 271	
5.1.1.4	Effektivzinsvergleiche – 273	
5.1.2	Besicherung – 277	
5.1.2.1	Vorüberlegungen – 277	
5.1.2.2	Insolvenzverfahren – 279	
5.1.2.3	Sicherheiten im engen Sinne – 284	
5.1.2.4	Wohlverhaltensregeln – 290	
5.1.2.5	Prozessualvorteile – 293	
5.2	**Ausgewählte Fremdfinanzierungskontrakte** – **294**	
5.2.1	Systematik – 294	
5.2.2	Kurzfristige Fremdfinanzierung – 295	
5.2.2.1	Individualkontrakte – 295	
5.2.2.2	Emissionsfinanzierung – 299	
5.2.3	Langfristige Fremdfinanzierung – 300	
5.2.3.1	Individualkontrakte – 300	
5.2.3.2	Emissionsfinanzierung – 314	
5.3	**Zusammenfassung** – **325**	
5.4	**Wiederholungsfragen** – **326**	
5.5	**Aufgaben** – **328**	
5.6	**Lösungen** – **330**	
	Literatur – 335	

© Springer-Verlag GmbH Deutschland 2018
U. Terstege, J. Ewert, *Betriebliche Finanzierung – Schnell erfasst*, Wirtschaft – Schnell erfasst
https://doi.org/10.1007/978-3-662-53077-1_5

Lernziele dieses Kapitels

- Wichtige Ausstattungsmerkmale von Fremdfinanzierungskontrakten und deren Gestaltungsmöglichkeiten kennen
- Aussage und Aussagegrenzen von Effektivzinssätzen als Kennzahlen für die Kosten einer Fremdfinanzierung kennen
- Ansatzpunkte und Instrumente zur Besicherung kennen und systematisieren können
- Instrumente zur kurzfristigen Fremdfinanzierung kennen
- Instrumente zur langfristigen Fremdfinanzierung durch Individualkontrakte kennen, insbesondere die Spezifika von Gesellschafterdarlehen, stillen Gesellschaften und Leasing
- Instrumente zur langfristigen Fremdfinanzierung durch Emissionsfinanzierung, mit und ohne hybride Ausstattungselemente, kennen

Schlüsselbegriffe

Absonderung, Aussonderung, Aufrechnung, Agio (Disagio), Anleihen (Obligationen, Schuldverschreibungen), Annuitäten- (Ratentilgung), b.a.w.-Kredit, Besicherung (im weiten u. engen Sinne) Bürgschaft (Garantie), Commercial Papers, Covenants (Affirmative, Positive, Negative, Financial), Bank-, Versicherungs-, Gesellschafter-, Schuldscheindarlehen, Eigentumsvorbehalt, Effektivzinssatz, Emissionskurs, EURIBOR (LIBOR, EONIA), Euronotes, Floater (Floating Rate Notes), Geld- (Kreditleihe), Genussschein (-recht), Gewinnschuldverschreibung, Hypothekendarlehen, Index-, Doppelwährungs-, Währungsoptions-, Staffel-, Kombizinsanleihe, Individual- (Emissionsfinanzierung), Insolvenzquote, Interner Zinsfuß, Kontokorrentkredit, Liquidation, Lombard-, Zessions-, Aval-, Akzept-, Rembourskredit, Masseverbindlichkeiten, Nennbetrag, Nominalzinssatz, Operate- (Finanzierungs-Leasing), Patronatserklärung, Personalsicherheit, Pfandrecht Prozessualvorteile, Realkredit, Rentenpapier (-markt), Restschuldbefreiung, Sale and Lease Back, Sanierung, Sicherungsübereignung (-zession), Voll- (Teilamortisationsvertrag), Wandel- (Optionsanleihe), Wohlverhaltensregeln, Zahlungsunfähigkeit (Überschuldung), Zero Bond (Null-Coupon-Anleihe).

Nach unserer Definition aus den „Grundlagen der Finanzierung" erzielt das Unternehmen bei der Fremdfinanzierung Einzahlungen im Rahmen von Finanzkontrakten und räumt den Financiers dafür ein Forderungsrecht ein, das sie auch in der Insolvenz des Unternehmens geltend machen können. Kontrakte der Fremdfinanzierung lassen sich primär anhand vereinbarter Forderungsrechte und der zur Sicherung dieser Forderungen getroffenen Regelungen beschreiben. Wir beschäftigen uns daher zunächst unabhängig von konkreten Finanzierungsinstrumenten grundlegend mit Möglichkeiten zur Definition und Besicherung von Zahlungsansprüchen.

Anschließend geben wir einen Überblick über wichtige Typen von Fremdfinanzierungskontrakten. Sie ließen sich nach einer Vielzahl unterschiedlicher Kriterien systematisieren. Wir gliedern unseren Überblick nach zwei Merkmalen, der Dauer der Finanzierungskontrakte und der Art ihres Zustandekommens. Nach der Dauer unterscheiden wir zwischen kurzfristigen und langfristigen Kontrakten. Nach der Art des Zustandekommens unterscheiden wir zwischen Individualkontrakten, bei denen die Modalitäten des Kontraktes individuell im Wege der Einzelverhandlung festgelegt werden, und Emissionskontrakten, bei denen das Unternehmen die Modalitäten der Kontrakte in Form von Emissionsbedingungen einseitig fixiert.

5.1 Instrumentenübergreifender Überblick

5.1.1 Zahlungsansprüche

5.1.1.1 Grundlagen

Um zu definieren, welche Zahlungsströme bei einer Fremdfinanzierung im Falle des vertragskonformen Verlaufs zwischen dem Unternehmen und dem Financier fließen, sind im Wesentlichen drei Bereiche zu regeln:

- Es ist zu regeln, welchen Betrag der Financier dem Unternehmen zu Beginn des Kontraktes effektiv überlässt. Diesen Betrag bezeichnet man bei Individualkontrakten als Auszahlungsbetrag und bei einer Emissionsfinanzierung als Ausgabebetrag oder Emissionskurs. Wir beschränken uns hier auf den einfachsten Fall, in dem die gesamte Auszahlung in einem einzigen Betrag geleistet wird. Auf eine Differenzierung nach Auszahlungsterminen können wir daher verzichten.

  Auszahlungsbetrag bzw. Emissionskurs

- Es ist zu regeln, welchen Betrag das Unternehmen dem Financier zum Ende des Kontraktes zurückzahlt. Den am Kontraktende zu leistenden Betrag bezeichnet man als

  Rückzahlungsbetrag und Tilgungsformen

Zinszahlungen

Rückzahlungs- oder Tilgungsbetrag und unterschiedliche Zeitpläne für dessen Leistung als Tilgungsformen.
- Es ist zu regeln, welche Beträge zu welchen Zeitpunkten das Unternehmen dem Financier bereits während des laufenden Kontraktes in Form von Zinszahlungen als Entgelt für die Überlassung der finanziellen Mittel zahlt.

In ▶ Abschn. 5.1.1.2 beschäftigen wir uns mit den beiden ersten Regelungsbereichen. Die Modalitäten der Zinszahlung sind Gegenstand von ▶ Abschn. 5.1.1.3.

◘ Finanzierung durch Dritte

Nennbetrag als rechnerische Bezugsgröße

Regelungen in allen drei Bereichen ließen sich theoretisch am klarsten treffen, indem im Vertrag explizit die Beträge und Zeitpunkte der zu leistenden Zahlungen genannt werden. Tatsächlich werden die entsprechenden Regelungen zumeist aber nur indirekt getroffen, indem die gemeinten Beträge in Abhängigkeit vom Nennbetrag beschrieben werden. Der Nennbetrag eines Fremdfinanzierungskontraktes ist dabei zunächst einmal nur eine rein rechnerische Bezugsgröße. Er muss weder dem Auszahlungsbetrag noch dem Tilgungsbetrag entsprechen. Er dient nur als rechnerische Grundlage, anhand derer die Höhe des Auszahlungsbetrages, des Tilgungsbetrages und unter Umständen auch der Zinsbeträge bemessen wird.

5.1.1.2 Auszahlung und Tilgung

Auszahlungsagio und -disagio

Der Auszahlungsbetrag bzw. Emissionskurs kann in Relation zum Nennbetrag in drei unterschiedlichen Weisen festgelegt werden.
- Unter pari: Dann liegt er unter dem Nennbetrag. Z. B. kann die Auszahlung eines Darlehens zu 95 % erfolgen. Dann beträgt der effektive Auszahlungsbetrag des

Darlehens 95 % von dessen Nennbetrag. Die Differenz zwischen Nennbetrag und Auszahlungsbetrag heißt dann Auszahlungsdisagio oder auch einfach Disagio.
- Zu pari: Dann entspricht er genau dem Nennbetrag.
- Über pari: Dann liegt er über dem Nennbetrag und die Differenz zwischen dem Ausgabebetrag und dem Nennbetrag heißt Auszahlungsagio oder einfach Agio.

In der Praxis kommen alle drei Varianten zur Fixierung des Auszahlungsbetrages vor. Die drei Varianten erlangen besondere Bedeutung für sogenannte Daueremittenten. Daueremittenten, wie z. B. die Bundesrepublik Deutschland im Falle von Bundesanleihen oder Bundesobligationen oder auch die Emittenten von Pfandbriefen, bieten den Investoren über einen längeren Zeitraum als Wertpapiere verbriefte Fremdfinanzierungstitel mit identischen Ausstattungsmerkmalen an. Das hat den Vorteil, dass jeweils eine große Zahl vertretbarer Wertpapiere in Umlauf gebracht wird, was als wichtige Voraussetzung für einen anschließenden umsatzstarken Sekundärhandel der Finanztitel gilt. Das hat allerdings zugleich den Nachteil, dass die Emittenten die sonstigen Ausstattungsmerkmale während der Emissionsdauer nicht an Veränderungen im Marktumfeld anpassen können. Insbesondere können sie nicht den Zinssatz der Wertpapiere an Veränderungen der marktüblichen Zinssätze anpassen, ohne eine neue Wertpapiergattung zu schaffen. Anpassungen an Marktveränderungen können sie innerhalb einer Wertpapiergattung nur noch durch Veränderungen des Emissionskurses vornehmen. Je nach Entwicklung des Marktumfeldes bieten Daueremittenten ihre Wertpapiere am Primärmarkt daher in manchen Phasen über, in anderen unter oder auch gerade zu pari an.

Emissionskursänderungen zur Anpassung an Marktveränderungen

Auch der Rückzahlungs- oder Tilgungsbetrag kann relativ zum Nennbetrag in drei Varianten festgelegt werden. Daneben kommt für dessen Fixierung eine Anknüpfung an exogene Größen in Betracht, so dass für die Vereinbarung des Tilgungsbetrages im Wesentlichen vier Alternativen zur Verfügung stehen:
- Unter pari: Der Tilgungsbetrag liegt unter dem Nennbetrag. Die Differenz heißt Rückzahlungsdisagio.
- Zu pari: Der Tilgungsbetrag entspricht genau dem Nennbetrag.
- Über pari: Der Tilgungsbetrag liegt über dem Nennbetrag. Die Differenz heißt Rückzahlungsagio.
- Indexiert: Der Tilgungsbetrag wird in Abhängigkeit von der unsicheren Entwicklung einer vertragsexogenen Größe definiert.

Rückzahlungsagio und -disagio

fixe, am Nennbetrag orientierte Tilgungsbeträge

Soweit die Rückzahlung in Relation zum Nennbetrag fixiert wird, ist es, anders als beim Ausgabebetrag, in fast allen praktischen Fällen üblich, den Tilgungsbetrag genau zu pari zu vereinbaren. Eine Tilgung unter oder über pari wird so selten vereinbart, dass sich in der praktischen Anwendung mit den Begriffen Agio und Disagio automatisch die Vorstellung einer Abweichung des Ausgabebetrages vom Nennbetrag verknüpft. Daher wird zumeist auf die präzisen Bezeichnungen Auszahlungsagio und Auszahlungsdisagio verzichtet und stattdessen einfach von Agio und Disagio gesprochen. Meint man tatsächlich ausnahmsweise einmal ein Rückzahlungsagio oder ein Rückzahlungsdisagio, wird das durch den expliziten Zusatz „Rückzahlungs-" deutlich gemacht.

indexierte Tilgungsbeträge

Soll der Tilgungsbetrag in Abhängigkeit von unsicheren Größen definiert werden, kommen dafür grundsätzlich zwei Arten von Bezugsgrößen in Betracht. Zum einen kommen Größen in Betracht, die direkt vom Erfolg des Unternehmens abhängen. Z. B. kann die Tilgung abhängig von Größen der Gewinn- und Verlustrechnung oder der Bilanz des Unternehmens definiert werden. Solche Vereinbarungen führen zu einem Finanzierungskontrakt, der neben Elementen der Fremd- auch Elemente der Eigenfinanzierung aufweist. Zum anderen kommen Größen in Betracht, die nicht oder allenfalls indirekt vom Erfolg des Unternehmens abhängen. Praktische Verbreitung haben vor allem Vereinbarungen gefunden, die den Tilgungsbetrag in Abhängigkeit vom Kurs eines Aktienindexes oder vom Börsenkurs einer ganz bestimmten Aktie festlegen.

Tilgungsformen

Der Rückzahlungsbetrag beschreibt die Summe aller vereinbarten Tilgungsleistungen. Zur vollständigen Beschreibung der Tilgungsmodalitäten bedarf es zusätzlich einer Vereinbarung darüber, wann und in welchen Teilbeträgen dieser Gesamtbetrag zu leisten ist. Dazu sind grundsätzlich beliebige Gestaltungsformen denkbar. Unterscheiden lassen sich vor allem folgende Tilgungsformen:

ohne Tilgungsplan

- Auf die vertragliche Festlegung eines Tilgungsplans kann ganz verzichtet werden. Dann kann einerseits der Schuldner autonom bestimmen, wann er die Tilgung leistet. Er kann die Tilgung dann z. B. abhängig von seinen eigenen Zahlungseingängen gestalten. Dann kann i. d. R. aber andererseits auch der Gläubiger den Kontrakt jederzeit kündigen und den vereinbarten Tilgungsbetrag sofort fällig stellen. In diesem Sinne ist die Tilgung z. B.

Kontokorrentkredit und „b.a.w.-Kredit"

bei Kontokorrentkrediten und bei „b.a.w.-Krediten" geregelt. Kontokorrentkredite erlauben es dem Schuldner, die Inanspruchnahme des Kredits innerhalb eines vereinbarten Kreditrahmens durch Einzahlungen auf das und Abhebungen vom Konto jederzeit nach eigenem

Belieben zu variieren. „B.a.w.-Kredite", „b.a.w." steht für „bis auf weiteres", werden hingegen über einen während der gesamten Laufzeit festen Kreditbetrag abgeschlossen. Wann dieser Kredit zu tilgen ist, bleibt aber auch bei ihnen im Vertrag zunächst offen. Die Tilgung erfolgt durch die frei zu bestimmende Rückzahlung seitens des Schuldners bzw. nach Kündigung durch den Gläubiger.

- Wird ein fester Tilgungsplan im Vertrag vereinbart, kommen dafür vor allem drei Grundtypen in Betracht: *fester Tilgungsplan*
    - Bei der gesamt- oder endfälligen Tilgung erfolgt die Tilgung in einem einzigen Betrag nach Ablauf der Kreditdauer. In diesem Fall muss der Schuldner an den Gläubiger sehr ungleichmäßige Zahlungen leisten. Während des laufenden Kontraktes leistet er nur relativ niedrige Zinszahlungen, am Ende der Vertragslaufzeit leistet er neben einer abschließenden Zinszahlung den gesamten Tilgungsbetrag. Die Konzentration der Zahlungen auf das Kontraktende kann noch weiter gesteigert werden, wenn auch sämtliche Zinszahlungen erst am Ende der Vertragslaufzeit zu leisten sind. In diesem Fall spricht man von einem Diskontpapier bzw. einem Zero-Bond, weil die Zinszahlungen während der Laufzeit null betragen. *gesamtfällige Tilgung*

        Zero-Bond als Spezialfall

    - Bei der Ratentilgung erfolgt die Tilgung über die Laufzeit verteilt in pro Zeitabschnitt (Jahr, Quartal, Monat) gleichhohen Beträgen. In diesem Fall sind die Tilgungszahlungen des Schuldners gleichmäßig über die Laufzeit verteilt. Die insgesamt vom Schuldner zu zahlenden Beträge nehmen im Zeitverlauf aber i. d. R. sukzessive ab, da bereits geleistete Tilgungen die zu verzinsende Schuld reduzieren und deshalb die neben der gleichbleibenden Tilgung zu leistenden Zinszahlungen im Zeitablauf abnehmen. Vor allem bei Kontrakten mit langen Laufzeiten und hohen Zinssätzen kann die insgesamt je Zeitabschnitt zu leistende Zahlung bei einer Ratentilgung im Zeitablauf daher einen markant fallenden Verlauf nehmen. *Ratentilgung*
    - Bei der Annuitätentilgung bleibt hingegen der pro Zeitabschnitt zu leistende Gesamtbetrag aus Tilgung und Zinsen während der vereinbarten Laufzeit konstant. Die Höhe des konstanten Gesamtbetrages ist dann finanzmathematisch als Annuität zu bestimmen, was den Namen der Tilgungsform erklärt. Der Gesamtbetrag bleibt während der Laufzeit dabei zwar konstant, es verändert sich aber sukzessive seine Zusammensetzung. Zu Beginn der Laufzeit besteht er i. d. R. aus einem hohen Zins- und einem geringen *Annuitätentilgung*

Tilgungsanteil. Mit fortschreitendem Verlauf nimmt der Zinsanteil wegen der bereits erfolgten Tilgungen ab und damit der Tilgungsanteil zu. Ein solcher Tilgungsverlauf ist nicht nur, aber vor allem bei Hypothekarkrediten üblich.

Tilgungsfreijahre

Bei der Vereinbarung von Raten- oder Annuitätentilgung besteht auch die Möglichkeit, zunächst einige „tilgungsfreie Jahre" oder „Freijahre" zu vereinbaren, in denen zunächst nur die laufenden Zinsen, aber noch keine Tilgungen zu leisten sind.

Sondertilgungsrecht

Zudem besteht bei allen Tilgungsplänen die Möglichkeit, dem Schuldner nach eigenem Ermessen auch Tilgungen zu früheren als den im ursprünglichen Tilgungsplan vorgesehenen Zeitpunkten zu ermöglichen. Solche „Sondertilgungsrechte" ermöglichen dem Schuldner eine bessere Anpassung der Kreditinanspruchnahme an seine sonstigen, nicht sicher prognostizierbaren Ein- und Auszahlungen. Dem Gläubiger verlangen sie hingegen zusätzliche Flexibilität in seinen finanziellen Dispositionen ab, weshalb er sich zu deren Vereinbarung i. d. R. nur gegen zusätzliche Vergütung bereitfinden wird.

Kündigungsrechte des Gläubigers

Schließlich besteht bei allen Tilgungsplänen auch die Möglichkeit, dem Gläubiger das im Vergleich zum Tilgungsplan vorzeitige Fälligstellen von Tilgungszahlungen zu ermöglichen. Solche „Kündigungsrechte" können in das Belieben des Gläubigers gestellt oder an die Bedingung geknüpft werden, dass bestimmte im Vertrag vereinbarte Entwicklungen eingetreten sind. Kündigungsrechte erlauben es dem Gläubiger zunächst einmal, seine Kreditvergabe besser an seine sonstige finanzielle Situation anzupassen. Sie erlauben es ihm aber vor allem auch, die Kreditvergabe vorzeitig zu beenden, wenn ihm deren Risiken zu hoch geworden sind. Den Vorteilen der Kündigungsmöglichkeiten auf Seiten des Gläubigers stehen Nachteile auf Seiten des Schuldners gegenüber. Er muss im Falle der Kündigung über Anpassungsmöglichkeiten in anderen Bereichen verfügen, was ihm insbesondere dann schwer fallen wird, wenn die Kündigung wegen zu stark gestiegener Gläubigerrisiken ausgesprochen wurde.

Bereits der Überblick über mögliche Auszahlungs- und Tilgungsvereinbarungen macht deutlich, wie unterschiedlich Fremdfinanzierungsverträge ausgestaltet sein können. Deshalb kann das Unternehmen vor dem Problem stehen, sich zwischen nur schwer vergleichbaren alternativen Fremdfinanzierungskontrakten entscheiden zu müssen. Das Vergleichsproblem wird durch die zusätzlich bei der Verzinsung bestehenden Gestaltungsmöglichkeiten noch deutlich verschärft.

5.1.1.3 Verzinsung

Im Hinblick auf die Verzinsung sind drei Sachverhalte zu regeln:
- die Höhe des Zinssatzes bzw. Nominalzinssatzes in Form einer Prozentzahl,
- die Zinsbasis, auf die diese Prozentzahl anzuwenden ist, um die Zinsbeträge zu bestimmen, und
- die Zinstermine, zu denen die Zinsbeträge fällig werden.

Welche finanzielle Belastung ein Unternehmen mit einer Fremdfinanzierung letztlich eingeht, ergibt sich erst aus der Kombination der vereinbarten Auszahlungs- und Tilgungsmodalitäten und der zu diesen drei Verzinsungsaspekten getroffenen Vereinbarungen. Dabei bieten die Verzinsungsaspekte jeweils sehr unterschiedliche Gestaltungsalternativen.

Für die Festlegung des Nominalzinssatzes bestehen im Wesentlichen folgende Möglichkeiten: *Festlegung des Nominalzinssatzes*

- Der Zinssatz wird im Finanzierungsvertrag für die gesamte Laufzeit numerisch fixiert. Dabei kommt neben der Fixierung eines für alle Zeitabschnitte konstanten Zinssatzes auch die Festschreibung bestimmter Verlaufsmuster des Zinssatzes im Zeitablauf in Betracht. Zum Beispiel steigt der Zinssatz bei einer sogenannten Stufenzinsanleihe mit fortschreitender Laufzeit nach einem vertraglich fixierten Schema von Jahr zu Jahr sukzessive an. *vollständige Fixierung*

- Der Zinssatz kann nur für einen ersten Teil der Laufzeit numerisch fixiert werden und für folgende Zeitabschnitte dem Gläubiger zur Festlegung überlassen bleiben. Solche Regelungen gehen i. d. R. mit einem Kündigungsrecht des Schuldners zu Beginn jedes neuen Zinsabschnitts einher. Üblich sind sie z. B. bei Hypothekarkrediten, bei denen oftmals eine anfängliche Zinsfestschreibung für die Dauer fünf, zehn oder fünfzehn Jahren erfolgt und dem Gläubiger für weitere Zinsabschnitte die Zinsanpassung, wie es in entsprechenden Verträgen oft heißt, „in Anlehnung an sein Neugeschäft" überlassen bleibt. *zeitlich befristete Fixierung*

- Die Festlegung des Zinssatzes kann auch von vornherein und für die gesamte Kontraktdauer in das freie Ermessen des Gläubigers gestellt werden. Diese Regelung ist z. B. bei Kontokorrentkrediten üblich, bei denen es der Bank überlassen bleibt, den Zinssatz täglich neu nach eigenem Gutdünken festzulegen. Diese Zinsregelung muss man *keine Fixierung* im Zusammenspiel mit der Möglichkeit des Schuldners betrachten, den Kontokorrentkredit jederzeit durch Glattstellung seines Kontos zu tilgen.

- Der Zinssatz kann auch an eine Leitgröße gekoppelt werden. Dafür kommen zum einen die von geldpolitischen Institutionen administrierten Größen in Betracht, wie z. B. die Zinssätze, die die Europäische Zentralbank den Geschäftsbanken für Refinanzierungsgeschäfte abverlangt. Dafür kommen zum anderen Marktzinssätze in Betracht, zu denen Geschäftsabschlüsse zwischen Kreditgebern und Kreditnehmern möglich sind. Besonders häufig als Leitgröße verwendete Marktzinssätze sind EURIBOR (= EURo InterBank Offered Rate), LIBOR (= London InterBank Offered Rate) und EONIA (= Euro OverNight Index Average). Sie bilden jeweils ab, zu welchem durchschnittlichen Zinssatz Banken anderen Banken Kredite anbieten. Ihre Unterschiede bestehen vor allem in den Laufzeiten der Kredite und den Finanzplätzen, an denen diese Kredite angeboten werden. So beschreibt z. B. der 3-Monats-EURIBOR, zu welchem Zinssatz Banken an Finanzplätzen innerhalb der Eurozone anderen Banken im Durchschnitt in Euro denominierte Kredite mit einer Laufzeit von drei Monaten anbieten. Nun werden aber nicht etwa die administrierten Zinssätze oder die erhobenen Marktzinssätze selbst als Nominalzinssatz eines Kredits vereinbart, sondern der Nominalzinssatz wird nur in Abhängigkeit von einer dieser Größen vereinbart. Z. B. kann eine entsprechende Vereinbarung vorsehen, dass der jeweils anzurechnende Zinssatz um 2,5 Prozentpunkte über dem 3-Monats-EURIBOR liegt.

Als Zinsbasis, auf die der Zinssatz zur Berechnung der jeweiligen Zinsbeträge anzuwenden ist, kommen insbesondere in Betracht:

- die jeweilige Restschuld, die sich aus dem insgesamt zu leistenden Tilgungsbetrag zuzüglich aller belasteten, aber noch nicht bezahlten Zinsen und abzüglich aller bereits geleisteten Tilgungszahlungen ergibt – bei dieser Zinsbasis wird also von einer sofortigen Tilgungsverrechnung ausgegangen, da Tilgungszahlungen sofort den weiterhin zu verzinsenden Betrag reduzieren, oder
- die Restschuld zu Beginn einer definierten Zinsperiode, die sich aus dem insgesamt zu leistenden Tilgungsbetrag zuzüglich aller belasteten, aber noch nicht bezahlten Zinsen und nur abzüglich aller bereits vor Beginn der

jeweiligen Zinsperiode geleisteten Tilgungszahlungen ergibt – bei dieser Zinsbasis wird also von einer verzögerten Tilgungsverrechnung ausgegangen, da die während einer Zinsperiode erfolgenden Tilgungszahlungen vom weiterhin zu verzinsenden Betrag erst am Ende der Zinsperiode abgezogen werden. Wenn im Extremfall die gesamte Kreditdauer nur aus einer einzigen Zinsperiode besteht, bedeutet die verzögerte Tilgungsverrechnung, dass während der gesamten Laufzeit ungeachtet zwischenzeitlicher Tilgungszahlungen immer die volle ursprüngliche Schuld zu verzinsen ist.

Es dürfte einleuchten, dass ceteris paribus Kredite mit verzögerter Tilgungsverrechnung für den Kreditnehmer teurer sind als Kredite mit sofortiger Tilgungsrechnung und zwar umso deutlicher, je länger ceteris paribus die Zinsperioden definiert werden.

Im Hinblick auf die Zinstermine, zu denen die aus Zinssatz und Zinsbasis berechneten Zinsbeträge „fällig" werden, ist weitergehend zu unterscheiden zwischen den

- Zinsbelastungsterminen, zu denen der Negativsaldo des Kreditkontos um die Zinsbeträge erhöht wird, und den
- Zinszahlungsterminen, zu denen die Zinsbeträge vom Schuldner effektiv zu zahlen sind.

Zinsbelastungs- und Zinszahlungstermine

Fallen Zinsbelastungs- und Zinszahlungstermine zeitlich zusammen, ist der Kredit für den Kreditnehmer ceteris paribus umso günstiger, je später diese Termine liegen. Liegen die Zinsbelastungstermine vor den Zinszahlungsterminen, sind für die vom Kreditgeber insgesamt zu tragenden Belastungen vor allem die Zinsbelastungstermine von Interesse, da ab diesen Terminen Zinsbeträge auf dem Konto belastet werden und bis zu deren effektiver Bezahlung selbst wiederum Basis für weitere Zinsbelastungen sind.

5.1.1.4 Effektivzinsvergleiche

Kann ein Unternehmen zwischen Alternativen der Fremdfinanzierung wählen, steht es häufig vor dem Problem, Kontrakte miteinander zu vergleichen, die sich in mehr als einem der skizzierten Gestaltungsparameter unterscheiden. Offensichtlich reicht dann ein bloßer Vergleich der Nominalzinssätze nicht aus. In den Vergleich müssen weitere Faktoren, wie z. B. ein Disagio, etwaige Bearbeitungsgebühren, der Tilgungsplan, Zinsbelastungs- und Zinszahlungstermine etc. einbezogen werden, da auch sie Bedeutung für die letztlich zu tragenden Finanzierungskosten haben.

Preiskennzahlen als Maßzahlen für Belastungsvergleiche

In der Regel wird versucht, den Vergleich der Finanzierungsalternativen auf einen einfachen Preisvergleich zu reduzieren. Dazu wird zunächst die mit jeder Alternative insgesamt verbundene Belastung zu einer einzigen Preiskennzahl verdichtet und anschließend die Alternative mit dem geringsten Preis ausgewählt. Diese Vorgehensweise ist zwar intuitiv einleuchtend und wohl deshalb so weit verbreitet. Sie ist aber aus konzeptioneller Sicht ausgesprochen fragwürdig. Wenn wir hier trotzdem darauf eingehen, dann vor allem, um Ihnen die Probleme dieser Vorgehensweise vor Augen zu führen.

Effektivzinssatz als Preiskennzahl

Um Finanzierungsalternativen anhand ihrer Preise zu vergleichen, wird die Gesamtheit aller preisbeeinflussenden Faktoren i. d. R. als Effektivzinssatz zu einer einzigen Kennzahl verdichtet. Dabei soll der Effektivzinssatz
- in Form einer einzigen Prozentzahl p. a. ausdrücken,
- welche Belastung alle vom Schuldner zu leistenden Zahlungen für Zins, Tilgung, Gebühren etc.
- im Durchschnitt über die gesamte Kreditlaufzeit verursachen, wenn man sie
- unter finanzmathematisch korrekter Berücksichtigung von Zins und Zinseszins
- auf die im Durchschnitt effektiv zur Verfügung stehende Kreditsumme bezieht.

Effektivzinssatz als interner Zinsfuß

Die Ermittlung des Effektivzinssatzes läuft darauf hinaus, die mit einer Finanzierungsalternative verbundene Zahlungsreihe zu bestimmen und dazu den aus der Investitionstheorie bekannten internen Zinsfuß zu berechnen. Wir verdeutlichen die Vorgehensweise an einem Beispiel.

Beispiel zur Ermittlung des Effektivzinssatzes

Angenommen, der Unternehmung wird ein Kredit A zu folgenden Konditionen angeboten:
- Nominalbetrag: 100.000 €
- Laufzeit: 2 Jahre
- Auszahlung: 95 %
- Tilgung: zu pari; als Ratentilgung in zwei Raten jeweils zum Ende der Laufzeitjahre
- Verzinsung: 10 % auf die jeweilige Restschuld bei sofortiger Tilgungsverrechnung; Zinsbelastung und Zinszahlung jeweils nachschüssig am Jahresende.

Dann verknüpft sich mit dieser Umschreibung von Kredit A aus Sicht des kreditnehmenden Unternehmens zu den Zeitpunkten t = 0 (Aufnahme des Kredits), t = 1 (Ende des ersten Kreditjahres) und t = 2 (Ende des zweiten Kreditjahres) folgende Zahlungsreihe.

5.1 · Instrumentenübergreifender Überblick

Zeitpunkt	t = 0	t = 1	t = 2
Zahlung Kredit A	+ 95.000	− 60.000	− 55.000

Die Bestimmung der maßgeblichen Zahlungsreihe für Kredit A ist vergleichsweise einfach, da alle Zahlungen eindeutig numerisch bestimmt sind und zudem von vornherein klar ist, welche Zahlungen in die Beurteilung der Kreditofferte einzubeziehen sind. Bereits das Aufstellen der Zahlungsreihe kann sich in praktischen Anwendungsfällen aber vor allem dann deutlich anspruchsvoller gestalten, wenn Zeitpunkte oder Beträge von Zins- oder Tilgungszahlungen noch vom Verhalten eines der Kontrahenten oder von der unsicheren Entwicklung exogener Größen abhängen. Solche Probleme stellen sich z. B. bei Kündigungsmöglichkeiten, Sondertilgungsrechten, Verlängerungsoptionen oder der Indexierung von Zinssatz oder Tilgungsbetrag.

Der Effektivzinssatz r^* einer Finanzierungsalternative ist der Zinssatz, bei dem der Kapitalwert der Zahlungsreihe den Wert Null annimmt. In unserem Beispiel gilt für den Effektivzinssatz von Kredit A also:

$$95.000 - 60.000 \cdot (1 + r^*)^{-1} - 55.000 \cdot (1 + r^*)^{-2} = 0$$
$$\Leftrightarrow r^* = 13{,}96\,\%.$$

Nach dem Konzept des Effektivzinsvergleichs sollen sich Finanzierungsalternativen nun allein anhand solcher Effektivzinssätze sinnvoll miteinander vergleichen lassen. Diese Vorstellung ist nicht nur in der unternehmerischen Praxis weit verbreitet, sie wird auch vom deutschen Gesetzgeber geschürt, wenn er mit der Preisangabenverordnung (PAngV) gewerblichen Kreditgebern vorschreibt, den Effektivzinssatz immer dann als Preis von Krediten anzugeben, wenn sie Werbung treiben oder Kreditverträge mit Verbrauchern schließen. Durch diese gesetzliche Vorgabe wird zugleich der Eindruck erweckt, der Effektivzinssatz erlaube sinnvolle und abschließende Kreditvergleiche. Dies ist tatsächlich aber nicht oder allenfalls in speziellen Situationen der Fall.

Effektivzinssatz und Preisangabenverordnung

Die Probleme eines Vergleichs von Finanzierungsalternativen anhand von Effektivzinssätzen resultieren aus ihrer Konzeption: Effektivzinssätze sind Relativzahlen und erlauben Vergleiche, bei denen man sich eigentlich für absolute Größen interessiert, nur dann, wenn sie sich auf dieselbe Bezugsbasis beziehen. Bezugsbasis der Effektivzinssätze ist jeweils der dem Kreditnehmer im Durchschnitt der Kreditjahre effektiv zur Verfügung stehende Kreditbetrag. Wäre dieser effektive (Durchschnitts-) Kreditbetrag bei allen zu vergleichenden

konzeptionelle Probleme von Effektivzinsvergleichen

Kreditalternativen identisch, könnten sie tatsächlich sinnvoll anhand ihrer Effektivzinssätze verglichen werden. Das gesamte Problem eines Vergleichs von Finanzierungsalternativen resultiert aber überhaupt erst daraus, dass sich damit unterschiedliche Zahlungsstrukturen und deshalb auch unterschiedliche effektive (Durchschnitts-) Kreditbeträge verknüpfen. Dann ist aber in der Regel auch ein Vergleich von Finanzierungsalternativen anhand ihrer Effektivzinssätze nicht sachgerecht.

Probleme bei Auswahlentscheidungen auf Basis von Relativzahlen

Das hier für den Vergleich von Effektivzinssätzen skizzierte konzeptionelle Problem ist Ihnen grundsätzlich bereits bekannt. So haben wir im Kapitel Finanzierungsrisiken verdeutlicht, dass ein Vergleich alternativer Handlungsmöglichkeiten anhand von Renditezahlen nur dann sinnvoll ist, wenn der Financier, aus dessen Sicht die Alternativen verglichen werden, bei allen Handlungsalternativen denselben Betrag im Unternehmen einsetzt. Andernfalls sind Renditevergleiche nicht sinnvoll, weil die Rendite nur für die im Unternehmen eingesetzten Mittel und nicht für den Differenzbetrag gilt. Dasselbe Problem kennen Sie vermutlich auch bereits aus der Investitionstheorie, wo Sie erkannt haben sollten, dass eine Auswahlentscheidung zwischen verschiedenen Investitionsalternativen anhand ihrer internen Zinsfüße in der Regel nicht sinnvoll ist, weil dabei Unterschiede im Mitteleinsatz unberücksichtigt bleiben. Exakt dasselbe Problem verknüpft sich mit einem Vergleich von Finanzierungsalternativen anhand von Effektivzinssätzen. Erstaunlicherweise wird dieses Problem bei Finanzierungsentscheidungen aber häufig selbst dann verkannt, wenn es in anderen Kontexten bewusst ist. Wir verdeutlichen es daher hier (noch einmal) für den Kontext der Finanzierung und gehen dazu wieder von unserem Beispielkredit A aus.

Beispiel zum Effektivzinsvergleich

Angenommen, das Unternehmen könne alternativ Kredit B zu folgenden Konditionen aufnehmen:
- Nominalbetrag: frei wählbar
- Laufzeit: 2 Jahre
- Auszahlung: 76 %
- Tilgung: endfällig zu 100 %
- Verzinsung: keine

Würde dieser Kredit in solchem Umfang genutzt, dass er zum selben Auszahlungsbetrag wie Kredit A führt, dann verknüpfen sich damit die Zahlungsreihe und der Effektivzinssatz, wie sie in folgender Tabelle den Konditionen von Kredit A gegenüber gestellt werden.

5.1 · Instrumentenübergreifender Überblick

Zeitpunkt	t = 0	t = 1	t = 2	r*
Kredit A	+ 95.000	- 60.000	- 55.000	13,96%
Kredit B	+ 95.000	--	- 125.000	14,71%

Ein Vergleich der Effektivzinssätze würde hier also die Aufnahme des vermeintlich „billigeren" Kredits A nahelegen. Aber ist Kredit A für einen originär an der Maximierung seines Vermögens interessierten Kreditnehmer tatsächlich der günstigere Kredit? Die Antwort auf diese Frage hängt davon ab, in welcher finanziellen Rahmensituation die Kreditentscheidung zu treffen ist. Und genau diese letztlich beurteilungsrelevanten Rahmendaten können die Effektivzinssätze, die allein aus den Zahlungsreihen der Kreditalternativen errechnet werden, gar nicht berücksichtigen. Das wird exemplarisch deutlich, wenn man für die Wahl zwischen den Krediten A und B von drei unterschiedlichen Rahmensituationen ausgeht.

Effektivzinssätze vernachlässigen beurteilungsrelevante Sachverhalte

Angenommen, der Kreditnehmer verfüge am Ende des ersten Kreditjahres absehbar über keine liquiden Mittel und auch über keine Möglichkeiten, sich Zahlungsmittel zu beschaffen, dann kommt von vornherein nur die Aufnahme von Kredit B in Betracht – auch wenn Kredit B den höheren Effektivzinssatz aufweist.

Angenommen, der Kreditnehmer verfüge am Ende des ersten Kreditjahres zwar nicht über liquide Mittel, aber über die Möglichkeit, sich diese Mittel durch die Aufnahme einjähriger Kredite zum Zinssatz i zu beschaffen. Auch dann wäre Kredit A nicht per se der günstigere, sondern nur, wenn der Kreditnehmer in t = 0 erwartet, dass für den Zinssatz einjähriger Kredit in t = 1 gelten wird:

$$60.000 \cdot (1 + i) + 55.000 < 125.000$$
$$\Leftrightarrow i < 16,67\%.$$

Angenommen, der Kreditnehmer verfüge am Ende des ersten Jahres ohnehin über 60.000 €, die er entweder zur Tilgung des Kredits einsetzen oder in ein einjähriges Investitionsprojekt investieren könnte. Dann wäre Kredit A analog nur dann der günstigere, wenn die in t = 1 bestehende Investitionsalternative eine geringere Rendite als 16,67 % bietet.

5.1.2 Besicherung

5.1.2.1 Vorüberlegungen

Um Fremdfinanzierung betreiben zu können, ist ein Unternehmen auf die Kooperation der Financiers angewiesen. Daher

Vorkehrungen zur Sicherung von Zahlungsansprüchen: Besicherung in weitem Sinne

muss sich das Unternehmen bei der Konzeption und Verhandlung von Finanzierungsalternativen in die Situation seiner (potentiellen) Financiers versetzen. Aus der Sicht eines Fremdfinanciers hängt die Beurteilung eines Kontraktes aber nicht nur davon ab, welche Zahlungsansprüche ihm eingeräumt werden, sondern auch davon, welche Vorkehrungen getroffen werden, die sicherstellen, dass die Zahlungsansprüche auch tatsächlich erfüllt werden. Dementsprechend fassen wir unter dem Begriff der Besicherung in einem weiten Sinne alle Maßnahmen zusammen, die die Chancen eines Gläubigers zur Realisierung seiner Ansprüche verbessern sollen.

Unterstellt man vereinfachend, dass ein Gläubiger mit seinen Zahlungsansprüchen nur insoweit ausfällt, wie es zur Insolvenz des Unternehmens kommt und seine Ansprüche innerhalb des Insolvenzverfahrens unerfüllt bleiben, lassen sich drei Ansatzpunkte für eine Besicherung identifizieren:

- **Sicherheiten im engen Sinne**: Der Gläubiger kann Maßnahmen ergreifen, die nach Eintritt der Insolvenz eine höhere Befriedigungsquote seiner individuellen Ansprüche bewirken sollen. Oft werden unter der Überschrift Kreditsicherheiten ausschließlich Sicherheiten dieser Kategorie subsumiert. Diese Sichtweise erscheint uns deutlich zu eng. Wir bezeichnen Sicherheiten dieser Kategorie daher als Sicherheiten im engen Sinne und stellen ihnen zwei weitere Kategorien von Sicherheiten an die Seite.
- **Wohlverhaltensregeln**: Der Gläubiger kann Maßnahmen ergreifen, die in der Weise Einfluss auf das Verhalten des schuldnerischen Unternehmens nehmen sollen, dass sich die Wahrscheinlichkeit eines Insolvenzeintritts verringert. Solche Maßnahmen fassen wir unter der Bezeichnung Wohlverhaltensregeln zusammen.
- **Prozessualvorteile**: Der Gläubiger kann Maßnahmen ergreifen, die ihm eine schnellere Durchsetzung seiner Forderungen erlauben sollen, so dass sich seine Möglichkeiten verbessern, seine Forderungen noch vor dem Insolvenzeintritt realisieren zu können.

Wir verdeutlichen nachfolgend getrennt für die drei Ansatzpunkte der Besicherung, welche Instrumente grundsätzlich in Betracht kommen und worin ihre wesentlichen Unterschiede bestehen. Diese dreigleisige Vorgehensweise bleibt insofern vereinfachend, als dass ein Besicherungsinstrument, das im Kern einem der drei Ansatzpunkte zugeordnet werden kann, oft auch Wirkungen in anderen Bereichen entfaltet. Bevor wir uns mit den einzelnen Besicherungsinstrumenten beschäftigen, müssen wir allerdings zunächst einmal Grundzüge der in einem Insolvenzverfahren stattfindenden Vermögensverteilung erläutern. Erst, wenn Sie eine Vorstellung davon haben, wie Vermögen in der Insolvenz verteilt wird, können Sie gedanklich einordnen, wie Sicherheiten im engen Sinne die Positionen verändern, die Gläubiger in diesem Verteilungsprozess einnehmen.

5.1.2.2 Insolvenzverfahren

Eröffnung und Ablauf eines Insolvenzverfahrens werden in der Insolvenzordnung (InsO) geregelt. Danach entscheidet über die Eröffnung eines Insolvenzverfahrens das zuständige Amtsgericht auf Antrag. Das Verfahren kann beantragt und eröffnet werden, weil das Unternehmen nachhaltig nicht mehr in der Lage ist, das Gros seiner fälligen Zahlungsverpflichtungen zu begleichen (Zahlungsunfähigkeit), weil es bilanziell überschuldet ist (Überschuldung) oder weil ihm in näherer Zukunft die Zahlungsunfähigkeit droht (drohende Zahlungsunfähigkeit). Ein Insolvenzverfahren wegen Zahlungsunfähigkeit oder Überschuldung (die Verbindlichkeiten des Unternehmens übersteigen dessen (bilanzielles) Vermögen) können Gläubiger und Schuldner beantragen, ein Insolvenzverfahren wegen drohender Zahlungsunfähigkeit nur das schuldnerische Unternehmen. Ein Insolvenzverfahren wegen Überschuldung kann für Unternehmen beantragt und eröffnet werden, die als Kapitalgesellschaften oder in einer anderen Rechtsform ohne unbeschränkt privat haftende natürliche Personen firmieren. Ein Verfahren wegen Zahlungsunfähigkeit oder drohender Zahlungsunfähigkeit kann für Unternehmen aller Rechtsformen beantragt und eröffnet werden.

Zahlungsunfähigkeit, Überschuldung und drohende Zahlungsunfähigkeit als Insolvenzgründe

Wenn das Amtsgericht ein beantragtes Insolvenzverfahren eröffnet, bestellt es einen Insolvenzverwalter, der das Regime über das Unternehmen übernimmt. Dieses Regime hat er im Rahmen einer Gesamtvollstreckung gemäß § 1 InsO mit dem primären Ziel der maximalen Befriedigung offener Gläubigeransprüche auszufüllen. Zur Verfolgung dieses Ziels kann er idealtypisch zwischen drei Vorgehensweisen wählen. Er kann das Unternehmen restrukturieren und so dessen dauerhafte Fortführung ermöglichen (Sanierung), es als Ganzes verkaufen (Veräußerung) oder es in seine einzelnen Bestandteile zerschlagen und die Vermögensbestandteile einzeln veräußern (Liquidation). Wir beschränken unsere Darstellung auf den empirisch weitaus häufigsten Fall der Liquidation.

Sanierung, Veräußerung als Ganzes oder Liquidation einzelner Bestandteile

Wenn der Insolvenzverwalter das Vermögen der Unternehmung verwertet und die erzielten Erlöse an die Gläubiger verteilt, soll die Verteilung grundsätzlich nach der Regel „par conditio creditorum", also gleichmäßig mit identischen Befriedigungsquoten für alle Gläubiger erfolgen. Bei der Verteilung sind allerdings so zahlreiche besondere Rechte zu beach-

„par conditio creditorum"- Regel

```
        Bruttovermögen des Unternehmens
   -    Aussonderungen (§§ 47-48 InsO)
   =    Insolvenzmasse i.S.v. §§ 35-36 InsO
   -    Absonderungen (§§ 49–51 InsO)
   -    Aufrechnungen (§§ 94–96 InsO)
   =    „Freie Aktiva"
   -    Kosten des Insolvenzverfahrens (§§ 53-54 InsO)
   =    „kritische Masse" (falls negativ, wird der Antrag mangels Masse abgelehnt)
   -    Sonstige Masseverbindlichkeiten (§§ 53 u. 55 InsO)
   =    „Teilungsmasse"
   -    Ansprüche „einfacher" (unbesicherter, nicht nachrangiger) Insolvenzgläubiger
        (§ 38 InsO)
   =    Masse zur Befriedigung nachrangiger Insolvenzgläubiger (§ 39 InsO)
```

Abb. 5.1 Vermögensverteilung im Insolvenzverfahren

ten, dass die Grundregel „par conditio creditorum" letztlich nur für einen schmalen Ausschnitt der Vermögensverteilung zutrifft. Sie lässt sich insgesamt eher durch eine hierarchische Verteilungsstaffel beschreiben, wie sie in stark vereinfachter Form ◘ Abb. 5.1 verdeutlicht.

Aussonderung

Zunächst einmal muss der Insolvenzverwalter Vermögensgegenstände, die bei Eröffnung des Insolvenzverfahrens im Besitz, aber nicht im Eigentum des Unternehmens sind, an ihre Eigentümer zurückgeben. Die Rückgabe nennt man Aussonderung. Ein Recht auf Aussonderung hat z. B. der Kunde, der sein Kraftfahrzeug auf dem Unternehmensparkplatz hat stehen lassen, der Autovermieter, der dem Unternehmen einen Mietwagen überließ, oder der PC-Händler, der dem Unternehmen einen PC zur Ansicht bereit stellte.

Aussonderungsrecht und Eigentumsvorbehalte

Ein Aussonderungsrecht besteht grundsätzlich auch an Gegenständen, die dem Unternehmen unter Eigentumsvorbehalt geliefert und noch nicht bezahlt wurden. Auch sie gehören nicht zum Eigentum des Unternehmens. Allerdings hat der Insolvenzverwalter bei ihnen noch die Wahl, ob er das Eigentum an diesen Gegenständen durch Bezahlung der offenen Rechnung für das Unternehmen erwirbt oder aber sie an den Lieferanten zurückgibt. Entscheidet sich der Insolvenzverwalter für die Rückgabe, kann der Lieferant die Gegenstände anderweitig verwerten. Bleibt sein Verwertungserlös dabei hinter der ursprünglich gegen das Unternehmen bestehenden Forderung zurück, kann er einen Schadensersatzanspruch in Höhe des Mindererlöses als „normaler" Insolvenzgläubiger geltend machen (§ 103 InsO). Übersteigt sein Verwertungserlös die Forderung, kann er den Mehrerlös behalten. Der Insolvenzverwalter kann allerdings bis zur Höhe einer gegebenenfalls geleisteten Anzahlung wegen ungerechtfertigter Bereicherung die Zahlung des Mehrerlöses in die Insolvenzmasse verlangen (§ 812 BGB).

Eine Ausnahme von dem Prinzip, nach dem juristischen Eigentümern ein Recht zur Aussonderung ihrer Vermögensgegenstände zusteht, gilt dann, wenn das Unternehmen Eigentum an Vermögen ausschließlich zur Sicherung eines gegen das Unternehmen bestehenden Anspruchs übertragen hat, ansonsten aber weiter wie ein Eigentümer über das Vermögen verfügen und mit der Erfüllung des Anspruchs auch wieder rechtlicher Eigentümer des Vermögens werden kann. Diese Situation trifft auf sicherungsübereignete Gegenstände und auf sicherungszedierte Forderungen zu. Ihre formaljuristischen Eigentümer haben kein Aussonderungsrecht, sondern (nur) ein Absonderungsrecht.

keine Aussonderungsrechte bei Sicherungsübereignung und -zession

Das nach Aussonderung verbleibende Vermögen wird als Insolvenzmasse bezeichnet (§ 35 InsO). An zur Insolvenzmasse gehörenden Vermögensgegenständen können bestimmte Gläubiger Rechte auf abgesonderte Verwertung haben. Solche Absonderungsrechte werden häufig bei der Vergabe von Krediten oder Darlehen an das Unternehmen vereinbart. Sie werden z. B. durch Pfandrechte an Mobilien oder Immobilien oder eben auch durch Sicherungsübereignung oder Sicherungszession begründet. Mit einem Absonderungsrecht werden bestimmte Vermögensgegenstände in der Weise für bestimmte Gläubiger „reserviert", dass ihnen vorrangig die bei der Liquidation dieser Gegenstände erzielten Erlöse zustehen. Die mit Absonderungsrechten belegten Vermögensgegenstände werden daher vom Insolvenzverwalter zu Gunsten der besicherten Gläubiger „(ab)gesondert" verwertet, z. B. durch Verkauf oder Versteigerung. Bleibt der Nettoerlös, also der Verwertungserlös abzüglich eventuell anfallender Umsatzsteuer und eventuell abzuziehender Feststellungs- und Verwertungskosten, hinter der Forderung des besicherten Gläubigers zurück, erhält er den Nettoerlös und kann in Höhe seiner offenen Restforderung einen Anspruch als „normaler" Insolvenzgläubiger geltend machen. Übersteigt der Nettoerlös die Forderung des besicherten Gläubigers, wird dessen Forderung in voller Höhe beglichen und der überschießende Mehrerlös fließt zugunsten anderer Gläubiger zurück in die Insolvenzmasse.

Absonderungsrechte

Unter den nach Aus- und Absonderungen verbleibenden Vermögensgegenständen können sich Forderungen befinden, bei denen der Forderungsgegner ein Recht zur Aufrechnung hat. Ein Recht zur Aufrechnung besteht unter bestimmten weiteren Voraussetzungen dann, wenn das Unternehmen und sein Forderungsgegner sich wechselseitig gleichartige und fäl-

Aufrechnung

lige Leistungen, insbesondere Geldzahlungen, schulden. Ohne Aufrechnungsmöglichkeit müsste der Forderungsgegner zunächst seine eigene Verbindlichkeit zugunsten der Insolvenzmasse begleichen und anschließend versuchen, seine eigene Forderung als Insolvenzgläubiger zu realisieren, was ihm i. d. R. nur bruchteilig gelingen wird. Mit Aufrechnungsmöglichkeit gelten beide Forderungen hingegen in Höhe ihres gemeinsamen Betrages als erloschen. In Höhe der Aufrechnungsmöglichkeit kann der Forderungsgegner seine eigene Forderung also in voller Höhe (durch Aufrechnung gegen seine eigene Verbindlichkeit) realisieren und muss sich nicht mit einer bruchteiligen Realisierung begnügen.

Nach Aussonderungen, Absonderungen und Aufrechnungen verbleiben im schuldnerischen Unternehmen Vermögensgegenstände, auf die sich nicht direkt Insolvenzvorrechte beziehen. Wir bezeichnen das verbleibende Vermögen daher als „freie Aktiva" und machen durch die Anführungszeichen deutlich, dass es sich um keine in der Insolvenzordnung definierte Bezeichnung handelt. Die „freien Aktiva" stehen aber immer noch nicht für die Befriedigung der „normalen" Insolvenzgläubiger zur Verfügung. Denn nach den bisher besprochenen, durch Vertrag begründeten Insolvenzvorrechten genießen mit den Kosten des Insolvenzverfahrens und den sonstigen Masseverbindlichkeiten zwei weitere Klassen von Gläubigeransprüchen aufgrund gesetzlicher Regelungen Vorrechte in der Insolvenz.

Kosten des Insolvenzverfahrens und sonstige Masseverbindlichkeiten

Zunächst sind aus dem Verwertungserlös der „freien Aktiva" die Kosten des Insolvenzverfahrens zu begleichen. Dazu zählen in erster Linie die Vergütung und Auslagen des Insolvenzverwalters sowie Versteigerungs- und Gerichtskosten. Das nach Begleichung der Kosten des Insolvenzverfahrens verbleibende Vermögen bezeichnen wir als „kritische Masse". Für den Betrag der „kritischen Masse" müssen der Insolvenzverwalter und das Insolvenzgericht bereits vor Eröffnung des Insolvenzverfahrens eine Prognose erstellen. Führt diese Prognose zu einer negativen „kritischen Masse", werden also voraussichtlich die Kosten des Insolvenzverfahrens nicht voll beglichen werden können, dann ist die Eröffnung des Insolvenzverfahrens durch Gerichtsbeschluss von vornherein „mangels Masse" abzulehnen, es sei denn, ein Gläubiger streckt die Kosten des Insolvenzverfahrens vor (§ 26 InsO). Diese (Ablehnungs-) Entscheidung fällt das Gericht relativ häufig. Laut Statistischem Bundesamt wurden im Jahr 2015 von 23.123 beantragten Unternehmensinsolvenzverfahren 9715 (also ca. 42 %) mangels Masse abgelehnt. Die Ablehnung eines Insolvenzverfahrens „mangels Masse" darf allerdings nicht in der Weise missverstanden werden, dass dann alle Gläubiger leer

Ablehnung des Insolvenzverfahrens „mangels Masse"

ausgehen. Die Gläubiger mit Aussonderungs-, Absonderungs- oder Aufrechnungsrechten können ihre Forderungen dann u. U. im Wege der Einzelvollstreckung noch immer teilweise oder sogar vollständig realisieren.

Verbleibt bei der Vermögensverteilung – der tatsächlichen, nicht der prognostizierten Verteilung – eine positive „kritische Masse", werden daraus die sonstigen Masseverbindlichkeiten beglichen. Dazu zählen insbesondere Zahlungsverpflichtungen aus Geschäften, die der Insolvenzverwalter im Zuge des Insolvenzverfahrens noch tätigt (z. B. zur Fertigstellung eines begonnenen Auftrags), oder aus der Abwicklung von Verträgen, die bereits vor Eröffnung des Insolvenzverfahrens abgeschlossen, aber noch nicht erfüllt worden waren und die der Insolvenzverwalter noch abwickelt (z. B. Abruf bestellter Ware).

sonstige Masseverbindlichkeiten

Bleibt nach der Bedienung aller bislang besprochenen bevorrechtigten Insolvenzforderungen noch Vermögen übrig, dann kommen endlich die „normalen Insolvenzgläubiger" nach dem Grundsatz der „par conditio creditorum" zum Zuge. Zu dieser Gläubigergruppe zählen zum einen Gläubiger, für deren Forderungen weder vertragliche Sicherheiten noch gesetzliche Vorrechte bestehen, und zum anderen besicherte Gläubiger, soweit ihre besicherten Ansprüche durch die Verwertung der Sicherheiten nicht vollständig befriedigt werden konnten. Das verbleibende, hier als Teilungsmasse bezeichnete, Vermögen wird dann so auf die normalen Insolvenzgläubiger verteilt, dass jede Forderung mit derselben Quote erfüllt wird. Diese Quote wird als Insolvenzquote bezeichnet. Sie kann im günstigsten Fall eins betragen, wenn alle normalen Forderungen in voller Höhe erfüllt werden und eventuell danach sogar noch ein Restvermögen verbleibt. Im schlechtesten Fall beträgt sie null, wenn die normalen Insolvenzgläubiger leer ausgehen. Im Durchschnitt aller eröffneten Insolvenzverfahren beträgt sie weniger als 10 %. Auch dieser Wert gibt häufig Anlass zu Fehlinterpretationen. Er besagt nur, dass bei den eröffneten Insolvenzverfahren im Durchschnitt die normalen Insolvenzforderungen zu weniger als 10 % befriedigt werden. Er besagt aber nicht, dass auch die Insolvenzgläubiger insgesamt im Durchschnitt der eröffneten Verfahren eine vergleichbar geringe Befriedigungsquote erzielen. Denn, wenn es überhaupt zu einer positiven Insolvenzquote kommt, wurden i. d. R. die bevorrechtigten Insolvenzforderungen ja bereits teilweise, im Extremfall sogar vollständig, vorab erfüllt.

normale Insolvenzgläubiger und Insolvenzquote

Tritt der seltene Fall ein, dass nach der vollständigen Befriedigung aller normalen Insolvenzforderungen noch immer Vermögen übrig bleibt, werden daraus die Forderungen nachrangiger Gläubiger in einer gesetzlich definierten Rangfolge befriedigt (§ 39 InsO). Zur Gruppe nachrangiger Forderungen zählen – in Rangfolge ihrer Nennung – Ansprüche aus

nachrangige Insolvenzgläubiger

- Zinsforderungen, die nach der Eröffnung des Verfahrens entstanden sind,
- Kosten, die Insolvenzgläubigern durch Teilnahme am Insolvenzverfahren entstanden sind,
- Geldstrafen, Geldbußen, Ordnungsgelder und Zwangsgelder sowie solche Nebenfolgen einer Straftat oder Ordnungswidrigkeit, die zu einer Geldzahlung verpflichten,
- Forderungen auf eine unentgeltliche Leistung des Schuldners,
- Forderungen auf Rückgewähr eines Gesellschafterdarlehens oder Forderungen aus Rechtshandlungen, die einem solchen Darlehen wirtschaftlich entsprechen sowie
- Forderungen, für die Gläubiger und Schuldner vertraglich einen Nachrang für das Insolvenzverfahren vereinbart haben.

Beendigung des Insolvenzverfahrens

Das Insolvenzverfahren endet, wenn alle Forderungen der Insolvenzgläubiger befriedigt wurden oder wenn alles vorhandene Vermögen an die Insolvenzgläubiger verteilt wurde. Handelt es sich bei dem Insolvenzschuldner um eine natürliche Person, können nicht befriedigte Gläubiger anschließend versuchen, ihre Ansprüche im Wege der Einzelvollstreckung zu realisieren. Allerdings werden diese Möglichkeiten nachfolgender Einzelvollstreckung durch die als Restschuldbefreiung bezeichnete Regelung des § 286 InsO beschränkt. Danach kann dem Schuldner frühestens sechs Jahre nach Eröffnung des Insolvenzverfahrens der Rest der dann noch offenen Schulden durch Gerichtsbeschluss erlassen werden, sofern er sich erkennbar um den Abbau seiner Schulden bemüht hat und bestimmte weitere Voraussetzungen erfüllt sind. Bei Personen- oder Kapitalgesellschaften ist die Möglichkeit einer nachfolgenden Einzelvollstreckung hingegen ausgeschlossen, da diese im Zuge der zwangsweisen Liquidation aufhören zu existieren.

Restschuldbefreiung

Verbleibt nach Abschluss des Insolvenzverfahrens noch ein Vermögensrest, was extrem selten vorkommt, dann steht dieser den Unternehmenseignern zu.

5.1.2.3 Sicherheiten im engen Sinne

Primär- und Sekundäreffekte

Sicherheiten im engen Sinne sollen primär dann, wenn die Insolvenz des Schuldners eingetreten ist, die Befriedigungschancen des besicherten Gläubigers erhöhen. Sie werden oft auch einfach als Kreditsicherheiten oder als traditionelle Kreditsicherheiten bezeichnet. Neben ihrer primären Funktion der Verbesserung der Befriedigungschancen im Insolvenzfall können derartige Vereinbarungen je nach ihrer konkreten Ausgestaltung als Sekundäreffekt unter Umständen auch die Wahrscheinlichkeit eines Insolvenzeintritts reduzieren, sei es, weil sie zugleich den Handlungsspielraum des Schuldners begrenzen, oder sei es, weil sie zugleich die Betroffenheit des Schuldners von einer möglichen Insolvenz verändern und so sein eigenes Interesse an einer Insolvenzvermeidung stärken.

Nach ihrer Wirkungsweise lassen sich Sicherheiten im engen Sinne in drei Kategorien unterteilen:

- Interne Reservierung (Gläubigerkonkurrenz): Der Gläubiger reserviert sich für die vorrangige Befriedigung der eigenen Ansprüche Gegenstände, die zum Vermögen des Schuldners gehören. Dabei bleibt das insgesamt für die Befriedigung aller Gläubiger zur Verfügung stehende Vermögen unverändert. Der besicherte Gläubiger verschafft sich durch die vorrangige Befriedigung aber das Recht, einen größeren Teil dieses Vermögens an sich zu nehmen. Das geht zwangsläufig zu Lasten der anderen nicht, unvollständig oder nur schlechter besicherten Gläubiger. Hier geht es also um Instrumente im Verteilungskampf der Gläubiger untereinander. Die Sicherheiten dieser Kategorie lassen sich bildlich als Kampf um einen Kuchen gegebener Größe beschreiben. Schneidet sich ein Konkurrent ein größeres Stück vom Kuchen ab, verbleibt für die restlichen Konkurrenten weniger. In dieser Weise wirken Absonderungsrechte in Form von Realsicherheiten an Vermögensgegenständen des Schuldners – egal, ob sie durch Pfandrechte an, Sicherungsübereignung von oder Sicherungszession von Vermögen des Schuldners begründet werden. In dieser Weise wirken auch Aussonderungsrechte, etwa auf der Basis eines Eigentumsvorbehalts oder eines Leasing-Vertrages, und Aufrechnungsrechte.

  Der Umstand, dass interne Reservierungen zu Lasten anderer Gläubiger gehen, erklärt im Übrigen, warum § 285 Handelsgesetzbuch Kapitalgesellschaften verpflichtet, im Anhang des Jahresabschlusses den „Gesamtbetrag der Verbindlichkeiten, die durch Pfandrechte oder ähnliche Rechte gesichert sind, unter Angabe von Art und Form der Sicherheiten" anzugeben. Dadurch können sich andere Gläubiger über die Konkurrenzsituation informieren, der sie im Verhältnis zu besicherten Gläubigern ausgesetzt sind.

- Haftungserweiterung mit Rückgriffsrecht (Gläubigersubstitution): Der Gläubiger verschafft sich neben der Möglichkeit, seine Ansprüche aus dem Schuldnervermögen zu befriedigen, zusätzliche Möglichkeiten, seine

Wirkungsweise von Kreditsicherheiten

Verbesserung einzelner Gläubiger zu Lasten anderer Gläubiger

Verbesserung einzelner Gläubiger ohne Schlechter- oder Besserstellung anderer Gläubiger

Ansprüche mit einem Rückgriffsrecht des Vermögenseigners aus Vermögen außerhalb des Schuldnervermögens zu befriedigen. Dabei erweitert der besicherte Gläubiger also den Umfang des Vermögens, auf das er zur Befriedigung seiner Ansprüche zurückgreifen kann, auf Vermögen außerhalb des Unternehmens und verbessert so seine eigenen Befriedigungsmöglichkeiten. Greift er tatsächlich auf Vermögen außerhalb des Unternehmens zu, steht dem Eigner dieses Vermögens ein Rückgriffsrecht zu. Das bedeutet, der Sicherungsgeber kann in Höhe des Betrages, zu dem er für die Schulden des Unternehmens eingetreten ist, im Insolvenzverfahren die Position des besicherten Gläubigers einnehmen. Dadurch bleibt die Position anderer Unternehmensgläubiger unverändert. Sie konkurrieren um dasselbe Unternehmensvermögen und mit denselben Ansprüchen. Nur ist an die Stelle des ursprünglichen besicherten Gläubigers der in Anspruch genommene Sicherungsgeber getreten.

In dieser Weise wirken Instrumente, die dem Gläubiger den Zugriff auf unternehmensexternes Vermögen und dem in Anspruch genommenen Sicherungsgeber zugleich ein Rückgriffsrecht ermöglichen. Dabei kann es sich um Zugriffsrechte auf bestimmte Vermögensgegenstände außerhalb des Unternehmens handeln. Solche gegenstandsspezifischen Zugriffsrechte werden durch sogenannte Realsicherheiten begründet, z. B. durch eine Hypothek oder eine Grundschuld auf die private Immobilie oder durch die Verpfändung der privat gehaltenen Wertpapiere. Dabei kann es sich aber auch um Zugriffsrechte auf das Vermögen bestimmter Personen handeln, unabhängig davon, aus welchen Gegenständen deren Vermögen besteht. Solche personenbezogenen Zugriffsrechte werden durch sogenannte Personalsicherheiten begründet, z. B. durch eine Bürgschaft oder eine Garantie. In ähnlicher Weise können Patronatserklärungen wirken, bei denen sich Dritte in unterschiedlich konkreter Weise verpflichten, Sorge für die Begleichung der Schulden des Unternehmens zu tragen – soweit dabei auch ein Rückgriffsrecht per Gesetz gilt oder im Vertrag vereinbart wird.

Verbesserung aller Gläubiger ▬ Haftungserweiterung ohne Rückgriffsrecht (Gläubigerentlastung): Der Gläubiger verschafft sich, wie bei der Gläubigersubstitution, zusätzliche Möglichkeiten, seine Ansprüche auch aus Vermögen außerhalb des Schuldnervermögens zu befriedigen, in diesem Fall aber ohne Rückgriffsrecht des Vermögenseigners. Dann kann der in

Anspruch genommene Sicherungsgeber also keine Forderungen als Insolvenzgläubiger geltend machen. In diesem Fall verbessert der besicherte Gläubiger durch die Sicherheit nicht nur seine eigenen, sondern zugleich die Befriedigungschancen anderer Gläubiger. Nimmt er den Sicherungsgeber in Anspruch, reduzieren sich bei unverändertem Unternehmensvermögen die auf dieses Vermögen gerichteten Insolvenzforderungen. Damit erhöht sich auch die Befriedigungsquote anderer Gläubiger.

In dieser Weise wirken Instrumente, die dem Gläubiger Zugriff auf unternehmensexternes Vermögen und dem in Anspruch genommenen Sicherungsgeber kein Rückgriffsrecht ermöglichen. Dafür kommen im Prinzip dieselben Instrumente wie für die Gläubigersubstitution in Betracht; es darf allerdings kein Rückgriffsrecht vertraglich eingeräumt werden und gesetzlich kodifizierte Rückgriffsrechte müssen rechtswirksam im Vertrag ausgeschlossen werden. Mögliche Instrumente sind also insbesondere Realsicherheiten auf externes Vermögen ohne Rückgriffsrecht, Personalsicherheiten ohne Rückgriffsrecht und Patronatserklärungen ohne Rückgriffsrecht.

Zur beispielhaften Verdeutlichung der Wirkungsweise unterschiedlicher Sicherheiten gehen wir von folgender Situation aus. Das Unternehmen, über dessen Vermögen ein Insolvenzverfahren eröffnet wurde, verfügt über Vermögen, das sicher einen Verwertungserlös von 1 Mio. € erbringt. Dem stehen Insolvenzforderungen in Höhe von insgesamt 2 Mio. € gegenüber, eine Forderung über 500.000 € von Gläubiger A und eine Forderung über 1,5 Mio. € von Gläubiger B.

Beispiel zur Wirkungsweise von Kreditsicherheiten

- Ausgangssituation: Zunächst sei angenommen, kein Gläubiger habe eine Sicherheit für seine Forderung vereinbart. Dann beträgt die Insolvenzquote 50 % und erhält jeder Gläubiger die Hälfte des geforderten Betrages, Gläubiger A also 250.000 € und Gläubiger B 750.000 €. Die Ausgangssituation ohne Sicherheiten beschreibt die Vergleichsbasis, um die Wirkung unterschiedlicher Sicherheiten zu messen.
- Vergleichssituation I: Angenommen, zum Unternehmensvermögen von 1 Mio. € gehöre u. a. eine Immobilie mit einem Wert von 700.000 € und Gläubiger A habe sich zur Sicherung seiner Forderung eine Hypothek über 500.000 € auf diese Immobilie eintragen lassen. Dann wird die Immobilie gesondert verwertet und erhält Gläubiger A aus dem Erlös von 700.000 € seine Forderung von 500.000 € voll erfüllt; er realisiert also 100 %

Gläubigerkonkurrenz bei vollständiger Besicherung

seiner Ansprüche. Die überschießenden Erlöse von 200.000 € fließen zurück in die Insolvenzmasse und stehen zusammen mit dem restlichen Vermögen von 300.000 € für die Erfüllung der Ansprüche von Gläubiger B zur Verfügung. B erhält auf seine Forderung von 1,5 Mio. also insgesamt 500.000 € oder eine Quote von 33,33 %.

Durch die interne Reservierung erhöht der besicherte Gläubiger A seine individuelle Befriedigungsquote von 50 auf 100 %. Diese Verbesserung geht zu Lasten des unbesicherten Gläubigers B, dessen Insolvenzquote von 50 auf 33,33 % fällt.

Gläubigerkonkurrenz bei unvollständiger Besicherung

— Vergleichssituation II: Wie in Vergleichssituation I sei angenommen, zum Vermögen des Unternehmens von insgesamt 1 Mio. € gehöre eine Immobilie, auf die Gläubiger A eine Hypothek über 500.000 € habe eintragen lassen. Jetzt sei aber unterstellt, der Wert und damit der Verwertungserlös der Immobilie betrage nur 400.000 €. Dann wird wiederum zunächst die Immobilie gesondert verwertet. Den Verwertungserlös von 400.000 € erhält Gläubiger A, der danach noch über eine offene Forderung von 100.000 € verfügt, die er als normale Insolvenzforderung anmelden kann. Auf das Restvermögen von jetzt 600.000 € sind dann also insgesamt normale Insolvenzforderungen von 1,6 Mio. € gerichtet, 100.000 € von Gläubiger A und 1,5 Mio. € von Gläubiger B. Die Insolvenzquote beträgt damit 37,5 %. Gläubiger A bekommt neben den 400.000 € aus dem Erlös der Immobilie noch 37.500 € auf seine Restforderung. Er realisiert damit insgesamt 437.500 € oder 87,5 % seiner Forderung.

$$\text{Quote A:} \quad \frac{400.000 + 100.000 \cdot \frac{600.000}{1.500.000 + 100.000}}{500.000} = 87,5\,\%.$$

Gläubiger B erhält auf seine Forderung 37,5 %, also 562.500 €.

$$\text{Quote B:} \quad \frac{1.500.000 \cdot \frac{600.000}{1.500.000 + 100.000}}{1.500.000} = 37,5\,\%.$$

Auch in diesem Fall einer unvollständigen Besicherung durch interne Reservierung kann der besicherte Gläubiger A seine individuelle Befriedigungsquote erhöhen, von 50 auf 87,5 %. Wiederum geht dies zu Lasten des unbesicherten Gläubigers B, dessen Quote von 50 auf

37,5 % fällt. Beide Effekte sind lediglich weniger deutlich ausgeprägt als bei der vollständigen Besicherung in Vergleichssituation I.
- Vergleichssituation III: Wiederum sei angenommen, das Unternehmensvermögen betrage 1 Mio. €. Nun sei aber unterstellt, Gläubiger A habe als Sicherheit für seine Forderung die selbstschuldnerische Bürgschaft einer Bank über 500.000 € erhalten. Gemäß § 774 BGB kann der Bürge in Höhe einer eventuellen Inanspruchnahme Forderungen in der Insolvenz des Unternehmens geltend machen (mit Rückgriffsrecht). Dann würde Gläubiger A nach Insolvenzeintritt die Bank als Bürgen in Anspruch nehmen und sich von ihr seine Forderung erfüllen lassen. Angenommen, die Bank erweist sich als hinreichend solvent, dann erhält A seine volle Forderung von 500.000 € bzw. 100 %. Anschließend würde die Bank eine normale Insolvenzforderung in Höhe der geleisteten 500.000 € anmelden. Damit stehen dem Unternehmensvermögen von 1 Mio. € normale Insolvenzforderungen in Höhe von 2 Mio. € gegenüber, 1,5 Mio. € von Gläubiger B und 500.000 € von der Bank. Die Insolvenzquote beträgt wie in der Ausgangssituation 50 %.

  Durch die Besicherung in Form einer Gläubigersubstitution konnte Gläubiger A also seine Befriedigungsquote von 50 auf 100 % erhöhen. Die Befriedigungsquote des unbesicherten Gläubiges B beträgt unverändert 50 %. Den Nachteil der Besicherung trägt die Bank als externer Sicherungsgeber, sie leistet 500.000 € an A, kann sich in der Insolvenz aber nur 50 % davon, also 250.000 €, „zurückholen".

  Gläubigersubstitution

- Vergleichssituation IV: Wiederum betrage das Unternehmensvermögen 1 Mio. € und habe Gläubiger A die Garantie einer Bank über 500.000 €. Nun sei im Garantievertrag aber ausdrücklich vereinbart, die Bank könne nach Inanspruchnahme keine Forderungen in der Insolvenz des Unternehmens geltend machen (ohne Rückgriffsrecht). Dann würde Gläubiger A nach Insolvenzeintritt die Bank als Garantin in Anspruch nehmen und, sollte die sich als hinreichend solvent erweisen, seine volle Forderung von 500.000 € bzw. 100 % realisieren. Damit steht dem Unternehmensvermögen von 1 Mio. € nun nur noch die Forderung von Gläubiger B über 1,5 Mio. € gegenüber. Gläubiger B realisiert also 1 Mio. € bzw. 66,67 %.

  Durch die Besicherung in Form einer Haftungserweiterung ohne Rückgriffsrecht konnte Gläubiger A zugleich

  Gläubigerentlastung

seine eigene Befriedigungsquote von 50 auf 100 % und die Befriedigungsquote des unbesicherten Gläubiges B von 50 auf 66,67 % erhöhen. Den Nachteil der Besicherung trägt wiederum die Bank als externer Sicherungsgeber, in diesem Fall allerdings in noch krasserer Weise. Sie leistet 500.000 € an A und kann sich dafür keinen Ersatz in der Insolvenz verschaffen.

5.1.2.4 Wohlverhaltensregeln

Ziel: Verminderung des Insolvenzeintrittsrisikos

Wohlverhaltensregeln sollen in dem Sinne Einfluss auf das Verhalten des schuldnerischen Unternehmens nehmen, dass sie die Wahrscheinlichkeit eines Insolvenzeintritts verringern. Ihren primären gedanklichen Ausgangspunkt bilden die von Gläubigern zu tragenden Verhaltensrisiken, die wir im Kapitel Finanzierungsrisiken ausgiebig betrachtet haben. Dort hatten wir erkannt, dass die Verhaltensrisiken von Gläubigern maßgeblich auf den zu Lasten der Gläubiger asymmetrisch zwischen Gläubigern und Schuldnern verteilten Gestaltungskompetenzen beruhen. Dementsprechend zielen Wohlverhaltensregeln darauf, diese Kompetenzverteilung zugunsten des Gläubigers zu beeinflussen und so insbesondere das Risiko eines Insolvenzeintritts zu begrenzen. Um dieses Ziel zu erreichen, besteht jede Wohlverhaltensregel im Kern aus einer Vorgabe für das Verhalten des Schuldners. Die vertraglichen Klauseln, in denen Verhaltensvorgaben und ergänzende Regelungen vereinbart werden, heißen in Anlehnung an den angelsächsischen Sprachgebrauch Covenants (= Klauseln).

drei Kategorien von Covenants

Die Verhaltensvorgaben können im Detail sehr unterschiedlich aussehen. Im Wesentlichen lassen sich drei Kategorien unterscheiden:

- Affirmative bzw. Positive Covenants: Der Schuldner wird in positivem Sinne direkt angewiesen, ganz bestimmte Handlungen zu ergreifen. Z. B. wird ihm die Pflicht auferlegt, bestimmte Versicherungen abzuschließen, bestimmte riskante Vermögensgegenstände zu verkaufen oder zusätzliche finanzielle Mittel im Wege der Eigenfinanzierung aufzunehmen.
- Negative Covenants: Der Schuldner wird in negativem Sinne direkt angewiesen, ganz bestimmte Handlungen zu unterlassen. Z. B. wird ihm untersagt, bestimmte riskante Investitionsprojekte durchzuführen, bestimmte Vermögensgegenstände zu veräußern, Ausschüttungen oberhalb einer vorgegebenen Maximalgrenze vorzunehmen, überhaupt zusätzliche Kredite aufzunehmen oder mit bestimmten Sicherheiten ausgestattete zusätzliche Kredite aufzunehmen.

– Financial Covenants: Dem Schuldner werden indirekt Verhaltensvorgaben dadurch gemacht, dass bestimmte Kennzahlen seines Jahresabschlusses vorgegebene Ober- oder Untergrenzen nicht über- oder unterschreiten dürfen. Z. B. wird ihm ein Maximum für seinen Verschuldungsgrad oder ein Minimum für eine in bestimmter Weise definierte Liquiditätskennzahl vorgegeben.

Positive und Negative Covenants bieten den Vorteil, dem Schuldner für sein Verhalten unmittelbar Vorgaben machen zu können. Damit verknüpfen sich zugleich zwei wesentliche Nachteile. Zum einen ist die Vereinbarung einer großen Zahl unmittelbarer Vorgaben erforderlich, um die für Gläubiger bestehende Vielfalt an Verhaltensrisiken einigermaßen vollständig zu erfassen. Zum anderen muss der Gläubiger den Schuldner direkt in seinem Handeln beobachten, um einen Bruch dieser Covenants zu erkennen.

Die Vorteile von Financial Covenants bestehen zunächst einmal darin, diese beiden Nachteile der Positive und Negative Covenants zu vermeiden. Sie lassen sich auf einen übersichtlichen Satz an Vorgaben für den Jahresabschluss reduzieren und ihre Einhaltung bzw. ihr Bruch lassen sich vergleichsweise einfach durch die Auswertung vorgelegter Jahresabschlüsse erkennen. Wohl vor allem aus diesen Gründen erfreuen sich Financial Covenants in der Kreditvergabepraxis in Deutschland besonders großer Beliebtheit.

Weitere Vorteile bieten Financial Covenants, weil sie sich nicht auf die Begrenzung von Verhaltensrisiken beschränken, sondern auch ungünstige Entwicklungen der Basisrisiken und sogar Qualitätsrisiken reduzieren können. Zum Beispiel kann die Vereinbarung eines maximal zulässigen Verschuldungsgrades in Verbindung mit der Androhung einer sofortigen Kreditkündigung bei Verletzung dieser Vorgabe den Schuldner zunächst einmal dazu veranlassen, anschließend keine weiteren Kredite mehr aufzunehmen (Begrenzung von Verhaltensrisiken). Sie kann den Schuldner aber auch dazu veranlassen, schon vor Kreditvergabe ehrlicher über Eventualverbindlichkeiten zu berichten (Begrenzung von Qualitätsrisiken). Schließlich kann sie dem Gläubiger auch in solchen Fällen die frühzeitige Kündigung und Rückführung des Kredites ermöglichen, in denen sich der Verschuldungsgrad aufgrund ungünstiger exogener Entwicklungen erhöht hat (Begrenzung von Basisrisiken).

Gleichwohl verbinden sich auch mit Financial Covenants gravierende Einschränkungen, vor allem die drei folgenden: Zum ersten können Einhaltung bzw. Bruch eines Financial

Vorteile und Nachteile von:

- Postive und Negative Covenants

- Financial Covenants

Covenants immer zwei unterschiedliche Typen von Ursachen haben, entweder ein gläubigerschädigendes Verhalten des Schuldners oder eine besonders ungünstige Entwicklung der unsicheren Umwelt. Im Ergebnis und damit im Jahresabschluss vermengen sich beide Ursachen. Sollen Financial Covenants aber ganz gezielt gegen das Fehlverhalten des Schuldners schützen, wäre eine Trennung dieser Ursachen erforderlich. Zum zweiten muss das im Jahresabschluss gezeichnete Bild nicht zwingend eine präzise Beschreibung realer Verhältnisse und Entwicklungen des Schuldners geben. Explizite Wahlrechte und implizite Ermessensspielräume bei der Erstellung des Jahresabschlusses bieten Möglichkeiten, das Bild des Jahresabschlusses gezielt im Sinne der Einhaltung von Financial Covenants zu beeinflussen. Zum dritten werden Jahresabschlüsse ex post erstellt. Sie zeichnen also kein Bild der Situation, die bei deren Vorlage beim Schuldner aktuell besteht, sondern i. d. R. das Bild einer mehrere Monate zurückliegenden Situation.

angestrebte Wirkung durch Vereinbarungen auf der Handlungs-, Informations- und Sanktionsebene

Damit Wohlverhaltensregeln ihre angestrebte Wirkung entfalten, sind neben der Vereinbarung einer Verhaltensregel auf der Handlungsebene in Form der angesprochenen Positive, Negative oder Financial Covenants zusätzliche Regeln erforderlich. Auf der Informationsebene sind Vorkehrungen zu treffen, die es dem Gläubiger erlauben, einen Bruch der Covenants zu erkennen. Und auf der Sanktionsebene sind Regeln erforderlich, die es dem Gläubiger erlauben, erkanntes Fehlverhalten zu sanktionieren. I. d. R. bestehen Covenants also aus drei Regeln auf drei unterschiedlichen Ebenen:

- Regelungen auf der Handlungsebene: Dazu eignen sich Verhaltensvorgaben durch Positive, Negative oder Financial Covenants.
- Regelungen auf der Informationsebene: Dazu eignen sich bei Financial Covenants vor allem Vereinbarungen, nach denen dem Gläubiger Jahresabschlüsse innerhalb bestimmter Fristen vorzulegen, bei der Erstellung der Jahresabschlüsse bestimmte Regeln einzuhalten und bestimmte Nachweise über die Einhaltung dieser Vorgaben zu erbringen sind. Wegen solcher mit Financial Covenants typischerweise verknüpften Informationspflichten des Schuldners werden Financial Covenants oftmals auch als Frühwarnsystem zur Erkennung von Gläubigerrisiken interpretiert.
Dazu eignen sich bei Positive Covenants vor allem Nachweise über den Vollzug der vorgeschriebenen Handlungen. Dazu eignen sich bei Negative Covenants vor allem Maßnahmen, die dem Schuldner, wie z. B. durch die Übereignung bestimmter Vermögensgegen-

stände, unerwünschte Handlungen faktisch unmöglich machen oder die dem Gläubiger, z. B. durch einen eigenen Vertreter im Aufsichtsrat einer schuldnerischen Aktiengesellschaft, eine möglichst direkte Beobachtung des Schuldners erlauben.
- Regelungen auf der Sanktionsebene: Dazu eignen sich unabhängig von der Art der Verhaltensvorgabe bei deren erkanntem Bruch vor allem ein sofortiges Kündigungsrecht des Gläubigers, ein Recht des Gläubigers auf die Stellung zusätzlicher Sicherheiten oder die Kompensation des Gläubigers in Form zusätzlicher Zahlungsansprüche.

5.1.2.5 Prozessualvorteile

Prozessualvorteile verändern, zumindest in ihrer primären Zielrichtung, weder die Wahrscheinlichkeit für den Eintritt einer Insolvenz noch die im Insolvenzfall bestehenden individuellen Befriedigungsmöglichkeiten des Gläubigers. Sie sollen es dem Gläubiger stattdessen erlauben, seine offenen Forderungen schneller durchzusetzen und sie dadurch eventuell noch vor dem Eintritt einer Insolvenz zu realisieren. Dazu bieten sich insbesondere folgende Maßnahmen an:

- Kündigungsrechte erlauben es dem Gläubiger, eine Forderung bereits vor Ablauf von deren ursprünglich vereinbarter Laufzeit fällig zu stellen und anschließend Maßnahmen zu deren Beitreibung zu ergreifen. Sie können als ordentliches Kündigungsrecht vereinbart werden, bei dem die Kündigung ohne Fehlverhalten des Schuldners ausgesprochen werden kann, i. d. R. aber vertraglich vereinbarte Kündigungsfristen einzuhalten sind. Oder sie können als außerordentliches Kündigungsrecht vereinbart werden, bei dem die Kündigung nur nach einem Fehlverhalten des Schuldners, dafür i. d. R. aber fristlos ausgesprochen werden kann. Das Fehlverhalten, das Gläubiger zur außerordentlichen Kündigung berechtigt, kann dabei im Vertrag sehr konkret gefasst oder nur sehr allgemein umschrieben werden. Verbreitet sind Kreditverträge mit sehr allgemein umschriebenen außerordentlichen Kündigungsrechten des Gläubigers. So sehen z. B. die Allgemeinen Geschäftsbedingungen der Kreditinstitute, die zum Bestandteil jedes ihrer Kreditverträge werden, regelmäßig außerordentliche Kündigungsrechte ganz allgemein für den Fall unrichtiger Angaben des Schuldners über seine Vermögenslage oder auch für jede wesentliche Verschlechterung seiner Vermögensverhältnisse vor.

Kündigungsrechte

Man beachte in diesem Zusammenhang die doppelte Funktion von *außerordentlichen* Kündigungsrechten.

Doppelfunktion außerordentlicher Kündigungsrechte

Zum einen können sie ein Recht zur Sanktionsverhängung nach dem Erkennen eines Bruchs von Wohlverhaltensregeln verschaffen, zum anderen können sie einen Prozessualvorteil zur schnellen Durchsetzung von Forderungen verschaffen.

Beurkundung

— Die Beurkundung der Gläubigerforderung vereinfacht den Nachweis für das Bestehen der Forderung und beschleunigt so die Beschaffung gerichtlicher oder außergerichtlicher Vollstreckungstitel. Die Unterlegung einer Gläubigerforderung mit einem Wechsel führt nicht nur zur Beurkundung der Gläubigerforderung, sie erlaubt aufgrund der sogenannten Wechselstrenge darüber hinaus die besonders schnelle Anberaumung und Abwicklung von Gerichtsprozessen und so die beschleunigte Erlangung gerichtlicher Vollstreckungstitel. Diese Vorteile von Wechseln haben wir im Zusammenhang mit deren Diskontierung bereits im Kapitel Innenfinanzierung verdeutlicht.

5.2 Ausgewählte Fremdfinanzierungskontrakte

5.2.1 Systematik

Fremdfinanzierungskontrakte werden nach einer Vielzahl unterschiedlicher Merkmale systematisiert. So wird häufig nach der Art der Besicherung unterschieden zwischen

— Hypothekendarlehen, bei einer Besicherung durch die Hypothek auf eine Immobilie, oder allgemeiner Realkrediten, bei einer Besicherung durch Grundpfandrechte (Hypothek oder Grundschuld),
— Lombardkrediten, bei einer Besicherung durch die Verpfändung von Wertpapieren,
— Zessionskrediten, bei einer Besicherung durch die Zession von Forderungen, oder
— Avalkrediten, bei einer Besicherung durch eine Bürgschaft oder ähnliche Personalsicherheiten.

kurz- und langfristige Fremdfinanzierung

Wir unterscheiden Fremdfinanzierungskontrakte im Folgenden nach zwei (anderen) Merkmalen. Auf der ersten Ebene unterscheiden wir nach der Laufzeit des Kontraktes zwischen

— kurzfristiger Fremdfinanzierung und
— langfristiger Fremdfinanzierung.

Von kurzfristiger Fremdfinanzierung sprechen wir, wenn entweder die Dauer des Finanzierungskontraktes von vornherein auf weniger als ein Jahr festgelegt wurde oder wenn der Finanzierungskontrakt durch ordentliche Kündigung nach weniger als einem Jahr beendet werden kann. Vice versa sprechen wir von langfristiger Fremdfinanzierung, wenn die reguläre Dauer des Finanzierungskontraktes mehr als ein Jahr beträgt und der Vertrag mit keiner kürzeren Frist als einem Jahr ordentlich gekündigt werden kann. Dabei bleibt eine Fremdfinanzierung auch dann kurzfristig, wenn sie faktisch ohne Unterbrechung länger als ein Jahr in Anspruch genommen wird – sei es, weil der Finanzierungskontrakt nach dessen regulärem Ende prolongiert wird, sei es, weil ein bestehendes Kündigungsrecht ungenutzt bleibt.

Auf der zweiten Ebene unterscheiden wir nach der Art des Zustandekommens eines Kontraktes zwischen
- Individualfinanzierung und
- Emissionsfinanzierung.

Individual- und Emissionsfinanzierung

Von Individualfinanzierung sprechen wir, wenn die Modalitäten des Finanzierungskontraktes individuell für eine einzelne Finanzierungsbeziehung gestaltet und von dem Unternehmen mit einem oder sehr wenigen Financiers gemeinsam durch Einzelverhandlung festgelegt werden. Das schließt nicht aus, dass der Financier einen Teil der Modalitäten der Kontrakte für eine Vielzahl von ihm geschlossener Finanzierungsverträge bereits in standardisierter Form vorgibt und dem Geldnehmer im Hinblick auf diese Merkmale nur noch die Wahl lässt, sie in der standardisierten Form zu akzeptieren oder ganz auf einen Kontrakt zu verzichten. Z. B. kann eine Bank im Rahmen der Individualfinanzierung Laufzeit, Zinssatz und Tilgungsform eines Darlehens standardisiert anbieten und mit dem einzelnen Kreditnehmer dann nur noch über das Kreditvolumen, Sicherheiten etc. verhandeln.

Individualfinanzierung

Von Emissionsfinanzierung sprechen wir im Unterschied dazu, wenn das Unternehmen sämtliche Modalitäten der Kontrakte in Form von Emissionsbedingungen einseitig fixiert und die ausformulierten Kontrakte in kleiner Stückelung als eine Vielzahl gleichartig ausgestatteter, vertretbarer Wertpapiere einem breiten Investorenkreis zum sogenannten Emissionskurs zum Kauf anbietet.

Emissionsfinanzierung

5.2.2 Kurzfristige Fremdfinanzierung

5.2.2.1 Individualkontrakte

a) Kontokorrentkredit
Den wichtigsten Typ kurzfristiger, individueller Fremdfinanzierung stellt der Kontokorrentkredit dar (§§ 355–357 HGB).

Kredit in ständig wechselnder Höhe innerhalb einer vorgegebenen Kreditlinie

Er basiert auf einer Vereinbarung, in der ein Kreditinstitut dem Kreditnehmer einen Höchstbetrag, die sogenannte Kreditlinie, zugesteht, bis zu dem der Kredit maximal in Anspruch genommen werden kann. In welchem Umfang der Kreditnehmer den Kredit tatsächlich in Anspruch nimmt, kann er abhängig von seinem Finanzbedarf autonom entscheiden und durch Ein- und Auszahlungen, Überweisungen, Daueraufträge, Lastschriften, Ausstellung von Schecks etc. selbst gestalten. Er kann den Kredit in ständig wechselnder Höhe in Anspruch nehmen.

Verfügt der Kreditnehmer z. B. durch eine Überweisung in der Weise über das Kontokorrentkonto, dass die vereinbarte Kreditlinie durch diese Verfügung überschritten würde, kann die Bank die Ausführung des Überweisungsauftrags ablehnen. Oft duldet die Bank gegen Berechnung einer zusätzlichen Provision eine (kurzfristige und moderate) Überziehung, also die Inanspruchnahme des Kredits über die vereinbarte Kreditlinie hinaus.

Laufzeit, Kündigung, Prolongation

Der Kontokorrentkredit wird i. d. R. „bis auf weiteres" in Verbindung mit einer kurzen Frist (von oft nur wenigen Tagen) zur ordentlichen Kündigung durch das Kreditinstitut vereinbart. Faktisch wird er allerdings meistens durch Verzicht auf die mögliche Kündigung langfristig vom Kreditinstitut angeboten. In vielen Fällen wird er faktisch nicht nur langfristig angeboten, sondern vom Kreditnehmer auch langfristig in Anspruch genommen. Diese empirische Beobachtung verleitet dazu, den Kontokorrentkredit auch für die Zwecke der Finanzplanung als langfristig verfügbaren Kredit einzuplanen. Das birgt allerdings Gefahren, denn de jure gilt das Kreditangebot eben nur kurzfristig und die Gefahr, dass es auch faktisch nur kurzfristig verfügbar ist, besteht wohl vor allem dann, wenn sich das Unternehmen in einer angespannten finanziellen Lage befindet, i. d. R. also vor allem, wenn es den Kredit besonders dringend benötigt.

Kosten des Kontokorrentkredits

Die Kosten des Kontokorrentkredits setzen sich i. d. R. zusammen aus

- dem Sollzins für den tatsächlich in Anspruch genommenen Kreditbetrag,
- der Bereitstellungsprovision für den bereitgestellten, aber nicht in Anspruch genommenen Teil der vereinbarten Kreditlinie,
- der Überziehungsprovision, die zusätzlich zum Sollzins für die über die Kreditlinie hinaus gehenden Kreditbeträge berechnet wird, und
- u. U. weiteren Preisbestandteilen wie z. B. einer Umsatzprovision, die sich nach der Summe der Veränderungen des Kontostandes bemisst.

I. d. R. werden alle Kostenkomponenten für vorab vereinbarte Abrechnungsperioden, die oft ein Quartal umfassen, nachschüssig auf dem Kontokorrentkonto belastet. Die Höhe der vereinbarten Zinssätze ist dabei i. d. R. variabel. Dazu werden sie entweder in Abhängigkeit von einer Leitgröße wie dem EONIA-Zinssatz vereinbart oder sie können einseitig vom Kreditinstitut festgelegt und jederzeit verändert werden. Dem Kreditnehmer steht bei aus seiner Sicht nicht akzeptablen Veränderungen der Zinssätze die Möglichkeit offen, sein Kontokorrentkonto glatt zu stellen.

Vor allem bei der Einräumung von Kreditlinien für Unternehmen ohne eine unbeschränkt mit ihrem Privatvermögen für die Schulden des Unternehmens haftende natürliche Person ist die Vereinbarung spezieller Kreditsicherheiten üblich. Dafür kommt z. B. mit einer Grundschuld, der Sicherungsübereignung von Waren- oder Vorratsbeständen oder von Maschinen, der Sicherungszession von Forderungen, der Verpfändung von Wertpapieren oder auch der Stellung von Personalsicherheiten durch Bürgschaft oder Garantie eine breite Palette von Sicherungsinstrumenten in Betracht.

Besicherung des Kontokorrentkredits

b) Diskontkredit

Auf den Diskontkredit als zweite Möglichkeit einer kurzfristigen individuellen Fremdfinanzierung durch Kreditinstitute müssen wir an dieser Stelle nicht noch einmal detailliert eingehen. Das haben wir im Zusammenhang mit der Innenfinanzierung bereits erledigt. Nachzutragen bleibt an dieser Stelle lediglich, dass für die Aufnahme eines Diskontkredits neben den im Kontext der Innenfinanzierung ausschließlich interessierenden Handelswechseln weitere sogenannte Finanzwechsel, denen keine Liefer- und Leistungsbeziehung zugrunde liegt, in Betracht kommen. Auf eine Darstellung der verschiedenen Alternativen von Finanzwechseln verzichten wir an dieser Stelle.

c) Aval- und Akzeptkredit

Die Nutzung eines Kontokorrentkredits oder eines Diskontkredits führt beim Kreditnehmer zum Zufluss zusätzlicher Zahlungsmittel vom Kreditgeber. Später sind dafür Zahlungsmittel vom Kreditnehmer an den Kreditgeber zurückzuzahlen. Solche Kreditformen werden auch als „Geldleihe" bezeichnet. Daneben bestehen Möglichkeiten, mit einem Kreditgeber Vereinbarungen zu treffen, die nicht dazu führen, dass Zahlungsmittel vom Kreditgeber an den Kreditnehmer fließen, sondern bewirken, dass der Kreditnehmer ansonsten anstehende Auszahlungen an Dritte zunächst vermeiden kann. Solche Vereinbarungen beruhen darauf, dass der Kreditgeber dem Kredit-

Geldleihe und Kreditleihe

nehmer seine eigene Kreditwürdigkeit zur Verfügung stellt. Sie werden daher als „Kreditleihe" bezeichnet. Im Bereich der kurzfristigen individuellen Fremdfinanzierung stehen mit dem Avalkredit und dem Akzeptkredit vor allem zwei Instrumente zur Kreditleihe zur Verfügung.

Arten des Avalkredits

Ein Avalkredit entsteht durch die Garantie oder Bürgschaft, die ein Kreditinstitut für eine bestimmte Verpflichtung abgibt, die der Kreditnehmer gegenüber einem Dritten eingegangen ist. Die besicherte Verpflichtung des Kreditnehmers kann entweder in einer Zahlungspflicht in bestimmter Höhe bestehen, z. B. der Rückzahlungspflicht aus einem anderweitig aufgenommenen Darlehen (Kreditaval), der Zahlungspflicht gegenüber der Zollverwaltung (Zollaval) oder der Zahlungspflicht gegenüber einem Transportunternehmen (Frachtaval). In den genannten Fällen kann der Kreditnehmer wegen des Bankavals eine Stundung der geschuldeten Zahlung erzielen. Die besicherte Verpflichtung kann aber auch in einer sonstigen Leistungspflicht bestehen, z. B. der Pflicht, einen ausgeschriebenen Auftrag im Falle eines Zuschlags vereinbarungsgemäß auszuführen (Bietungsaval), eine vertraglich bereits fest vereinbarte Lieferungs- oder Leistungspflicht in der vereinbarten Weise zu erbringen (Lieferungs- und Leistungsaval) oder für eine bereits erbrachte Lieferung oder Leistung auch die zugesagten Gewährleistungen zu erbringen (Gewährleistungsaval). In den zuletzt genannten Fällen kann der Kreditnehmer wegen des Bankavals ansonsten vom Dritten geforderte Sicherheitsleistungen vermeiden oder überhaupt nur deshalb den Auftrag zur Lieferung oder Leistung erhalten.

Vorteile und Kosten des Avalkredits

Der Vorteil eines Avalkredits besteht für den Dritten darin, dass er sich nur noch über die Bonität der Bank und nicht mehr über die Bonität seines eigenen Vertragspartners informieren muss. Aus Sicht der Bank hängt das eingegangene Risiko von der Wahrscheinlichkeit ab, mit der sie für die gegebene Bürgschaft oder Garantie in Anspruch genommen wird, ohne sich anschließend beim Kreditnehmer dafür schadlos halten zu können. Ihr Risiko richtet sich daher vor allem nach der allgemeinen Bonität des Kreditnehmers. Übliche Avalprovisionen liegen bezogen auf den Kreditbetrag häufig zwischen 0,5 und 3 % p. a.

Entstehen eines Akzeptkredits

Ein Akzeptkredit entsteht, wenn ein Kreditinstitut einen Wechsel akzeptiert, den der Kreditnehmer auf das Kreditinstitut als Bezogenen ausstellt. Mit seiner Unterschrift verpflichtet sich das Kreditinstitut, die Wechselsumme bei Fälligkeit an den Inhaber des Wechsels zu zahlen. Zugleich verpflichtet sich der Kreditnehmer im Innenverhältnis mit dem Kreditinstitut, ihm die Wechselsumme bei Fälligkeit des Wechsels zur Verfügung zu stellen.

Den akzeptierten Wechsel kann der Kreditnehmer für die Erzielung eines Diskontkredits nutzen. Oder er kann ihn, was vor allem im grenzüberschreitenden Lieferungs- und Leistungsverkehr bei sogenannten Rembourskrediten vorkommt, statt einer Zahlung an einen eigenen Lieferanten weitergeben. In diesem Fall interessiert sich der Lieferant i. d. R. nur noch für die Bonität der Bank und nicht mehr für die Bonität seines Abnehmers. Deshalb verzichtet er nach Übergabe des Bankakzeptes oftmals auf Anzahlungen, die er ansonsten von seinem Abnehmer als Voraussetzung für eine Lieferung verlangen würde.

Einzatzmöglichkeiten des Bankakzeptes

Bei der Gewährung eines Akzeptkredits geht das Kreditinstitut ähnliche Risiken wie bei einem Avalkredit ein. Das Risiko besteht darin, dass die Bank bei Fälligkeit des Wechsels an dessen Inhaber zahlen muss, ohne seinerseits eine entsprechende Zahlung vom Kreditnehmer zu erhalten. Das Ausmaß dieses Risikos hängt primär von der allgemeinen Bonität des Kreditnehmers ab. Es wird durch eine Akzeptprovision vergütet, die ähnlich wie die Avalprovision bezogen auf den Kreditbetrag meist zwischen 0,5 und 3 % p. a. liegt.

Kosten des Akzeptkredits

Der Unterschied zwischen Akzept- und Avalkredit besteht vor allem darin, dass sich der Avalkredit stets auf eine ganz bestimmte Verpflichtung des Kreditnehmers bezieht, während der Akzeptkredit auf einem abstrakten Zahlungsversprechen beruht, das der Kreditnehmer für beliebige Verpflichtungen einsetzen kann.

Unterschiede zwischen Akzept- und Avalkredit

5.2.2.2 Emissionsfinanzierung

Die Möglichkeit kurzfristiger Fremdfinanzierung durch die Emission von Wertpapieren am anonymen Finanzmarkt besteht vor allem in zwei Varianten, der Emission von Commercial Papers und der Emission von Euronotes. Beiden Möglichkeiten ist gemeinsam, dass i. d. R.

Gemeinsamkeiten von Commercial Papers und Euronotes

- die Financiers institutionelle Anleger (vor allem Versicherungen und Pensionskassen) sind, die von dem sich finanzierenden Unternehmen
- nicht zum Börsenhandel zugelassene Inhaberschuldverschreibungen mit kurzer Laufzeit (eine Woche bis zu zwei Jahren) erwerben,
- die Emission der Wertpapiere revolvierend erfolgt, dass also ein Rahmenvertrag zwischen dem Schuldner und den arrangierenden Banken existiert, der nach dem Auslaufen einer Wertpapiertranche eine Anschlussfinanzierung durch die Ausgabe weiterer Wertpapiertranchen vorsieht, soweit der Kreditnehmer dies wünscht,

- den Gläubigern keine speziellen Kreditsicherheiten eingeräumt werden,
- das Volumen jeder Finanzierungstranche aus Kostengründen deutlich über 10 Mio. € liegt,
- die Wertpapiere diskontierte Papiere ohne laufende Zinszahlung sind und
- die Finanzierungsalternative nur international bekannten Großunternehmen mit einem erstklassigen Rating einer der großen bekannten Rating-Agenturen (Moody's, Standard and Poor's, Fitch Rating) offen steht.

Unterschiede von Commercial Papers und Euronotes

Während sich emissionsbegleitende Banken bei Commercial Papers nur um den Absatz der Schuldverschreibungen bemühen, das Absatzrisiko also beim emittierenden Unternehmen selbst verbleibt, sind Euronotes damit verbunden, dass sich Banken bei einem Scheitern der Emission selbst in einem bestimmten Rahmen zum Kauf der Schuldverschreibungen verpflichten oder sich verpflichten, dem Kreditnehmer auf anderem Wege Zahlungsmittel in entsprechender Höhe zur Verfügung zu stellen.

Kosten von Commercial Papers und Euronotes

Die Kosten sowohl von Commercial Papers und Euronotes bestehen vor allem in den an die Investoren zu zahlenden Zinsen, den Kosten für das erforderliche Rating und den Gebühren, die die emissionsbegleitenden Banken einmalig für ihre Leistungen als Berater und Arrangeur der gesamten Konstruktion und mit jeder Wertpapiertranche wiederkehrend für ihre Leistungen als Verkäufer der Wertpapiere und Abwicklung des Zahlungsverkehrs erheben. Bei Euronotes kommen Gebühren hinzu, die die Banken für ihre zusätzlichen Garantien in Form einer Underwriting Fee erheben.

5.2.3 Langfristige Fremdfinanzierung

5.2.3.1 Individualkontrakte

a) Überblick

Darlehensverträge über Zahlungsmittel

Die wichtigste Form langfristiger Fremdfinanzierung durch individuelle Kontrakte stellt die Aufnahme eines Darlehens dar. Als Darlehen bezeichnet man allgemein einen Vertrag, in dem sich der Darlehensgeber verpflichtet, dem Darlehensnehmer Sachen bestimmter Art, Güte und Menge zu überlassen, wobei diese Sachen in das Eigentum des Darlehensnehmers übergehen, und sich der Darlehensnehmer seinerseits verpflichtet, dem Darlehensgeber später Sachen gleicher Art, Güte und Menge zurückzugeben (vgl. §§ 488 ff. BGB). Uns interessieren hier nur Darlehensverträge über Zahlungsmittel. Für die Möglichkeiten zur Vereinbarung solcher Darlehen

kann es darauf ankommen, wer der Darlehensgeber ist. Als Darlehensgeber kommt grundsätzlich jede Person oder Institution in Betracht. Für die Finanzierung von Unternehmen haben vor allem Darlehen von drei unterschiedlichen Gruppen von Darlehensgebern Relevanz:
a) Darlehen von einem Kreditinstitut (Bankdarlehen),
b) Darlehen von einem Versicherungsunternehmen (Versicherungsdarlehen) und
c) Darlehen von Gesellschaftern der Unternehmung (Gesellschafterdarlehen).

Als weitere Möglichkeiten zur langfristigen individuellen Fremdfinanzierung kommen neben einer Darlehensaufnahme vor allem in Betracht:
d) Einlagen von stillen Gesellschaftern (Stille Gesellschaft) und die
e) Überlassung von Vermögensgegenständen durch eine Leasinggesellschaft (Leasing).

Wir beschränken uns auf diese fünf besonders wichtigen Formen einer individuellen langfristigen Fremdfinanzierung. Dabei kann dahingestellt bleiben, ob es sich beim Leasing im strengen Sinne der Definition um ein Instrument der Fremdfinanzierung oder doch um ein Finanzierungsinstrument ganz eigener Art handelt. Da es zumindest Ähnlichkeiten mit einer Fremdfinanzierung aufweist und in unternehmerischen Entscheidungen meist als Alternative zu einer Kombination aus der Aufnahme eines Kredits und dem Kauf der entsprechenden Vermögensgegenstände betrachtet wird, behandeln wir Leasing hier unter der Überschrift Fremdfinanzierung.

Leasing als Instrument der Fremdfinanzierung oder Instrument eigener Art

Neben den behandelten Instrumenten kommen für eine langfristige individuelle Fremdfinanzierung im Einzelfall weitere Instrumente in Betracht. Erwähnt seien z. B. Mittelüberlassungen durch sogenannte Venture Capital Gesellschaften, Business Angels oder auch beliebige Privatpersonen, soweit den Financiers dafür Forderungsrechte eingeräumt werden, oder auch sogenannte Genussrechte oder Besserungsscheine. Diese und weitere Instrumente bleiben hier unbehandelt.

b) Bankdarlehen

Bankdarlehen haben in Deutschland vor allem für kleine und mittelgroße Unternehmen, die nicht selbst Kreditinstitut oder Versicherung sind, zentrale Bedeutung für die langfristige Fremdfinanzierung. I. d. R. reichen Kreditinstitute diesen Unternehmen Darlehen als Buchkredite aus; auf eine Beurkundung durch spezielle Dokumente wird verzichtet. Gele-

Bedeutung und Ausgestaltung

gentlich werden Bankdarlehen auch durch einen Schuldschein beurkundet. Ein Schuldschein ist kein Wertpapier, sondern lediglich eine Beweisurkunde, die die Existenz eines bestimmten Anspruchs dokumentiert. Sie vereinfacht insbesondere eine spätere Abtretung der Forderung.

Laufzeit und Tilgungsplan eines Bankdarlehens können frei zwischen Unternehmen und Kreditinstitut ausgehandelt und an die spezifischen Bedürfnisse des Unternehmens angepasst werden. Es überwiegen Darlehen mit fest vereinbarter Raten- oder Annuitätentilgung (oft mit anfänglichen tilgungsfreien Jahren) und einer Laufzeit von mehr als 4 Jahren.

Besicherung

Besichert werden Bankdarlehen meist primär durch Realsicherheiten in Form von Grundpfandrechten auf Immobilien der Unternehmung oder ihrer Gesellschafter oder in Form der Sicherungsübereignung von Vermögensgegenständen. Diese primäre Besicherung wird fast immer um eine zusätzliche Sicherung durch eine Vielzahl von Wohlverhaltensregeln ergänzt. Auf die primäre Besicherung durch Kreditsicherheiten im engen Sinne verzichtet das Kreditinstitut allenfalls in Ausnahmefällen bei der Darlehensvergabe an Unternehmen mit zweifelsfreier Bonität und auch dann i. d. R. nur, wenn sich das Unternehmen im Rahmen von Negative Covenants dazu verpflichtet, seine Immobilien nicht zu veräußern oder anderweitig zu belasten und anderen Darlehensgebern keine Sicherheiten zu gewähren, wenn es nicht zugleich dem Kreditinstitut mindestens gleich gute Sicherheiten gewährt.

Verzinsungsmodalitäten

Der Nominalzinssatz kann für die gesamte Laufzeit des Darlehens fest vereinbart, nur für einen Teilabschnitt fest vereinbart und danach der Anpassung durch das Kreditinstitut überlassen oder an eine Indexgröße gekoppelt werden. Die Höhe des Nominalzinssatzes und eines eventuellen Disagios und damit auch der sich insgesamt ergebende Effektivzinssatz hängen vor allem vom allgemeinen Zinsniveau, von der Laufzeit des Darlehens, von der Bonität des Darlehensnehmers und von den vereinbarten Sicherheiten ab.

Kreditwürdigkeitsprüfung

Vor der Vergabe eines Bankdarlehens prüft das Kreditinstitut die Kreditwürdigkeit des Unternehmens und die Werthaltigkeit der gestellten Sicherheiten. Im Zentrum der Kreditwürdigkeitsprüfung stehen die bisherigen Erfahrungen mit dem Darlehensnehmer und die Analyse seiner Jahresabschlüsse. Diese beiden zentralen Beurteilungsgrundlagen werden meist durch eine Vielzahl weiterer Unterlagen und Auskünfte ergänzt, z. B. Steuerbilanzen, Steuererklärungen, Steuerbescheide, Handelsregisterauszug, Gesellschaftsvertrag, Unternehmensverträge über Beherrschung oder Gewinnabführung, Geschäftspläne (insbesondere Investitions- und Finanzpläne), Unterlagen zum Auftragsbestand, Auskünfte von Auskunfteien und Auskünfte von Evidenzzentralen. Grundsätzlich kann das Kreditinstitut frei entscheiden, ob und wie es diese Prüfungen gestaltet. Vor der Gewährung eines Darlehens, das insgesamt 750.000 € überschreitet, ist es nach § 18 Kreditwesengesetz, außer wenn bestimmte Sicherheiten vorliegen, allerdings gesetzlich verpflichtet, sich die wirtschaftlichen Verhältnisse des Kreditnehmers, insbesondere durch Vorlage der Jahresabschlüsse, offenlegen zu lassen.

c) Versicherungsdarlehen

Neben den Kreditinstituten zählen Versicherungsunternehmen zu den wichtigen institutionellen Darlehensgebern für Unternehmen. Als Kreditgeber treten dabei vor allem Lebensversicherungen und Pensionskassen auf, bei denen die Prämieneinzahlungen ihrer Versicherungsnehmer systematisch mit großem zeitlichen Vorlauf vor den Leistungsauszahlungen an die Versicherten anfallen und die aus diesem Grund einen besonders hohen Mittelanlagebedarf haben.

Bedeutung und Ausgestaltung

Versicherungsdarlehen lauten fast immer über hohe Beträge, i. d. R. über mehrere 100.000 € bis zu etwa 10 Mio. €, und weisen fast immer lange Laufzeiten auf, i. d. R. zwischen 8 und 15 Jahre. Solche langlaufenden und großvolumigen Darlehen von Versicherungen werden auch als Schuldscheindarlehen bezeichnet. Dabei ist diese Bezeichnung gleich in doppelter Hinsicht erläuterungsbedürftig. Zum einen vergeben auch andere Kapitalsammelstellen großvolumige, langlaufende Kredite, für die ebenfalls ein Schuldschein ausgestellt wird. Vorstehend hatten wir bereits darauf hingewiesen, dass sich auch Banken für ihre Darlehen gelegentlich Schuldscheine ausstellen lassen. Trotzdem werden meist nur Darlehen von Versicherungen als Schuldscheindarlehen bezeichnet. Zum anderen vergeben Versicherungen großvolumige, langlaufende Kredite teilweise und in jüngerer Vergangenheit sogar weit überwiegend ohne die Ausstellung eines Schuldscheins als Buchkredite. Trotzdem werden auch diese schuldscheinlosen Versicherungsdarlehen oft als Schuldscheindarlehen bezeichnet.

Schuldscheindarlehen als Bezeichnung für Versicherungsdarlehen

Schuldscheindarlehen werden selten direkt von der Versicherung an den Darlehensnehmer vergeben. Im Regelfall werden sie von Finanzmaklern, einzelnen Banken oder Bankenkonsortien vermittelt. Die Aufnahme des Darlehens kann in mehreren Schritten erfolgen. Als Tilgungsform wird meist eine Ratentilgung, oftmals in Verbindung mit anfänglichen tilgungsfreien Jahren, vereinbart. Kündigungsrechte des Darlehensnehmers werden nur in Ausnahmefällen vereinbart.

Weitere Besonderheiten von Versicherungsdarlehen resultieren vor allem aus aufsichtsrechtlichen Vorgaben für die Vermögensanlage der Versicherungen. Entsprechende Vorgaben

Aufsichtsrechtliche Vorgaben für Darlehen von Versicherungen

finden sich im Versicherungsaufsichtsgesetz (VAG), in der Anlageverordnung (AnlV) und in den Richtlinien der Bundesanstalt für Finanzdienstleistungsaufsicht (BaFin). Nach dem VAG müssen Versicherungen in Höhe ihrer Verpflichtungen gegenüber Versicherungsnehmern gesondertes Vermögen vorhalten. Dieses Sondervermögen heißt insgesamt gebundenes Vermögen und besteht vor allem aus dem sogenannten Sicherungsvermögen. Das gebundene Vermögen darf die Versicherung nur unter Einhaltung der in der AnlV niedergelegten Grundsätze anlegen. Da Lebensversicherungen und Pensionskassen den größten Teil ihres Vermögens im gebundenen Vermögen halten, vergeben sie Darlehen im Wesentlichen nur unter Beachtung der AnlV. Den dort niedergelegten Grundsätzen entsprechen Darlehen an Unternehmen vor allem dann, wenn sie mit erstrangigen Grundpfandrechten bei enger Beschränkung des maximalen Erstrangrahmens besichert sind, von der Versicherung einseitig gekündigt werden können und bestimmte Prozentsätze des gesamten gebundenen Vermögens nicht überschreiten.

Kosten eines Schuldscheindarlehens

Die Kosten eines Schuldscheindarlehens setzen sich zusammen aus
- dem Nominalzinssatz, der bei Darlehen, die der AnlV entsprechen, üblicherweise 0,25 %- bis 0,5 %-Punkte höher als der Zinssatz von ansonsten vergleichbaren Anleihen ausfällt, was vor allem daran liegt, dass Schuldscheindarlehen weniger fungibel sind, da sie großgestückelt und nicht zum Börsenhandel eingeführt sind; bei Darlehen, die nicht der AnlV entsprechen, kann der Zinssatz deutlich höher ausfallen, und
- einmaligen Kosten für die Darlehensaufnahme (etwa ½–2 % des Darlehensbetrages für die Bestellung der Sicherheiten und eine ggf. in Anspruch genommene Vermittlung).

Schuldscheindarlehen als Alternative zur Emission von Anleihen

Da die Einmalkosten einer Anleiheemission (vgl. dazu weiter unten) i. d. R. höher sind und Schuldscheindarlehen im Unterschied zu Anleihen nahezu keine laufenden Nebenkosten verursachen, kann die Aufnahme eines Schuldscheindarlehens in vielen Situationen trotz des höheren Nominalzinssatzes für den Kreditnehmer insgesamt trotzdem günstiger als die Ausgabe von Anleihen sein. Deshalb wird dieses Instrument häufig auch von Unternehmen genutzt, die grundsätzlich über die Alternative einer Emission von Anleihen verfügen.

Gesellschafterdarlehen als Sonderform des Privatdarlehens

d) Gesellschafterdarlehen

Allgemein bezeichnet man längerfristige Darlehen von Privatpersonen als Privatdarlehen. Besondere Bedeutung haben dabei Gesellschafterdarlehen, also Darlehen von Gesellschaftern an ihre eigene Gesellschaft. In Betracht kommen Gesellschafterdarlehen insbesondere für Kapitalgesellschaften, da zwischen vollhaftenden Gesellschaftern von Personengesellschaften und den Personengesellschaften selbst keine rechtlich wirksamen Darlehensverträge geschlossen werden können. Vergibt ein Gesellschafter an seine Kapitalgesellschaft ein Darlehen, unterscheidet sich dieses Darlehen zunächst einmal rechtlich nicht von den Darlehen anderer Kreditgeber. Insbesondere kann es (außerhalb der Insolvenz) zurückgefordert werden, unterliegt es keinen gesetzlichen Einlage- und Ausschüttungsregeln und wird es auch steuerlich wie andere Darlehen behandelt. Daraus können Vorteile eines Gesellschafterdarlehens im Vergleich zur Zuführung weiterer Einlagen resultieren.

Mit der Vergabe eines Gesellschafterdarlehens nimmt der Darlehensgeber aber zugleich eine Mischposition zwischen Eigen- und Fremdfinancier ein; neben seiner bisherigen Position als Gesellschafter nimmt er nun auch die Position eines Gläubigers ein. Diese mit Gesellschafterdarlehen verbundene Mischposition wird einerseits als Ursache für weitere Vorteile von Gesellschafterdarlehen – diesmal vor allem im Vergleich zu Kreditalternativen – gesehen. Sie wird andererseits als Ursache für verschiedene Probleme gesehen.

Gesellschafter in Doppelfunktion als Eigen- und Fremdfinancier

Vorteile im Vergleich zu anderen Krediten soll ein Gesellschafterdarlehen vor allem bieten, weil es

Vorteile aus Gesellschaftersicht

- zu günstigeren Konditionen als andere Kredite aufgenommen werden kann, da zwischen Gesellschaftern und Gesellschaft meist weniger Asymmetrien bestehen und daher weniger Qualitäts- und Verhaltensprobleme (vgl. dazu das Kapitel Finanzierungsrisiken) zu überwinden sind als zwischen der Gesellschaft und Dritten; z. B. sind Gesellschafter von vornherein besser als andere Kreditgeber über die Verhältnisse der Gesellschaft informiert,
- unter Umständen auch noch in Situationen vergeben wird, in denen andere Financiers überhaupt nicht mehr zur Kreditvergabe bereit sind, oder es
- in der Gestaltung des Zahlungsplans flexibler an die Bedürfnisse der Unternehmung angepasst werden kann.

Vorteile im Vergleich zu einer Eigenfinanzierung soll ein Gesellschafterdarlehen vor allem bieten, weil es
- flexibler, kurzfristiger und zu geringeren Transaktionskosten aufgenommen werden kann, da kein Beschluss der Gesellschafterversammlung, keine Änderung des Gesellschaftsvertrages und somit auch keine notarielle

Beurkundung, keine Eintragung ins Handelsregister etc. erforderlich ist,
- vergleichsweise einfach wieder zurückgeführt werden kann, da für die Tilgung von Darlehen anders als für die Rückgewährung von Einlagen keine vergleichbare gesetzliche Sperre besteht, und es
- die für die Stimmrechtsverteilung und die Gewinnverteilung maßgeblichen Verhältnisse unverändert lässt.

Nachteile aus Sicht anderer Gläubiger

Andererseits wird die mit einem Gesellschafterdarlehen entstehende Mischposition kritisch betrachtet. Insbesondere wird aus der Sicht anderer Gläubiger die Gefahr gesehen, dass
- Gesellschafter, wenn sie statt der Zuführung weiterer Einlagen Gesellschafterdarlehen vergeben können, die Möglichkeit besitzen, die im Unternehmen bestehenden Risiken durch die Erhöhung des Verschuldungsgrades in inakzeptablem Maße auf externe Gläubiger zu verlagern, und
- Gesellschafter ihren Informationsvorsprung gegenüber anderen Kreditgebern dazu nutzen können, die Gesellschafterdarlehen im Vorfeld einer sich abzeichnenden Insolvenz zu tilgen und damit die eigene Position zu Lasten der externen Gläubiger zu verbessern.

Anfechtungsrechte des Insolvenzverwalters

Der zweite als Nachteil genannte Aspekt wird im Schrifttum weitgehend einheitlich als problematisch anerkannt. Ihn begrenzt der Gesetzgeber durch die in der Insolvenzordnung (InsO) vorgesehenen Anfechtungsrechte. Anfechtungsrechte sollen es dem Insolvenzverwalter ermöglichen, Vermögensverschiebungen rückgängig zu machen, die nach, aber auch schon vor Stellung des Insolvenzantrags gezielt zum Schaden schlechter informierter Gläubiger ergriffen wurden. Im Hinblick auf Gesellschafterdarlehen hat der Insolvenzverwalter gemäß § 135 InsO das Recht, die Besicherung von Gesellschafterdarlehen nach oder in den letzten zehn Jahren vor und die Tilgung von Gesellschafterdarlehen nach oder im letzten Jahr vor dem Insolvenzantrag anzufechten.

rechtliche Schutzmaßnahmen gegen Risikoverlagerungen

Ob und inwieweit der erste als Nachteil genannte Aspekte ein Problem von Gesellschafterdarlehen darstellt, ist deutlich umstrittener. Gesetzgeber und Rechtsprechung haben sich zwar veranlasst gesehen, auch wegen dieses (vermeintlichen) Problems Maßnahmen zum Schutz anderer Gläubiger zu ergreifen. Sowohl die grundsätzliche Sinnhaftigkeit, als auch die sachgerechte Ausgestaltung entsprechender Schutzregeln hängt aber stark von den konkret betrachteten Situationen und Handlungsalternativen ab. Sie kann nicht abschließend und vor allem nicht eindeutig beurteilt werden. Dementsprechend kann es auch kaum überraschen, dass die von Gesetzgeber und Rechtsprechung zu diesem Aspekt vorgesehenen Schutzmaßnahmen in den vergangenen 40 Jahren mehrmals verändert wurden. Aktuell soll der Gefahr einer gezielten Risikoverlagerung durch die Vergabe von Gesellschafterdarlehen durch die Regelung des § 39 InsO begegnet werden. Danach können Gesellschafterdarlehen in der Insolvenz, unabhängig von der vertraglichen Vereinbarung, nur als nachrangige Forderungen geltend gemacht werden – und zwar erst nach vollständiger Bedienung aller normalen Insolvenzforderungen und nach vollständiger Bedienung aller anderen aufgrund von Gesetz nachrangigen Insolvenzforderungen. Diese Diskriminierung von Gesellschafterdarlehen in der Insolvenz bleibt allerdings auf Darlehen von Gesellschaftern beschränkt, die die Geschäfte der Gesellschaft führen oder mehr als 10 % ihrer Anteile halten.

e) Stille Gesellschaft
Die in §§ 230–236 HGB geregelte stille Gesellschaft ist, anders als es ihre Bezeichnung und viele Beschreibungen nahelegen, keine eigenständige Rechtsform, in der eine Unternehmung geführt werden kann. Sie schafft lediglich spezielle Möglichkeiten, wie sich natürliche Personen oder Unternehmen als Financier in der in einer bereits bestehenden und in bestimmter Rechtsform geführten Unternehmung engagieren können – und zwar gerade, ohne Gesellschafter dieser Unternehmung zu werden. Die stille Gesellschaft wird zwischen dem stillen Gesellschafter (Stiller) und den Inhabern des Unternehmens im „Innenverhältnis" geschlossen. Sie wird nicht in der Firmenbezeichnung kenntlich gemacht, kann nicht in das Handelsregister eingetragen werden und ist nicht gesondert aus der Bilanz des Unternehmens zu erkennen.

stille Gesellschaft ist keine eigenständige Rechtsform

Im Detail bietet die stille Gesellschaft sehr unterschiedliche Gestaltungsmöglichkeiten. Den verschiedenen Ausgestaltungen gemeinsam sind vor allem folgende Eigenschaften:

gemeinsame Ausgestaltungsmerkmale aller Varianten stiller Gesellschaften

- Der Stille überträgt, genau wie bei einer Darlehensvergabe, Vermögensgegenstände, die mit ihrer Übertragung in das alleinige Eigentum der Unternehmung bzw. ihrer Gesellschafter übergehen. Es entsteht kein Gesamthandvermögen, an dem der Stille beteiligt ist. Er erwirbt lediglich schuldrechtliche Ansprüche.
- Der Stille ist während der Kontraktlaufzeit zwingend am Gewinn der Unternehmung beteiligt. Die genaue Form der Gewinnbeteiligung bleibt der Vereinbarung der Vertragspartner überlassen.

- Am Ende der Kontraktlaufzeit hat der Stille einen schuldrechtlichen Rückzahlungsanspruch, dessen Höhe sich nach den vertraglichen Regelungen richtet.
- Er hat, ohne besondere Vereinbarungen, keinen Einfluss auf die laufende Geschäftstätigkeit.
- Er erhält den Jahresabschluss und Einblick in die Bücher und Papiere der Unternehmung, soweit dies erforderlich ist, um die Richtigkeit des Jahresabschlusses zu prüfen.
- Er kann, ohne besondere Vereinbarungen, ausstehende Zahlungsansprüche im Insolvenzverfahren als normale Insolvenzforderung geltend machen.

bilanzieller Ausweis als sonstige Verbindlichkeit

Da der Stille in der Insolvenz Forderungen anmelden kann, stellt seine Überlassung finanzieller Mittel an das Unternehmen nach unserer Systematik im Regelfall keine Eigen-, sondern Fremdfinanzierung dar. Das hatten wir im Kapitel Grundlagen der Finanzierung in der Übungsaufgabe 5 für einen speziellen Fall der stillen Gesellschaft bereits verdeutlicht. Auch bilanziell schlägt sich die Mittelüberlassung im Regelfall, auch wenn gelegentlich anderes zu lesen ist, nicht in einer Erhöhung des Eigenkapitals, sondern in der Passivposition „sonstige Verbindlichkeiten" nieder. Nur für sehr extrem in Richtung Eigenfinanzierung ausgestaltete Formen der stillen Gesellschaft kommt eine Bilanzierung im Eigenkapital in Betracht. Dementsprechend ist die weitverbreitete Bezeichnung der Mittelüberlassung durch einen Stillen als „Einlage" mindestens fragwürdig.

Gestaltungsvarianten

Gestaltungsvarianten bietet die stille Gesellschaft vor allem im Hinblick auf zwei Merkmale. Der Stille kann, wie im gesetzlichen Normalfall, an Gewinn und Verlust beteiligt sein. Seine Beteiligung am Verlust des Unternehmens kann aber auch ausgeschlossen werden. Sein Rückzahlungsanspruch am Kontraktende kann sich entweder auf einen bestimmten Nominalbetrag beziehen (typische stille Gesellschaft) oder auf eine bestimmte Quote des Unternehmensnettovermögens (atypische stille Gesellschaft) richten. Durch die Überlagerung bei-

	typische stille Gesellschaft	atypische stille Gesellschaft
Beteiligung auch an Verlusten	typische stille Gesellschaft mit Verlustbeteiligung	atypische stille Gesellschaft mit Verlustbeteiligung
Beteiligung nur an Gewinnen	typische stille Gesellschaft ohne Verlustbeteiligung	atypische stille Gesellschaft ohne Verlustbeteiligung

◘ Abb. 5.2 Grundtypen einer stillen Gesellschaft

der Merkmale mit jeweils zwei idealtypischen Merkmalsausprägungen bestehen im Wesentlichen vier Grundtypen einer stillen Gesellschaft, wie sie ◘ Abb. 5.2 verdeutlicht.

Ansprüche während der Kontraktlaufzeit

Ist der Stille nur an Gewinnen beteiligt, werden ihm in Jahren mit einem Jahresüberschuss Gewinnanteile zugeschrieben und bleibt sein „Guthaben" in Verlustjahren unverändert. Das hat insbesondere die Konsequenz, dass der Stille in anschließenden Gewinnjahren sofort wieder Ansprüche auf die Auszahlung von Gewinnanteilen erwirbt, ohne erst alte Verlustanteile ausgleichen zu müssen.

Bei einer Beteiligung auch an Verlusten führen Jahresfehlbeträge zu einer Verminderung seines „Guthabens" um seine Verlustanteile. Damit reduziert sich nicht nur sein aktueller schuldrechtlicher Forderungsbetrag, sondern er muss die Verlustanteile auch zunächst durch nachfolgende Gewinnanteile ausgleichen, bevor er wieder Ansprüche auf die Auszahlung von Gewinnanteilen erwirbt.

Ansprüche am Ende der Kontraktlaufzeit

Hat der Stille bei Beendigung seines Engagements einen Nominalanspruch, steht ihm eine Forderung in Höhe seines dann bestehenden „Guthabens" zu. Der Forderungsbetrag ergibt sich dann – für den Fall, dass nur eine Beteiligung an Gewinnen vereinbart wurde – wie in ◘ Abb. 5.3 dargestellt.

Ist auch eine Verlustbeteiligung vorgesehen, vermindert sich sein Rückzahlungsanspruch um die ihm in der Vergangenheit bereits zugerechneten und die ihm aus der Abwicklung schwebender Geschäfte möglicherweise noch zuzurechnenden Verlustanteile. Im schlechtesten Fall kann sich sein Rückzahlungsanspruch dadurch auf null reduzieren.

Beteiligung des atypischen Stillen an den „stillen Reserven"

Hat der Stille bei Beendigung seines Engagements einen quotalen Anspruch am Reinvermögen des Unternehmens, dann wird am Kontraktende der gesamte Wert des Unternehmens nach Abzug aller Schulden ermittelt und hat der Stille einen Zahlungsanspruch in Höhe des vereinbarten Anteils an diesem Unternehmenswert. Da aufgrund des in der Handelsbilanz zu beachtenden Vorsichtsprinzips der so ermittelte Unternehmenswert i. d. R. höher ausfällt als das bilanziell ausgewiesene Reinvermögen zuzüglich dem um Gewinn- und Verlustanteile fortgeschriebenen „Guthaben" des Stillen, spricht

	erbrachte „Einlage"
+	nicht entnommene Gewinnanteile
+	anteiliger Gewinn aus „schwebenden" Geschäften
=	Rückzahlungsanspruch des Stillen (typisch, ohne Verlustbeteiligung)

◘ **Abb. 5.3** Rückzahlungsanspruch des typischen Stillen, ohne Verlustbeteiligung

man in diesem Fall häufig davon, dass der atypische Stille auch an den „stillen Reserven" des Unternehmens, die durch die Unternehmensbewertung aufgedeckt werden, beteiligt ist.

uneinheitliche Definition einer „atypischen" stillen Gesellschaft

Die vier ausgeführten Typen der stillen Gesellschaft bilden nur die wichtigsten Grundtypen dieser Finanzierungsform ab. Daneben sind auch in anderen Vertragsmerkmalen Varianten möglich. Z. B. können dem Stillen vertraglich auch mehr Mitwirkungs- und Kontrollrechte zugestanden werden, als dies im gesetzlichen Normalfall vorgesehen ist. Oder die Rechtsposition in der Insolvenz kann durch eine vertragliche Vereinbarung, nach der der Stille seine Forderung nur nachrangig geltend machen kann, dichter an die Position der Eigenfinanciers gerückt werden. Häufig wird auch bei solchen vertraglichen Variationen der gesetzlichen Grundfigur von einer atypischen stillen Gesellschaft gesprochen. Wenn eine stille Gesellschaft als atypisch bezeichnet wird, muss damit also nicht zwangsläufig, wie hier unterstellt, eine quotale Beteiligung am Unternehmensvermögen am Kontraktende gemeint sein.

f) Leasing

Abgrenzung vom Mietvertrag

Als Leasing werden sehr unterschiedliche Vertragsformen bezeichnet, die so heterogen sind, dass eine klare Definition des Begriffs Leasing kaum möglich ist. Gemeinsam ist allen als Leasing bezeichneten Verträgen immerhin, dass sich darin der Eigentümer eines Gebrauchsguts, der Leasinggeber, verpflichtet, dieses dem Leasingnehmer gegen Zahlung periodisch zu erbringender Leasingraten für eine begrenzte Dauer zur Nutzung zu überlassen. In ihrem Kern enthalten Leasingverträge also Elemente eines Mietvertrages. Dabei ist keine klare Grenze zwischen einem reinen Mietvertrag und einem Leasingvertrag zu erkennen. Als Leasing bezeichneten Verträgen ist aber wohl auch gemeinsam, dass sie Regelungen enthalten, die über eine reine Gebrauchsüberlassung hinausgehen, die für reine Mietverträge also eher untypisch sind.

idealtypische Ausgestaltungsformen von Leasingverträgen

Gerade im Hinblick auf die ergänzenden Vertragsklauseln existieren extrem unterschiedliche Gestaltungen, die sich kaum in ihrer gesamten Vielfalt skizzieren lassen. Wir beschränken uns daher auf die Darstellung zweier idealtypischer Ausgestaltungen eines Leasingvertrages, einen idealtypisch ausgestalteten Vertrag des Operate-Leasing und einen idealtypisch ausgestalteten Vertrag des Finanzierungs-Leasing. Diese idealtypischen Vertragsgestaltungen markieren die Ränder des Kontinuums möglicher Gestaltungen. Praktisch existieren dazwischen zahlreiche Mischformen. Zudem besteht mit dem Sale and Lease Back eine spezielle Ausgestaltung, auf die wir an dieser Stelle nicht eingehen.

5.2 · Ausgewählte Fremdfinanzierungskontrakte

Verträge des Operate-Leasing weisen idealtypisch folgende Merkmale auf:

- Die Verträge werden entweder für unbestimmte Dauer mit einem kurzfristigen Kündigungsrecht beider Vertragspartner geschlossen oder für eine feste Dauer, die deutlich kürzer ist als die betriebsgewöhnliche Nutzungsdauer des Leasingobjektes, wie sie etwa den AfA-Tabellen der Finanzverwaltung zu entnehmen ist. So oder so kann der Leasinggeber bei einem Operate-Leasing also nicht davon ausgehen, dass ein einziger Leasingvertrag schon ausreicht, das Leasingobjekt zu „amortisieren", d. h. dass bereits die Zahlungen dieses einen Leasingnehmers ausreichen, die Anschaffungs- oder Herstellungskosten, die Zinskosten und die anteiligen laufenden Verwaltungskosten des Leasinggebers zu decken. Von einer Amortisation kann der Leasinggeber erst beim Abschluss von Anschlussverträgen oder dem anschließenden Verkauf des Leasingobjektes zu einem hinreichend hohen Liquidationserlös ausgehen.
- Eigentümertypische Objektrisiken wie die Gefahr des zufälligen Untergangs, des Diebstahls, technischer Defekte etc. verbleiben wie bei reinen Mietverträgen beim Leasinggeber.

Wegen dieser Merkmale des Operate-Leasing überlässt der Leasinggeber dem Leasingnehmer das Objekt meist nur in Verbindung mit einem Vertrag über laufende Service- und Wartungsleistungen zum Gebrauch.

Verträge des Finanzierungs-Leasing weisen idealtypisch folgende Merkmale auf:

- Die Verträge sind für eine längere Zeitdauer für beide Seiten unkündbar. Meist umfasst diese sogenannte Grundmietzeit 60 bis 80 % der betriebsgewöhnlichen Nutzungsdauer.
- Die Verträge sind so ausgestaltet, dass der Leasinggeber die Anschaffungs- oder Herstellungskosten des Objektes, die Zinskosten und die laufenden Verwaltungskosten schon durch die Zahlungen dieses einen Leasingnehmers, also durch dessen laufende Leasingraten und etwaige Zahlungen bei Beginn und/oder Beendigung des Leasingvertrages vollständig decken kann. Dies gilt sowohl für Voll- als auch für Teilamortisationsverträge, auf deren Unterschiede wir gleich noch zu sprechen kommen.
- Eigentümertypische Objektrisiken werden für die Dauer des Leasingvertrages entweder unmittelbar oder

Operate-Leasing

Finanzierungs-Leasing

zumindest in ihren monetären Konsequenzen auf den Leasingnehmer übertragen. Dieser verpflichtet sich z. B., das Objekt zu versichern oder eventuell auftretende Defekte zu beheben.

Auch beim Finanzierungs-Leasing bietet der Leasinggeber oft ergänzend Service- und Wartungsverträge an. Ihr Abschluss ist dem Leasingnehmer beim Finanzierungs-Leasing i. d. R. aber, anders als beim Operate-Leasing, freigestellt.

Voll- und Teilamortisationsverträge

Für das Finanzierungs-Leasing haben sich mit den Voll- und Teilamortisationsverträgen zwei grundlegende Vertragsvarianten entwickelt. Bei Vollamortisationsverträgen führen allein schon die für die Grundmietzeit fest vereinbarten Zahlungen, die sich aus einer etwaigen Anfangszahlung, den laufenden Leasingraten und einer etwaigen, unbedingt zu leistenden Abschlusszahlung zusammensetzen, zu einer vollen Amortisation des Leasingobjektes. Die Zahlungen während der Grundmietzeit decken also sowohl die Anschaffungs- oder Herstellungskosten als auch die laufenden Zins- und Verwaltungskosten des Leasinggebers. Bei Teilamortisationsverträgen decken demgegenüber allein die für die Grundmietzeit fest vereinbarten Zahlungen die genannten Kosten noch nicht voll ab. Vollständige Amortisation wird aber trotzdem ebenfalls erreicht. Dazu werden bei Teilamortisationsverträgen entsprechende zusätzliche Vereinbarungen über die weitere Verwendung des Leasingobjektes nach Ablauf der Grundmietzeit so getroffen, dass dadurch die Amortisation erreicht wird. Z. B. kann für das Vertragsende das Recht des Leasinggebers vereinbart werden, dem Leasingnehmer das Objekt zu einem Preis anzudienen, der die vollständige Amortisation des Leasingobjektes gewährleistet. Da der Leasinggeber dieses Andienungsrecht nicht in Anspruch nehmen muss, sondern dass Objekt alternativ auch anderweitig weitervermieten oder verkaufen kann, erfolgt faktisch die Amortisation zwar nicht zwingend allein durch Zahlungen dieses einen Leasingnehmers, sie kann aber bereits durch einen einzigen Leasingvertrag sichergestellt werden. Insofern ist die Bezeichnung Teilamortisationsverträge etwas irreführend.

steueroptimale Gestaltung von Finanzierungs-Leasing-Verträgen

Damit wird schon deutlich, dass für die Einordnung und Beurteilung von Leasingverträgen auch von Bedeutung ist, welche Regelungen für die Zeit nach Ablauf der Grundmietzeit vorgesehen sind. Grundsätzlich sind in diesem Punkt beliebige Vereinbarungen denkbar. Meist ist aber beabsichtigt, die Verträge so zu gestalten, dass der Leasinggeber im steuerlichen Sinne während der Leasingdauer wirtschaftlicher Eigentümer des Leasingobjektes bleibt. Um dies sicherzustellen, werden die meisten Leasingverträge so abgeschlossen, dass sie einem der

5.2 • Ausgewählte Fremdfinanzierungskontrakte

sechs durch die Leasingerlasse des Bundesministeriums für Finanzen geprägten Modelle entsprechen.

In Anlehnung an diese Modelle findet man bei Vollamortisationsverträgen für das Ende der Grundmietzeit vor allem folgende Varianten:

- Das Objekt wird an den Leasinggeber zurückgegeben und kann von diesem beliebig verwertet werden (Rückgabe).
- Der Leasingnehmer kann das Objekt zu einem festgelegten Preis kaufen, muss es aber nicht (Kaufoption).
- der Leasingnehmer kann das Objekt zu einer festgelegten (niedrigeren) Anschlussmiete weiter mieten, muss es aber nicht (Mietverlängerungsoption).

Varianten von Vollamortisationsverträgen

Bei Teilamortisationsverträgen findet man demgegenüber vor allem folgende Varianten, durch die letztlich jeweils die (volle) Amortisation erreicht wird:

- Der Leasinggeber hat das Wahlrecht, das Leasingobjekt nach eigenem Gutdünken anderweitig zu verwenden oder es dem Leasingnehmer zu einem bereits bei Vertragsabschluss festgelegten Preis zu verkaufen. Dabei wird dieser sogenannte Andienungspreis so festgelegt, dass er gerade den noch nicht amortisierten Teil der Kosten des Leasinggebers abdeckt (Andienungsrecht).
- Das Leasingobjekt wird am Ende der Vertragslaufzeit veräußert. Bis zur Höhe eines vertraglich vereinbarten kalkulatorischen Restwertes steht der Verkaufserlös dem Leasinggeber zu. An Mehrerlösen wird der Leasingnehmer zu einem bestimmten Prozentsatz (oft 75 %) beteiligt. Mindererlöse muss der Leasingnehmer dem Leasinggeber in voller Höhe ausgleichen. Der kalkulatorische Restwert wird so festgelegt, dass er gerade dem noch nicht amortisierten Betrag entspricht (Verträge mit Mehrerlösbeteiligung).
- Der Leasingvertrag wird auf unbestimmte Zeit geschlossen und kann nach Ablauf der für beide Seiten unkündbaren Grundmietzeit vom Leasingnehmer jederzeit gekündigt werden. Bei Kündigung wird eine Abschlusszahlung in Höhe der bis dahin noch nicht durch Leasingraten gedeckten Kosten des Leasinggebers fällig. Dabei werden 90 % des vom Leasinggeber erzielten Verkaufserlöses auf die Abschlusszahlung angerechnet (kündbare Leasingverträge).

Varianten von Teilamortisationsverträgen

5.2.3.2 Emissionsfinanzierung

a) Klassische Anleihen

wertpapiermäßig verbriefte, langlaufende schuldrechtliche Ansprüche

Anleihen, die auch Schuldverschreibungen oder Obligationen genannt werden, sind langlaufende schuldrechtliche Ansprüche gegen ihren Emittenten, die in Form klein zerstückelter, identisch ausgestatteter und wertpapiermäßig verbriefter Teilansprüche einem anonymen Anlegerpublikum zum Kauf angeboten werden. Anleihen, deren Emittenten zwar private Unternehmen, aber keine Banken oder Versicherungen sind, werden Industrieanleihen genannt – auch, wenn es sich um Handels- oder Dienstleistungsunternehmen handelt. Industrieanleihen werden nicht zwingend, aber meistens, mit Hilfe einer Bank emittiert und nach ihrer Emission zum Handel an einer Börse eingeführt. Die Möglichkeit einer Anleiheemission ist, anders als die einer Aktienemission, de jure nicht auf Unternehmen einer bestimmten Rechtsform beschränkt. Faktisch werden Anleihen aber trotzdem nur selten von Unternehmen anderer Rechtsform als der einer Aktiengesellschaft emittiert. Das liegt vor allem an den hohen Bonitätsanforderungen, die Anleger an die Emittenten von Anleihen stellen, und an den großen Emissionsvolumina, die erforderlich sind, damit Anleihen ihre Vorteile gegenüber Finanzierungsalternativen entfalten können.

Ursprungsform: erfolgsunabhängige Zins- und Tilgungsansprüche

In ihrer klassischen Ursprungsform verbriefen Anleihen ausschließlich Gläubigeransprüche in Form von Zins- und Tilgungsansprüchen, deren Höhe unabhängig von den Erfolgen und Misserfolgen des emittierenden Unternehmens ist. Wir gehen in diesem Abschnitt a) zunächst nur auf diese klassische Ursprungsform ein. Schon sie bietet so viele theoretisch mögliche und in jüngerer Vergangenheit zunehmend auch praktisch genutzte Gestaltungsalternativen, dass wir uns auf die Darstellung wesentlicher Grundtypen der Ursprungsform beschränken. Auf wichtige Varianten der Anleihe, die schuldrechtliche Ansprüche mit Elementen verknüpfen, wie sie für Eigenfinanzierungstitel typisch sind, gehen wir im Anschluss gesondert in Abschnitt b) ein.

klassische Industrieanleihe

Typisch für eine Industrieanleihe der klassischen Ursprungsform sind etwa folgende Ausstattungsmerkmale:

- Die Laufzeit beträgt zwischen 5 und 20 Jahren.
- Die Emission erfolgt in einem Zug zu pari oder mit einem Disagio.
- Die Tilgung erfolgt gesamtfällig am Laufzeitende oder als Raten- oder Annuitätentilgung, dann aber erst nach mindestens fünf anfänglichen tilgungsfreien Jahren.
- Eine vorzeitige Tilgung ist seitens des Schuldners durch eine ordentliche Kündigung nach Ablauf mehrerer kündigungsfreier Jahre und/oder durch den freihändigen Rückkauf von Anleihestücken möglich. Die Gläubiger

haben hingegen keine Rechte, vorzeitige Tilgung zu fordern.
- Zinszahlungen erfolgen in Höhe eines über die gesamte Laufzeit konstanten Nominalzinssatzes in regelmäßigen Abständen, meist im Jahresrhythmus.
- Emission, Zinszahlung und Tilgung erfolgen in derselben Währung.
- Die Forderungen der Gläubiger werden durch Grundpfandrechte, Bürgschaften bzw. Garantien anderer Unternehmen, oft der Konzernmutter, und/oder umfangreiche Wohlverhaltensklauseln besichert.

Da Anleihen solcher Ausstattung mit einem numerisch planbaren und wegen der jährlich gleichen Zinszahlungen zumindest ansatzweise kontinuierlichen Zahlungsstrom verbunden sind, werden sie auch als Rentenpapiere bezeichnet. In Anknüpfung an diese Bezeichnung wird das Segment der Börse, an dem Anleihen, aber auch andere als Wertpapiere verbriefte Gläubigeransprüche gehandelt werden, insgesamt als Rentenmarkt bezeichnet – selbst dann, wenn dort auch Wertpapiere gehandelt werden, die zwar Gläubigeransprüche verbriefen, aber alles andere als einen kontinuierlichen Zahlungsstrom erwarten lassen.

Rentenpapiere und Rentenmarkt

Die Emission einer Anleihe verursacht für den Emittenten Einmalkosten im Zusammenhang mit der Ausgabe der Anleihestücke und jährlich wiederkehrende laufende Kosten:

einmalige und laufende Kosten bei Anleiheemissionen

- Einmalige Kosten fallen insbesondere für das Bankenkonsortium an, das bei der Platzierung der Anleihe behilflich ist. Zu bezahlen sind vor allem die Planungs- und Beratungsleistungen und die Bemühungen um die Suche nach kaufwilligen Anlegern. Soweit das Konsortium für den Fall einer unzureichenden Nachfrage seitens der Anleger selbst die Übernahme der Anleihestücke zusagt, ist zudem eine Provision für die Übernahmegarantie zu leisten. Daneben fallen Kosten für das Rating durch Ratinggesellschaften, die Börsenzulassung und -einführung, die Bestellung der Sicherheiten, den Druck der Urkunden etc. an. Für die gesamten einmaligen Kosten einer Anleiheemission werden überschlägig 5 % ihres Nominalbetrages angesetzt.
- Laufende Kosten verursacht eine Anleihe vor allem durch die Zinszahlungen. Zudem fallen kleinere laufende Nebenkosten an, z. B. für die Auszahlung der Zinsen durch die Banken oder für das Entgelt des Treuhänders, der die Interessen der Gläubiger gegenüber der Emittentin vertritt. Für die laufenden Nebenkosten werden überschlägig 0,3 % p. a. des Nominalbetrages angesetzt.

Variationen der klassischen Anleihe

Anleihen, die sich noch immer im Rahmen des klassischen Typs bewegen, da sie keine Elemente der Eigenfinanzierung enthalten, die aber schon nicht mehr dem vorstehend skizzierten Idealtypus entsprechen, variieren im Hinblick auf die Rückzahlungsregeln, die Zinszahlung oder die Stellung in der Insolvenz von diesem Idealtypus. Zum Teil werden solche Anleihen unter eigenen Bezeichnungen geführt. Wir führen hier nur einige besonders prominente Varianten an:

- Anleihen mit Auslosung: Sie sehen eine Tilgung der gesamten Anleihe in Form der Raten- oder Annuitätentilgung vor. Es wird aber nicht jedes einzelne Anleihestück in Form von Raten- oder Annuitätenzahlungen getilgt, sondern nur die Anleihe insgesamt. Dazu wird die gesamte Anleihe in Serien zerlegt und zu jedem Tilgungstermin werden durch Auslosung gerade so viele Anleihestücke zur Tilgung bestimmt, wie erforderlich sind, damit sich aus Sicht des Emittenten eine Raten- oder Annuitätentilgung ergibt. Das einzelne Anleihestück wird im Falle seiner Auslosung dann aber vollständig getilgt. Aus Sicht der Anleihegläubiger ist der Tilgungszeitpunkt also unsicher.
- Indexanleihen: Bei ihnen ist der Tilgungsbetrag nicht numerisch fixiert, sondern hängt von der Entwicklung einer von der wirtschaftlichen Entwicklung des Schuldners zumindest nicht direkt abhängigen, exogenen Größe ab, z. B. von der Entwicklung eines Aktienindexes. Von dieser Indexgröße kann der Betrag der Tilgung in unterschiedlicher Weise positiv oder negativ abhängen. Häufig werden zwei Anleihetranchen emittiert, von denen eine positiv und die andere gerade umgekehrt in solcher Weise negativ von derselben Indexgröße abhängt, dass der Gesamttilgungsbetrag aus Sicht des Emittenten wieder unabhängig von der Entwicklung der Indexgröße ist. Dann ist der Tilgungsbetrag zwar aus Sicht des einzelnen Anleihegläubigers, nicht aber aus Sicht der Emittentin unsicher.
- Doppelwährungsanleihen: Bei ihnen erfolgen die Ausgabe und die Tilgung in fest vereinbarten, aber unterschiedlichen Währungen. Die Zinszahlungen können entweder in der Ausgabewährung oder in der Tilgungswährung vereinbart werden.
- Währungsoptionsanleihen: Bei ihnen kann der Gläubiger aus einem vorab vereinbarten Katalog wählen, in welcher Währung er die Tilgung wünscht.
- Null-Coupon-Anleihen oder Zero-Bonds: Bei ihnen erfolgt während der Laufzeit keine Zinszahlung; der Zinssatz ihres jährlich fälligen Zins-Coupons beträgt also

5.2 • Ausgewählte Fremdfinanzierungskontrakte

null. Die Verzinsung ergibt sich implizit aus der Differenz zwischen dem festen Rückzahlungsbetrag am Ende der Laufzeit und dem niedrigeren Emissionskurs.
- Staffelanleihen: Sie sehen von vornherein für jedes Jahr der Laufzeit einen numerisch fixierten Nominalzinssatz vor, dieser Zinssatz ist aber nicht für jedes Jahr identisch, sondern folgt einer vertraglich festgelegten Zinsstaffel. Dabei kommen nicht ausschließlich, aber vor allem Zinsstaffeln in Betracht, bei denen der Nominalzinssatz über die Laufzeit allmählich ansteigt oder die zunächst einen längeren Abschnitt ohne oder mit nur geringen Nominalzinssätzen und anschließend einen Abschnitt mit hohen Nominalzinssätzen haben. Staffelanleihen mit einer Zinsstaffel des letztgenannten Typs werden auch als Kombizinsanleihe bezeichnet.
- Variabel verzinsliche Anleihen, Floater oder Floating Rate Notes: Bei ihnen hängt die Höhe des Nominalzinssatzes von der Entwicklung einer Indexgröße ab. Dabei werden als Bezugsgröße vor allem Indizes verwendet, die wie die EURIBOR-, LIBOR- oder EONIA-Zinssätze das im kurzfristigen Bereich für Banken relevante Zinsniveau abbilden sollen. Solche Zinsvereinbarungen haben für Industrieanleihen deutscher Unternehmen mittlerweile erhebliche Bedeutung erlangt.
- Nachranganleihen: Bei ihnen verzichten die Gläubiger nicht nur auf Vorrangrechte in der Insolvenz, sondern vereinbaren mit ihrer Einwilligung in die Emissionsbedingungen sogar umgekehrt eine Nachrangklausel. Demnach können sie ihre Rückzahlungsansprüche in der Insolvenz erst geltend machen, nachdem alle anderen Gläubiger der Emittentin vollständig befriedigt worden sind. Für diesen Nachteil in der Insolvenzstellung lassen sich die Gläubiger i. d. R. durch eine deutlich höhere Verzinsung kompensieren.

b) Hybride Anleihen und Genussscheine

Die mit klassischen Anleihen verbundenen schuldrechtlichen Ansprüche lassen sich auf unterschiedliche Weise mit Elementen verknüpfen, die für Eigenfinanzierungstitel typisch sind. In Betracht kommen vor allem drei Wege:

Grundformen hybrider Emissionsfinanzierung

- Einzelne oder mehrere der fremdfinanzierungstypischen Merkmale der Anleihe werden durch Regeln ersetzt, die eher für Eigenfinanzierungstitel typisch sind. Diesen Ansatz verfolgen insbesondere Gewinnschuldverschreibungen und Genussscheine.
- Dem Anleiheinhaber wird die Möglichkeit eingeräumt, seine Gläubigerposition gegen eine Gesellschafterposi-

tion einzutauschen. Diesen Ansatz verfolgen Wandelanleihen.
— Dem Anleiheinhaber wird die Möglichkeit eingeräumt, neben seiner Gläubigerposition wahlweise zusätzlich eine Gesellschafterposition einzunehmen. Diesen Ansatz verfolgen Optionsanleihen.

Wir skizzieren nachfolgend nur die Grundzüge der angesprochenen Instrumente einer hybriden Emissionsfinanzierung. Weitere Gestaltungsmöglichkeiten, Gestaltungsdetails und Gestaltungsvarianten bleiben im Sinne einer einführenden Darstellung ebenso unbehandelt wie komplexere Bewertungsüberlegungen.

(1) Gewinnschuldverschreibungen

Variationen der Verzinsungsmodalitäten

Gewinnschuldverschreibungen, auch Income Bonds genannt, unterscheiden sich von klassischen Anleihen durch ihre Verzinsungsmodalitäten. Sie beinhalten einen Zinsanspruch, der von den Erfolgen des Schuldners abhängt. Die Abhängigkeit kann in unterschiedlicher Weise gestaltet werden. Möglich sind z. B. folgende Konstruktionen:
— Vertraglich wird ein fester Nominalzinssatz vereinbart. Die Zinszahlungen sind aber nur zu leisten, soweit der Schuldner in dem jeweiligen Jahr mindestens ein in den Emissionsbedingungen genauer zu definierendes bilanzielles Ergebnis erzielt. Für vereinbarte, aber nicht gezahlte Zinsen kann alternativ der definitive Ausfall oder, unter der Bedingung dann ausreichend hoher bilanzieller Ergebnisse, die Nachholung in späteren Jahren vereinbart werden.
— Es wird vertraglich ein Mindestzinssatz vereinbart, der unabhängig von der Gewinnsituation des Schuldners zu zahlen ist. Zusätzlich wird ein Zinsaufschlag vereinbart, der von einer Gewinngröße des Schuldners abhängt.
— Es wird ein von einer Gewinngröße des Schuldners abhängiger Zinsanspruch vereinbart, der im schlechtesten Fall null betragen kann und nach oben unbeschränkt ist.

Unterschiede zum Floater

Wie bei Floatern, als einer Variante der klassischen Anleihen, hängt die Höhe der Zinszahlungen also auch bei Gewinnschuldverschreibungen von der Entwicklung einer Referenzgröße ab. Im Unterschied zu Floatern spiegelt die Referenzgröße bei Gewinnschuldverschreibungen aber nicht exogene Entwicklungen, die weder Gläubiger noch Schuldner direkt beeinflussen können, sondern die Erfolge bzw. Misserfolge des Schuldners. Damit verlassen Gewinnschuldverschreibungen den Bereich der reinen Fremdfinanzierung und werden in diesem Merkmal der Eigenfinanzierung angenähert.

Ein für den Schuldner interessanter Aspekt von Gewinnschuldverschreibungen besteht darin, dass bei ihnen zwar Zinszahlungen ähnlich wie Ausschüttungen nur in Jahren mit hinreichend hohen Ergebnissen zu leisten sind, diese Zinszahlungen aber trotzdem die für Gewinnsteuern relevanten Bemessungsgrundlagen mindern können.

Als Gewinnschuldverschreibungen werden nur entsprechende Emissionen von Aktiengesellschaften bezeichnet. Will eine AG Gewinnschuldverschreibungen emittieren, ist dazu gemäß § 221 AktG ein Beschluss der Hauptversammlung erforderlich, der mindestens mit einer Mehrheit von drei Vierteln des vertretenen Grundkapitals zu fassen ist. Außerdem haben Aktionäre ein gesetzliches Bezugsrecht auf Gewinnschuldverschreibungen, das genau wie das Bezugsrecht auf junge Aktien nur durch Beschluss der Hauptversammlung ausgeschlossen werden kann.

Emissionsvoraussetzungen

Auch Unternehmen anderer Rechtsformen können Anleihen vergleichbarer Ausstattung emittieren. Diese würden dann aber wohl nicht Gewinnschuldverschreibung genannt, sondern unter die Genussscheine subsumiert.

(2) Genussscheine
Genussscheine sind als Wertpapiere verbriefte Genussrechte. Sie können von Unternehmen aller Rechtsformen ausgegeben werden. Sie werden zwar in § 221 AktG erwähnt, dort aber nicht definiert. Auch an anderer Stelle findet sich keine Legaldefinition. Daher bleibt die Ausfüllung dieses Begriffs weitgehend der Finanzierungs- und Börsenpraxis überlassen. Da der Begriff dort nicht konsistent ausgefüllt wird, bereitet schon seine Definition gewisse Schwierigkeiten. Überwiegend werden Finanzierungstitel aber wohl dann als Genussrechte bzw. Genussscheine bezeichnet, wenn sie folgende drei Eigenschaften haben:

Genussscheine als Restklasse hybrider Finanzierungstitel

- Dem Inhaber werden im Bereich der Zahlungsansprüche (auch) Rechte eingeräumt, die typisch für Eigenfinanciers sind.
- Dem Inhaber werden keine mitgliedschaftlichen Mitbestimmungsrechte eingeräumt. Ihr Anspruch bleibt insoweit schuldrechtlicher Natur.
- Die vereinbarte Rechtsposition verknüpft Merkmale der Eigen- und Fremdfinanzierung in anderer Weise als bei den unter speziellen Namen bekannten Standardformen (insbesondere Gewinnanleihen, Optionsanleihen und Wandelanleihen).

typische Gestaltungselemente

Unter der Bezeichnung Genussrechte subsumiert man also gewissermaßen die „restlichen" hybriden Finanzierungstitel. Daher ist eine erschöpfende Darstellung der Ausgestaltungsmöglichkeiten von Genussrechten und Genussscheinen nahezu unmöglich. Es lassen sich aber zumindest Gestaltungselemente skizzieren, die bei den unter dieser Bezeichnung geführten Titeln häufiger auftreten: - Meist wird eine Laufzeit von mehr als 5 Jahren vereinbart.

- Die laufenden Zahlungen während der Kontraktlaufzeit hängen fast immer von einer Erfolgsgröße des Schuldners ab. Dabei kann eine Zinsobergrenze oder ein erfolgsunabhängiger Mindestzins vorgesehen sein, was aber eher selten ist. Oft ist auch eine Verlustteilnahme vorgesehen. Bei einer Verlustteilnahme sind anteilige Verluste in Folgeperioden erst wieder durch Gewinnanteile auszugleichen, bevor laufende Zahlungen aufgrund von Gewinnen geleistet werden. Nicht durch Gewinne ausgeglichene Verlustanteile reduzieren die Rückzahlungsforderung. Verlustteilnahmen werden „in voller Höhe", d. h. bis zur vollständigen Aufzehrung des Rückzahlungsanspruchs, vereinbart.
- Als Gewinngröße, an der die laufenden Zahlungen anknüpfen, kommen neben den Größen Jahresüberschuss, Bilanzgewinn oder Dividende pro Aktie auch beliebige andere Erfolgsgrößen in Betracht. Dabei kann es sich um andere Jahresabschlussgrößen handeln, z. B. die Umsatzerlöse oder das Ergebnis der gewöhnlichen Geschäftstätigkeit. Dabei kann es sich aber auch um Größen handeln, die in dieser Form nicht im Jahresabschluss ausgewiesen werden. Z. B. erhielten die Aktionäre der NSU AG im Jahr 1969 für ihre Zustimmung zur Fusion mit der Auto Union zur NSU Auto Union AG Genussscheine, die ihnen einen Anspruch auf 70 % der Einnahmen aus Lizenzen über die Fertigung von Wankelmotoren einräumten.
- Für die Insolvenz des Schuldners wird oft eine Nachrangklausel vereinbart. Ihre Forderungen können die Inhaber von Genussscheinen dann erst nach der vollständigen Befriedigung aller normalen und aller gesetzlich nachrangigen Insolvenzforderungen geltend machen.

Emissionsvoraussetzungen

Analog zur Emission von Gewinnschuldverschreibungen ist auch für die Emission von Genussrechten, egal ob unverbrieft oder als Wertpapier verbriefte Genussscheine, durch eine Aktiengesellschaft gemäß § 221 AktG ein Beschluss der Hauptversammlung erforderlich und haben Aktionäre auch auf Genussrechte ein gesetzliches Bezugsrecht.

(3) Wandelanleihen

Wandelanleihen, auch Convertible Bonds oder Convertibles genannt, verbriefen im Hinblick auf Laufzeit, Zahlungsansprüche und Besicherung alle mit einer klassischen Anleihe verbundenen Gläubigeransprüche. In diesen Aspekten bieten sie auch dieselben Gestaltungsalternativen wie klassische Anleihen. Wandelanleihen räumen ihren Inhabern aber zusätzlich das Recht ein, Anleihen gegen Aktien der Emittentin (bzw. ihrer Konzernmutter) umzutauschen. Macht der Inhaber von diesem Umtauschrecht Gebrauch, erlischt sein Gläubigeranspruch und ist er nur noch Aktionär.

Daneben besteht auch die Möglichkeit, Wandelanleihen so auszugestalten, dass nicht der Inhaber der Wandelanleihe, sondern die Emittentin über die Ausübung des Wandlungsrechts entscheiden kann. Wir lassen solche Pflichtwandelanleihen im Weiteren allerdings außer Acht.

Das im Vergleich zu klassischen Anleihen zusätzliche Wandlungsrecht bedarf unterschiedlicher Regelungen. Festzulegen sind insbesondere

Regelungen zum Wandlungsrecht

- der Wandlungszeitraum, also die Zeiträume oder einzelnen Zeitpunkte, in oder zu denen der Anleiheinhaber von seinem Umtauschrecht Gebrauch machen kann,
- das Wandlungsverhältnis, also die in Nominalbeträgen oder Stücken ausgedrückte Zahl, wie viele Aktien er beim Umtausch seiner Anleihen erhält,
- die Zuzahlung, also den Betrag, den er je Aktie neben der Rückgabe der Anleihe zusätzlich an die Emittentin zahlen muss; Wandlungsverhältnis und Zuzahlung können für den gesamten Wandlungszeitraum konstant oder mit festen zeitlichen Entwicklungen vereinbart werden, und
- Verwässerungsschutzklauseln, die regeln, wie die Wandlungsbedingungen angepasst werden, wenn die Emittentin vor Ende des Wandlungszeitraums Kapitalerhöhungen oder (in diesem einführenden Lehrbuch nicht behandelte) Kapitalherabsetzungen durchführt.

Durch das Wandlungsrecht hängt die Bewertung einer Wandelanleihe nicht mehr allein vom Wert der Gläubigerposition, sondern auch vom Wert der möglicherweise durch Umtausch zu erlangenden Aktien ab. Da der Inhaber der Anleihe dieses Recht nicht ausüben muss, sind für die Bewertung von Wandelanleihen optionstheoretische Bewertungsansätze erforderlich. Vergleichsweise einfach ist diese Bewertung, wie das folgende Beispiel zeigt, ganz am Ende des Wandlungszeitraums; vor allem dann, wenn es mit dem Laufzeitende zusammenfällt.

Überlegungen zur Bewertung

Beispiel

Angenommen, wir befinden uns sowohl am Ende des Wandlungszeitraums als auch am Ende der Anleihelaufzeit. Ein Stück Wandelanleihe berechtige noch zu einer letzten Zinszahlung und einer Tilgungszahlung von zusammen 105 €. Entscheidet sich der Anleiheinhaber gegen die Wandlung, erzielt er also je Stück Anleihe eine Einzahlung von 105 €. Beim Umtausch berechtige ein Stück Wandelanleihe zum Bezug von jeweils zwei Aktien unter Zuzahlung von 50 € je Aktie. Dann hängt das vorteilhafte Verhalten des Inhabers von der Bewertung der Aktie ab.

Wird die Aktie an der Börse z. B. gerade zu einem Kurs von 90 € gehandelt, würde der Inhaber bei einem Umtausch seiner Anleihe zunächst 100 € an die Emittentin zahlen müssen und könnte durch den Verkauf der beiden bezogenen Aktien eine Einzahlung von 180 € erzielen. Netto würde er bei einem Umtausch also eine Einzahlung von 80 € erzielen. Da diese Einzahlung geringer als die ausstehende Zins- und Tilgungszahlung ist, würde er auf die Wandlung verzichten. Diese Verhaltensweise wäre für ihn bei allen Aktienkursen bis zu einem Kurs von 102,50 € (= 105/2 + 50) vorteilhaft.

Beträgt der Aktienkurs am Ende der Wandlungsfrist mehr als 102,50 €, z. B. 120 €, würde der Anleiheinhaber beim Verkauf von zwei bezogenen Aktien 240 € und daher durch die Wandlung netto eine Einzahlung von 140 € erzielen. Diese Einzahlung ist um 35 € höher als die ausstehenden Zins- und Tilgungszahlungen. Dann wäre die Ausübung des Wandlungsrechts für ihn also vorteilhaft.

Am gleichzeitigen Ende von Anleihelaufzeit und Umtauschfrist läuft die Bewertung der Wandelanleihe also etwas vereinfacht darauf hinaus, den höheren der mit den beiden Handlungsalternativen verbundenen, direkt realisierbaren Zahlungssalden zu bestimmen. Vor dem Ende der Umtauschfrist ist die Bewertung ungleich schwieriger, da dann auch noch zukünftige Aktienkursveränderungen, in der Zukunft ausstehende Zins- und Tilgungszahlungen oder in der Zukunft anstehende Veränderungen der Wandlungsbedingungen in die Bewertung einfließen müssen. Dazu existieren auf dem sogenannten Black-Scholes-Modell aufbauende Bewertungsmodelle, deren Bewertungsergebnis allerdings immer von den Modellannahmen, insbesondere den Annahmen über zukünftige Aktienkursschwankungen, abhängig bleibt.

Emissionsvoraussetzungen

Da die Emission von Wandelanleihen in das gesetzliche Bezugsrecht der Aktionäre auf den Bezug junger Aktien eingreift, setzt auch die Emission von Wandelanleihen einen Beschluss der Hauptversammlung voraus und besitzen Aktionäre auch auf Wandelanleihen ein gesetzliches Bezugsrecht. Zudem sollte die Emittentin, auch wenn sie dazu nicht bereits zu diesem Zeitpunkt gesetzlich verpflichtet ist, bereits bei der Emission von Wandelanleihen sicherstellen, dass sie Anleiheinhabern später Aktien in entsprechender Zahl liefern kann, wenn sie sich für die Wandlung ihrer Anleihen entscheiden. Die Verfügbarkeit der Aktien kann auf unterschiedlichen Wegen gesichert werden. Ein möglicher und der wohl meist beschrittene Weg besteht in der Einrichtung eines entsprechend hohen bedingten Kapitals.

Für die Emission von Wandelanleihen wird eine Vielzahl unterschiedlicher Gründe angeführt. Als ein Vorteil von Wandelanleihen, und analog auch von Optionsanleihen, wird dabei immer wieder sinngemäß angeführt, dass sich mit der Einräumung des Wandlungsrechts die Höhe der fest zu zahlenden Zinsen reduzieren lasse und auch die dafür im Gegenzug einzuräumende Möglichkeit des Aktienbezugs nicht zum Schaden der Aktionäre sei, denn dazu komme es ja tatsächlich nur bei entsprechend hohen Aktienkursen. So gesehen böten Wandelanleihen also auch noch den zusätzlichen Vorteil eines Terminverkaufs von Aktien zu einem höheren als dem aktuellen Kurs.

Emissionsmotive

Ihnen sollte nach den Überlegungen zum Verwässerungseffekt aus dem Kapitel Eigenfinanzierung klar sein, dass diese Argumentation, zumindest in dieser simplen Form, nicht zu überzeugen vermag. Eine geringere Verzinsung akzeptieren Käufer von Wandelanleihen bei deren Ausgabe nur insoweit, wie sie erwarten, dass die spätere Ausübung des Umtauschrechts für sie einen positiven „Wandlungswert" hat. Immer dann, wenn Anleiheinhaber später tatsächlich durch die Wandlung ihrer Anleihen einen positiven „Wandlungswert" realisieren, steht diesem tatsächlichen „Wandlungswert" aber genau wie beim Bezugsrecht einer Kapitalerhöhung gegen Einlagen stets ein wertgleicher negativer Verwässerungseffekt der Altaktionäre gegenüber. Im Hinblick auf die von Inhabern tatsächlich realisierten Vorteile des Wandlungsrechts gewähren die Aktionäre den Anleiheinhabern also nur Vorteile, die sie in Form von Verwässerungseffekten gerade selbst zu tragen haben. Vorteile können sich aus Wandelanleihen daher erst dann ergeben, wenn Anleiheinhaber und Aktionäre im Emissionszeitpunkt unterschiedliche Erwartungen über mögliche zukünftige Kursentwicklungen und damit über später tatsächlich realisierbare Wandlungsvorteile hegen (insbesondere wegen asymmetrischer Informationsverteilung) oder wenn durch die Wandlungsmöglichkeit ansonsten für Anleiheinhaber bestehende Verhaltensrisiken entschärft werden können. Überzeugende Begründungen für die Emission von Wandelanleihen ergeben sich also immer erst aufgrund von Unvollkommenheiten des Finanzmarktes. Das gilt genauso für die nachfolgend skizzierten Optionsanleihen.

theoretische Einordnung angeführter Motive

(4) Optionsanleihen

Unterschiede zur Wandelanleihe

Optionsanleihen, auch Warrant Bonds genannt, verbriefen ebenfalls im Hinblick auf Laufzeit, Zahlungsansprüche und Besicherung alle mit einer klassischen Anleihe verbundenen Gläubigeransprüche. Sie räumen ihren Inhabern aber zusätzlich das Recht ein, Aktien der Emittentin (bzw. ihrer Konzernmutter) gegen Zahlung eines Bezugspreises zu beziehen. Anders als bei Wandelanleihen erlischt bei Optionsanleihen mit der Ausübung dieses Optionsrechts aber nicht der Gläubigeranspruch. Nach dessen Ausübung ist der Anleiheinhaber sowohl Gläubiger als auch Aktionär. Das Optionsrecht wird dabei meist als eigenständiges Wertpapier, dem sogenannten Optionsschein oder Warrant, verbrieft und kann, oft erst nach Ablauf einer Frist, von diesem getrennt und separat übertragen werden. Optionsscheine werden i. d. R. auch zum eigenständigen Handel an einer Börse eingeführt. Neben dem Optionsscheinhandel existiert dann ein Handel der Optionsanleihe ex, also der Anleihe ohne Bezugsrecht.

Regelungen zum Optionsrecht

Das im Vergleich zu klassischen Anleihen zusätzliche Optionsrecht bedarf in den Emissionsbedingungen ähnlicher Präzisierungen wie ein Wandlungsrecht. Festzulegen sind insbesondere

- der Optionszeitraum, also die Zeiträume oder einzelnen Zeitpunkte, in oder zu denen der Anleiheinhaber von seinem Bezugsrecht Gebrauch machen kann,
- das Bezugsverhältnis, also die in Nominalbeträgen oder Stücken ausgedrückte Zahl, wie viele Aktien er bei Ausübung eines Optionsrechts erhält,
- der Bezugs- oder Optionspreis, also der Betrag, den der Optionär je Aktie an die Emittentin zahlen muss und der ebenso wie das Bezugsverhältnis für den gesamten Optionszeitraum konstant oder mit fester zeitlicher Entwicklung vereinbart werden kann, und
- Verwässerungsschutzklauseln, die regeln, wie Bezugsverhältnis und Bezugspreis angepasst werden, wenn die Emittentin vor Ende des Optionszeitraums Kapitalerhöhungen oder Kapitalherabsetzungen durchführt.

Wenn die Optionsscheine von den Anleihen getrennt werden können, hängt die Bewertung der Anleihe ex nur noch vom Wert der Gläubigerposition und der Wert des Optionsscheins nur noch vom aktuellen Kurs der Aktie und den Erwartungen über zukünftige Kursveränderungen ab. Für die Bewertung der Optionsscheine sind dann ähnliche optionstheoretische Überlegungen relevant wie für die Bewertung von an Terminbörsen gehandelten Aktienoptionen.

Auch die Emission von Optionsanleihen greift in das gesetzliche Bezugsrecht der Aktionäre ein. Sie setzt daher ebenfalls einen Beschluss der Hauptversammlung voraus und geht mit einem gesetzlichen Bezugsrecht der Aktionäre auf die Optionsanleihen einher. Auch ein Beschluss über die Emission von Optionsanleihen wird meist mit einem Beschluss über die Einrichtung eines bedingten Kapitals verknüpft. Dabei wird auch die Möglichkeit, Optionsscheine ohne eine Anleihe, sogenannte Naked Warrants, zu emittieren, im Aktiengesetz zwar nicht explizit geregelt, aber überwiegend für zulässig erachtet.

Emissionsvoraussetzungen

Wir haben uns bisher auf Wandel- und Optionsanleihen beschränkt, die zum Umtausch in oder Bezug von Aktien der Emittentin dieser Anleihen berechtigen. Diese Konstruktionen stellen die Urtypen beider Finanzierungsinstrumente dar. Zudem beziehen sich auch die Regelungen des Aktiengesetzes ausschließlich auf diese beiden Urtypen, die dort etwas gewöhnungsbedürftig unter der Bezeichnung Wandelschuldverschreibung zusammengefasst werden. Der Einsatz von Wandel- und Optionsanleihen ist aber keineswegs auf diese beiden Urtypen beschränkt. Grundsätzlich können auch Wandel- und Optionsanleihen emittiert werden, die zum Umtausch in oder Bezug von beliebigen Wertpapieren berechtigen. Z. B. kann eine Unternehmung A eine Wandelanleihe emittieren, die zum Umtausch in Aktien von Unternehmung B berechtigt, oder auch eine Optionsanleihe, die zum Bezug bestimmter Staatsanleihen berechtigt. Von solchen Gestaltungsmöglichkeiten machen vor allem Kreditinstitute häufig und in sehr kreativen Varianten Gebrauch. Ein großer Teil der am Finanzmarkt gehandelten Optionsanleihen, Optionsscheine und Wandelanleihen bezieht sich daher gar nicht auf Aktien der Emittentin, wie wir das vorstehend unterstellt haben.

Varianten sogenannter Wandelschuldverschreibungen

5.3 Zusammenfassung

Durch Fremdfinanzierung erhalten Unternehmen Zahlungsmittel und räumen den Financiers im Gegenzug Gläubigeransprüche ein, die diese berechtigen, auch in der Insolvenz des Schuldners Forderungen anzumelden. Für die Ausgestaltung des gesamten Zahlungsstroms bestehen im Hinblick auf Ausgabebetrag, Tilgung und laufende Verzinsung zahlreiche alternative Möglichkeiten, die zu schwer vergleichbaren Alternativen im Bereich der Fremdfinanzierung führen. Die

Berechnung einer Effektivverzinsung löst dieses Vergleichsproblem nur scheinbar, da sie Unterschiede in der Höhe effektiv verfügbarer Beträge aufgrund der Konzeption dieser Kennzahl nicht berücksichtigen kann – obwohl gerade auch diese Unterschiede beurteilungsrelevant sein können.

Eine Beurteilung von Instrumenten der Fremdfinanzierung erfordert neben der Beurteilung des vereinbarten Zahlungsstroms auch eine Beurteilung der vereinbarten Sicherheiten, die dazu dienen sollen, die Befriedigungschancen der Fremdfinanciers zu erhöhen. Diesem Zweck dienen vor allem Sicherheiten im engen Sinne, die ihre Wirkung primär in der Insolvenz des Schuldners entfalten und mit unterschiedlichen Konsequenzen für die konkurrierenden Gläubiger ausgestaltet werden können. Diesem Zweck dienen aber auch Covenants, mit der primären Stoßrichtung einer Insolvenzvermeidung, und Prozessualvorteile, mit der primären Stoßrichtung einer Forderungsbegleichung noch vor dem drohenden Insolvenzeintritt.

Für eine Fremdfinanzierung stehen im kurzfristigen Bereich vor allem Instrumente der Individualfinanzierung, primär durch Kreditinstitute, zur Verfügung. Instrumente der Emissionsfinanzierung bleiben im Bereich der kurzfristigen Fremdfinanzierung weitgehend großen international bekannten Aktiengesellschaften vorbehalten. Im langfristigen Bereich stehen demgegenüber im Bereich der Individualfinanzierung insbesondere mit den Versicherungsdarlehen und den Gesellschafterdarlehen auch andere als die von Kreditinstituten angebotenen Finanzierungsinstrumente zur Verfügung. Zudem steht für die langfristige Fremdfinanzierung auch im Bereich der Emissionsfinanzierung eine vergleichsweise breite Palette von klassischen Anleihen, hybriden Anleihen und Genussscheinen zur Wahl. Sie kommen zum Teil auch für Unternehmen in Betracht, die nicht als Aktiengesellschaft firmieren.

5.4 Wiederholungsfragen

 1. Wodurch unterscheiden sich endfällige Tilgung, Ratentilgung und Annuitätentilgung? Lösung
▶ Abschn. 5.1.1.2

2. Welche Möglichkeiten zur Festlegung des Nominalzinssatzes sind Ihnen bekannt und was unterscheidet Nominal- von Effektivzinssätzen? Lösung
▶ Abschn. 5.1.1.3

5.4 · Wiederholungsfragen

3. Welche konzeptionellen Probleme sind mit Effektivzinsvergleichen verbunden? Lösung
   ▶ Abschn. 5.1.1.3
4. Was besagt die Verteilungsregel „par conditio creditorum" und welche Bedeutung kommt ihr im deutschen Insolvenzrecht zu? Lösung
   ▶ Abschn. 5.1.2.2
5. Was versteht man unter Kreditsicherheiten im weiten und im engen Sinne? Lösung ▶ Abschn. 5.1.2.1 und 5.1.2.3–5.1.2.5
6. Welche Vorkehrungen auf der Handlungs-, Informations- und Sanktionsebene sind zu treffen, damit Wohlverhaltensregeln das Verhalten des Schuldners zielgerichtet beeinflussen? Lösung ▶ Abschn. 5.1.2.4
7. Worin unterscheiden sich Kreditformen der Geldleihe und der Kreditleihe und wozu gehören die Instrumente Diskont-, Akzept- und Avalkredit? Lösung
   ▶ Abschn. 5.2.2.1
8. Wie wird begründet, dass Forderungen aus Gesellschafterdarlehen in der Insolvenz der GmbH nur als nachrangige Forderungen geltend gemacht werden können? Lösung ▶ Abschn. 5.2.3.1
9. Wodurch unterscheiden sich Verträge des Operate-Leasing und des Finanzierungs-Leasing? Lösung
   ▶ Abschn. 5.2.3.1
10. Durch welche vertraglichen Regelungen wird bei Voll- und Teilamortisationsverträgen erreicht, dass sich das Leasingobjekt für den Leasinggeber amortisiert? Lösung ▶ Abschn. 5.2.3.1
11. Welche Variationen des klassischen Anleihetyps (der Industrieanleihe) sind Ihnen bekannt? Lösung
    ▶ Abschn. 5.2.3.2
12. Wodurch unterscheiden sich Floater und Gewinnschuldverschreibung? Warum weisen nur Letztere Merkmale der Eigenfinanzierung auf? Lösung
    ▶ Abschn. 5.2.3.2
13. Wodurch unterscheiden sich Wandel- und Optionsanleihen und warum besitzen Aktionäre bei Emission solcher Anleihen ein Bezugsrecht? Lösung
    ▶ Abschn. 5.2.3.2

5.5 Aufgaben

Aufgabe 1 Ein Unternehmen hat sich bereits entschlossen, den aktuell bestehenden Finanzierungsbedarf durch die Emission einer Anleihe vom Typ eines Zerobonds zu decken. Zur Diskussion stehen zwei Anleihen, die jeweils zu 100 % getilgt werden sollen.
- Anleihe A: Läuft fünf Jahre und wird zu einem Kurs von 68,06 % emittiert.
- Anleihe B: Läuft sechs Jahre und wird zu einem Kurs von 62,32 % emittiert.

a) Berechnen Sie die Effektivzinssätze beider Anleihen!
b) Welche der beiden Anleihen soll das Unternehmen emittieren, wenn es Finanzierungsalternativen ausschließlich nach deren Effektivzinssatz beurteilt?
c) Welche Anleihe soll es emittieren, wenn es Vermögensmaximierung anstrebt, die volle Kreditsumme auf jeden Fall genau für die Dauer von sechs Jahren benötigt und erwartet, nach Ablauf von fünf Kreditjahren einjährige Anschlusskredite zu i = 10 % aufnehmen zu können?

Aufgabe 2 Eine AG verfügt bei Insolvenzeintritt über Vermögen, dessen Liquidation (nach Abzug aller Verfahrenskosten) insgesamt 5 Mio. € Erlöse erbringt. Darunter befindet sich auch eine Forderung der AG gegen Gläubiger A in Höhe von 1 Mio. €. Dem Vermögen stehen Forderungen in Höhe von insgesamt 9 Mio. € gegenüber, 2 Mio. € von Gläubiger A und 7 Mio. € von Gläubiger B.

a) Unterstellen Sie zunächst, kein Gläubiger verfüge über spezielle Sicherheiten. Insbesondere verfügt Gläubiger A auch nicht über die Möglichkeit der Forderungsaufrechnung. Welche Zahlungen können die beiden Gläubiger dann in der Insolvenz erwarten?
b) Gehen Sie nun davon aus, Gläubiger A verfüge über die Möglichkeit der Forderungsaufrechnung. Wie würden sich die von den Gläubigern zu erwartenden Zahlungen dadurch verändern?
c) Gehen Sie abschließend (jetzt wieder ohne Aufrechnungsmöglichkeit des Gläubigers A) davon aus, Gläubiger A verfüge für seine Forderung über die selbstschuldnerische Bürgschaft einer Bank in Höhe von 1 Mio. € und diese Bürgschaft verschaffe der Bank ein Rückgriffsrecht. Welche Zahlungen könnten die Gläubiger dann erwarten? Vergleichen Sie Ihre Ergebnisse mit den Ergebnissen unter a)!

5.5 · Aufgaben

Aufgabe 3 Ein Investor engagiert sich für die Dauer von fünf Jahren als typischer stiller Gesellschafter mit Verlustbeteiligung in einer GmbH. Zu Beginn seines Engagements überlässt er der GmbH Vermögen in Form von Zahlungsmitteln in Höhe von 100.000 €. Er vereinbart mit der GmbH, dass
- er zu einem Viertel an den Jahresüberschüssen und -fehlbeträgen partizipiert und
- ihm Gewinnanteile, die über seine ursprüngliche „Einlage" hinausgehen, sofort am Ende des jeweiligen Geschäftsjahres ausgezahlt werden.

In den fünf Jahren seines Engagements erzielt die GmbH folgende Jahresergebnisse in €:

Jahr	1	2	3	4	5
Jahresergebnis	-80.000	+40.000	+60.000	-60.000	-400.000

Am Ende seines Engagements bestehen keine schwebenden Geschäfte in der GmbH.
a) Welcher Zahlungsstrom verbindet sich für den Investor in den fünf Jahren mit seinem Engagement als stiller Gesellschafter?
b) Was könnte (im Beispiel) aus Sicht des Investors dafür sprechen, die stille Beteiligung nicht als typischer stiller Gesellschafter mit Verlustbeteiligung, sondern als atypischer stiller Gesellschafter mit Verlustbeteiligung einzugehen?
c) Welcher Zahlungsstrom würde sich ceteris paribus für den Investor in den fünf Jahren seines Engagements mit der stillen Beteiligung verknüpfen, wenn er die stille Gesellschaft zwar typisch, aber ohne Verlustbeteiligung eingehen würde?

Aufgabe 4 Eine Aktiengesellschaft hat Aktien mit einem Nennwert von 10 € je Aktie in Umlauf. Sie emittiert eine Optionsanleihe mit einem Nennwert von 1 Mio. €, gestückelt in Teilschuldverschreibungen zu je 1000 €. An jeder Anleihe hängen vier Optionsscheine, die zum Bezug junger Aktien im Nominalverhältnis 50 zu 1 berechtigen, je 50 € Nennwert der Anleihe können also Aktien im Nennwert von 1 € bezogen werden. Als Bezugspreis je Aktie werden 40 € festgelegt.
a) Die AG will zusammen mit dem Beschluss über die Emission der Optionsanleihe einen Beschluss über die Einrichtung bedingten Kapitals fassen, das gerade die maximale Verpflichtung aus der Optionsanleihe abdeckt.

In welchem Betrag muss dazu bedingtes Kapital eingerichtet werden?

b) Am letzten Tag des Optionszeitraums notieren Aktien der AG, die identisch wie die mit den Optionsscheinen beziehbaren Aktien ausgestattet sind, zu einem Kurs von 35 €. Welchen rechnerischen Wert hat dann ein Optionsschein?

c) Am letzten Tag des Optionszeitraums notieren identisch ausgestattete Aktien der AG zu 45 €. Welchen rechnerischen Wert hat dann ein Optionsschein?

d) Vier Wochen vor dem Ende des Optionszeitraums notieren identisch ausgestattete Aktien der AG zu 45 €. Was lässt sich dann aufgrund der bekannten Daten über den Wert eines Optionsscheins aussagen?

5.6 Lösungen

Aufgabe 1

a) Der Effektivzinssatz der Anleihe A beträgt 8 % p. a.:

$$68{,}06 \cdot (1 + r^*)^5 = 100$$

$$\Leftrightarrow r^* = \sqrt[5]{\frac{100}{68{,}06}} - 1 = 8\,\%.$$

Der Effektivzinssatz der Anleihe B beträgt 8,2 % p. a.:

$$62{,}32 \cdot (1 + r^*)^6 = 100$$

$$\Leftrightarrow r^* = \sqrt[6]{\frac{100}{62{,}32}} - 1 = 8{,}2\,\%.$$

b) Bei einer Entscheidung ausschließlich anhand der Effektivzinssätze läge die Emission von Anleihe A nahe, da sie den geringeren Effektivzinssatz aufweist und daher mit den geringeren Finanzierungskosten verbunden zu sein scheint.

c) Will das Unternehmen mit der Emission beider Anleihen in t = 0 denselben effektiven Emissionserlös Y erzielen, kann es entweder Anleihe A im Nennwert von X = Y/0,6806 emittieren oder Anleihe B im Nennwert von Z = Y/0,6232. Zur Erzielung desselben effektiven Kreditbetrages muss bei Anleihe B also der 1,0921-fache (= 68,06/62,32) Nennwert der Anleihe A emittiert werden. Aus Sicht des Unternehmens verknüpfen sich

5.6 · Lösungen

mit beiden Anleihen je 68,06 € effektivem Kreditbetrag also folgende Zahlungsreihen:

t	0	1	2	3	4	5	6
Anleihe A	+68,06	--	--	--	--	-100	--
Anleihe B	+68,06	--	--	--	--	--	-109,21

Besteht in t = 5 die Möglichkeit und die Notwendigkeit, die Kreditaufnahme bei Emission der Anleihe A um einen einjährigen Anschlusskredit zum Zinssatz von i zu ergänzen, dann wäre die Emission von Anleihe A über die gesamte Kreditdauer von sechs Jahren unter der Zielsetzung der Vermögensmaximierung vorteilhaft, wenn für den Zinssatz i gilt:

$$100 \cdot (1 + i) < 109{,}21$$
$$\Leftrightarrow i < 9{,}21\,\%.$$

Erwartet die Unternehmung, die erforderliche Anschlussfinanzierung nur zu einem Zinssatz von 10 % zu erhalten, wäre für sie die Emission von Anleihe B vermögensmaximierend. In dieser Konstellation würde eine Beurteilung der Finanzierungsalternativen anhand ihrer Effektivzinssätze also zur falschen Entscheidung führen.

Aufgabe 2

a) Ohne Sicherheiten stehen dem Unternehmensvermögen von 5 Mio. € normale Insolvenzforderungen von 9 Mio. € gegenüber, was einer Insolvenzquote von 5/9 = 55,56 % entspricht.
Gläubiger B würde also 55,56 % seiner Forderung von 7 Mio. € bzw. 3,89 Mio. € aus der Insolvenzmasse erhalten. Gläubiger A müsste zunächst noch 1 Mio. € an die AG leisten und würde dann auf seine Forderung von 2 Mio. € ebenfalls die Insolvenzquote von 55,56 % bzw. 1,11 Mio. € aus der Insolvenzmasse erhalten. Im Saldo hätte A also noch eine Einzahlung von 0,11 Mio. € zu erwarten.

b) Rechnet A seine Verbindlichkeit von 1 Mio. € gegen seine Forderung auf, verringert sich einerseits das Unternehmensvermögen auf dann noch 4 Mio. € und andererseits die Forderung von A auf dann noch 1 Mio. €. Dem Vermögen von 4 Mio. € stehen dann noch normale Insolvenzforderungen von insgesamt 8 Mio. € gegenüber, was einer Insolvenzquote von 50 % entspricht.

Gläubiger B würde dann 50 % seiner Forderung bzw. 3,5 Mio. € erzielen. Gläubiger A würde ebenfalls 50 % seiner Restforderung von 1 Mio. €, also 0,5 € erzielen. Im Ergebnis erhöht die Aufrechnungsmöglichkeit des Gläubigers A seine Zahlungserwartung im Vergleich zu a) um 0,39 Mio. € und reduziert die Zahlungserwartung des B genau um denselben Betrag – so wie es für eine Besicherung durch die Reservierung schuldnereigenen Vermögens typisch ist.

c) Nimmt A erfolgreich die Bürgschaft der Bank in Anspruch, erzielt er daraus zunächst einmal eine Einzahlung von 1 Mio. €. Anschließend meldet er die restliche Forderung über 1 Mio. € als normale Insolvenzforderung an. Weitere normale Insolvenzforderungen melden Gläubiger B in Höhe von 7 Mio. € und die Bank in Höhe der Inanspruchnahme von 1 Mio. € an. Dem Unternehmensvermögen von 5 Mio. € stehen also insgesamt normale Insolvenzforderungen von 9 Mio. € gegenüber, was wie unter a) einer Insolvenzquote von 55,56 % entspricht.

Gläubiger B erhält damit wie in der Ausgangssituation ohne Sicherheiten 55,56 % seiner Forderung bzw. 3,89 Mio. €. Gläubiger A erhält neben den 1 Mio. € von der Bank nun 55,56 % auf seine Restforderung von 1 Mio. €, insgesamt nach Abzug seiner noch an die AG zu leistenden Zahlung von 1 Mio. € also eine Nettozahlung von 0,56 Mio. €. Durch die Haftungserweiterung mit Rückgriffsmöglichkeit kann der besicherte Gläubiger A seine Zahlungserwartung im Vergleich zu a) also von 0,11 Mio. € auf 0,56 Mio. € steigern und bleibt die Zahlungserwartung des unbesicherten Gläubigers B unverändert. Den Nachteil muss die Bank tragen, die 1 Mio. an A auszahlt, in der Insolvenz aber nur eine Zahlung von 0,56 Mio. € erzielt.

Aufgabe 3

a) Bezeichnet man den Beginn des ersten Jahres, den Startzeitpunkt des Engagements, mit $t = 0$ und die Enden der fünf Jahre mit $t = 1, \ldots 5$, so verbindet sich mit dem Engagement als typischer stiller Gesellschafter mit Verlustbeteiligung aus Sicht des Investors folgender Zahlungsstrom:

i	0	1	2	3	4	5
e_t	-100.000	0	0	+5000	0	0

5.6 · Lösungen

Der Verlustanteil des ersten Jahres (−20.000 €) Jahres ist zunächst auszugleichen, bevor Gewinnauszahlungen erfolgen. Dazu ist in t = 2 der gesamte Gewinnanteil von 10.000 € und in t = 3 nochmals ein Gewinnanteil von 10.000 € einzusetzen. Der restliche Gewinnanteil des dritten Jahres (5000 €) wird ausgezahlt.

Die Verlustanteile von −15.000 € bzw. −100.000 € im vierten und fünften Jahr zehren den gesamten Rückforderungsanspruch des Investors auf. Er erhält bei Beendigung seines Engagements daher keine Auszahlung. Den negativen Stand seines Kontos in Höhe von −15.000 € muss er nicht durch Einzahlungen ausgleichen.

b) Die Beteiligung als atypischer, statt als typischer stiller Gesellschafter birgt für den Investor die Chance, dass die Unternehmensbewertung zum Ende des Engagements bilanzielle stille Reserven aufdeckt und daher zu einem höheren Rückforderungsbetrag führt als die Fortschreibung seines Kontos um Gewinn- und Verlustanteile.

Das Risiko, dass der Rückforderungsbetrag nach einer Unternehmensbewertung geringer ausfällt als bei Fortschreibung des Kontos um Gewinn- und Verlustanteile, ist wegen der in der handelsbilanziellen Abbildung zu berücksichtigenden Regeln, insbesondere wegen des Vorsichtsprinzips, relativ unwahrscheinlich.

Die Chance einer höheren Abschlusszahlung bei atypischer stiller Gesellschaft besteht in doppeltem Sinne. Der Investor hat diese Chance schon unter Ausklammerung aller zwischen ihm und den GmbH-Gesellschaftern möglicherweise bestehenden Informations- und Kompetenzasymmetrien, wenn unvermeidbare und allseits bekannte Sachverhalte in der Handelsbilanz gar nicht anders abgebildet werden dürfen als in einer Weise, die zur Bildung stiller Reserven führt.

Zudem reduziert das atypische Engagement Delegationsrisiken, denen der Stille bei asymmetrischer Handlungskompetenz ausgesetzt ist. Haben die GmbH-Gesellschafter bei der Auf- und Feststellung des Jahresabschlusses Handlungsspielräume, können sie diese in der Weise nutzen, dass in den Jahren vor Ausscheiden des Stillen gezielt schlechte Jahresergebnisse und erst nach dessen Ausscheiden wieder gute Jahresergebnisse ausgewiesen werden. Der typische stille Gesellschafter ist diesem opportunistischen Verhalten der Gesellschafter relativ schutzlos ausgeliefert – es sei denn, die GmbH-Gesellschafter überschreiten mit ihren Gestaltungen des

Jahresabschlusses gesetzliche oder zuvor mit dem Stillen vertraglich vereinbarte Grenzen. Als atypischer Stiller ist der Investor von der gezielt zu seinem Nachteil verfolgten Jahresabschlusspolitik weniger negativ betroffen, da absichtlich gelegte stille Reserven im Zuge der Unternehmensbewertung ganz oder teilweise aufgedeckt werden können.

c) Als typischer stiller Gesellschafter ohne Verlustbeteiligung erzielt der Investor folgende Zahlungen:

t	0	1	2	3	4	5
e_t	-100.000	0	+10.000	+15.000	0	+100.000

Die Verluste der Jahre 1, 4 und 5 betreffen den stillen Gesellschafter nicht. In den Gewinnjahren 2 und 3 erhält er jeweils ein Viertel des Gewinns ausgezahlt. Am Ende des Engagements kann er genau den Betrag zurückfordern, den er zu Beginn an die GmbH geleistet hat.

Aufgabe 4

a) Bei einem Nennwert der Anleihe von 1 Mio. € und einem nominalen Bezugsverhältnis von 50:1 können die Inhaber der Optionsscheine maximal Aktien im Nennwert von 20.000 € beziehen. Es ist also bedingtes Kapital in Höhe von 20.000 € zu schaffen.

b) Bei einem Bezugspreis von 40 €/Aktie und einem Aktienkurs von 35 €/Aktie können Aktien billiger an der Börse als durch die Ausübung der Optionsrechte erworben werden. Die Ausübung der Optionsscheine ist daher nicht sinnvoll. Da am letzten Tag des Optionszeitraums auch keine Aussicht auf höhere Aktienkurse während des Optionszeitraums mehr besteht, sind die Optionsscheine wertlos.

c) Bei einem Bezugspreis von 40 €/Aktie und einem Aktienkurs von 45 €/Aktie können Aktien billiger durch die Ausübung der Optionsrechte als durch einen Kauf an der Börse bezogen werden. Die Ausübung der Optionsscheine ist also sinnvoll.
An jedem Anleihestück mit einem Nennwert von 1000 € hängen vier Optionsscheine. Zu jedem Optionsschein gehört also ein Nennbetrag von 250 €. Bei einem nominalen Bezugsverhältnis von 50:1 berechtigt ein Optionsschein damit zum Bezug von Aktien im Nennwert von 5 €, also zum Bezug einer halben Aktie. Zum Bezug einer ganzen Aktie sind also zwei Optionsscheine erforderlich.

Mit dem Bezug einer Aktie verbindet sich im Vergleich zum Kauf der Aktie an der Börse ein Vermögensvorteil von 5 €. Dieser Vermögensvorteil kann nur durch die Ausübung von zwei Optionsscheinen erzielt werden. Also hat jeder einzelne Optionsschein einen Ausübungswert von 2,50 €. Da am letzten Tag des Optionszeitraums keine Aussicht auf höhere Aktienkurse während des Optionszeitraums mehr besteht, hat ein Optionsschein daher einen Wert von 2,50 €.

d) Stellt sich vier Wochen vor dem Ende des Optionszeitraums ein Aktienkurs in Höhe von 45 € ein und können die Optionsscheine auch bereits an diesem Tag ausgeübt werden, haben sie mindestens einen Wert in Höhe der in Aufgabenteil c) berechneten 2,50 €. Dieser Vermögensvorteil könnte durch die sofortige Ausübung je Optionsschein realisiert werden.

Zusätzlich besteht jetzt aber noch die Chance auf Aktienkursanstiege während der restlichen Laufzeit. Dieser Chance steht zwar das Risiko von Aktienkursrückgängen gegenüber, der Inhaber des Optionsscheins ist von den Chancen und Risiken aber asymmetrisch betroffen. Jeder weitere Anstieg des Aktienkurses um 1 € steigert den Ausübungswert eines Optionsscheins um 50 Cent – und zwar ohne Limit nach oben. Andererseits mindert jeder Rückgang des Aktienkurses um 1 € den Ausübungswert eines Optionsscheins um 50 Cent, aber nur bis zu einem Aktienkurs in Höhe des Bezugspreises von 40 €. Darüber hinausgehende Aktienkursrückgänge beeinflussen den Ausübungswert des Optionsscheins nicht mehr.

Wegen dieser asymmetrischen Betroffenheit sind die Chancen und Risiken im Saldo positiv zu bewerten. Der Optionsschein hat also einen höheren Wert als 2,50 €. Um welchen Betrag der tatsächliche Marktpreis des Optionsscheins die Wertuntergrenze von 2,50 € überschreitet, hängt insbesondere davon ab, von welchen Wahrscheinlichkeitsverteilungen zukünftiger Aktienkursveränderungen die Marktakteure ausgehen.

Literatur

Bitz, M. und *Niehoff, K.* (2002): Wirtschaftliche Analyse des Leasing, in: Praktiker-Handbuch Unternehmensfinanzierung – Kapitalbeschaffung und Rating für mittelständische Unternehmen, hrsg. von D. Krimphove, D. Tytko, Stuttgart, S. 343–372.

Bitz, M. und *Ewert, J.* (2014): Übungen in Betriebswirtschaftslehre, Übungsaufgaben 2.30 bis 2.51, 8. Aufl., München.

Bitz, M. und *Stark, G.* (2015): Finanzdienstleistungen, Kapitel 3.3, 9. Aufl., Berlin, München, Boston.

Breuer, W., Schweizer, T. und *Breuer, C.* (2012): Gabler Lexikon Corporate Finance, 2. Aufl., Wiesbaden.

Breuer, W. (2013): Finanzierung, Kapitel X, Unterkapitel 1, 3. Aufl., Wiesbaden.

Drukarczyk, J. und *Lobe, S.* (2014): Finanzierung: Eine Einführung, Kapitel 7 und 8, 11. Aufl., Stuttgart.

Köhn, L. (1989): Finanzierungsleasing oder Kreditkauf – Wirtschaftlichkeitsvergleich aus der Sicht des Leasingnehmers, Mörfelden-Walldorf.

Kürsten, W. (2005): Finanzierung, in: Vahlens Kompendium der Betriebswirtschaftslehre, hrsg. von M. Bitz, M. Domsch, R. Ewert und F.W. Wagner, Bd. 1, 5. Aufl., München, S. 173–235.

Perridon, L., Steiner, M. und *Rathgeber, A.* (2017): Finanzwirtschaft der Unternehmung, Kapitel D, Unterkapitel 2, 17. Aufl., München.

Wöhe, G., Bilstein, J., Ernst, D. und *Häcker, J.* (2013): Grundzüge der Unternehmensfinanzierung, Kapitel 6, 11. Aufl., München.

Serviceteil

Glossar – 338

Glossar

Absonderung Recht auf vorzugsweise Befriedigung eines Gläubigeranspruchs durch gesonderte Verwertung eines zur Insolvenzmasse gehörenden Gegenstandes

Adverse Selektion aus Qualitätsrisiken resultierendes Problem der Negativauslese; gute Qualitäten verlassen den Markt und die Durchschnittsqualität des verbleibenden Angebots sinkt

Agio (= Aufgeld); Betrag, um den der Ausgabekurs den Nennwert eines Wertpapiers oder der Auszahlungsbetrag den Nennbetrag eines Darlehens übersteigt

Akerlof-Problem das mit Qualitätsrisiken verbundene Problem, dass ein Vertragspartner über (unveränderliche) beurteilungsrelevante Merkmale der auszutauschenden Leistungen besser informiert ist

Aktie ein in einer Urkunde verbrieftes Mitgliedschaftsrecht, das eine bestimmte Beteiligung am Vermögen einer AG ausweist

Aktie, alte und junge unterschieden werden bereits existierende Aktien (alte) und erst im Zuge des Verkaufs (der Emission) entstehende Aktien (junge)

Aktie, stimmberechtigt und stimmrechtslos unterschieden werden Aktien, die ein (generelles) Stimmrecht des Aktionärs auf der Hauptversammlung verbriefen, und Aktien, bei denen das Stimmrecht nur in gesetzlich geregelten Spezialfällen wahrgenommen werden kann

Aktienregister ein von Aktiengesellschaften geführtes Register, das insbes. Angaben zur Übertragung von Namensaktien enthält

Akzeptkredit Kredit, bei dem sich ein Kreditinstitut (im Auftrag eines Unternehmens) durch Akzept verpflichtet, die Wechselsumme bei Fälligkeit an den Inhaber des Wechsels zu zahlen

Andienungsrecht (-preis) Regelung im Leasingvertrag, wonach der Leasinggeber nach Ablauf der Grundmietzeit das Wahlrecht hat, den Leasinggegenstand nach eigenem Gutdünken zu verwerten oder ihn zu einem bereits bei Vertragsabschluss festgelegten Preis an den Leasingnehmer zu verkaufen

Ankündigungseffekt autonome Kursänderung durch die Ankündigung einer Kapitalerhöhung (exklusiv Verwässerungs- und Kompensationseffekt)

Anleihe andere Bezeichnung für Schuldverschreibung oder Obligation (vgl. Schuldverschreibung)

Annuitätentilgung Tilgungsform, bei der der periodisch, z. B. jährlich zu leistende Gesamtbetrag aus Tilgung und Zinsen während der vereinbarten Laufzeit konstant bleibt

Anzahlungen Kunde zahlt bereits vor Erhalt der Gegenleistung, tritt also mit der Zahlung in Vorleistung

Äquivalenzfiktion Vorstellung, nach der es für Gläubiger von Personengesellschaften irrelevant ist, ob ein Vermögensgegenstand sich im Unternehmensvermögen oder im Privatvermögen der Unternehmenseigner befindet

Arbitrage Erzielung risikoloser Gewinne durch Kombination verschiedener Transaktionen

Aufrechnung Regelung, dass unter bestimmten Voraussetzungen wechselseitig gleichartige Forderungen in einem Insolvenzverfahren gegeneinander aufgerechnet werden können

Asset Backed Securities (ABS) durch Vermögen (insbes. Forderungsbestände) gesicherte Wertpapiere, bei denen mit den Forderungen verbundene Chancen und Risiken auf die Wertpapierkäufer übergehen

Aufsichtsrat (Kontroll-) Gremium der AG, das von der Hauptversammlung gewählt wird und den Vorstand der AG ernennt und entlässt

Aufwand Verminderung des Reinvermögens, die nicht auf Ausschüttungen bzw. Entnahmen an die Gesellschafter beruht

Ausschüttung Vermögen aus dem Unternehmensvermögen einer Kapitalgesellschaft wird ohne (noch zu erbringende) Gegenleistung in das Vermögen der Gesellschafter transferiert

Ausschüttungspolitik Vorstellung darüber, in welcher Höhe im Zeitablauf Vermögen aus dem Unternehmensvermögen in das Vermögen der Gesellschafter transferiert werden soll

Glossar

Außenfinanzierung Beschaffung von Zahlungsmitteln durch Einzahlungen aus Finanzkontrakten außerhalb des Leistungs- und Umsatzprozesses

Außenverhältnis (Rechts-) Verhältnis zwischen der Gesellschaft bzw. ihren Gesellschaftern und Dritten

Aussonderung Recht des Eigentümers eines nicht zur Insolvenzmasse gehörenden Gegenstandes, diesen aus dem Vermögen eines im Insolvenzverfahren befindlichen Unternehmens auszusondern und somit der Verwertung durch den Insolvenzverwalter zu entziehen

Auszahlung Verminderung des Zahlungsmittelbestandes

Autonomie Voraussetzung zur Gestaltung der Geschäftspolitik entsprechend eigener Präferenzen

Avalkredit Kredit, der dadurch entsteht, dass ein Kreditinstitut eine Garantie oder Bürgschaft für eine Verpflichtung eines Unternehmens gegenüber einem Dritten abgibt

Avalprovision Provision, die eine Bank bei Gewährung eines Avalkredits (z. B. einer Lieferungs- und Leistungsgarantie) berechnet

Bankdarlehen (langfristige) Darlehen, die von Kreditinstituten vergeben werden

Basisrisiken Sachverhalte, die unabhängig von etwaigen Asymmetrien innerhalb einer Finanzierungsbeziehung den Zielerreichungsgrad für Financiers unsicher erscheinen lassen

b.a.w.-Kredit „bis auf weiteres" Kredite werden über einen festen Betrag ohne festgelegte Befristung vergeben und durch Kündigung des Kreditgebers oder Tilgung des Kreditnehmers beendet

Besicherung, im weiten und engen Sinne *weit*: alle Maßnahmen, die die Chancen des Gläubigers zur Realisierung seiner Ansprüche verbessern; *eng*: Maßnahmen, die bewirken, dass nach Eintritt der Insolvenz die individuelle Befriedigungsquote steigt

Betroffenheit, asymmetrische unterschiedliche vermögensmäßige Auswirkungen (auf Eigen- und Fremdfinanciers z. B. bei Variationen des Verschuldungsgrades)

Bezugsrecht Recht des Aktionärs, bei einer Kapitalerhöhung gemäß seinem bisherigen Anteil am Grundkapital einen entsprechenden Teil der neuen Aktien zu beziehen (§ 186 AktG)

Bezugsrecht, Ausschluss des Recht der Hauptversammlung gemäß § 186 AktG, unter streng geregelten Voraussetzungen die Aktien nicht den Altaktionären sondern Dritten anzubieten

Bezugsrecht, Handel des ermöglicht es Aktionären und Nichtaktionären, im börslichen oder außerbörslichen Handel Bezugsrechte zu kaufen oder zu verkaufen

Bezugsverhältnis Relation zwischen der Zahl der bisher emittierten und der Zahl der jungen Aktien, ausgedrückt als so weit wie möglich gekürzter echter Bruch

Bilanzgewinn/-verlust Bezeichnung für eine bei Kapitalgesellschaften aus dem Jahresüberschuss bzw. Jahresfehlbetrag abgeleitete Gewinn- bzw. Verlustgröße

Bürgschaft Personalsicherheit, bei der sich ein Dritter (der Bürge) verpflichtet, gemäß §§ 765–778 BGB für die Erfüllung der Verbindlichkeiten des Schuldners einzustehen

Commercial Papers Bezeichnung für eine spezielle Form der kurzfristigen Fremdfinanzierung mittels Emission von (nicht zum Börsenhandel zugelassenen) Inhaberschuldverschreibungen

Consumption on the Job Anreiz für interne Gesellschafter oder angestellte Geschäftsführer, Mittel der Gesellschaft für persönliche Annehmlichkeiten auszugeben und dadurch Unternehmensergebnisse zu Lasten externer Gesellschafter zu schmälern

Convertible Bond (= Wandelanleihe); Anleihen, bei denen neben den klassischen Gläubigeransprüchen das Recht verbrieft ist, Anleihen gegen Aktien (i. d. R.) der Emittentin umzutauschen

Costly State Verification spezielles Verhaltensrisiko, in Verbindung mit der fehlenden Beobachtbarkeit des (zu verteilenden) Ergebnisses

Covenants, Financial und Non Financial (= Klauseln); entweder werden bestimmte Verhaltensweisen vorgeschrieben, verboten oder unter Zustimmungsvorbehalt gestellt (Non F. C.) oder aber Vorgaben für die Erreichung oder Einhaltung bestimmter (finanzieller) Zielgrößen gemacht

Debitorenlimit kundenspezifisch festgelegte Obergrenze, bis zu der der Factor sich verpflichtet, Kundenforderungen des Anschlusskunden aufzukaufen

Delegationsbeziehung Beziehung/Vertrag mit ausgeprägten diskretionären Handlungsspielräumen für mindestens einen Vertragspartner

Delegationsrisiken (= Verhaltensrisiken); Risiken, die aus Delegationsbeziehungen resultieren

Delkrederefunktion Funktion der Risikoübernahme (Absicherung gegen Forderungsausfälle und Zahlungsverzug) z. B. durch den Factor

Disagio (= Abgeld); Betrag, um den der Ausgabekurs den Nennwert eines Wertpapiers oder der Auszahlungsbetrag den Nennbetrag eines Darlehens unterschreitet

Diskontkredit Kredit, der dadurch entsteht, dass ein Unternehmen eine durch einen Wechsel verbriefte (Kunden-) Forderung vor deren Fälligkeit an eine Bank verkauft

Diskontprovision Provision der Bank, die einen Wechsel ankauft (i. d. R. ausgestaltet als prozentualer Abschlag von der Wechselsumme)

Diskontsatz Zinssatz (Angabe in % p. a.) des Diskontkredits, der die Höhe des von der Restlaufzeit des Wechsels abhängigen Abzugs von der Wechselsumme bestimmt

Doppelwährungsanleihe Anleihe, mit Ausgabebetrag und Rückzahlungsbetrag in verschiedenen, vertraglich festgelegten Währungen

Effekten Sammelbegriff für an Wertpapiermärkten handelbare (fungible) Wertpapiere

Effektivzinssatz eindimensionale Kennzahl, die ausdrückt, welche durchschnittliche jährliche prozentuale Belastung sämtliche Zahlungen für Zins und Tilgung sowie sonstige Preis bestimmende Bestandteile darstellen, wenn man sie auf den effektiven Auszahlungsbetrag bezieht und unter Berücksichtigung von Zins und Zinseszins auf die gesamte Laufzeit umrechnet

Eigenfinanzierung Finanzkontrakt ohne Forderungsrecht in der Insolvenz; rechtsformabhängige Regelungen zur ergänzenden Haftung mit Privatvermögen

Eigentumsvorbehalt Realsicherheit, bei der der an den Schuldner gelieferte Gegenstand bis zur vollständigen Zahlung des Kaufpreises im Eigentum des Verkäufers bleibt (vgl. § 455 BGB)

Einlage die von den Gesellschaftern ohne Anspruch auf Rückzahlung in die Gesellschaft eingebrachten (bewerteten) Vermögensgegenstände

Einlage, gezeichnete, erbrachte, ausstehende unterschieden wird zwischen dem vom Gesellschafter geschuldeten Einlagebetrag (eingetragene bzw. gezeichnete Einlage), der darauf tatsächlich geleisteten Einlage (erbrachte Einlage) und der Differenz zwischen der gezeichneten Einlage und dem effektiv von dem Gesellschafter erbrachten Einzahlungsbetrag (ausstehende Einlage)

Einzahlung Erhöhung des Zahlungsmittelbestandes

Emissionsfinanzierung (Finanzierungs-) Maßnahmen, bei denen der Geldnehmer sämtliche Vertragsbedingungen in den sog. Emissionsbedingungen einseitig festlegt und einem mehr oder weniger anonymen Anlegerkreis eine Vielzahl gleichartiger Finanztitel in kleiner „Stückelung" zum Kauf anbietet

Emissionskurs in Prozent des Nennwertes (z. B. bei der Emission von Schuldverschreibungen) oder in Geldeinheiten (z. B. bei der Emission von Aktien) ausgedrückter Ausgabebetrag je Stück

Entnahme siehe Ausschüttung; Bezeichnung für spezielle Vermögenstransfers bei Personengesellschaften

EONIA (= Euro OverNight Index Average); spezieller Marktzinssatz im Kreditgeschäft zwischen Banken

Erfolg Sammelbegriff für Änderungen des Reinvermögens (+: Ertrag; –: Aufwand); außer Einlagen und Entnahmen

Erfolg, zahlungsunwirksam Erfolg, der nicht zu einer korrespondierenden Änderung des Zahlungsmittelbestandes führt

Ertrag Erhöhung des Reinvermögens, die nicht auf Einlagen der Gesellschafter beruht

EURIBOR (= EURo InterBank Offered Rate); spezieller Marktzinssatz im Kreditgeschäft zwischen Banken

Euronotes Bezeichnung für eine spezielle Form der kurzfristigen Fremdfinanzierung mittels Emission von (nicht zum Börsenhandel zugelassenen) Inhaberschuldverschreibungen

Factoring Finanzdienstleistung, bei der ein spezialisiertes (Finanzdienstleistungs-) Unternehmen im Rahmen eines längerfristig vereinbarten Rahmengeschäfts Forderungen aus Lieferung und Leistung eines ande-

Glossar

ren Unternehmens im Zeitpunkt ihres Entstehens aufkauft und bevorschusst sowie weitere Funktionen übernimmt

Factoring, nichtnotifiziertes Debitoren wird die Abtretung der Forderung an den Factor nicht offen angezeigt

Factoring, notifiziertes Debitoren wird die Abtretung der Forderung an den Factor durch einen Vermerk auf der Rechnung offen angezeigt

Factoring, unechtes (= Recourse Factoring); Variante, bei der keine Delkredere-Funktion vereinbart wird und Forderungsausfälle dazu führen, dass der Anschlusskunde erhaltene Vorschusszahlungen des Factors zurückerstatten muss

Fälligkeits-Factoring (= Inkasso-Factoring, = Maturity-Factoring); Variante, bei der keine Finanzierungsfunktion vereinbart wird und der Anschlusskunde den Rechnungsbetrag erst bei Fälligkeit der Forderung erhält

Finanzierung Gesamtheit der Maßnahmen zur Bereitstellung/Beschaffung gesetzlicher Zahlungsmittel

Finanzierung aus Abschreibungen, Rückstellungen und Kapitalumschichtungen unglückliche und zu Fehlinterpretationen einladende Bezeichnungen für spezielle Komponenten der Innenfinanzierung aus jahresabschlussorientierter Sicht

Finanzierungs-Leasing Form des Leasing, bei der der Leasinggegenstand für eine im Verhältnis zu der üblichen Einsatzdauer des Objektes unkündbaren längeren Grundmietzeit an den Leasingnehmer überlassen wird, das Objektrisiko auf den Leasingnehmer übertragen wird und zur Amortisation nur ein einziger Leasingvertrag abgeschlossen werden muss

Finanzierungsrisiken Sachverhalte, die aus Sicht eines Financiers bewirken, dass Rückzahlungen unsicher sind

Finanzmanagement, im engen und weiten Sinne *weit*: Funktionsbereich des Unternehmens, der sämtliche unternehmensbezogenen Zahlungsströme plant, überwacht und (aktiv) gestaltet; *eng*: …, soweit durch aktive Gestaltung keine leistungswirtschaftlichen Prozesse beeinflusst werden

Finanzmarkt Bezeichnung für Märkte und zugehörige Institutionen, auf denen Finanzkontrakte abgeschlossen und gehandelt werden

Finanztitel Rechtsposition, die aus einem Finanzkontrakt resultiert

First-Loss-Piece (= Junior Tranche); Inhaber erhalten Zahlungen nur dann, wenn alle anderen Tranchen vollständig bedient werden konnten und tragen daher in höchstem Ausmaß Ausfallrisiken

Floater (= Floating Rate Note); Bezeichnung für eine variabel verzinsliche Anleihe, bei der die Höhe des Nominalzinssatzes von der Entwicklung einer Indexgröße abhängt

Fremdfinanzierung Finanzkontrakt mit Forderungsrecht in der Insolvenz

Fremdorganschaft Prinzip des Gesellschaftsrechts, bei dem die Geschäftsführung und Vertretung von den Mitgliedern der Gesellschaft losgelöst ist und besonderen Organen übertragen wird

Garantie Personalsicherheit, bei der sich ein Dritter (der Garant) verpflichtet, dafür zu sorgen, dass der Gläubiger befriedigt wird

Geldleihe Bezeichnung für Kreditformen, bei denen der Kreditgeber dem Kreditnehmer Zahlungsmittel zur Verfügung stellt

Genussschein Wertpapier, das (ohne mitgliedschaftsrechtliche Mitbestimmungsrechte einzuräumen) eine mehr oder weniger stark ausgeprägte gewinnabhängige laufende Verzinsung aufweist

Geschäftsführer Person, die in einem Unternehmen die Geschäfte leitet

Geschäftsführung, laufende dazu gehören alle Entscheidungen, die nicht gemäß Gesetz oder Satzung der Gesellschafterversammlung obliegen

Geschäftsrisiko, primäres Risiken, die nicht aus Entscheidungen des Unternehmens im Bereich der Außenfinanzierung resultieren

Gesellschafterdarlehen spezielle Form des Privatdarlehens, bei dem der Gesellschafter eines Unternehmens dem eigenen Unternehmen (i. d. R. einer Kapitalgesellschaft) langfristig finanzielle Mittel als Darlehen zur Verfügung stellen

Gewinnrücklagen, andere rein buchmäßige Unterpositionen des bilanziellen Eigenkapitals einer Kapitalgesellschaft; buchmäßiger Gegenposten für vom Unternehmen selbst erwirtschaftete Reinvermögenszuwächse, die nicht mit Ausschüttungen an die Gesellschafter einhergehen und als sogenannte thesaurierte Gewinne auf freiwilliger Basis im Unternehmen verbleiben

Gewinnschuldverschreibung (= Income Bond); Bezeichnung für Anleihen, bei denen der Zinsanspruch des Gläubigers vollständig oder partiell von den Erfolgen des Schuldners, also z. B. von der Höhe des Jahresüberschusses abhängt

Gewinnvortrag positiver Korrekturposten zu den übrigen Eigenkapitalpositionen, der ähnlich wie die anderen Gewinnrücklagen den buchmäßigen Niederschlag thesaurierter Gewinne verdeutlicht

Gratisaktien (= Berichtigungsaktien); bei einer nominellen Kapitalerhöhung ausgegebene Zusatzaktien zum Emissionspreis von 0 €, auf die die Aktionäre ein nicht entziehbares Bezugsrecht haben

Grundkapital Bezeichnung für das gezeichnete Kapital bei einer Aktiengesellschaft (vgl. § 7 AktG)

Grundsatzentscheidungen Entscheidungen von wesentlicher Bedeutung und insbes. Entscheidungen, die zu Änderungen des Gesellschaftsvertrages führen

Haftung Gesamtheit der Regelungen, die sich darauf beziehen, auf welche Vermögensmassen die Gläubiger in welchem Umfang und unter welchen Voraussetzungen zugreifen können, um durch den Erlös aus deren Verwertung die ihnen zustehenden Ansprüche zu befriedigen

Handelsbilanzpolitik bewusste Gestaltung des Jahresabschlusses zu dem Zweck, bestimmte unternehmenspolitische Ziele zu erreichen

Handelswechsel entsteht, wenn ein auf Ziel belieferter Kunde einen auf ihn gezogenen Wechsel über die Rechnungssumme durch Unterschrift bestätigt/akzeptiert

Hauptversammlung spezielle Bezeichnung für die Gesellschafterversammlung bei der Aktiengesellschaft

Hidden Action die Handlung eines Vertragspartners kann nicht beobachtet werden

Hidden Information vor Vertragsabschluss sind Informationen zwischen den Vertragspartnern zugunsten eines Vertragspartners asymmetrisch verteilt

Hidden Intention die Handlung eines Vertragspartners kann beobachtet, aber in Bezug auf relevante Konsequenzen nicht beurteilt werden

Hold Up aufgrund unvollständig definierter Verträge kann die schädigende Handlung eines Vertragspartners trotz Beobachtbarkeit nicht verhindert werden

Hypothekendarlehen durch ein Grundpfandrecht (Grundschuld bzw. Hypothek) besichertes Darlehen

Indexanleihe Anleihe, bei der die Höhe des Tilgungsbetrages von der Entwicklung einer Indexgröße, z. B. eines Aktienindexes abhängt

Individualfinanzierung ein Geld suchendes Unternehmen schließt mit dem Geldgeber einen individuell ausgestalteten Vertrag ab, bei dem alle oder zumindest mehrere Vertragselemente ausgehandelt werden

Industrieanleihe Bezeichnung für Anleihen, die von privaten Unternehmen begeben werden, die keine Banken oder Versicherungen sind

Information, ex ante, ex interim und ex post Unterschieden wird zwischen den vor Vertragsabschluss, während der Vertragslaufzeit und nach Ende der Vertragslaufzeit zur Verfügung stehenden bzw. zufließenden Informationen

Informationsrechte Rechte aller von der Geschäftsführung ausgeschlossener Gesellschafter auf Kenntnis des Jahresabschlusses (und rechtsformabhängig weitere Einblicke in Geschäftsunterlagen bzw. Auskunftsrechte)

Informationsverteilung, asymmetrische ungleiche Verteilung der Informationen zwischen einem i. d. R. besser informierten Geldnehmer und einem schlechter informierten Geldgeber

Inhaberaktie Aktie, bei der der jeweilige Inhaber die mit der Aktie verbundene Rechtsposition innehat

Inhouse-Factoring (= Eigenservice-Factoring); Variante des Factoring, bei der keine Service-Funktion vereinbart wird

Innenfinanzierung (positiver) Saldo zwischen Ein- und Auszahlungen aus dem laufenden Umsatzprozess

Innenfinanzierung, im engen und weiten Sinne Unterscheidung danach, ob Liquidationserlöse aus dem Verkauf von Anlagevermögen als Positivkomponente der Innenfinanzierung berücksichtigt werden (ja: weit; nein: eng)

Innenfinanzierung, vor und nach Ausschüttungen Unterscheidung danach, ob Ausschüttungen als

Glossar

Negativkomponente der Innenfinanzierung berücksichtigt werden

Innenfinanzierungsanalyse Identifizierung, Saldierung und Gruppierung derjenigen Zahlungsgrößen, die den interessierenden Innenfinanzierungssaldo der zu analysierenden Periode bestimmen

Innenfinanzierungsdefizit (negativer) Saldo zwischen Ein- und Auszahlungen aus dem laufenden Umsatzprozess

Innenfinanzierungsmanagement Hauptaufgabe ist die Identifizierung und zielorientierte Gestaltung der Handlungsparameter, mittels derer der Innenfinanzierungssaldo zielorientiert beeinflusst werden kann

Innenfinanzierungsquellen häufig irreführend gemäß jahresabschlussorientierter Perspektive: Abschreibungen, Rückstellungen, Kapitalumschichtungen und Ausschüttungsverzicht; bei sachgerechter zahlungsorientierter Interpretation: Positive Zahlungskomponenten des Innenfinanzierungssaldos;

Innenverhältnis (Rechts-) Verhältnis zwischen den Gesellschaftern bzw. Gesellschaftsorganen

Insolvenzgläubiger Gläubiger, die gemäß § 38 InsO gegen den Insolvenzschuldner eine Forderung haben, die schon vor dem Zeitpunkt der Verfahrenseröffnung begründet war

Insolvenzmasse im Eigentum des Schuldners befindliches Vermögen, welches nicht mit Aussonderungsrechten belastet ist

Insolvenzquote prozentualer Anteil, mit dem die Forderungen der unbesicherten, nicht nachrangigen Gläubiger nach Abschluss des Insolvenzverfahrens befriedigt werden

interner Zinsfuß derjenige Kalkulationszins, bei dessen Anwendung die Summe der Barwerte aller mit dem zu beurteilenden Projekt verbundenen originären Projektzahlungen gerade gleich null ist

Junior-Tranche siehe First-Loss-Piece

Kapital, bedingtes in den §§ 192–201 AktG geregelte Möglichkeit, eine Kapitalerhöhung zu beschließen, die nur soweit durchgeführt werden soll, wie von einem Umtausch- oder Bezugsrecht Gebrauch gemacht wird, das die AG auf die neuen Aktien einräumt

Kapital, genehmigtes Ermächtigungsrahmen für den Vorstand einer AG, bei Bedarf eine Kapitalerhöhung gegen Einlagen durchzuführen (§§ 202–206 AktG)

Kapitalerhöhung im Sinne des AktG jede Erhöhung der Bilanzposition Grundkapital

Kapitalerhöhung aus Gesellschaftsmitteln andere Bezeichnung für eine nominelle Kapitalerhöhung

Kapitalerhöhung gegen Einlagen in den §§ 182–191 AktG geregelte Ausgabe neuer („junger") Aktien zu einem bestimmten Emissionskurs

Kapitalerhöhung, nominelle in den §§ 207–220 AktG als „Kapitalerhöhung aus Gesellschaftsmitteln" bezeichneter reiner Umbuchungsvorgang zwischen als Rücklagen ausgewiesenen Unterkonten des Eigenkapitals und dem gezeichneten Kapital

Kapitalrücklagen rein buchmäßige Unterpositionen des bilanziellen Eigenkapitals einer Kapitalgesellschaft; in erster Linie buchmäßiger Gegenposten für Zahlungen, die Gesellschafter über den (tatsächlichen oder fiktiven) Nennwert der übernommenen Anteile hinaus zugunsten des Eigenkapitals der Gesellschaft leisten

Kapitalstrukturrisiko Risiken, die aus Entscheidungen des Unternehmens im Bereich der Außenfinanzierung resultieren

Klienteleffekt Tendenz, dass sich Gesellschafter mit ähnlichen Zielvorstellungen jeweils bei „passenden" Gesellschaften zusammenfinden

Kombizinsanleihe spezielle Form der Staffelanleihe, bei der (zumeist aus steuerlichen Gründen) auf eine Phase zunächst niedriger Zinscoupons eine Phase mit hohen Zinscoupons folgt

Kompensationseffekt verhindert (über die Einräumung von Bezugsrechten) aufgrund des Verwässerungseffekts eintretende Vermögensminderungen der Altaktionäre und eine Vermögensverschiebung innerhalb der Gruppe der Altaktionäre sowie zwischen Alt- und Neuaktionären

Kontokorrentkredit Kredit, bei dem der Kreditnehmer den Kreditbetrag bis zu einer vereinbarten Maximalhöhe jederzeit beliebig variieren kann

Kreditleihe Bezeichnung für Kreditformen, bei denen der Kreditgeber dem Kreditnehmer keine Zahlungsmittel zur Verfügung stellt, sondern dessen Kreditwürdigkeit bei Dritten durch spezielle Zusagen erhöht

Kreditrationierung Beschränkung des maximal bewilligten Kreditbetrages

Kündigungsrechte wichtige Sanktionsmöglichkeit eines Kreditgebers insbesondere zur Begrenzung von Verhaltensrisiken

Leasing Bezeichnung für besondere Vertragsformen der Vermietung und Verpachtung von Gegenständen des Anlagevermögens

Lemon-Problem siehe Akerlof-Problem; Gebrauchtwagen schlechter Qualität werden als „lemons" bezeichnet

Leverage-Effekt funktionaler Zusammenhang zwischen der Gesamtrendite, dem Fremdkapitalzins und der Eigenkapitalrendite, bei dem der Verschuldungsgrad als Hebel die Höhe der Eigenkapitalrendite beeinflusst

LIBOR (= London InterBank Offered Rate); spezieller Marktzinssatz im Kreditgeschäft zwischen Banken

Lieferantenkredit kurzfristiger Kredit, den ein Lieferant seinen Kunden durch Gewährung einer Zahlungsfrist einräumt und bei dem für die vorfristige Zahlung innerhalb einer Skontofrist ein als Skonto bezeichneter Preisnachlass gewährt werden kann

Lieferungs- und Leistungsgarantie Bankgarantie im Zusammenhang mit der (fristgerechten) Erbringung einer vertraglich zugesagten Lieferung und Leistung

Liquidation Zerschlagung eines Unternehmens durch Verkauf seiner einzelnen Vermögensgegenstände

Liquidität, im engen und weiten Sinne Fähigkeit alle Auszahlungsverpflichtungen zeit- und betragsgenau erfüllen zu können; *eng*: nur bereits bestehende Auszahlungsverpflichtungen werden berücksichtigt; *weit*: zusätzlich werden für neue Aktivitäten geplante Auszahlungen berücksichtigt

Lombardkredit Bezeichnung für einen Kredit, der durch die Verpfändung von Wertpapieren, Bankguthaben oder beweglichen Sachen besichert wird

Masseverbindlichkeiten Zahlungsverpflichtungen aus Geschäften, die der Insolvenzverwalter im Zuge des Insolvenzverfahrens vornimmt

Mezzanine Tranche Inhaber erhalten Zahlungen nur dann, wenn alle vorrangigen Tranchen vollständig bedient werden konnten und tragen daher in mittlerem Ausmaß Ausfallrisiken

Mietverlängerungsoption Regelung innerhalb eines Finanzierungs-Leasing-Vertrages, dass der Leasingnehmer am Ende der Grundmietzeit den Leasingvertrag zu vorher festgelegten Konditionen fortsetzen kann, aber nicht muss

Moral Hazard andere Bezeichnung für (zum Teil spezielle) Verhaltensrisiken

Nachranganleihe Anleihe, bei der vertraglich ein Nachrang des Gläubigers in der Insolvenz des Schuldners vereinbart ist

Nachschusspflicht Bezeichnung für eine mögliche Regelung in der Satzung einer Gesellschaft, dass die einzelnen Gesellschafter nach einem entsprechenden Beschluss der Gesellschafterversammlung verpflichtet sind, anteilig weitere Einlagen „nachzuschießen"

Naked Warrant Bezeichnung für Optionsscheine, die nicht in Verbindung mit einer Anleihe emittiert werden

Namensaktie Aktien, deren Übertragung als Orderpapiere durch Einigung und Übergabe oder gem. § 68 AktG durch schriftliche Abtretungserklärung auf der Rückseite des Wertpapiers (Indossament) erfolgt; die Umschreibung im Aktienbuch ist vorgesehen

Namensaktie, vinkulierte Spezialfall der Namensaktie, bei dem die Übertragung der Aktien gem. § 68 AktG zusätzlich an die Zustimmung der Gesellschaft gebunden ist

Negativklausel spezielle Klausel, nach der anderen Kreditgebern keine besseren Kreditsicherheiten eingeräumt werden dürfen

Nennwert stellt gem. § 9 Abs. 1 AktG den Mindesteinlagebetrag pro Aktie dar; erfüllt die Funktion einer Schlüsselgröße für die Kursangabe, die Dividendenangabe und die Bestimmung der Beteiligungsquoten; bei Fremdfinanzierungstiteln Berechnungsbasis für Ausgabe-, Tilgungs- und Zinsbeträge

Nennwertaktie Bezeichnung für Aktien, denen ein fester Betrag als Nennwert zugewiesen wird; die Summe aller Nennwerte ausgegebener Aktien entspricht dem ausgewiesenen Grundkapital; der Mindestnennwert beträgt 1 € pro Aktie

Nicht betriebsnotwendiges Vermögen Vermögen des Unternehmens, das zur Erbringung der Betriebsleistung nicht erforderlich ist

Nominalzinssatz vertraglich vereinbarter Zinssatz, der in Verbindung mit der Bezugsgröße die Höhe der vom

Glossar

Kreditnehmer zu leistenden Zinszahlungen determiniert

Null-Coupon-Anleihe (= Zero Bond); Sonderform eines festverzinslichen Wertpapiers, bei dem während der Laufzeit vom Emittenten keinerlei Zins- und Tilgungszahlungen geleistet werden

Obligation andere Bezeichnung für Schuldverschreibung oder Anleihe (vgl. Schuldverschreibung)

Operate-Leasing Form des Leasing, bei der der Leasinggegenstand nur für eine im Verhältnis zu der üblichen Einsatzdauer des Objektes kurze Zeit an den Leasingnehmer überlassen wird, das Objektrisiko beim Leasinggeber verbleibt und zur Amortisation mehrere Leasingverträge abgeschlossen werden müssen

opération blanche Strategie, bei der ein Altaktionär ohne Einsatz finanzieller Mittel an einer Kapitalerhöhung (gegen Einlagen) teilnimmt und sein bisheriges Investitionsvolumen in Aktien dieser Gesellschaft aufrecht erhält

Optionsanleihe (= Warrant Bond); Anleihe, die nach Entscheidung ihres Inhabers dazu berechtigt, zusätzliche (neu zu emittierende) Aktien des Emittenten zu festgelegten Konditionen zu beziehen; bei Nutzung des Optionsrechts bleibt Anleiheposition bestehen

Originator Unternehmen, das über Forderungen aus Lieferung und Leistung verfügt und zum Zwecke der Refinanzierung des Forderungspools diese an das Special Purpose Vehicle (SPV) verkauft

par conditio creditorum Regel, nach der das Vermögen eines Schuldners (quotal) gleichmäßig auf seine Gläubiger zu verteilen ist

Pass-Through spezielle Ausgestaltung der Ansprüche von Inhabern von ABS, bei der Einzahlungen aus dem Forderungspool unmittelbar an die Investoren weitergeleitet werden

Patronatserklärung schuldrechtliche Erklärung, in der ein Unternehmen zusichert, dass eine kreditnehmende Tochtergesellschaft ihre Kreditverpflichtungen erfüllt

Pay-Through spezielle Ausgestaltung der Ansprüche von Inhabern von ABS, bei der Einzahlungen aus dem Forderungspool nicht unmittelbar an die Investoren weitergeleitet werden und die Inhaber Ansprüche gegen das Special Purpose Vehicle (SPV) als Schuldner haben

Pecking Order Theorie, nach der große und mittlere Unternehmen die Innen- der Außenfinanzierung und innerhalb der Außenfinanzierung die Fremd- der Eigen- bzw. Beteiligungsfinanzierung vorziehen

Personalsicherheit Kreditsicherheit, bei der sich eine andere Person als der Schuldner verpflichtet, für vereinbarte Gläubigeransprüche aufzukommen

Pfandrecht Sicherheit, bei der bei beweglichen Sachen der reservierte Vermögensgegenstand in den Besitz des Gläubigers übergeht (§§ 1204–129 BGB)

Primärmarkt/-geschäft Markt, auf dem die Erstplatzierung von Wertpapieren erfolgt, also z. B. (neu geschaffene) Aktien oder Anleihen von der Gesellschaft an Anleger verkauft werden

Prozessualvorteile Maßnahmen, die dem Gläubiger eine schnellere Durchsetzung seiner Gläubigeransprüche erlauben

Qualitätsrisiken Risiken, die aus einem Informationsvorsprung des Vertragspartners bei Vertragsabschluss resultieren

Ratentilgung Tilgung über die Laufzeit verteilt in pro Zeitabschnitt (Jahr, Quartal, Monat) gleich hohen Beträgen

Rating-Agenturen Unternehmen, die gewerbsmäßig die Kreditwürdigkeit anderer Unternehmen (oder sonstiger Schuldner, z. B. Staaten) beurteilen

Rationierung Form der Zuteilung bei Versagen des Preismechanismus, z. B. Beschränkung des Finanzierungsvolumens bei Finanzkontrakten

Realkredit Bezeichnung für durch Grundpfandrechte besicherte und besonderen rechtlichen Regelungen unterliegende Kredite (vgl. § 21 Abs. 3 Nr. 1 KWG)

Rechtsprofil Konzept zur anschaulichen Abbildung von Finanzkontrakten

Reinvermögen, bilanzielles Überschuss des gesamten (bilanziellen) Vermögens eines Unternehmens über seine Schulden bzw. Gesamtvermögen abzüglich aller Verbindlichkeiten einer Unternehmung; auch Eigenkapital genannt

Rembourskredit spezielle Bezeichnung für einen im Außenhandel eingesetzten Akzeptkredit

Rentenmarkt Segment der Börse, an dem Anleihen und sonstige als Wertpapiere verbriefte Gläubigeransprüche gehandelt werden

Rentenpapier andere Bezeichnung für (klassische) Anleihen

Reputation Vertrauen und Glaubwürdigkeit aufgrund des sogenannten „guten Rufes"

Restschuldbefreiung Instrument des deutschen Insolvenzrechts (vgl. § 286 ff. InsO), das es verschuldeten natürlichen Personen ermöglicht, nach einer Wohlverhaltensphase schuldenfrei zu werden

Risikoabwälzung Verlagerung von Verlustrisiken auf Finanzierungspartner

Risikoanreiz(problem) Anreiz für den Eigenkapitalgeber, durch eine Erhöhung des leistungs- und/oder finanzwirtschaftlichen Risikos, die erzielbare Eigenkapitalrendite positiv zu beeinflussen

Risikokompensation (bewusste) Übernahme von Risiken gegen risikoadjustierte Anpassung von Finanzierungskonditionen

Risikovermeidung bewusster Verzicht auf Übernahme von (bekannten) Risiken

Rücklage, gesetzliche rein buchmäßige Unterposition des bilanziellen Eigenkapitals einer Kapitalgesellschaft, die gemäß § 150 Abs. 1 AktG von allen Aktiengesellschaften und gemäß § 5a GmbHG von der UG h. b. zu bilden ist

Sale & Lease Back Leasingalternative, bei der der Leasingnehmer das Leasingobjekt zunächst an den Leasinggeber veräußert und anschließend weiternutzt

Sanierung Restrukturierung eines (insolventen) Unternehmens mit dem Ziel, dieses dauerhaft fortführen zu können

Schuldscheindarlehen Bezeichnung von durch Kapitalsammelstellen (insbesondere Versicherungen) ausgegebene großvolumige und langlaufende Darlehen

Schuldverschreibung Bezeichnung für langlaufende schuldrechtliche Ansprüche gegen ihren Emittenten, die in Form klein zerstückelter, identisch ausgestatteter und als Wertpapier verbriefter Teilansprüche einem anonymen Anlegerpublikum angeboten werden

Screening Aktivitäten zur Angleichung des Informationsstandes des schlechter informierten Vertragspartners, die vom schlechter informierten Vertragspartner ausgehen

Sekundärmarkt/-geschäft Markt, auf dem der Weiterverkauf bereits existierender Wertpapiere erfolgt

Selbstfinanzierung der Verzicht auf die Ausschüttung von Zahlungsmitteln in Höhe des gesamten Jahresüberschusses wird in jahresabschlussorientierter Sicht missverständlich als Quelle der Innenfinanzierung interpretiert

Selbstorganschaft Prinzip des Gesellschaftsrechts, bei dem die Geschäftsführung und Vertretung der Gesellschaft bei den Gesellschaftern selbst liegt

Senior-Tranche Inhaber erhalten ihre Zahlungsansprüche mit Vorrang erfüllt und tragen daher in geringstem Ausmaß Ausfallrisiken

Serviceeffekte bzw. -funktion (= Dienstleistungsfunktion); Übernahme von mit den angekauften Kundenforderungen zusammenhängenden Verwaltungs-, Kontroll- und Auswertungsaufgaben

Shareholder-Ansatz Unternehmensziele werden allein durch die Eigenfinanciers bestimmt

Sicherungsübereignung Mobiliarsicherheit, bei der der Schuldner im Besitz des Sicherungsgutes bleibt; berechtigt in der Insolvenz zur Absonderung

Sicherungszession Forderungsabtretung zur Sicherung einer Forderung des Zessionars gegen den Zedenten; berechtigt in der Insolvenz zur Absonderung

Signalling Aktivitäten zur Angleichung des Informationsstandes des schlechter informierten Vertragspartners, die vom besser informierten Vertragspartner ausgehen

Skonto(-abzugsmöglichkeit) Preisnachlass im Rahmen kreditierter Kaufpreisforderungen für die vorfristige Zahlung innerhalb einer Skontofrist

Skontofrist Zeitspanne, innerhalb derer der Kunde berechtigt ist, unter Abzug von Skonto zu zahlen

Skontosatz Prozentsatz, der angibt, in welcher Höhe der Rechnungsbetrag gekürzt werden darf, wenn vorfristig innerhalb der Skontofrist gezahlt wird

Solvenztest spezieller Test, der sicherstellen soll, dass die Gesellschaft auch nach Ausschüttungen an die Gesellschafter solvent bleibt

Glossar

Special Purpose Vehicle (SPV) Zweckgesellschaft, die nur zur Abwicklung der ABS-Transaktion gegründet wird

Staffelanleihe Anleihe, bei der der vertraglich fixierte Zinssatz nicht konstant ist, sondern einer i. d. R. steigenden Zinsstaffel folgt

Stakeholder-Ansatz Unternehmensziele werden durch Aggregation der Ziele aller von der Unternehmenstätigkeit betroffenen Interessengruppen bestimmt

Stammaktie Basistyp einer Aktie, die alle Aktionärsrechte (insbes. auch das Stimmrecht) verbrieft

Stammkapital Bezeichnung für das gezeichnete Kapital bei einer Gesellschaft mit beschränkter Haftung

Standard-Factoring Variante des Factoring, bei der in offener Zession die Forderungsabtretung angezeigt wird und alle drei Grundfunktionen des Factoring (Finanzierungs-, Delkredere- und Dienstleistungsfunktion) vom Factor übernommen werden

Steuerbilanzpolitik Gesamtheit aller Maßnahmen, die ergriffen werden, um den auszuweisenden Gewinn in der Steuerbilanz zu beeinflussen

Stille Gesellschaft im Handelsgesetzbuch (vgl. §§ 230–236 HGB) geregelte Rechtsform des Privatrechts ohne eigene Rechtspersönlichkeit, die durch eine Vermögenseinlage des stillen Gesellschafters entsteht und nach außen hin nicht in Erscheinung tritt, also eine reine Innengesellschaft ist

Stimmrechtsbeschränkung gemäß § 134 AktG vorgesehene Möglichkeit, die Wahrnehmung von Stimmrechten (quotal) zu begrenzen

Stückaktie Stückaktien lauten auf keinen Nennbetrag; der Quotient aus Grundkapital und Anzahl ausgegebener Aktien stellt den sog. „fiktiven" Nennwert dieser Stückaktien dar

Teilamortisationsvertrag Variante des Finanzierungs-Leasing, bei der die während der Grundmietzeit anfallenden Leasingraten zwar nicht die (gesamten) Kosten des Leasinggebers decken, aber eine (volle) Amortisation durch zusätzliche (vertraglich vereinbarte) Zahlungen nach der Grundmietzeit erreicht wird

Teilungsmasse Vermögensmasse, die im Insolvenzverfahren zur Befriedigung der Ansprüche einfacher, also unbesicherter und nicht nachrangiger Gläubigeransprüche zur Verfügung steht

Treuhänder Person, die stellvertretend für einen Auftraggeber dessen Interessen wahrnimmt

Überschuldung Insolvenzgrund, der gemäß § 19 Abs. 2 InsO gegeben ist, wenn das Vermögen des Schuldners die bestehenden Verbindlichkeiten nicht mehr deckt; greift nur bei Kapitalgesellschaften und bei Personengesellschaften, für deren Verbindlichkeiten keine natürliche Person unbeschränkt haftet

Unternehmergesellschaft haftungsbeschränkt (= UG h. b.); Sonderform der GmbH (auch kleine GmbH oder Mini-GmbH genannt), die gemäß § 5a GmbHG insbesondere Erleichterungen bei der Ausstattung mit Stammkapital aufweist

Unter-Pari-Emission, Verbot der Verbot der Ausgabe von Aktien zu einem den Nennwert der Aktie unterschreitenden Ausgabebetrag (vgl. § 9 AktG); gilt analog für GmbH

Verhaltensrisiken Risiken, die daraus resultieren, dass ein Vertragspartner mit diskretionären Handlungsspielräumen nach Vertragsabschluss die Möglichkeit hat, die Qualität seiner zugesagten Leistung zu beeinflussen

Verlustvortrag negativer Korrekturposten zu den übrigen Eigenkapitalpositionen, der das Ausmaß der bis zum Bilanzstichtag eingetretenen Verluste verdeutlicht, die buchtechnisch noch nicht ausgeglichen wurden

Verschuldungsanreiz Anreiz zur Erhöhung des Verschuldungsgrades

Verschuldungseffekte, dynamische hohe Verschuldungsgrade können in Kombination mit bestimmten Ausschüttungsstrategien zu im Zeitablauf systematisch steigender Unternehmensverschuldung und steigenden Insolvenzrisiken führen

Versicherungsdarlehen (langfristige) Darlehen, die von Versicherungen begeben werden; auch Schuldscheindarlehen genannt

Verschuldungsgrad Quotient aus Fremdkapital und Eigenkapital

Verwässerungseffekt durch eine Kapitalerhöhung (zu einem Emissionskurs unterhalb des Börsenkurses der alten Aktien) induzierte Kurssenkung

Vollamortisationsvertrag Variante des Finanzierungs-Leasing, bei der die während der Grundmietzeit anfallenden Leasingraten zusammen mit einer etwaigen

Anfangszahlung die (gesamten) Kosten des Leasinggebers decken

Vorstand Organ der Aktiengesellschaft, das vom Aufsichtsrat gewählt wird und dem die laufende Geschäftsführung obliegt

Vorzugsaktie Aktie, die bestimmte Mitgliedschaftsrechte ausschließt, z. B. das Stimmrecht, jedoch Vorzüge insbesondere hinsichtlich des Dividendenanspruchs verbrieft

Vorzugsaktie, kumulative Spezialfall der Vorzugsaktie, bei dem ausgefallene Beträge der Vorzugsdividende auf die Folgejahre vorgetragen werden

Währungsoptionsanleihe Anleihe, bei der der Gläubiger aus einem Katalog vereinbarter Währungen die Tilgungswährung bestimmen kann

Wandelanleihe (= Convertible Bond); Anleihen, bei denen neben den klassischen Gläubigeransprüchen das Recht verbrieft ist, Anleihen gegen Aktien (i. d. R.) der Emittentin umzutauschen

Wandelschuldverschreibung im Aktiengesetz verwendeter Sammelbegriff für Optionsanleihen und Wandelanleihen

Wechsel Wertpapier, das eine unbedingte Zahlungsanweisung des Ausstellers an den Bezogenen enthält, an den Inhaber des Wechsels zu einem bestimmten Zeitpunkt an einem bestimmten Ort eine bestimmte Geldsumme zu zahlen

Wertpapier Urkunde, die die Rechtsposition des Geldgebers aus einem Finanzkontrakt verbrieft

Wertpapier, vertretbares (= Effekten) Sammelbegriff für an Wertpapiermärkten handelbare (fungible) Wertpapiere

Wohlverhaltensregeln Maßnahmen, die auf das Verhalten des Schuldners so einwirken, dass sich die Wahrscheinlichkeit eines Insolvenzeintritts vermindert

Zahlung, erfolgswirksam und erfolgsunwirksam Veränderung des Zahlungsmittelbestandes, die mit einer erfolgswirksamen Veränderung des Reinvermögens verbunden ist oder aber nicht verbunden ist

Zahlungsbedingungen Elemente eines Vertrages, die regeln, unter welchen Bedingungen und zu welchen Zeitpunkten und in welcher Höhe vom Kunden Zahlungen an den Lieferanten zu leisten sind

Zahlungsgleichung Übersetzung des Zahlungsstrommodells in eine Gleichung, die den Zusammenhang zwischen den betrachteten monetären Strom- und Bestandsgrößen abbildet

Zahlungsmittelbestand, brutto und netto *brutto*: Summe aus Bargeld und Sichtguthaben; *netto*: wie brutto, aber abzüglich bestehender Kontokorrentverbindlichkeiten

Zahlungsunfähigkeit Insolvenzgrund, der gemäß § 17 Abs. 2 InsO gegeben ist, wenn der Schuldner nicht in der Lage ist, seine fälligen Zahlungspflichten zu erfüllen

Zahlungsziel Zeitspanne, innerhalb derer der Kunde den Rechnungsbetrag zu begleichen hat

Zero Bond (= Null-Coupon-Anleihe); Sonderform eines festverzinslichen Wertpapiers, bei dem während der Laufzeit vom Emittenten keinerlei Zins- und Tilgungszahlungen geleistet werden

Zession, offene und stille (rechtswirksame) Übertragung einer Forderung von dem Gläubiger auf einen Dritten; unter Anzeige an den Gläubiger (offen) bzw. unter Verzicht auf die Anzeige (still)

Zessionskredit Bezeichnung für Kredite, bei denen zum Zwecke der Absicherung Forderungen oder Rechte des Kreditnehmers an den Kreditgeber abgetreten werden

Ziele, finanzielle und nichtfinanzielle angestrebte zukünftige Zustände und darauf bezogene Präferenzen, die unmittelbaren Bezug zur Höhe, zeitlichen Struktur und Unsicherheit zu erwartender Zahlungen haben (finanzielle Ziele), bzw. nicht haben, wie z. B. Prestigeziele oder Qualitätsziele

Zinsfuß, interner derjenige Kalkulationszinssatz, bei dessen Anwendung die Summe der Barwerte aller mit dem zu beurteilenden Projekt verbundenen originären Projektzahlungen gerade gleich null ist

Zinskosten, effektive siehe Effektivzinssatz

Zweckgesellschaft Gesellschaft, die ausschließlich gegründet wird, um eine bestimmte Transaktion abzuwickeln; auch Special Purpose Vehicle oder SPV genannt

The manufacturer's authorised representative in the EU is Springer Nature Customer Service Centre GmbH, Europaplatz 3, 69115 Heidelberg, Germany. If you have any concerns regarding our products, please contact ProductSafety@springernature.com

Printed and bound by CPI Group (UK) Ltd, Croydon, CR0 4YY

25/03/2026

02077951-0013